高等教育经管类"十三五"规划教材

管理学

主　编　赵春艳
副主编　梁春树　陈　伟　卢丽丝
主　审　袁　艺

华南理工大学出版社
SOUTH CHINA UNIVERSITY OF TECHNOLOGY PRESS

·广州·

图书在版编目（CIP）数据

管理学/赵春艳主编. —广州：华南理工大学出版社，2017.8（2019.7 重印）
高等教育经管类"十三五"规划教材
ISBN 978-7-5623-5300-3

Ⅰ.①管… Ⅱ.①赵… Ⅲ.①管理学－高等学校－教材 Ⅳ.①C93

中国版本图书馆 CIP 数据核字（2017）第 126656 号

管理学

赵春艳　主编
梁春树　陈　伟　卢丽丝　副主编

| 出 版 人：卢家明
| 出版发行：华南理工大学出版社
　　　　　（广州五山华南理工大学 17 号楼，邮编 510640）
　　　　　http：//www.scutpress.com.cn　　E-mail：scutc13@scut.edu.cn
　　　　　营销部电话：020-87113487　22236185　87111048（传真）
| 策划编辑：范亚玲
| 责任编辑：朱彩翩
| 印 刷 者：广州市穗彩印务有限公司
| 开　　本：787mm×1092mm　1/16　印张：18　字数：461 千
| 版　　次：2017 年 8 月第 1 版　2019 年 7 月第 3 次印刷
| 印　　数：4 601～6 600 册
| 定　　价：39.80 元

版权所有　盗版必究　印装差错　负责调换

前　言

　　管理学是一门研究管理活动的普遍规律、基本原理和一般方法的科学。它是一门实用性非常强的科学，适用于各种组织的管理活动。它是高等院校经济管理类本科各专业的专业基础课程，为此，编写培养应用型人才以适应当下中国社会经济发展对管理类人才之需要的管理类教材尤为重要。美国著名管理学家彼得·德鲁克有一句经典名言：管理是一种实践，其本质不在于"知"而在于"行"；其验证不在于逻辑，而在于成果；其唯一权威就是成就。他深刻阐述了管理的真正内涵，同时也告诉我们管理学在管理类学科领域的地位和管理类专业教学中的作用。

　　根据我国《国家中长期教育改革和发展规划纲要（2010—2020）》中提出的"更新人才培养观念""创新人才培养模式"和亟待解决培养"创新型、应用型、复合型人才"的要求，本教材遵照本科经济管理类专业人才培养的目标，汇集相关研究成果，更新"互联网+"时代的管理学案例，将知识目标、能力目标、素质目标集为一体，从理论到技能训练，贯穿整个教材的始终，重在培养学生学以致用的能力。

　　本教材的特点是：①从知识结构上，我们从管理的职能出发，厘清决策、组织、领导、控制、创新等职能的理论支撑脉络，从理论研究到技能训练，在每个章节前都有精选导入案例，章节后有综合案例的巩固环节，用来强化前面理论知识的理解和应用，突出应用型人才培养目标；②从教学方法上，以案例教学为主、其他教学方法为辅，重在培养学生团队合作精神和创新思维的训练，鼓励学生积极参与讨论，突出学生管理能力的培养；③从学情分析上，考虑"互联网+"时代智能工具在学生群体中的广泛使用，各章节中推荐了课外读物，以实现课内外的泛在教学。

　　本教材的体系及结构是以管理职能为主线来设计的，即围绕管理的决策、组织、领导、控制、创新五大职能展开各章节内容，共分三篇九章。本书由赵春艳带领广州工商学院工商管理系一线教学团队的9位老师集体编写，第一章管理及管理学，由赵正云负责编写；第二章管理理论的形成与发展，由卢丽丝负责编写；第三章管理环境，由柳颖负责编写；第四章决策，由赵春艳负责编写；第五章组织，由闫永兰负责编写；第六章领导，由梁春树负责编写；第七章控制，由邹剑峰负责编写；第八章创新与管理创新，由徐燕红、关基深负责编写；第九章管理创新的过程和方法，由陈伟负责编写。编者对案例进行了精选，对内容多次进行了修改和审定，循序渐进地介绍管理学原理和方法，在管理理论内容取舍与安排上，力争做到系统完整而且突出重点，并注重用案例反映当代管理实际工作，用逻辑顺序来阐述管理过程的有关知识和技能，其特点符合国内外管理学教科书的主流，可作为各类高等院校管理类和经济类专业的教材。

随着我国"一带一路"倡议的推进、经济全球一体化的迅猛发展，管理学在各种组织发展过程中的地位和所起的作用越来越突出。管理学课程的学习，重在培养学生发现问题、分析问题和解决问题的能力，更重在培养学生综合管理素质的提高。加强管理学课程建设和教学改革，对于培养适应经济社会发展需要的高级管理人才，具有重要的理论和现实意义。

我国高等教育改革正处在应用型本科大学建设时期，可谓方兴未艾。本书在编写过程中借鉴了许多国内外研究学者的成果，在此深表感谢。同时由于编者水平有限，可能存在某些不尽如人意之处，恳请读者与同仁不吝赐教，以便及时修正。

编　者
二〇一六年十月

目 录

第一篇 管理概述

第一章 管理及管理学 … 2
第一节 管理的基本概念 … 3
一、管理的定义 … 3
二、管理的一般特征 … 4
三、管理的职能 … 6
四、管理的性质 … 7
第二节 管理者 … 10
一、管理者的概念 … 11
二、管理者的分类 … 12
三、管理者的素质 … 13
四、管理者的角色 … 15
五、管理者的技能 … 18
六、有效的管理者和成功的管理者 … 18
第三节 管理学 … 20
一、管理学概念 … 20
二、管理学科特点 … 21
三、管理学的研究对象 … 21
四、管理学的研究内容 … 23
五、管理学的研究方法 … 23

第二章 管理理论的形成与发展 … 27
第一节 中国管理思想的发展 … 28
一、中国古代管理实践与管理思想形成 … 28
二、中国近代管理实践与管理思想发展 … 32
三、中国现代管理实践与管理思想发展 … 34
第二节 西方管理思想的发展 … 35
一、管理理论的萌芽 … 36
二、古典管理理论 … 37
三、行为科学理论 … 40
四、管理理论丛林 … 43
五、现代管理理论的新发展 … 46

— 1 —

第三章 管理环境 ········· 53
第一节 组织与环境 ········· 53
一、管理环境的含义及其构成 ········· 53
二、组织的外部环境 ········· 54
三、组织的内部环境 ········· 57
第二节 管理环境分析 ········· 58
一、管理环境分析的意义 ········· 59
二、管理环境分析方法 ········· 60

第二篇 管理职能篇

第四章 决 策 ········· 72
第一节 决策概述及方法 ········· 73
一、决策的含义 ········· 73
二、决策的程序 ········· 73
三、决策的类型 ········· 75
四、决策的方法 ········· 76
第二节 目标管理 ········· 83
一、目标及目标管理概述 ········· 84
二、组织目标的制定 ········· 87
三、目标管理的过程 ········· 90
第三节 计划及其编制 ········· 97
一、计划概述 ········· 97
二、计划的类型 ········· 100
三、计划的编制过程 ········· 101
四、计划书编制方法 ········· 103
五、计划书的构成 ········· 107

第五章 组 织 ········· 113
第一节 组织与组织结构 ········· 114
一、组织概述 ········· 114
二、组织结构类型 ········· 115
第二节 组织结构设计 ········· 120
一、组织结构设计的原则 ········· 120
二、组织结构设计的影响因素及过程和内容 ········· 121
三、组织结构层级的纵向设计与横向设计 ········· 123
四、组织结构职权设计 ········· 125
第三节 人员配置 ········· 128
一、人员配置的含义 ········· 128
二、人员配置的原则 ········· 129
三、人员配置的内容 ········· 129

第四节 组织文化 ··· 136
　一、组织文化概述 ··· 136
　二、组织文化的要素和功能 ··· 138
　三、组织文化的培育 ··· 140
第五节 组织变革 ··· 142
　一、组织变革概述 ··· 143
　二、组织变革过程的管理 ·· 144
　三、组织变革的发展趋势 ·· 149

第六章 领　导 ··· 153
第一节 领导概述 ··· 154
　一、领导的内涵及其与管理的区别与联系 ··························· 154
　二、领导的作用 ·· 156
　三、领导力 ·· 157
第二节 有效的领导 ·· 161
　一、领导理论 ··· 162
　二、领导艺术 ··· 170
第三节 激　励 ·· 174
　一、激励概述 ··· 175
　二、激励理论 ··· 177
　三、有效激励手段 ··· 185
第四节 沟　通 ·· 187
　一、沟通概述 ··· 188
　二、沟通的类型 ·· 190
　三、影响有效沟通的原因 ·· 193
　四、提高有效沟通的技巧 ·· 197
　五、组织协调、冲突与冲突管理 ······································· 200

第七章 控　制 ··· 210
第一节 控制系统和控制过程 ·· 211
　一、控制概述 ··· 211
　二、控制过程 ··· 217
第二节 控制方法 ··· 222
　一、预算控制方法 ··· 222
　二、非预算控制方法 ·· 227

第三篇　创　新

第八章 创新与管理创新 ·· 234
第一节 创新概述 ··· 235

一、创新的概念……………………………………………………………… 235
　　二、创新的特点……………………………………………………………… 236
　　三、创新的内容……………………………………………………………… 236
　第二节　管理创新概述…………………………………………………………… 238
　　一、管理创新的概念及特点………………………………………………… 239
　　二、管理创新的重要性……………………………………………………… 241
　　三、管理创新内容…………………………………………………………… 243
　　四、管理创新主体及其动力与能力………………………………………… 248

第九章　管理创新的过程和方法………………………………………………… 259
　第一节　管理创新原则…………………………………………………………… 260
　第二节　管理创新过程…………………………………………………………… 262
　　一、管理创新过程认识……………………………………………………… 262
　　二、管理创新过程的阶段与阶梯…………………………………………… 265
　第三节　管理创新方法…………………………………………………………… 267
　　一、创新思维方法…………………………………………………………… 268
　　二、创新技术方法…………………………………………………………… 273

参考文献…………………………………………………………………………… 279

第一篇

管理概述

第一章　管理及管理学

【知识目标】

1. 熟悉并理解管理的基本概念；
2. 掌握主要的管理方法及其应用；
3. 初步掌握管理者及管理者应具备的素质、技能和扮演的角色；
4. 了解管理学研究的对象、方法。

【素质目标】

1. 认识并理解管理工作在组织管理中的必要性和重要性；
2. 初步具备组织管理的全局观；
3. 培养团队合作精神。

【技能目标】

1. 初步掌握管理方法及其适用环境；
2. 初步培养组织能力、协调能力、沟通能力、计划能力、控制能力、合作能力和领导能力；
3. 初步具备运用所学的基本概念解释一些管理活动的能力。

【导入案例】

海尔的腾飞

海尔是在引进德国利勃海尔电冰箱生产技术成立的青岛电冰箱总厂基础上发展起来的。在海尔集团首席执行官张瑞敏"名牌战略"思想的引领下，海尔经过十八年的艰苦奋斗和发展创新，从一个濒临倒闭的集体小厂发展壮大成为在国内外享有较高美誉的跨国企业。

2002年海尔实现全球营业额711亿元，是1984年的20 000多倍；2002年，海尔跃居中国电子信息百强之首。1984年，青岛电冰箱总厂职工不足800人；2002年，海尔职工不仅发展到了3万人，而且拉动就业人数30多万人。1984年只有一个型号的冰箱产品，目前已拥有包括白色家电、黑色家电、米色家电、家居集成在内的86大门类13 000多个规格品种的产品群。全球很多家庭都是海尔产品的用户。

美国《家电》杂志统计显示海尔是全球增长最快的家电企业，并对美国企业发出了"海尔击败通用电气"这样的警告；近年来，海尔已经有十几个成功的案例进入哈佛大学、洛桑国际管理学院、欧洲工商管理学院、日本神户大学等著名高等学府的案例库，成为全球商学院的通用教材，这在中国企业界是唯一的。张瑞敏本人也成为第一个登上世界商学院的最高讲台——哈佛大学商学院讲学的中国人。海尔人的目标是：进入世界500强，振兴民族工业！

（资料来源：https：//wenku.baidu.com/view/0a16e9523c1ec5da50e27024.html，有删减.）

【分析及任务】

上述案例说明企业成败的关键是什么？

第一节 管理的基本概念

一、管理的定义

管理起源于人类的共同劳动。管理活动自古有之，到今天，管理已渗透社会的各个领域。有人形象地说，社会的每一根血管里都淌着管理的血液。各种管理学派犹如雨后春笋，形成茂密的管理理论丛林。随着时代的发展，不仅各种管理理论和学派呈现出林立丛生的景观，而且管理学者们对于什么是管理也有着各自不同的见解。

众所周知，管理无时不在，无处不有。对于什么是管理，似乎每个人都能说出一点自己的认识。给管理下准确的定义，的确很难。所以到目前为止，管理还没有统一认可的定义。一些管理学者和管理学家都是从不同领域、不同角度来给它下定义，故而定义呈现多元化。如"科学管理之父"泰勒认为："管理就是确切地知道你要别人去干什么，并使他用最好的方法去干。"这里，泰勒强调的仅仅是从个人认识角度出发的概念，他虽然谈到了管理的目的、效率与方法，但并没有涉及具体的组织行为，这只是一般意义上对管理最粗浅的认识。所以，尽管科学管理理论诞生以后产生了很大的轰动效应，但是，它也仅仅是把管理的职能提炼出来，而没有作进一步的细化，实际上有很多的工作并不科学，因而，越俎代庖的行为经常发生。

"经营管理之父"法约尔则指出："管理是所有人类组织（不论是家庭、企业或政府）共有的一种活动，这种活动主要由五项要素组成：计划、组织、指挥、协调和控制。所以，管理就是实行计划、组织、指挥、协调和控制。"这里，法约尔从管理的组织过程出发，指出了管理的具体职能，但他仅仅是将管理的职能综合在一起，还没有给管理的本质确定一个统一的定义。计划、组织、指挥、协调和控制只是管理的一般职能，而不能说明管理的本质和具体的功能。

集管理之大成的管理学家孔茨说："管理就是由一个或更多的人来协调他人的活动，以便收到个人单独活动所不能收到的效果而进行的各种活动。所以，管理就是设计一种良好的环境，使人在群体里高效率地完成既定目标。"这里，孔茨强调了协调的重要性以及人在管理中的重要性。孔茨关于管理的定义的重要性在于，他特别指出了管理的体系问题，而不是就管理而管理。

决策管理学家西蒙从决策的角度总结说："决策是管理的心脏，管理就是由一系列的决策组成，更确切地说，管理就是决策。"这里，西蒙突出了管理的决策功能，在他看来管理的一切工作就是在面对现实与未来、面对环境与员工不断做出各种决策。管理决策说对于管理的本质认识又进了一步，将管理从一般性的事务性工作中解脱出来，集中反映到了决策的高度上。但是，因为决策的过程相当复杂，西蒙的管理决策说也并没有进一步深入下去，以至于在实际中无法把握管理决策的重要作用。

"现代管理之父"德鲁克结合他的管理实践活动，说："归根结底，管理就是一种实践，其本质不在于'知'，而在于'行'；其验证不在于逻辑，而在于成果。所以，管理的唯一权威就是成就。"德鲁克在这里强调的是管理的实践特性和实用效果。从严格意义上说，德鲁克的这一认识把人们对管理的虚无化又拉回到了现实之中，避免了那种为了管理而管理的行为的发生。但是，过于强调管理的实践性也可能会形成不注重客观规律、急功近利的效果，在现实之中反而会适得其反。

罗宾斯则认为管理是指协调工作活动的过程，以便能够有效率和有效果地同别人一起或通过别人实现组织的目标。他强调管理的过程性、协调性和有效性。

综观上述管理定义，真可谓众说纷纭。管理大师、学者们从不同的侧面、不同的角度揭示了管理内涵的某一方面或某几个方面的属性，或者说他们研究问题的出发点和方法不同。从这些定义中，大家可能会觉得管理太复杂了。的确，管理定义的多样性说明管理的内涵十分丰富，且人们对管理的认识也在不断深化，因此，我们只有从多角度对管理这一问题进行思考，才能全面地把握管理的真谛。管理定义多元化至少说明了：

管理活动和管理理论无论在深度上还是在广度上都是在不断发展的，不同时期研究者对管理的认知程度不同；研究者由于职业不同、研究的领域不同、研究的视角不同、研究的方法不同等，从而对管理的定义也是不同的。在前人定义的基础上，我们综合各家之所长提出以下管理的定义，以期全面地概括管理的内涵。

管理是指管理者在一定的环境条件下，通过实施决策、组织、领导和控制等职能，以人为中心来协调各种资源，以便有效率和有效果地实现组织目标的过程。

从上述管理的定义中，我们归纳出管理有以下几层含义：

（1）管理的主体是管理者，回答谁来管理的问题。
（2）管理的客体是组织中各种资源，回答管什么的问题。
（3）管理的过程是计划、组织、领导和控制，回答怎么管的问题。
（4）管理是为了实现组织目标，回答为什么管的问题。
（5）管理是否有效跟环境有关，回答管理与哪些因素有关的问题。

上述五层含义归纳即为管理五要素。

二、管理的一般特征

管理是一种应对复杂的环境有目的社会活动，其内容丰富，形式多样，每项管理活动都具有与众不同的特点。但其作为人类社会的一项基本实践，有着自身的一般特征。

（一）管理的过程性

管理是通过决策、组织、领导、控制等过程来实现的，如图1-1所示。在上述各项过程中，计划着眼于有限资源的合理配置，组织致力于合理的分工协作关系的建立，领导着眼于激发和鼓励人的积极性，控制的重心在于纠正偏差。它们相互配合，共同致力于管理的效率与效果。

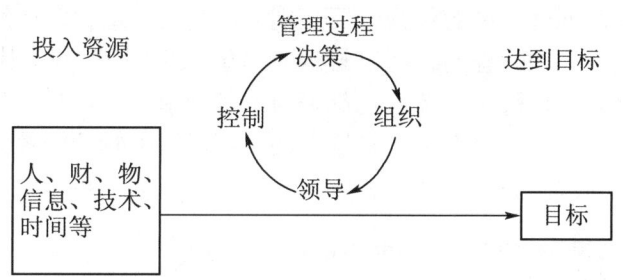

图 1-1 管理过程图

管理的过程是相互联系、相互制约的。计划是首要的，根据计划的要求和安排，确定组织的机构、部门的设置，然后确定有效的领导方式和恰当的激励方式，最后根据计划的要求设置控制的标准进行控制。组织、领导、控制是保证计划目标的实现所不可缺少的，其任务是保证系统按预定的方向和规则进行。

（二）管理的目的性

管理的目的性非常明确，那就是实现组织目标。衡量管理工作有效性可用两个指标即效率与效果来描述。组织目标是实现效率和效果的统一。

效率是指投入与产出之比。效率的指标要求是使组织资源的利用成本达到最小化。它反映资源利用的程度，即力求以最少的投入获得最大的产出。

效果指目标的实现程度。管理还必须使活动实现组织预定的目标，即追求活动的效果。

一般来说，什么事情该做，取决于目标定位；怎样才能把事情做好，取决于做事的方式。

效率涉及做事的方式，即回答"怎么做"；效果涉及事情的结果，即回答"做什么"。效率通常指的是"正确地做事"，即不浪费资源。效果通常是指"做正确的事"，即做有助于目标实现的事，使所从事的工作和活动有助于组织达到其目标。一个组织如果实现了其目标，我们说它是有效果的。但有效果的组织完全可能出现效率低下的情形；反之，高效率的组织也可能是无效果的。因此，作为一个组织，管理工作不仅要追求效率，更要达到和实现组织目标，即追求高效率和高效果。

（三）管理的本质是协调

尽管管理工作形式多样，但其基本内容与本质是相同的，即协调。协调就是使个人的努力与组织的目标相一致。协调就是使组织中的各个部门、每个成员、各种资源、各项活动之间有机结合，同步和谐。管理者进行决策、计划、组织、监督、检查等活动，实际上是对目标、资源、任务、行为和活动等进行协调。对目标的协调表现为决策，对资源的协调表现为计划，对任务的协调表现为组织，对行为的协调表现为沟通，对活动的协调表现为控制。可见，每一项管理职能、每一种资源都要进行协调，协调的中心是人。

（四）管理的核心是处理组织中的各种人际关系

管理不是个人的活动，而是在一定的组织中实施的。对于管理者而言，管理意味着要在其职责范围内，协调下属人员的行为，要让别人同自己一道去完成组织目标。然而在组织中，任何事情都是靠人来处理的，所以管理者既管人又管事，而管事实际上也是管人，因为管理活动自始至终，在每一个环节上都是与人打交道的，而且管理中除了人以外的所有资源、管理的各个环节都是靠人去运筹帷幄的，所以说，管理的核心是处理组织中的各种人际关系。

（五）管理的实质是为了实现目标而采取的一切手段

管理也不是越多越好，糟糕的管理比没有管理更糟糕。

三、管理的职能

管理职能是研究管理的核心，管理职能的提出与划分，为研究管理问题提供了一个理论框架或理论体系。有关管理的概念、理论、原则、方法和程序都可以按照不同的管理职能而加以分类归纳并予以系统论述，而管理职能则涵盖了管理的基本要素。

不同的学者有不同的看法，如：法国科学管理专家法约尔提出"五项职能说"，他在《工业管理和一般管理》一书中指出"管理，就是计划、组织、指挥、协调和控制"；美国经济学家戴维斯提出"三职能说"，即"计划、组织、控制"；美国管理学家古利克认为管理应当分为计划、组织、人事、指挥、协调、报告、预算七项职能。

本书将管理职能界定为：决策、组织、领导、控制和创新五项基本职能，如图1-2所示。

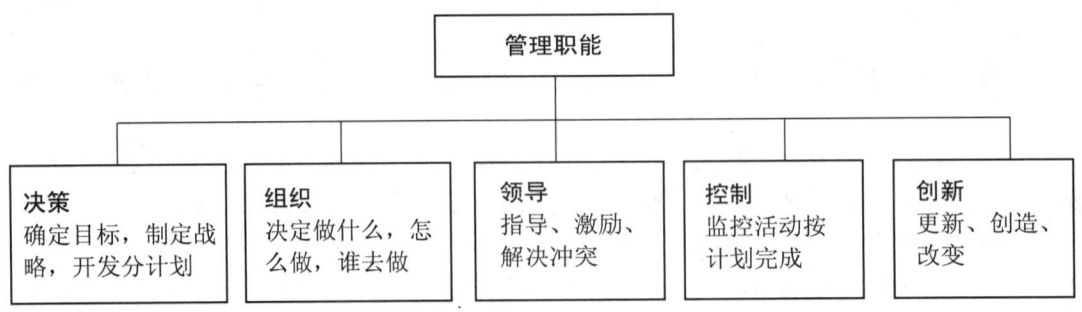

图1-2 管理职能

决策工作表现为确立目标和明确达到目标的必要步骤（或称之过程），包括环境分析、建立目标、制定实现目标的战略方案、形成协调各种资源和活动的具体行动方案等。简单地说，计划工作就是要解决两个基本问题：第一是干什么，第二是怎么干。组织中其他一切工作都要围绕着计划所确定的目标和方案展开，所以说计划是管理的首要职能。

组织工作是为了有效地实现计划所确定的目标而在组织中进行部门划分、权利分配和工作协调的过程。它是计划工作的自然延伸，包括组织结构的设计、组织关系的确立、人员的配置以及组织的变革等。

领导工作就是管理者利用职权和威信施展影响，指导和激励各类人员努力去实现目标的过程。当管理者激励他的下属、指导下属的行动、选择最有效的沟通途径或解决组织成员间的纷争时，他就是在从事领导工作。领导职能有两个要点：一是努力搞好组织的工作；二是努力满足组织成员的个人需要。领导工作的核心和难点是调动组织成员的积极性，它需要领导者运用科学的激励理论和合适的领导方式。

控制工作包括确立控制目标、衡量实际业绩、进行差异分析、采取纠偏措施等。它也是管理活动中一个不可忽视的职能。

创新工作是指在工作岗位上创新自己工作能力，产生新的思路、方法、措施，产生新的工作效果和效益。

上述五大职能是相互联系、相互制约的，其中决策是管理的首要职能，是组织、领导、控制和创新职能的依据；组织、领导、控制和创新职能是有效管理的重要环节和必要手段，是计划及其目标得以实现的保障，只有统一协调这五个方面，使之形成前后关联、连续一致的管理活动整体过程，才能保证管理工作的顺利进行和组织目标的完满实现。

四、管理的性质

管理，从最基本的意义来看，一是组织劳动，二是指挥、监督劳动。因此，管理既具有同社会化生产相联系的自然属性，又有同生产关系和社会制度相联系的社会属性，也称为第一个管理二重性。从管理活动过程来看，既要遵循客观规律要求，又要体现灵活协调的艺术性要求，即第二个管理二重性。

（一）管理的自然属性和社会属性

管理的自然属性和社会属性（见图1-3）基本观点反映出管理的必要性和目的性。所谓必要性，就是说管理是生产过程固有的属性，是有效地组织劳动所必需的；所谓目的性，就是说管理直接或间接地同生产资料所有制有关，反映生产资料占有者组织劳动的基本目的。

（1）管理的自然属性是指管理是由许多人进行协作劳动而产生的，是有效组织共同劳动所必需的，具有同生产力和社会化大生产相联系的自然属性；它与具体的生产方式和特定的社会制度无关。管理要处理人与自然的关系，要合理地组织社会生产力，故也称作管理的生产力属性。

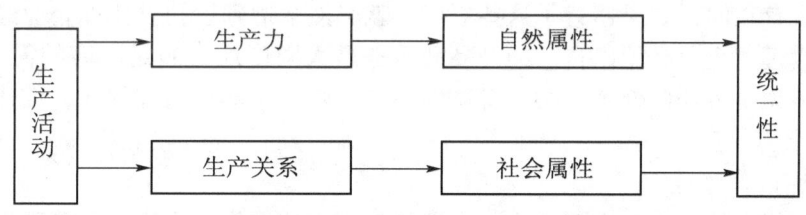

图1-3 管理的自然属性和社会属性

（2）管理的社会属性是指管理体现着生产资料所有者指挥劳动、监督劳动的意志，因此，它又有同生产关系和社会制度相联系的社会属性。管理是为统治阶级服务的，受一定生产关系、政治制度和意识形态的影响和制约。也就是说，任何管理活动都是在特定的社会生产关系条件下进行的，都必然要体现一定社会生产关系的特定要求，为特定的社会生产关系服务，从而实现其调节和维护社会生产关系的职能。所以，管理的社会属性也叫作管理的生产关系属性。管理的社会属性既是生产关系的体现，又反映和维护一定的社会生产关系，其性质取决于不同的社会经济关系和社会制度的性质。在不同的社会制度条件下，由不同的对象来监督，其监督的目的和方式都会不同，因而也必然使管理活动具有不同的性质。

（3）管理的自然属性和社会属性关系。一方面管理的自然属性总是在一定的社会形式、社会生产关系条件下发挥作用；同时，管理的社会属性也不可能脱离管理的自然属性而存在，否则，管理的社会属性也就成为没有内容的形式。另一方面，两者又是相互制约的，管理的自然属性要求具有一定的"社会属性"的组织形式和生产关系与其相适应；同样，管理的社会属性必然对管理的科学技术等方面产生积极影响或制约作用。

（4）学习管理的自然属性和社会属性的意义。学习掌握二重性原理，是我们认识、学习和借鉴发达国家企业管理中的科学经验与方法的基础，是研究、总结和发展我国企业管理经验的理论武器，因而对建设中国特色社会主义企业管理方式有重要的理论意义和实践意义，也就是说既要正确对待西方国家企业管理的经验，又要充分重视我国长期以来在企业管理实践中形成的优良传统和作用，这两者缺一不可。

（二）管理科学性和艺术性

1. 管理是一门科学

管理有一套完整的理论体系，具有科学的规律性、严密的程序性、先进的技术性，能够被学习和继承。

（1）科学的规律性

管理科学是人类长期从事社会生产实践活动，对管理活动规律的总结。作为一门科学，要求管理具有系统化的理论知识。管理科学是把管理的规律性揭示出来，形成原则、程序和方法，对管理者管理活动予以普遍性指导，使管理成为理论指导下的规范化的理性行为。承认管理的科学性，就是要求在管理活动中要不断发现与摸索管理的规律，按照管理的规律来办事，在科学的管理理论与原则的指导下，搞好管理，提高管理效率。

管理学是从客观实际出发，研究人类社会中各种组织的管理活动及其规律的学科，这些规律是客观存在的，如果违背了这些规律，就必然会遭到惩罚。比如企业经营中有一条亘古不变的真理：企业必须以自己的产品和服务最大限度地去满足顾客的需求才能盈利。这条法则应该说是古今中外企业必须遵循的不二法则，这就是管理规律，谁违背了谁就要吃亏。

（2）严密的程序性

科学的逻辑在管理活动中表现为一种严格的程序化操作，程序性是管理活动的一个重要特征。这种程序性首先体现在管理流程的设计中，其次体现在具体的操作工艺中。

（3）先进的技术性

管理学是一门应用性很强的学科，管理的理论只有转化为具体的管理技术和技能才能发挥作用。在现代管理学中，这些管理技术又被转换成各种管理软件和具体的操作技能，以便完成具体的管理任务。

2. 管理是一门艺术

管理是一种随机的创造性工作，它不像有些科学那样可以通过数学计算求得最佳答案，也不可能为管理者提供解决问题的具体模式，它只能使人们按照客观规律的要求，实施创造性管理。从这个意义上讲，我们说管理是一种艺术。同时，管理还存在着许多未知的、活的、模糊的因素。所谓未知的、活的、模糊的因素即靠人的经验、感觉、魄力、权威等都无法度量甚至无法言传，被人们称之为"艺术"的部分。

管理的艺术性在具体的管理活动中有如下要求：

（1）巧妙的应变性

管理者在其管理生涯中，会遇到各种意想不到的事件，有无应变能力，便显得十分重要；尤其是当组织遇到突然的重大变故时，管理者的应变能力往往起着决定性的作用。例如：海南农民种植的一种叫"白象牙"的芒果，因为在开花时授精授粉不完全，导致"发育不良"，结出的果只有鸡蛋般大小，这种果子学名为"败育果"。前几年，这种果子只能被淘汰。但是，原本要扔掉的小东西，在通过合理的转换后却变成了"珍珠果"。这种果由于其口感好，果肉中几乎没有纤维，核小甚至无核，深受人们的欢迎。正常大小的优质象牙芒果每斤售价2～3元，而它却卖到了4～5元，最高时可卖到8元一斤，而且供不应求。在海口、广州、深圳等地，这种小个的象牙芒果成为当地人的送礼佳品。气候还是那个气候，芒果还是那个芒果，但结果却大不相同。这就是管理的应变性，遇到不同的情况、不同的对象，进行不同的处理。

（2）灵活的策略性

管理者不仅需要运用智慧进行战略层面上的思维和运作，更需要策略层面上的灵活操作，只有一个个策略上的成功，才能最终取得战略上的成功。

（3）完美的协调性

管理者的重要任务就是对各种关系的成功协调，如乐队指挥、弹奏钢琴协奏曲。协调出动力，出效益。其中，人际关系的成功协调，是对管理者的重大考验。

3. 管理是科学与艺术的统一，是客观规律与主观能动性的统一

管理科学是反映管理关系领域中的客观规律的知识体系，管理艺术则是以管理知识和经验为基础，富有创造性管理技巧的综合。管理科学是管理这一能动过程的客观规律的反映，而管理艺术则是它的主观创造性方面的反映。管理者只有既懂得管理科学又有娴熟的管理艺术，才能使自己的管理活动达到炉火纯青的地步。

在管理的科学性上，人们常犯的错误是：盲目搬照国外的管理理论；将书本上的管理原理当作教条；认为管理只靠实践，从不相信管理专家。尤其是第三种看法，在管理者中广泛存在。

在管理的艺术性上，人们常犯的错误是：管理的艺术性是指管理靠的是人格魅力、灵感与创新，而管理本身是没有规律可循的，更没有办法通过学习（尤其是书本学习）掌握管理的技巧。过分强调管理的艺术性，从而否认管理的科学性；认为管理艺术是少数人天生所具有的，从而大多数人只能处于被管理、被领导的地位；在管理实践上缺乏科学的管理制度，而常常以管理者的心情、好恶来作为决策的依据。

对于学习管理学的人来说，不能把管理学当作一般的知识性学科进行学习，也不能简单地当作完成职业任务的操作技能来学习，而应该从管理科学、管理艺术两个层面来学习研讨管理学，使自己修炼成一个出色的管理者。

【阅读思考】

丁谓建宫室

北宋大中祥符八年（公元1015年）四月，宫廷内发生火灾，不少殿阁楼台被烧成一片瓦砾。当时的皇帝是宋真宗，他最为迷信，认为这是上天的谴责。第二天，他一面下诏求取"直言"，一面命大臣丁谓为"大内修葺使"，负责宫室的整修与重建。

在拥有百万人口的繁华东京，这可是个巨大的工程：皇家宫殿处于都城中心，首先，修葺宫室需要大量泥土，而无论从哪个方向取土，都得穿越半个京城而远至郊外，光这一项就得征发大批夫役，耗费不少时日。丁谓却传令：于通街大衢掘开路面，就地取土，运进宫中。于是没过多久，东京的一条南北大街就被挖成长长的巨堑，一直延伸到郊外汴河边。丁谓又令掘开汴河，将水引进巨堑，顿时便成了一条新的"运河"。就在掘街取土的同时，丁谓已分拨夫役扎了不少竹排木筏，此刻，那些木料、砖瓦等建筑材料便装在排筏上，通过这条"运河"，源源不断地一直运抵施工场所。

工程结束时，已是冬天的枯水季节了，那条新"运河"也见了底，又变成长长的巨堑。丁谓命令将那些瓦砾与大量的建筑垃圾都填进巨堑，再稍加修整，通街大衢便又恢复了原来的模样。

这项工程，由于丁谓的巧妙构思，既解决了取土问题，又节约了建筑材料的运输成本，更便于建筑垃圾的处理，真是一举三得，不但节省费用数以亿万计，还大大缩短了工期。

据说宋真宗欲建造一座昭应宫，请人对工程进行核算，需费时二十五年；交给丁谓办，七年就完工了。

（本文取材于《宋史·丁谓传》、《宋史·真宗本纪》、北宋沈括《梦溪笔谈·补笔谈》卷二）

思考：丁谓一举三得给我们什么启示？

第二节　管理者

【导入案例】

"三个和尚"的故事

从前有座山，山上有一个破庙，有一天，一个小和尚来到庙里，看见庙里的水缸没水了，就挑来水倒满了水缸，还给观音瓶子里加满了水，干枯的柳枝终于恢复了生机。小和尚每天挑水、念经、敲木鱼，夜里不让老鼠来偷东西，生活过得安稳自在。

不久，来了个高和尚。他渴极了，他一到庙里，就把半缸水喝光了。小和尚让他去挑水，高和尚心想一个人去挑水太吃亏了，他要小和尚和他一起去抬水。于是两个人抬着一只水桶去山下取水，抬水的时候水桶必须放在扁担的中央，如果不在中间，两个人就推来推去，谁都不想多出一点力气。

后来，又来了个胖和尚。他也想喝水，但恰好缸里没有水了。小和尚和高和尚让他自

已去挑，胖和尚挑来一担水，放下水桶就立刻咕咚咕咚地大喝起来，两桶水被喝了个精光。

后来谁也不去挑水，从此三个和尚就没水喝了。

大家各念各的经，各敲各的木鱼，观音菩萨面前的净水瓶也没人添水，柳枝枯萎了。夜里老鼠出来偷东西，谁也不管。结果老鼠打翻烛台，燃起了大火。和尚们慌了神，三个和尚这才一起奋力救火，大火扑灭了，他们也觉醒了。

从此三个和尚齐心协力，自然也就有水喝了。

【分析及任务】

1. 三个和尚没水喝的局面是什么原因造成的？
2. 如何让更多的和尚有水喝？

一、管理者的概念

根据在组织中的地位和作用的不同，组织成员可以大致分为两类：操作者和管理者。操作者或称之为非管理雇员，是指在组织中直接从事具体的业务，且不承担对他人工作监督职责的人。如工厂的工人、医院的护士、商店的售货员、学校的教师等。他们的任务就是做好组织所分派的具体的操作性工作。

管理者或称管理人员、主管人员，我们从职责角度来理解，而非职权角度来理解，就是那些在组织中行使管理职能、指挥或协调他人完成具体任务的人。如工厂的厂长、医院的院长、商店的经理、学校的校长或系主任等。他们虽然有时也做一些具体的操作性事务，但其主要职责是指挥或协调下属开展工作。管理者是组织的心脏，其工作绩效的好坏直接关系着组织的兴衰成败。

管理者一般具有以下基本特征：一是组织中的一种角色；二是履行管理的五大职能；三是拥有直接下属，负有直接指挥和协调他人工作的职责。

管理者与操作者的根本区别在于：管理者具有指挥和协调他人的职责，且拥有直接下属，而操作者则不具有这样的职责，且没有下属。

从现实来看，我们开始职业生涯后，要么是操作者，要么是管理者，两者必具其一。作为管理者，理解管理过程是培养管理技能的基础，可以使自己获得成为有效的管理者的系统知识。作为被管理者，学习管理可以更好地理解上司的行为方式和组织的内部运作方式，适应组织的需要。然而，随着组织与工作性质的变化，管理者与操作者之间的界线越来越模糊，许多传统的职位现在也可能包括了管理性的活动，特别是在团队中。如在一个团队中，成员们通常也要制订计划，做决策，监测自己的绩效，而这些过去都属于管理者的职责。所以学好管理学知识无论是否是管理者都是很有必要的。

【点对点案例】

管理者具体应该干什么？

王明是某物流公司仓库的业务经理，该仓库每天要处理众多的配送供应业务，在一般情况下，登记订单、按单备货、发送货物等都由仓库管理员承担，但在不久前，接连发生了多起错发货物的事，把应发给 M 的货物发给了 N，N 要的货物却发给了 M，引起了客户极大的不满,次日又将有一大批货要发送,王明不想让这种事情再次发生。
(资料来源: https://wenku.baidu.com/view/e94a14d671fe910ef12df872.html?from=search,有删减.)

请问:王明他应该亲自核对这批货,还是仍由仓库管理员处理?给出你们的理由。

二、管理者的分类

根据管理者在组织中的层次地位不同、职责权限不同,所履行职能重点不尽相同,可作不同的分类。

(一) 管理者按其在组织中所处层次不同的划分

管理者按其在组织中所处层次的不同,可分为高层管理者、中层管理者、基层管理者,如图1-4所示。

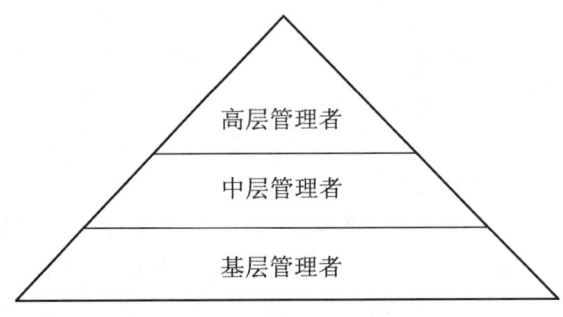

图1-4 管理者按管理层次划分

1. 高层管理者

高层管理者是对整个组织的管理负有全面责任的人。他们的主要职责是,制定组织的总目标、总战略,掌握组织的大政方针并评价整个组织的绩效。他们的决策是否正确、职权的运用是否得当,直接关系到整个组织的成败。如学校的校长、医院的院长、工厂的厂长、公司的总经理、总裁等都是高层管理者。

2. 中层管理者

中层管理者贯彻执行高层管理者所制定的重大决策,并监督和协调基层管理者的工作。他们在组织中起承上启下的作用,对上下信息沟通、政令通行等均负有重要责任。如学校的系主任、工厂的车间主任、公司的部门经理、机关的处长等都是中层管理者。

3. 基层管理者

基层管理者直接指挥和监督现场作业人员,保证上级下达的各项计划和任务的完成。他们是整个管理系统的基础。如学校的教研室主任、工厂的班组长、公司的科长等都是基层管理者。

可见,随着管理者在组织中所处的层次不同,其职责的侧重点也有所不同。但就管理者工作的本质而言,没有什么不同,所有的管理者不管处在哪一级管理层次上,都要履行计划、组织、领导、控制和创新五大职能,只不过他们从事五项职能的内容与所花的时间有所不同而已。

（二）按管理工作的性质与领域划分

1. 综合管理者

综合管理者是指负责整个组织或部门的全部管理工作的管理人员，如图 1-5 所示。他们是一个组织或部门的主管，对整个组织或该部门的目标实现负有全部的责任；他们拥有这个组织或部门所必需的权力，有权指挥和支配该组织或该部门的全部资源与职能活动，而不是只对单一资源或职能负责。例如，工厂的厂长、车间主任都是综合管理者。而工厂的计财处长则不是综合管理者，因其只负责财务这种单一职能的管理。

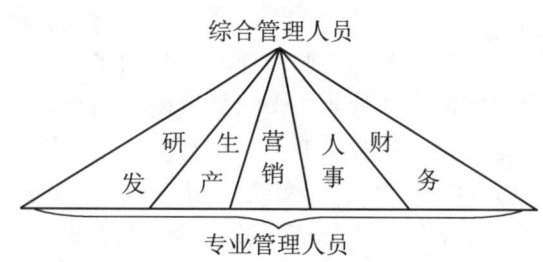

图 1-5　管理者按管理的性质与领域分类

2. 职能管理者

职能管理者是指在组织内只负责某种职能的管理人员。这类管理者只对组织中某一职能或专业领域的工作目标负责，只在本职能或专业领域内行使职权、指导工作。职能管理者大多数是具有某种专业或技术专长的人。例如，一个工厂的总工程师、设备处长等。就一般工商企业而言，职能管理者主要包括以下类别：计划管理、生产管理、技术管理、市场营销管理、物资设备管理、财务管理、行政管理、人事管理、后勤管理、安全保卫管理等。

（三）按职权关系的性质划分

1. 直线管理人员

直线管理人员是指有权对下级进行直接指挥的管理者。他们与下级之间存在着领导隶属关系，是一种命令与服从的职权关系。直线管理人员的主要职能是决策和指挥。直线管理人员主要是指组织等级链中的各级主管，即综合管理者。例如，企业中的总经理→部门经理→班组长，他们是典型的直线管理人员，是由他们组成组织的等级链。

2. 参谋人员

参谋人员是指对上级提供咨询、建议，对下级进行专业指导的管理者。他们与上级的关系是一种参谋、顾问与主管领导的关系，与下级是一种非领导隶属的专业指导关系。他们的主要职能是咨询、建议和指导。对企业而言，参谋人员通常是指各级职能管理者，如计财处长、总工程师、公关部经理等。他们既向最高领导提供咨询、建议，又对整个企业各部门及人员进行其所负责的专业领域内的业务指导。

三、管理者的素质

管理者的素质是形成管理水平与能力的基础，是做好管理工作、取得管理绩效的极为重要的主观条件。因此，对管理者必然要提出相应的要求。

关于管理者的素质，中外学者都做了大量研究，其中在现代管理学上产生重要影响的是西方学者关于智商和情商的研究。

智商是个人智力水平的数量化指标，反映的是一个人的智力程度，显示一个人做事的本领。智商决定了人的理解和学习的能力、思维能力、记忆力和反应能力等。智商对管理者很重要。它在一定程度上受先天因素制约，但后天环境的影响对于智商的提高也非常重要。

情商也称"情感智力"，是一种理解、把握和运用自己及他人情绪的能力，具体包括：认识自身情绪的能力、妥善管理自身情绪的能力、自我激励的能力、认知他人的能力、人际关系管理的能力以及面对各种考验时保持平静和乐观心态的能力等。西方学者认为，人生成功不仅仅取决于智商，还取决于情商，这两方面是人才应当同时具备的两种素质。但是，对人一生事业影响最大的是情商而不是智商，情感智力的高低会直接影响个人智商的发挥。"人在社会上要获得成功，起主要作用的不是智力因素，而是情绪智能，前者占20%，后者占80%"。在美国，人们流行一句话："智商决定录用，情商决定提升。"因此，对管理者而言，管理者应着重提高情商，在此前提下不断提高智商。

智商和情商往往受先天因素制约，在此不过多讨论。但作为管理者，无论是处于高层、中层，还是基层，想成为一个优秀的管理者，就必须具备良好的素质和基本技能。

管理者的素质是指管理者的与管理相关的内在基本属性与质量，包括政治与文化素质、基本业务素质、身心素质。

1. 政治与文化素质

政治与文化素质是指管理者的政治思想修养水平和文化基础。包括：政治的坚定性和敏感性、事业心、责任感；思想境界与品德情操；人文修养与广博的文化知识等。

2. 基本业务素质

基本业务素质是指管理者在所从事工作领域内的知识与能力。包括一般业务素质和专门业务素质。

3. 身心素质

身心素质是指管理者本人的身体状况与心理条件。包括：健康的身体，坚强的意志，开朗、乐观的性格，广泛而健康的兴趣等。

【阅读思考】

稻盛和夫的部分人生感悟

下面摘录稻盛和夫在《活法》与《人，为什么活着》中关于思想境界的理念，供大家思考。

（1）什么是企业经营者最需要的？"当今时代最需要的就是从根本上思考'人为什么活着？'""尽管它像在沙漠中洒水一样虚无，也像在湍流中打桩一样困难，但它从根本上决定着人们的思考和行动。否则，我们将陷入无止境地追求钱财和名位而疲于奔命。我希望，每人都能带着美好一点、崇高一点的灵魂死去。"

（2）人生态度能影响管理和企业吗？"人生态度取决于人的生活经历。人生态度不同，就有高尚与卑鄙的分别。一切为了钱，将最终成为商业丑闻的主角。人越有才华，越相信自己有很强的实力，越容易走上不知其危的失败不归路。因此，人生品格修炼对事业、企业都是十分重要的。"

（3）什么是人的品格？"品格是由先天的性格和后天的理念组成的。而后天的理念、思想、哲学，是做人的准则，准则对与错决定人的品格好与坏，而品格的好与坏决定了人生的成与败。要提高心性的尊贵，要追求人间正道的做人准则。品格的形成，是通过完成工作实现的。""工作完成又受品格好坏决定。所以完善工作不如完善品格更根本。"

（4）是什么造就了人一生的成就？"人生成就是由思维方式、工作激情和业务能力这三个要素组成。""起决定作用的要素是思维方式。何谓思维方式？就是对待人生的态度，即世界观、人生观、价值观。思维方式有好有坏，有积极与消极，因此有正值与负值，它从正100到负100。而激情、能力都是0到100。三个要素的乘积，才是人的成就。"

（5）什么是稻盛和夫哲学的原点？"这个原点就是'正确的做人准则'。这是基于人类与生俱来的良心，并以此衍生出社会基本的伦理与道德。它使人不会迷失方向，是企业的经营指针，也是人人必须遵守的判断是非的标准。""我的经营，是'以心为本'的经营，就是在企业建立一种牢固的相互信任的、以人与人之间的关系为中心的经营。""世界上没有比人心更易变、更不可靠的东西，但是只要建立起牢固的信赖关系，也没有什么比人心更牢固、更可靠。"

（6）什么是我们办企业的目的？"企业经营者必须有明确的目的和意义，从而能制定出光明正大、顾全大局的崇高目标。具体说：就是追求全体员工物质与精神的幸福，同时为人类社会的进步与发展做出贡献。""企业经营的首要目标，是谋求全体员工及其家属的共同利益。"

（7）什么是企业经营的基本出发点？"实现销售额最大，经费支出最小"是京瓷创业时稻盛和夫的基本理念，一直坚持到今天，为此，创办组织了完全独立核算的"阿米巴"小集体。"在其经营中，实行'单位效益时间核算'。这与通常说的"成本核算"不同，而是先获取订单，在订单前提下生产，以投入最少，集中全力追求创造价值最大化。'阿米巴组织'是通过明确责任，确保细节透明公开，形成可以彻底检验效益的经营体系。"

（8）什么是经营者应有的境界？"我的观点与中国道教遵循的'道法自然'观点相近，即要以基本的道德观、伦理观为前提去办事。我是企业经营专业的外行，但我本着这一思想经营企业一辈子，也获得了事业的成功。如果我当初学了经营学，想到的只是赢利，甚至想到一些投机取巧的办法一味通过人际关系去赢钱，一切为了少吃苦多获名利，那也就没有今天。我就是从做人的道理出发，提出我自己的经营哲学，并做到与全体员工共享。我始终如一地去做，悟出道理就记在本子上，始终保持自己追求的人生理想。"

（资料来源：《中外管理》2009.11）

思考： 稻盛和夫的部分人生感悟对你的启发是什么？

四、管理者的角色

亨利·明茨伯格（Henry Mintzberg）研究发现管理者扮演着11种角色，这11种角色可被归入三大类：人际角色、信息角色和决策角色。

（一）人际角色

人际角色是直接产生管理者权力的基础。管理者所扮演的三种人际角色是：

1. 代表人角色

这是管理者所担任的最基本的角色，履行正式的权威，是一个组织的象征，因此要履行这方面的职责。作为组织的首脑，每位管理者有责任主持一些仪式，比如接待重要的访客、参加某些职员的婚礼、与重要客户共进午餐等等。很多职责有时可能是日常事务，然而，它们对组织能否顺利运转非常重要，不能被忽视。

2. 领导者角色

由于管理者是一个企业的正式领导，要对该组织成员的工作负责，在这一点上就构成了领导者的角色。这些行动有一些直接涉及领导关系，管理者通常负责雇佣和培训职员，负责对员工进行激励或者引导，以某种方式使他们的个人需求与组织目的达到和谐。在领导者的角色里，我们能最清楚地看到管理者的影响。正式的权力赋予了管理者强大的潜在影响力。

3. 联络者角色

这指的是管理者同他所领导的组织以外的无数个人或团体维持关系的重要网络。通过对每种管理工作的研究发现，管理者花在同事和单位之外的其他人身上的时间与花在自己下属身上的时间一样多。这样的联络通常都是通过参加外部的各种会议，参加各种公共活动和社会事业来实现的。实际上，联络者角色是专门用于建立管理者自己的外部信息系统的——它是非正式的、私人的，但却是有效的。

（二）信息角色

管理者负责确保和其一起工作的人具有足够的信息，从而能够顺利完成工作。整个组织的人依赖于管理结构和管理者以获取或传递必要的信息，以完成工作。

1. 监督者角色

作为监督者，管理者为了得到信息而不断审视自己所处的环境。他们询问联系人和下属，通过各种内部事务、外部事情和分析报告等主动收集信息。担任监督角色的管理者所收集的信息很多都是口头形式的，通常是传闻和流言。当然也有一些董事会的意见或者是社会机构的质问等。

2. 传播者角色

组织内部可能会需要这些通过管理者的外部个人联系收集到的信息。管理者必须分享并分配信息，要把外部信息传递到企业内部，把内部信息传给更多的人知道。当下属彼此之间缺乏便利联系时，管理者有时会分别向他们传递信息。

3. 发言人角色

这个角色是面向组织的外部的。管理者把一些信息发送给组织之外的人。而且，管理者作为组织的权威，要求对外传递关于本组织的计划、政策和成果信息，使得那些对企业有重大影响的人能够了解企业的经营状况。例如，首席执行官可能要花大量时间与有影响力的人周旋，要就财务状况向董事会和股东报告，还要履行组织的社会责任，等等。

(三) 决策角色

管理者需要处理信息并得出结论。管理者以决策让工作小组按照既定的路线行事，并分配资源以保证计划的实施。

1. 企业家角色

企业家角色指的是管理者在其职权范围之内充当本组织变革的发起者和设计者。管理者必须努力组织资源去适应周围环境的变化，要善于寻找和发现新的机会。而企业家作为创业者，当出现一个好主意时，总裁要么决定一个开发项目，直接监督项目的进展，要么就把它委派给一个雇员。这就是开始决策的阶段。

2. 危机处理者角色

企业家角色把管理者描述为变革的发起人，而危机处理者角色则显示管理者非自愿地回应压力。在这里，管理者不再能够控制迫在眉睫的罢工、某个主要客户的破产或某个供应商违背了合同等变化。在危机的处理中，时机是非常重要的。而且这种危机很少在例行的信息流程中被发觉，大多是一些突发的紧急事件。实际上，每位管理者必须花大量时间对付突发事件。没有哪个组织能够事先考虑到每个偶发事件。

3. 资源分配者角色

管理者负责在组织内分配责任，他分配的最重要的资源也许就是他的时间。更重要的是，管理者的时间安排决定着他的组织利益，并把组织的优先顺序付诸实施。接近管理者就等于接近了组织的神经中枢和决策者。管理者还负责设计组织的结构，即决定分工和协调工作的正式关系的模式，分配下属的工作。在这个角色里，重要决策在被执行之前，首先要获得管理者的批准，才能确保决策是互相关联的。

4. 谈判者角色

组织要不停地进行各种重大的、非正式化的谈判，这多半由经理带领进行。各个层次进行的管理工作研究显示，管理者花了相当多的时间用于谈判。一方面，因为管理者的参加能够增加谈判的可靠性，另一方面因为经理有足够的权力来支配各种资源并迅速做出决定。谈判是管理者不可推卸的工作职责，而且是工作的主要部分。

5. 干扰对付者角色

当组织面临着意外的、重大的动乱时，负责制定战略，采取补救行动。

两三个人不可能分享一个管理职位，除非他们能像一个实体一样行动。也就是说，他们不能分割这 11 种角色，除非他们能非常小心地将它们结合起来。这 11 种角色形成了一个整体，它们是互相联系、密不可分的。没有哪种角色能在不触动其他角色的情况下脱离这个框架。比如，人际关系方面的角色产生于经理在组织中的正式权威和地位；这又产生出信息方面的三个角色，使他成为某种特别的组织内部信息的重要神经中枢；而获得信息的独特地位又使经理在组织做出重大决策（战略性决策）时处于中心地位，使其得以担任决策方面的五个角色。我们说这 11 种角色形成了一个整体，并不是说所有的管理者都给予每种角色同等的关注。不过，在任何情形下，人际的、情报的和决策的角色都不可分离。这 11 种角色表明，经理从组织的角度来看是一位全面负责的人，但事实上却要担任一系列的专业化工作，既是通才又是专家。

想一想：管理者角色的识别

1. 某饭店总经理在"优质服务"动员大会上做动员演说。
2. 某地区遭受雪灾,地方领导到场慰问受灾群众。
3. 某大学主管招生工作的校长在会议上传达国家教育部招生工作会议精神。
4. 董事会开会时,总经理做报告,向各位董事简要介绍各种进行中的规划。

五、管理者的技能

管理是否有效,在很大程度上取决于管理人员是否真正具备了一名管理者所必须具备的管理技能。美国的管理学专家卡特兹针对管理者的工作特点,提出了技术技能、人际技能和概念技能的概念。他认为,有效的管理者应具备这三种技能。

(1) 所谓技术技能,是指使用技术完成组织任务的能力。它与一个人所从事的工作有关。对于管理者,应掌握诸如决策技术、计划技术、组织设计技术、评价技术等管理技术。

(2) 所谓人际技能,是指在组织目标的实现过程中与人共事的能力,即与人打交道的能力。对于管理者,应具备与人共事、激励或指导组织中的各类员工或群体的能力。

(3) 所谓概念技能,是指一种洞察既定环境复杂程度的能力和减少这种复杂性的能力。对于管理者,需要快速敏捷地从混乱而复杂的环境中辨清各种因素之间的相互关系,抓住问题的实质,并根据形势和问题果断地做出正确的决策。

卡特兹指出,上述三种技能是所有管理者都必须具备的。只是三种技能对不同管理层次上的管理者的重要程度不同(图 1-6)。一般来讲,概念技能对高层管理者最重要,因为由高层管理者所做的计划、决策等都需要概念技能。技术技能对基层管理者特别重要,因为其最接近现场作业。由于管理工作的工作对象是人,因此人际技能是所有层次上的管理者必须掌握的基本技能。

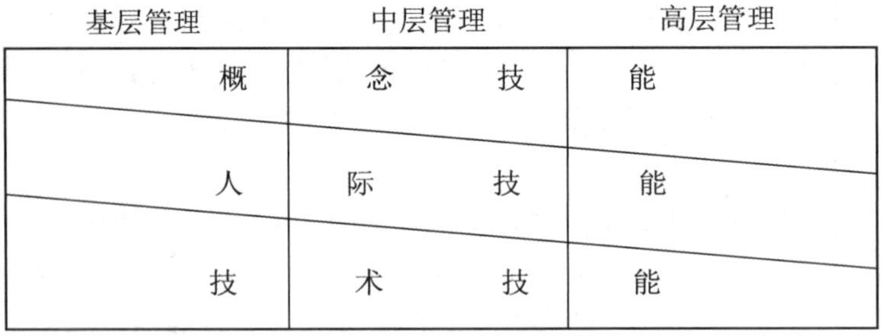

图 1-6 管理层次与管理技能的关系

六、有效的管理者和成功的管理者

(一) 两种管理者

美国组织行为学专家弗雷德·鲁森斯(Fred Luthans)在其著作《组织行为学》中描述了两种管理者:

1. 有效的管理者

有效的管理者是指拥有优秀和忠实的下属以及高绩效团队的管理者。这样的管理者满足两种标准：①使工作在量和质上都达到很高的绩效标准；②使其下属有满意感和奉献精神。

2. 成功的管理者

成功的管理者是指在组织中相对快速地获得提升的管理者。对这类管理者的界定只有一个标准——晋升的速度。

弗雷德·鲁森斯和他的同事们通过对多个层面的研究发现，这些管理者都从事以下4种活动：①传统管理：计划、决策和控制；②日常沟通：交流常规信息和处理案头文件；③人力资源管理：激励、奖惩、处理冲突、人员配备和培训；④社交活动：社会化活动和与外界交往。

（二）两种管理者的区别

有效的管理者和成功的管理者的行为活动是有区别的。虽然成功的管理者和有效的管理者所从事的是相同的四种管理活动，但是，不同的管理者花在这四种活动上的时间和精力显著不同。成功的管理者花费更多的时间和精力在社交活动上，更多地参与政治活动及与外界接触的活动，联络感情，发展关系。相对来说，花费在日常沟通活动上的时间和精力较少，而花费在传统管理和人力资源管理活动上的时间和精力最少。也就是说，社交活动是成功的关键。有效的管理者则恰恰相反。在四种管理行为中，有效的管理者主要参与的活动是日常沟通和人力资源管理活动，而相对来说，传统管理活动比例较小，社交活动最少。

（三）研究有效的管理者和成功的管理者的意义

尽管对管理者行为活动研究的结果存在着一定的局限性，但是对于今天组织中的管理应用而言，似乎具有深远的意义。体现在三个方面：第一，为改善组织建设提供依据。对于一个组织而言，所需要的是有效的管理者而不是以快速晋升为标准的成功管理者。并不优秀的人员成功地升到管理高层，就意味着优秀人员的作用受到压制，甚至造成优秀人员的流失，唯一的结果就是组织内外交困走向衰败。只有把有效的管理者提升到高层，才能带领其成员应对各种挑战，使组织有序地发展。提升本身就是一种奖励的方式，这就要求组织要建立正确有效的激励机制，根据绩效来进行评价和奖惩，将奖惩尤其是提升和表现联系在一起，并营造一种支持和鼓励有效的绩效的文化氛围和价值观，让有效的管理者得到成功。第二，让领导正确用人受到启发。研究结果明确显示受领导者"青睐"的不是有效管理者，因此，组织兴盛除了以绩效为主的评价和奖惩系统以及组织文化之外，领导者在用人上必须克服人类自身的弱点——情面、关系，根据组织发展的需要，理智客观地提拔人。毕竟人们十分看重个人的荣耀和位置的变动，由此会产生这样一种现象：许多管理者渴望着成功而不是注重有效。如果不让有效者成功，那么就会迫使注重有效的管理者将时间和精力投入到社交活动中，因为从管理者个人角度出发，这是一种有效的事业发展策略。第三，使渴望有效的管理者明确管理活动重心。研究结果表明，有效的管理者的日常工作就是和身边的人打交道，广开言路、处理案头文件、传递处理信息、解决冲突、提供培训发展项目。可以看出有效的管理者重视的是人本取向的沟通和人力资源管理。这就使管理者清醒地认识到，要想管理有效，就必须使管理活动以日常沟通和人力资源管理为重心，把较多的时间和精力投入到沟通和人力资源管理工作中。

【知识拓展】

你了解这些符号的称谓吗？

CEO（Chief executive officer） 首席执行官——类似总经理、总裁，是企业的法人代表

CTO（Chief technology officer） 首席技术官——类似总工程师

CIO（Chief information officer） 首席信息官——主管企业信息的收集和发布

CKO（Chief knowledge officer） 首席知识官

CLO（Chief lawer officer） 首席律师——负责公司被控侵权时的应诉以及各种合同文本的审核

CLO（Chief labour officer） 工会主席

CFO（Chief financial officer） 首席财务官——类似财务总经理

CMO（Chief marketing officer） 市场总监

COO（Chief operating officer） 首席运营官——类似常务总经理，负责公司的日常营运，辅助CEO的工作

CHRO（Chief human resource officer） 人力资源总监

第三节　管理学

【导入案例】

"妈妈净菜店"为什么关闭

1993年，上海市某纺织厂中年女工陈妈妈下岗了，她自立自强，筹集几万元资金办起了一家"妈妈净菜店"。社区政府、妇联对陈妈妈的精神和举动给予了舆论上的肯定、宣传和税收、场地租金等方面的大力支持，街坊邻居也常来买菜，生意红红火火，菜店不断壮大。出于对下岗姐妹的同情，为报答社会的关心与支持，陈妈妈决定本店只安排下岗女工就业，1995年菜店鼎盛时期有4家连锁店和30多位女工。但是，随着企业的发展，许多管理问题逐步显现：一是外部环境方面，政府税收、场地优惠逐步减弱，街坊邻居对陈妈妈的同情心和对净菜的新鲜感下降；二是内部经营，下岗女工大多人在中年，上有老下有小，家庭负担过重，经常因家庭困难迟到、请假甚至缺勤，影响经营。下岗女工素质普遍较低，经营理念落后，市场意识淡薄。另外，出于同情，员工队伍扩张太快，且对员工的管理宽松，惩罚更是无法下手。终于，陈妈妈的净菜店在1997年倒闭关门。

（资料来源：http://3y.uu456.com/bp_954f43fs1l10ttd0odvp_1.html，有删减。）

【分析及任务】

（1）陈妈妈的经营到底错在哪里？

（2）思考如何才让企业基业长青？

一、管理学概念

管理学是一门系统地研究管理活动的基本规律和一般方法的科学。管理学作为一门独

立的学科，拥有自己独立的研究对象，构建和发展了以管理的性质、方法、职能和过程为基本框架的理论体系，对管理实践产生了巨大的、积极的指导作用。

不仅如此，管理学发展到今天，已经发展成为一个较庞大的体系，几乎每一个专门领域都已经形成了自己的专业管理学。

二、管理学科特点

1. 管理学的一般性

管理学是从一般原理、一般情况的角度对管理活动和管理规律进行研究，不涉及管理分支学科的业务和方法的研究；管理学是研究所有管理活动中的共性原理的基础理论科学，无论是"宏观原理"还是"微观原理"，都需要管理学的原理作基础来加以学习和研究，管理学是各门具体的或专门的管理学科的共同基础。

2. 管理学的综合性

从管理内容上看，管理学涉及的领域十分广阔，它需要从不同类型的管理实践中抽象概括出具有普遍意义的管理思想、管理原理和管理方法，从影响管理活动的各种因素上看，除了生产力、生产关系、上层建筑这些基本因素外，还有自然因素、社会因素等，从管理学科与其他学科的相关性上看，它与经济学、社会学、心理学、数学、计算机科学等都有密切关系，是一门综合学科。

3. 管理学的实践性

管理学所提供的理论与方法都是实践经验的总结与提炼，同时管理的理论与方法又必须为实践服务，才能显示出管理理论与方法的强大生命力。

4. 管理学的社会性

构成管理过程主要因素的管理主体与管理客体，都是社会最有生命力的人，这就决定了管理的社会性；同时管理在很大程度上带有生产关系的特征，因此没有超阶级的管理学，这也体现了管理的社会性。

5. 管理学的历史性

管理学是对前人的管理实践、管理思想和管理理论的总结、扬弃和发展，割断历史，不了解前人对管理经验的理论总结和管理历史，就难以很好地理解、把握和运用管理学。

三、管理学的研究对象

管理学是一门研究管理活动及其相关事物的学科，管理实践是与人类历史的发展同步进行的。管理学是一门综合性的学科，在优化资源配置，提高生产效率方面提供有效的科学理论，这就决定它的研究对象的宽泛性。而管理学又是一门不断发展的学科，管理是一个过程，管理者就是在这个过程中重复地履行各种职能的人。对管理的过程和职能的研究，主要是研究管理的决策与计划、实施和执行、组织和人事、领导和指挥、控制和监督、评价和调整等，以便从中找到管理的循环规律，明确管理循环是往复不断、呈螺旋式上升的。由此又可看出管理学的研究对象绝不是单一的、不变的。

众所周知，管理学的广义研究对象是生产力、生产关系和上层建筑。而这一宽泛的说法包含着许多方面的内容，包括管理原理、管理职能、管理方法、管理者和管理历史等方面。从这个角度出发，结合管理学的发展历史，可以对管理学的研究对象进行解读。

具体来说,管理学的研究对象是由其自身的发展所决定的。古典管理学大师泰勒的科学管理理论侧重于对管理方法的研究,他的理论通过实践和实验总结出来,他致力于寻求做每一件工作的最佳方法,进行研究、改进,以提高生产效率。而对管理中的人际关系及人的生理、心理研究不多。同一时期法国的管理学家法约尔提出一般管理理论,包括其最初的管理职能理论,把管理看成一组普遍的职能,对管理职能进行研究,为管理学体系打下重要的基础;他也重视管理者与员工间的和谐关系,强调公平、秩序及内部人员的稳定;倡导管理教育。法约尔认为管理能力可以通过教育来获得,"缺少管理教育"是由于"没有管理理论",每一个管理者都按照他自己的方法、原则和个人的经验行事,但是谁也不曾设法使那些被人们接受的规则和经验变成普遍的管理理论;看中管理者的能力,依靠管理人员的艺术,管理人员的精神特性决定其最终成果。法约尔和泰勒的观点有所不同,但都侧重改变方法手段,提高生产水平。进入20世纪初期,随着规模化的大机器生产,资本主义不断发展,员工的觉悟不断提高,不仅要求改善其经济状况,且要求政治上的权力。工人消极怠工,发展成为有组织地向资本家进行罢工斗争。为调和矛盾,维护资本主义发展,西方学者开始专门研究人与人之间的关系。这在客观上有力地推动了对人的因素的深入研究,行为科学理论开始发展。早期行为科学的代表玛丽·派克·福莱特提出的富人本导向的思想和处理冲突的方法,到中期的霍桑研究及人际关系理论,以前的管理对工人的思想感情漠不关心,管理人员单凭自己个人的复杂性和嗜好进行工作,而霍桑实验证明,管理人员,尤其是基层管理人员应像霍桑实验人员那样重视人际关系,设身处地地关心下属,通过积极的意见交流,达到感情的上下沟通。此时期的管理理论越来越注重人的思想、心理对管理工作的影响及在管理工作中的地位。如麦格雷戈的X-Y理论和组织行为学说,都是人本思想的体现。

发展到20世纪50年代,随着社会生产力和科学技术的迅速发展,世界各国对管理理论、方法、手段的研究日趋深入,表现出许多新元素和新特点。管理理论的发展越来越借助于多学科交叉的作用,经济学、数学、统计学、社会学、人类学、心理学、法学、计算机科学等各学科的研究成果越来越多地应用于企业管理。现代管理理论学派林立的原因除了技术进步、生产社会化等社会、经济背景因素外,还有以下重要理论、实践以及研究者个体等方面的原因。其一是现代系统论、控制论、信息论的发展。其二表现为以人为中心,重视对人力资源的管理。其三是系统权变理论的发展与应用,管理学更加重视人的作用,从研究个体到整个企业文化,逐渐以人用系统的、动态的、开放的观点去研究组织与管理。组织以管理为核心,与外部环境的发展变化协调一致。此时的管理理论日趋开放、动态,研究对象也日益多元。

20世纪80年代末以来,信息化和全球化浪潮迅速席卷全球,顾客的个性化、消费的多元化决定了企业必须适应不断变化的消费者的需要,在全球市场上争得顾客的信任,才有生存和发展的可能。这一时代,管理理论研究主要针对学习型组织而展开。彼得·圣吉(P. M. Senge)在所著的《第五项修炼》中更是明确指出企业惟一持久的竞争优势源于比竞争对手学得更快更好的能力,学习型组织正是人们从工作中获得生命意义、实现共同愿景和获取竞争优势的组织蓝图。此时的管理,追求的不仅是经济利益,更是经济利益与社会利益的统一。

孔茨在《再论管理理论的丛林》中将现代管理理论分为11个学派,这些学派有些经

过长期发展而成,研究的方法、角度、对象不尽相同,而其中心是管理学自身及其相关的生产力、生产关系、上层建筑,目的是提高管理水平,推动管理学发展,更好地进行高效管理。在管理理论发展的同时,管理实践也不断发展,研究对象也不断拓宽;研究对象的变化、拓宽也为管理理论发展开辟新渠道、提供新思路,从而推动管理学发展。

四、管理学的研究内容

(1) 从管理的二重性出发,着重研究管理的生产力属性、生产关系属性等有关问题。

生产力是指社会成员共同改造自然、改造社会获取生产资料和生活资料的能力。生产关系是指劳动者在生产过程中所结成的相互关系,包括生产资料的所有关系、生产过程的组织与分工关系、产品的分配关系三个方面。

生产力和生产关系是生产方式这个矛盾统一体中对立的双方。它们之间既对立又统一,相互依存、相互作用,有着不可分割的内在联系。其中,生产力是矛盾的主要方面,对生产关系起着决定作用。生产力决定生产关系,这是一方面。另一方面,生产关系对生产力有重大的反作用,它会起着束缚或解放生产力的作用,起着阻碍或发展生产力的作用。当生产关系与生产力的发展要求相适应时,它会有力地推动生产力的发展;当生产关系与生产力的发展要求不相适应时,它会阻碍甚至破坏生产力的发展。不论在何种情况下,生产关系反作用的发挥,都是以适应一定的生产力状况为前提的,都是建立在生产力决定作用的基础之上的。

(2) 从历史性出发,着重研究管理实践、管理思想和管理理论形成、演变和发展的历史趋势及其规律。

(3) 从管理过程出发,着重研究管理活动中有哪些职能;执行各项职能过程中应遵循哪些原理,采用哪些方法、程序、技术;执行这些职能涉及组织中的哪些要素;执行职能过程中会遇到哪些障碍、阻力以及如何克服这些障碍、阻力。

五、管理学的研究方法

(1) 比较研究法:通过对不同管理理论或管理方法异同点的研究,总结其优劣以借鉴或归纳出具有普遍指导意义的管理规律的方法。

(2) 定量研究法:运用自然科学知识,把握管理活动与管理现象内在的数量关系,寻求其数量规律的方法。

(3) 历史研究法:对前人的管理实践、管理思想和管理理论予以总结概括,从中找出带有规律性的东西,实现古为今用的方法。

(4) 案例研究法:通过对现实中发生的典型管理事例进行整理并展开系统分析,从中把握不同情况下处理问题的不同手段,以达到掌握管理原则、提高管理技能的方法。

(5) 理论联系实际法:把现成的管理理论与方法运用到实践中去,通过实践来检验这些理论与方法的正确性与可行性,并在实践中不断概括总结新的理论与方法。

【本章小结】

(1) 管理是指管理者在一定的环境条件下,通过实施计划、组织、领导和控制等职能,以人为中心来协调各种资源,以便有效率和有效果地实现组织目标的过程。

(2) 管理作为人类社会的一项基本实践,有着自身的一般特征:①管理的过程性;②

管理的目的性；③管理的本质是协调；④管理的核心是处理组织中的各种人际关系；⑤管理的实质是为了实现目标而采取的一切手段。

（3）管理，从最基本的意义来看，一是组织劳动，二是指挥、监督劳动。因此，管理既具有同社会化生产相联系的自然属性，又有同生产关系和社会制度相联系的社会属性。从管理活动过程来看，既要遵循客观规律要求，又要体现灵活协调的艺术性要求。

（4）管理职能是研究管理的核心，管理职能的提出与划分，为研究管理问题提供了一个理论框架或理论体系。

管理职能为决策、组织、领导、控制、创新。

管理职能之间的关系既相互联系、相互制约，又各自发挥其作用。计划是管理的首要职能，没有决策，组织、领导、控制和创新都无从谈起；但没有组织、领导、控制和创新，决策也不能有效落实，特别是控制职能，能对其他四项职能的有效实施起很好的反馈作用。

（5）管理者的技能、职能、活动和角色，如图1-7所示。

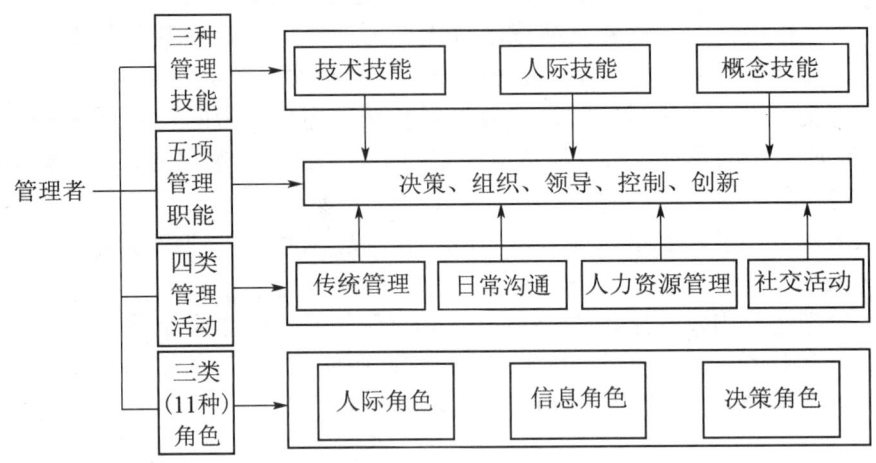

图1-7　管理者的技能、职能、活动和角色

（6）管理者的素质是形成管理水平与能力的基础，是做好管理工作、取得管理绩效的极为重要的主观条件。管理者的基本素质包括政治与文化素质、基本业务素质和身心素质。

（7）管理是否有效，在很大程度上取决于管理人员是否真正具备了一名管理者所必须具备的管理技能。美国的管理学专家卡特兹提出有效的管理者应具备技术技能、人际技能和概念技能。三种技能对不同管理层次上的管理者的重要程度不同。

（8）管理学是一门系统地研究管理活动的基本规律和一般方法的科学。管理学作为一门独立的学科，拥有自己独立的研究对象，主要是研究管理的计划与决策、实施和执行、组织和人事、领导和指挥、控制和监督、评价和调整等，以便从中找到管理的循环规律，明确管理循环是往复不断、呈螺旋式上升的。

（9）管理学研究方法主要有比较研究法、定量研究法、历史研究法、案例研究法和理论联系实际法。

【复习思考题】

1. 何谓管理，如何理解它的含义？
2. 管理的基本职能有哪些？职能之间关系怎样？
3. 管理的二重性的内容是什么？
4. 一个有效的管理者需扮演哪些角色，需具备哪些技能？
5. 管理学的对象与方法是什么？

【案例分析】

微软公司和比尔·盖茨

电脑神童比尔·盖茨创建了微软公司。

大约30年前，一名书生气十足、对被称作计算机的新奇设备颇有天赋的男孩子把他编制的第一套软件——课程管理系统，卖给了他就读的西雅图高中，得到了4200美元的报酬。

如今，他已长大成人，可他还在卖软件，数不清的软件。

比尔·盖茨——微软公司两创始人之一、公司现任董事长，不仅在他孩童时代业余爱好的基础上一步一步缔造了一个巨大的软件帝国，而且他所走过的创业之路也已成为高科技企业大亨走向成功的康庄大道。

1997年微软公司的市场价值高达2 000亿美元，是福特、通用、克莱斯勒三大汽车公司市场价值的总和。1998年2月，微软公司的市场价值跃居全球股市第二。

比尔·盖茨本人连续数年稳坐世界首富的交椅，据《福布斯》统计，2001年他的个人财富为587亿美元。他的16 000名雇员中，有2000多人是百万富翁。

我们都承认微软公司的成功。

思考：

1. 你认为比尔·盖茨是一个成功的管理者吗？
2. 管理者应该做哪些事情？
3. 管理者应该具备怎样的素质和能力？

【技能训练】

调查与访问——企业管理系统

【实训目标】

1. 使学生结合实际，加深对管理系统的感性认识与理解。
2. 培养学生认知与自觉养成现代管理者素质的能力。

【实训内容与方法】

1. 由学生自愿组成小组，每组5～8人。利用课余时间，选择1～2个中小企业进行调查与访问。

2. 在调查访问之前，每组需要根据课程所学知识经过讨论制定调查访问的提纲，包括调研的主要问题与具体安排，具体问题参考如下：

（1）该企业管理系统的构成状况。

（2）管理者的分类，重点访问一位管理者，了解其职位、工作职能、胜任条件、管理方法等等。

（3）对其管理对象的调查与分析。

（4）该企业的一般环境与任务环境如何？

（5）该企业中有哪些你感兴趣的管理机制？简要分析之。

3. 调查访问后，组织课堂交流与讨论。

【实训要领】

1. 教师在活动开始前要讲清楚目的及要求，使学生对参与此次活动有较高的积极性。

2. 教师要帮助学生进行策划，修改调查提纲，选好调研单位，指导学生安排好工作细节，确保活动成功。

3. 鼓励学生独立地联系、安排调研单位与活动，使这次调研活动完全由学生自主管理与控制。

【成果与检测】

每人写一份简要的调查访问报告，计入日常渐进化考核之中。

附： 作业提示

一、调查访问报告。

二、调研访问单位与管理者、时间、地点等。

三、该企业管理系统的构成状况（管理目标、管理主体、管理对象、管理机制与方法、管理环境）。

四、体会。

【推荐读物】

[1] 彼得·德鲁克. 管理的实践 [M]. 北京：机械工业出版社，2009.

[2] 戴尔·卡耐基. 人性的弱点 [M]. 北京：中国妇女出版社，2006.

[3]《管理世界》杂志.

【本章重点内容网络图】

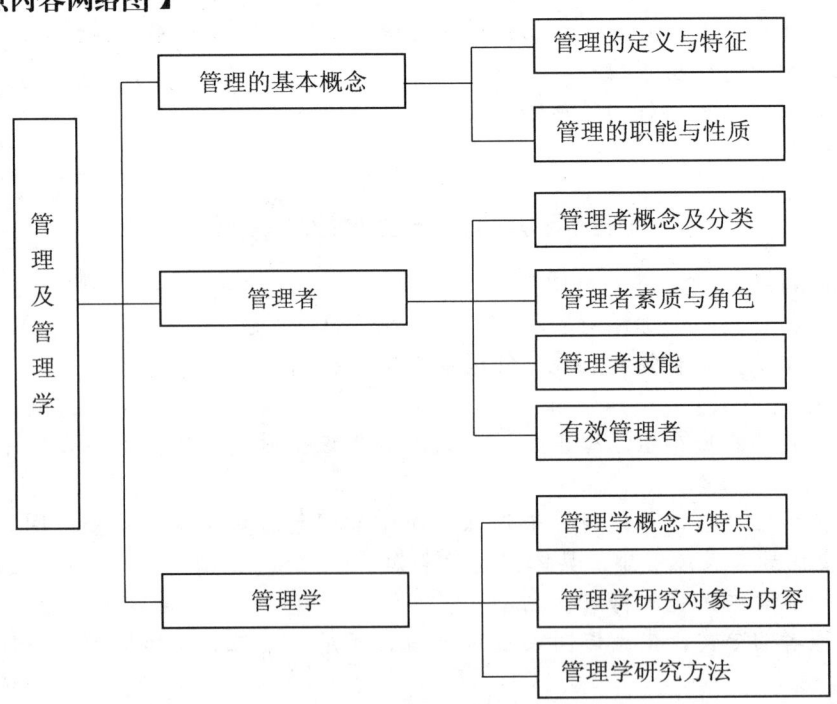

第二章 管理理论的形成与发展

【知识目标】
1. 了解中国传统管理思想的主要学派，理解我国当代管理思想的演进；
2. 掌握泰勒科学管理理论的精髓；
3. 理解行为科学理论的主要内容；
4. 了解和掌握管理丛林中的主要流派及其基本观点。

【素质目标】
1. 认识并理解管理发展趋势；
2. 应用各学派的观点，提高自身管理素质。

【技能目标】
1. 能根据管理理论形成过程扩展知识面；
2. 培养在现代管理、工作、生活中自觉运用所学的管理思想的意识。

【导入案例】

案例1 蜂群智慧

著名的企业管理顾问邦纳保和梅耶在《哈佛商业评论》上指出，从蚂蚁和蜜蜂身上，我们可以学到很多管理学知识。蚂蚁集结的时候能够自我组织，不需要任何领导人监督，就能形成一支很好的团队。更重要的是，他们能够根据环境变动，迅速调整，找出解决问题的答案。两位学者把这种能力称为"蜂群智慧"，并且又把这种智慧运用到工厂流程、人员组织甚至策略拟定上。

举例来说，蚂蚁总能找出最短的路径，把食物搬回家。当发现食物时，两只蚂蚁同时离开巢穴，分别走两条路线到食物处。较快回来的会在其路线释放出较多的外激素作为记号。因此，其他同伴闻到较重的味道时，自然就会走较短的路线。这个智慧靠的是两个简单原则：留下外激素，以及追随足迹。

运用这个简单原则，可以解决复杂问题。例如，电信网络从夏威夷到巴黎必须经过很多节点，好的系统必须能自动避开塞车的地方。惠普实验室以此开发出一个方法，使大批软件使用者不断流动使用网络，在网络间留下资讯，就像蚂蚁留下外激素一样，电话就追随这些资讯来连接。当一个路线塞车时，这条路线的使用者也会塞车，自然发出讯号，这条路线就被放弃，电话改走比较顺畅的路线，让塞车迅速缓解。

蚂蚁的另一个分工模式是弹性分工。一只蚂蚁搬食物往回走时，碰到下一只蚂蚁，会把食物交给它，自己再回头，碰到上游的蚂蚁时，将食物接过来，再交给下一只蚂蚁。蚂蚁在哪个位置换手不固定，唯一固定的是起始点和目的地。

一家大型零售连锁店就运用这个模式来管理其物流仓储中心。以前该仓储中心用区域方式拣货，除非上一手完成工作，下一手不能接手。以书为例，一个人专门负责装商业书，另一个人专门负责装儿童书。问题是每个人的速度可能差距非常大，订单对每一种商品的需求也有差异，因此总有人在等待别人完成才能接手。

经过研究，该物流中心改用"蚂蚁模式"，一个人不断拣出产品，一直到下游有空来接手工作后，再回头接手上游工作。研究人员用电脑模拟运算发现，运用这个模式时，应该将速度最快的员工放在最末端，速度最慢的放在一开始，如此是最有效率的。该仓储中心通过这种方法，生产力比之前提高了30%。

(资料来源：《现代班组》，2010 (5): 22 - 23.)

案例2 搬萝卜

几只爱吃萝卜的小兔在草原上开垦了一块土地，种了好多萝卜。到了收获的季节，它们的朋友小羊和小牛用它们尖尖的角帮小兔把萝卜从地里刨了出来，然后小羊和小牛就忙自己的事情去了。几只小兔看着那一大堆红红的萝卜，心里乐开了花。眼看就要下雨了，几只小兔决定自己把萝卜收回驻地。

小兔甲试了试自己一次可以抱两只萝卜，于是便每次抱着两只萝卜往返于萝卜地与驻地之间。虽然有点吃力，但它还是越干越起劲。

小兔乙找来一根绳子，把五个萝卜捆在一起，然后背着向驻地走去。虽然背了五个萝卜，可它的速度一点也不比小兔甲慢。

小兔丙找来一根扁担，用绳子把萝卜捆好，前面五个，后面五个，走起来比小兔甲和小兔乙都快。

小兔丁和小兔戊找来一只筐，装了满满一筐萝卜，足有三四十个，然后两只小兔抬着筐向驻地走去。

(资料来源：中国管理传播网.)

同样都在努力工作，可五只小兔的工作效率和工作成果却有显著的差别。因为工作方式的不同，有人虽然看起来忙忙碌碌，工作却难见成效；有人虽然显得悠闲，却成绩显著。好的工作方法可以有效地提高工作效率。而管理理论可以给人们有效的指导。

本章将对这些理论做详细的介绍。

【分析及任务】

1. 以上案例中有哪些行为体现了管理的思想？
2. 以上案例有哪些值得我们借鉴的管理智慧？

第一节 中国管理思想的发展

一、中国古代管理实践与管理思想形成

中国是世界四大文明古国之一，中华文明是人类历史上唯一没有中断过的古老文明，延续了几千年的悠久历史，积累了丰富的管理实践和许多影响深远的管理思想，为人类社会进步和管理理论的发展做出了重要贡献。

（一）中国古代管理实践

中国在两千多年的中央集权的封建社会中，财政赋税的管理、官吏的选拔与管理、人口田亩管理、市场与工商业管理、漕运驿递管理、文书与档案管理等方面，历朝历代都有新的发展，出现了许多杰出的管理人才，在军事、政治、财政、文化教育与外交等领域，显示了卓越的管理才能，积累了宝贵的管理经验。

战国时期著名的"商鞅变法"是通过变法提高国家管理水平的一个范例；文景之治使国家出现了政治安定、经济繁荣的局面；万里长城的修建，充分反映了当时测量、规划设计、建筑和工程管理等的高超水平，体现了工程指挥者的极高管理智慧；都江堰等大型水利工程，将防洪、排灌、航运综合规划，显示了我国古代工程建设与组织管理的高超水平；丁谓主持的"一举三得"皇宫修建工程堪称运用系统管理、统筹规划的范例。还有许多令人赞叹的管理实践都体现了中国古人高超的管理智慧。

（二）中国古代管理思想

我国古代的管理思想及理论框架基本形成于先秦至汉代这一时期。无论是从宏观角度还是微观角度来分析，中国古代诸家的管理思想不外乎儒家、道家、墨家、法家、兵家等思想的反映和体现，它们是最具中国古代特色的传统管理思想。

1. 儒家管理思想

儒家是我国先秦时期"百家争鸣"中的一个学派。其创始人是孔子，先秦儒家的代表人物还有孟子和荀子。

传统儒家管理思想对我国传统管理思想的影响是巨大的，几乎每个朝代的统治者无论是在行政还是在经济军事管理中都借鉴了其中的很多思想。继秦始皇以严酷的法律来治理国家失败后，诸葛亮吸取了秦汉以来的治国理政的经验教训，选中了孔子的"礼义"作为治国的基本理论。隋唐建立三省六部制，建立议事制度，并开科取士。辅助蒙古统治者进行改革的先驱者耶律楚材更是大张旗鼓地提出了"以儒治国"的思想。此后到宋元明清，我国管理思想的内容一直没有发生变化。直到近代，由于儒家思想在中国有相当大的社会基础，许多实业家都把儒家思想引入企业管理中来。儒家思想不仅在我国影响深远，也深深地影响了很多其他的国家。

儒家管理思想的基本精神是以"人"为中心，讲"为政以德"，讲"正己正人"，在管理的载体、手段、途径方面提出了独到的见解。

（1）管理的载体。儒家管理哲学的中心概念是"仁"。儒家思想是把"人"作为管理的载体（包括管理的主体和管理的客体，即管理者和被管理者），把人以及人际关系作为自己的理论出发点。儒家认为，管理的本质是"治人"；管理的前提是"人性"（善恶）；管理的方式是"人治"；管理的关键是"择人"（"得人"）；管理的组织原则是"人伦"；管理的最终目标是"安人"……总之，一切都离不开"人"。

（2）管理的手段。儒家强调"为政以德"，主张用道德教化的手段感化百姓，从而达到治理的目的。即使是在施行法律手段的同时，也应不忘道德手段的配合使用。此外，儒家在管理上偏重于礼和义，提倡以礼治国，重义轻利。

（3）管理的途径。儒家讲"为政以德"，同时也就包含着管理者自身的德行。"其身正,不令而行;其身不正,虽令不从。"(《论语·子路》)管理者要想取得"众星共之"的效果,就要从自己做起,注意个人的道德修养。所谓"修身、齐家、治国、平天下"(《礼记·大学》),从管理者的自我管理,再到家庭管理,层层推进。

【点对点案例】

包玉刚以身作则树"标杆"

包玉刚(东方船王)是香港环球航运集团的创始人。

有一次,他出门办事,坐一辆面包车行至狮子山海底隧道。这条隧道是环球公司的产业,包玉刚是隧道公司董事局的主席。他曾经定过一个规矩:本公司任何人过隧道都要照章交费,即使是公司董事也不例外。

不料,到了收费站,面包车司机才发现忘了带钱,就向包玉刚借。包玉刚在自己口袋里一掏,不禁哈哈大笑。原来他也分文未带。

事出特殊,如果包玉刚对收费站的工作人员打声招呼的话,人家一定会放行的。哪个傻瓜敢为了执行制度妨碍老板的公务呢?

包玉刚却没有这么做。他对面包车司机说:"别着急,我们在这里等一下。待会有朋友经过时,正好宰他一把。"

他们等了很久,好不容易等来一个熟人。那人奇怪地问:"你不是隧道公司主席吗,谁不认识你?说一声不就过去了?"

包玉刚哈哈一笑,说:"老天通知我,今天该你破费,让我在这里恭候阁下。"

这就是包玉刚!做事永远有自己的原则,这正是他叱咤商界的原因之一。

(资料来源:胡卫红. 活学活用道德经[M]. 北京:新华出版社,2006,75-76.)

思考: 榜样在企业管理中起到怎样的作用?

2. 道家管理思想

以老子为代表的中国古代道家思想,其主要思想内容是"无为而治"。道家主张"无为而治"并非真的无所作为,而是希望通过"无为"而达到"无为而无不为"的最高境界。老子认为人作为一个主体,应当有主体的追求,这种追求应当遵循宇宙大众的客观规律,力戒任何主观随意,这就是"无为"。"无为"是在遵循自然的前提下,有所为和有所不为的总和。只要人的所作所为符合客观规律,符合宇宙自然之道,人的所作所为就会取得成功,这就是"无为而无不为"。

道家的"无为而无不为"的思想在当时是进步的,对现代社会依然有不可忽视的作用。中国经济在改革的过程中,就要求政府采取这种无为而治的管理理念,在适度的宏观调控的基础上,自觉遵循市场运行规律,充分发挥市场的作用,从而达到"无不为"的境界。这一理论不仅在经济领域适用,在其他领域也同样适用。

从管理角度看,"无为而治"属于软性管理的思想,而软性管理正是当代管理的一种前沿管理思想。在《老子》中,关于"道"的一些独特见解、柔性思考的思维方式,对当今企业管理者搞好软性管理和学会权变管理提供了重要的思想启迪。这些思想与现代企业的管理理念与方法有着异曲同工之妙。老子的思想启示我们,在现代企业管理中,要想使企业管理"功成事遂",就必须追求一种"无为而治,道法自然"的境界。

想一想：《三国志》记载"蜀国正事无巨细，亮皆独专之"。为何诸葛亮尽管运筹帷幄，决胜千里，却仍"事必躬亲，鞠躬尽瘁"，虽一生劳顿却功名难成？

3. 墨家管理思想

以墨子为代表的墨家管理思想是针对当时社会的现实问题，站在劝说当权者治国的立场，阐述有关管理问题的，有丰富的内容和值得借鉴之处。

（1）人际关系——兼相爱，交相利。兼爱交利是墨子管理思想的核心。所谓"兼相爱"，就是"周爱人"，长幼贵贱皆爱，即使臧、获之类奴隶也不例外，哪怕人多到无穷无尽，也不妨碍爱之所及。所谓"交相利"，就是利人才能利己，利人也是为了利己。墨家大力提倡兼相爱、交相利，并以此处理人与人之间的关系。这样，一切祸殃怨恨都可消除，万民和，国家富，百姓暖衣饱食无忧虑的理想便可达到。

另外，墨子还提出了人际交往中的一个重要原则——换位思考。就是多从对方的角度考虑问题，这样可以避免误解、消除冲突。

（2）用人之道——尚贤。墨子主张"尚贤"。尚贤是要求不分等级，举用贤才，即"不辨贫富、贵贱、远迩、亲疏，贤者举而尚之，不肖者抑而废之"，这是"为政之本"。用贤前要先试用，即"听其言，迹其形，察其所能"，之后才"有能则举之，无能则下之"，能上能下，不搞终身制，"量才使用，以劳定赏"。墨子的尚贤思想，如果补上人才的培养一环，则将是先秦时期最系统的人才管理思想。虽有缺陷，但却真实地反映出列国纷争（包括争人才）的时代特点。

（3）行政管理思想——尚同。尚同是与尚贤相辅而行的行政管理原则。尚同与尚贤一样，是"为政之本"。所谓"尚同"，就是要求人们与上级同是非，逐级逐层统一思想，最后使"天下之百姓，皆上同于天子"，也就是集中统一到中央。因为墨子认为，政令不一，只能导致社会纷乱，所以主张"一同天下之义"，把天下人的思想统一起来，实施自上而下的控制与有效管理，这样才能实现民富国强。

（4）节用节葬的消费观。墨子是先秦思想家中主张节俭消费观最突出的一位代表。他认为节用是富国富民的主要手段，而生产知识则为次要手段，因为"为者疾，食者众，则岁无丰"。而节用可使财富成倍增长，即所谓"国家去其无用之费，足以倍之"。所以墨子主张"节用""节葬"，极力反对统治阶级穷奢极欲，挥霍浪费，要求节约开支，葬礼从俭。

4. 法家管理思想

法家的代表人物主要是商鞅、申不害、韩非子等，其中，商鞅重"法"，申不害重"术"，慎到重"势"；韩非子集早期法家思想之大成，主张三者相结合，作为加强中央集权的工具，从而系统地发展了法家的法治思想。法家管理思想主要体现在两方面：

（1）以法治国的行政管理思想。所谓"以法治国"，就是把"法"作为治理国家的准则，"君必有明法正义""治国无其法则乱"。他们认为"仁义不足以治天下"，"圣王者，不贵义而贵法"，而且必须做到："法必明，令必行"，以及"刑无等级""不失疏远，不违亲近"。而"法治"的核心则在于加强中央集权的君主专制，即韩非子所说的："事在四方，要在中央，圣人执要，四方来效。"即"尊主"才能"明法""崇法"。

（2）"重农抑商"的经济管理思想。法家认为，农业即国民经济，国民经济即农业，两者完全是等同的。法家首先提出农战政策，"耕战合一""寓兵于农"，农战实施的目的就是实现"富国强兵"。为了发展农业,法家重本抑末,否定工商业,具有最强烈的反商偏见。他们不仅视商人为财富的争夺者,而且视其为人民中的无为浪费和奢侈的倡导者。法家认为,商业意味着使国家贫穷甚至灭亡。因此,他们提出了一套抑商政策,如国家垄断粮食市场,禁止粮食自由买卖;对商业征收重税;加重商人的徭役;为商人买卖活动设置障碍等。

想一想: 法家思想在当时的历史条件下,对国家发展有何利弊?

5. 兵家管理思想

兵家是中国古代对战略家和军事家的通称,又特指先秦对战略与战争研究的派别。兵家集大成者当数孙武的《孙子兵法》,后由孙膑继承并发展。

孙子的兵家思想主要体现在三个方面:

(1) 战略思想。孙子强调,优秀的战争指挥员应该依靠计谋取胜,"故上兵伐谋,其次伐交,其次伐兵,其下攻城"。故曰:"知己知彼,百战不殆;不知彼而知己,一胜一负;不知彼,不知己,每战必殆。"(《孙子·谋攻篇》)

(2) 权变管理思想。孙子指出:"水因地而制流,兵因敌而制胜。故兵无常势,水无常形,能因敌变化而取胜者,谓之神。"(《孙子·虚实篇》)战略目标不可变,但实现战略目标的战术是多变的。因此,应该出奇制胜、迂直制胜、以快制胜。

(3) 人才管理思想。孙子提出了分组管理的原则,即:"治众如治寡,分数是也。"(《孙子·势篇》)要使管理多数人像管理少数人一样,就要依靠组织和编制的作用。孙子又提出"令文齐武"的原则,以形成富有战斗力的组织。就是要用思想教育的手段,对下属晓之以理,动之以情。同时要用制度控制的方法,严明纪律,严肃法度。这一套方略,对于任何管理都是适用的。

【点对点案例】

哈佛理念

当年哈佛牧师立遗嘱时,把自己的一块地皮和 250 本书赠给当地的一所小学院——现在的哈佛大学。此后,哈佛学院一直把这些书珍藏在图书馆内,同时规定,学生只能在馆内阅读,不能带出馆外。1764 年冬天的一个深夜,一场大火烧毁了哈佛楼,所有书籍因此而化作灰烬。在此之前,一个学生恰好把其中的一本书带出了图书馆,他打算在宿舍里优哉游哉地阅读。这是 250 本书中唯一存世的孤本,当然也就成了价值连城的珍品。第二天,经过一番思想斗争后,这位学生把书还给了学校。校长很感激并表扬了他,不过随后即下令把他开除出校。

(料来源:《刊授党校(学习特刊)》,2007(8).)

思考:

1. 校长为什么表扬他?你如何看待学生还书这一决定?
2. 校长为什么开除他?你如何看待校长这一决定?

二、中国近代管理实践与管理思想发展

中国近代管理思想主要是指中国民族资本企业学习、引进西方先进管理理论与方法,

在继承和发扬我国传统管理思想精华的基础上，积累、探索的一些有价值的管理经验和方法。近代的中国社会是一个半殖民地半封建的社会，处于外国列强入侵、封建制度没落的内外交困之中。我国近代民族资本企业，就是在这样独特的环境中成长起来的，其不仅在技术和设备方面落后，在管理制度和方法上都带有半封建半殖民地的色彩，而且民族资本企业从诞生之日起，就在帝国主义、官僚资本主义和封建势力的重重挤压下求存。当时的一些有识之士开始从国外引进一些新的管理方法，在企业中推行科学管理，以寻求企业生存和发展之路。当时主要的做法可以概括为以下几方面。

（一）兴办企业，推行科学管理

近代时期，民族企业发展势头良好，很多纺织厂、手表厂、矿厂等多种加工企业、小型制造企业应运而生，民族商业也蓬勃发展。这些企业有固定营业时间，有上下班和休假制度，有工资福利制度和财务制度，还有行规、铺规，甚至还设经理在董事局领导下具体管理企业。通过开辟多种购销渠道，搞活经营，同时实行机械化、半机械化来提高生产效率；企业内部实行严格的规章制度，在财务上重视资金的积累，灵活有效地运用资金。通过一系列的现代管理手段，提高企业生存和发展的能力。

（二）坚持以人为本的管理传统

民族资本企业在管理中注重贯彻以人为本这一传统管理思想，有针对性地学习和引用外来的管理理念。企业重视对人才的培养，合理使用人才。荣氏集团早在1928年就开办了职员养成所，通过半日上课、半日实习的方式培养纺织专业人才。一些企业实行以"福利"为特色的薪酬制度，以体现"以人为本"的管理思想，比如员工除工资外，还设置有花红、馈送、伙食、医药、婚丧、日常福利等类别，体现企业与员工的紧密联系。

（三）将民族特色与西洋市场竞争结合起来

民族资本企业依然带有浓厚的本地色彩，一方面，他们继承和发扬中国传统的经营思想，比如"诚实守信，童叟无欺""以和为贵""欲取之，先舍之"，将儒家、道家的管理哲学创造性使用；另一方面也接受西方资本市场竞争的思想，"没有竞争就没有发展"，在相互竞争和与国外资本竞争的过程中寻求有价值的管理实践和经营思想，并将我国传统的形式和现代竞争相融合。如在对产品的宣传上多以中国传统文化中易见易懂的诗词对联作为宣传语，以一些喜闻乐见的民风民俗为表达方式进行促销。针对洋产品的倾销，亦以推广国货、宣扬爱国之心的销售策略来保卫民族资本企业的成果。

（四）革命根据地公营企业的管理

革命根据地公营企业产生于第二次国内革命战争时期，是为了保障战争和根据地生活的需要，而在根据地开办的一些小型工业企业。这类企业受战争和政治影响，管理制度多采用集权制，企业自主经营权不强，所需的人财物多以上级主管调拨分配为主要来源，产品和利润亦全部上缴。采用的多是小生产的管理方法和自给自足的"小而全"的经营方式，办企业的指导思想非常明确，以政治导向和精神鼓励人心，发展生产，保障打仗供给。这些管理方法，对新中国成立以后社会主义的企业管理思想、制度和方法都有重大影响。

从18世纪到19世纪末,即从资本主义工厂制出现到资本主义自由阶段的结束,西方管理理论的思潮非常活跃,创新的管理理论此起彼伏,生产力发展和劳动方式的变革对管理提出新要求,这一时段出现了现代管理理论的萌芽。如亚当·斯密系统地论述了劳动组织问题,强调分工;欧文在自己的工厂实行了改善工作条件与生活条件、缩短劳动时间的一系列改革。而我国在这段时期,处于封建社会末期,受外来政治经济思潮的冲击,国家又处在内忧外患、社会动荡的不稳定时代,要求冲破旧统治、旧经济禁锢的呼声亦一浪高过一浪,许多有志人士走出国门,学习西方先进的管理思想和经验,改进旧的生产方式,学习新技术,试图以发展经济来强盛国家。通过这一百多年的摸索、学习,形成了结合国情的一些新的管理方法,在企业中推行科学管理,积累创造了一些好的管理经验,起了一个承前启后的桥梁作用。

想一想:
1. 你知道中国近代哪些管理人物?
2. 你了解中国近代哪些管理思想?
3. 你了解中国近代有哪些新兴的企业类型?

三、中国现代管理实践与管理思想发展

20世纪40年代以来,整个世界科学技术迅猛发展,极大地推动了人类文明和社会的进步,涌现了大批包括跨国公司在内的新兴企业。经济组织中的竞争,尤其是国际市场竞争更加激烈,原来的经营管理理论已不能完全适应新的形势,管理界又出现了许多科学的新的管理学派,呈现管理学派林立的局面,极大地指导和推动了社会生产力的发展。中华人民共和国成立后,亦开始了我国社会主义经济管理的历史。先后经历了三年国民经济恢复时期、第一个五年计划时期、社会主义建设探索时期、"文化大革命"时期以及改革开放新时期,从社会主义计划经济阶段走到了社会主义市场经济阶段。这五十多年来,我国的经济管理理论也和我国的社会主义经济建设一样,走的是曲曲折折的道路,从艰难举步到大踏步发展,取得了不菲的成就。随着改革实践的深入,我国学术界正在探索并逐步建立中国特色的社会主义企业管理的理论体系。

(一)新中国成立后的初创与发展

这个时期是社会主义计划经济基础上的集权性、政治性管理思想的集中代表,一切管理活动都以实现政治目标为最高要求,计划是最重要的管理形式和手段,并相应采取高度集权的管理方式。这一阶段,上层建筑决定物质基础,政治斗争超越生产发展,特别是在"文革"时期,无政府主义、无组织、无纪律现象到处泛滥,许多企业甚至撤消了管理机构,废除了管理制度,国内企业管理遭受了一场空前的大灾难,经济上造成了严重的混乱、破坏甚至倒退状态。十一届三中全会后,政策转移到以经济建设为中心这个主题上来,我国的企业管理才焕发生机,进入一个新时期。

(二)改革开放后的探索与创新

这个阶段是我国社会主义管理理论得到全面开创和发展的历史新阶段,本着"以我

为主、博采众长、融会贯通、自成一家"的原则,初步形成了中国特色的管理科学理论体系。改革开放是我国与世界接轨的创造性举措,经济建设成为政府的工作重心,在管理上也由政治性管理转变为经济性管理,到进一步转变为经济与社会并重性管理。进一步理顺国家和企业的关系,探索建立现代企业制度,还以立法的形式规范起来,使我国的企业管理逐步走上法制化的轨道。我国的企业管理改革也如火如荼,从改革初期对西方管理理论的大量引进、兼收并蓄,到结合我国国情,消化吸收西方的管理理论;又从我国古代管理思想中吸取精华,大胆创新,探索建立中国特色与国际接轨的管理理论。管理思想既是政治、经济、文化环境的产物,又是政治、经济、文化的实现过程,而管理实践活动也是随着文化模式、道德水准、社会制度的变迁而不断向前发展。从世界管理理论的发展和变迁可以见证这个过程,而我国纵观古代到现代管理思想的变迁,也都是从历史长河的流动中派生出来的。管理者应秉承我国固有的经营理念,赋予新的精神,运用新的工具和方法,而且还要持续地改善。对于外来文化不仅不排斥,还要给予适当的安置和调整,保持管理的科学性,并且进一步将科学管理运用得更合适、更有效。

【阅读思考】

质量管理促创优

改革开放之后,五粮液集团一方面进行公司改制,一方面引进先进的质量管理理念,制定了"以全面质量管理升级创新为手段,实现全面质量管理的标准化和系统化,提高和增强企业内功,向质量要效益,走质量效益型道路"的方针。

20世纪90年代初,ISO 9000质量管理体系在中国迅速推广,五粮液集团与时俱进,坚持"质量管理向国际化标准靠拢,有控制地扩大生产规模,在全厂大力推行贯彻达标工作"的方针。经过不懈努力,1994年,五粮液集团成为国内同行业首家获取ISO 9000质量管理体系认证的企业。

考虑到外部竞争环境、企业自身的产品生产特点以及企业发展的需要,五粮液集团意识到必须树立质量创优的企业精神,努力提高技术水平,用质量管理手段保证企业技术始终以质量管理为中心,推行现代企业管理制度,同时以市场需求为导向提高产品质量。五粮液集团在制定质量工作标准、进行全面质量管理的同时,先后开发了39度、29度、25度"五粮液",39度尖庄,怡神液等11个新产品,深受消费者欢迎,加之一流的服务质量,赢得了市场和用户的青睐。

(资料来源:张斌,《总经理必读的209个经典营销故事》,2015.)

思考:五粮液的管理方针给我们什么启示?

第二节 西方管理思想的发展

【导入案例】

理想主义的哥哥和结果导向的弟弟

有两个兄弟,哥哥是理想主义者,弟弟是结果导向者,他们各自组建了一个房地产公司，分别培养了一支理想主义和结果导向的职业经理人队伍。

理想主义的哥哥做事一向追求完美，他想，企业做大，首先必须有一套先进的企业管理制度。于是，他花了一大笔钱，引进了一套绩效管理体系，制定了一个宏伟的百年战略规划。每年年终，他根据绩效评估结果，奖励那些做事规范、工作完美的理想主义的员工。所有理想主义的员工都在这套管理体系中努力工作，每天早上唱着"早起的鸟儿有虫吃"去上班，晚上还自觉主动地加班，费了惊人的时间和精力将每一件事都尽量做得完美。在理想主义的管理体系下，所有的工作都受到层级严密的控制，同时所有工作也都依从上级的安排和指令。在一个等级森严的体系里，员工们花费大量的时间去跟其他部门沟通，部门之间充斥着一股相互抱怨的气氛。

结果导向的弟弟做事一向实际，他认为，企业最终必须靠业绩说话，而良好的业绩首先必须要有良好的销售。于是，他也花了一大笔钱，买了一套客户管理软件，分析客户需求的变化。同时，他设立了一套激励制度，重奖当月为销售做出重大贡献的结果导向的员工。如果产品的销售总量高于上月，那么所有结果导向的员工都将即时受到不同的奖励。他们个个目标明确、行动迅速、应变灵活。虽然这个团队的员工少，产品也不算最好，但销售业绩很好。

（资料来源：https://baike.baidu.com/item/%E7%BB%93%E6%9E%9C%E5%AF%BC%E5%90%91）

【分析及任务】
1. 你更喜欢在哪个团队中工作？
2. 未来什么样的管理模式会令业绩更好？

一、管理理论的萌芽

（一）20世纪以前西方的管理思想及其发展

在工业革命时期，人们已经开始注意到对管理活动的研究。这个时期的研究是夹杂在经济研究中体现出来的，管理科学还未成为一个独立的认识对象和研究对象，处于萌芽阶段。欧洲产业革命的爆发，对20世纪以前管理思潮的发展影响很大，工厂体制的逐步确立，使处于萌芽状态的管理思想得到了实质性的发展。产业革命除了带来生产技术的转变外，也涉及生产制度的转变。工厂的分工制度及流水作业式生产，增加了经济效益。工厂的兴起需雇用大量工人。由于分工的关系，工厂的制成品比家庭作坊制作的产品更为经济，因而更具竞争力。工业的发展，使管理人员逐渐要面对大型企业组织的管理工作，例如分配员工的职责、指挥日常事务、协调不同的工序、制定财务预算及生产计划等。研究管理人员怎样处理及解决所面对的各种管理问题，便成了西方管理学的起点。

（二）管理理论萌芽的代表人物及其管理思想

管理理论萌芽的代表人物是亚当·斯密（Adam Smith）。作为古典政治经济学奠基人之一的亚当·斯密，在《国民财富的性质和原因的研究》一书中就提出了一些重要的管理思想。

1. 劳动分工和协作可以提高劳动生产率

亚当·斯密认为：劳动分工可以节省工人的培训时间并提高劳动技能，协作则可以节省工人工序转换的时间，劳动生产率由此获得提高。

2. 提出"经济人"假设

亚当·斯密认为：个人在企业中追求最大限度的经济报酬。若组织（企业）的利益与个人的利益一致，则可以通过调动个人的积极性来实现组织的目标。

（三）西方管理理论的形成及发展阶段

在 20 世纪以前，西方的管理思想只是个别存在，并没有人对管理进行系统的、整体性的研究。当时大多数企业的生产规模还较小，在管理活动中占据主导地位的仍然是传统的管理方式和手段。直到 19 世纪末，一批西方管理学者才开始用较系统的、先进的手段处理管理问题。美国管理学家泰勒在 1911 年出版了《科学管理原理》一书，标志着西方管理理论的形成。本书按照各种管理理论出现的先后顺序，主要介绍古典管理理论、行为科学理论、管理理论丛林和管理理论新发展。

二、古典管理理论

从 19 世纪末到 20 世纪初，社会经济的发展、科技的进步以及管理实践水平的提高和管理经验的积累，为古典管理理论的形成奠定了客观基础。欧洲和美国都相继有人提出比较系统的管理理论，使管理从经验阶段上升到了科学阶段，这个时期的管理理论被称为古典管理理论。其代表是：美国有泰勒的科学管理理论，法国有法约尔的一般管理理论，德国有韦伯的行政管理理论。

（一）泰勒的科学管理理论

泰勒（1856—1915）出生于美国费城一个富裕的律师家庭，19 岁时考上了哈佛大学，但因为眼睛不好而被迫辍学，于是就进入了一家小机械厂当学徒工。22 岁时进入费城米得维尔钢铁公司，开始当技工，后来迅速被提升为工长、总技师。在此期间，他通过自学，1883 年获得了斯蒂芬工艺学院的机械工程学位，28 岁时任钢铁公司的总工程师。1891 年他独立开业从事工厂管理咨询业务，1898 年进入伯利恒钢铁公司继续从事管理方面的研究。1901 年以后他用大部分时间从事写作、演讲，宣传他的企业管理理论。通过长期的管理实践，他总结了一些管理原理和方法，并将它们系统化，后人将泰勒的管理理论称为"科学管理"或"泰勒制"。他一生的著作很多，其代表作是 1911 年出版的《科学管理原理》。科学管理的提出是管理的第一次革命，在管理的发展史上具有划时代的意义。因此，泰勒被称为"科学管理之父"。

1. 科学管理的内容

（1）工作效率和工作定额。泰勒通过长期的研究和实验，认为要提高效率，必须进行工时和动作研究，制定出有科学依据的工人的"合理的日工作量"，合理的动作不仅会提高作业的效率，还能大大节省工人的体力消耗及避免身体损害。

（2）科学选人用人。为了提高劳动生产率，必须为工作挑选"第一流的工人"。第一流工人包括两个方面：一方面是该工人的能力最适合做这种工作；另一方面是该工人必须愿意做这种工作。该思想与当今所提倡的将适当的人放到适当的岗位理念完全吻合。

（3）实行标准化。标准化能大幅度地提高生产效率和工作效率，是泰勒科学管理研究中的一个重要方面。他认为在工作中有必要建立各种标准的操作方法、规定和条例，使用标准化的机器、工具和材料。劳动定额的制定是科学管理的基础，实际上也是劳动时间、操作方法和使用工具的标准化。

（4）有差别的计件工资制。提出了一种差别计件工资制，超额完成定额的，按比正常单价高出25%计酬；完不成定额的，按比正常单价低20%计酬。这样会体现多劳多得，提高工人的劳动积极性。

（5）劳动职能分析。他主张配备专门的管理人员，其职能是进行时间和动作研究、制定劳动定额和标准、选用标准工具和操作方法等。

（6）例外原则。泰勒将管理工作分为两类，即一般事务管理和例外事务管理。企业的高管应把处理一般事务的权限下放给下级管理人员，自己只负责对下级管理人员的监督和处理例外事务。这在当时集权化管理的背景下，是非常有远见的。

2. 科学管理理论的贡献

泰勒的科学管理理论最大的贡献是提倡用科学的管理方法代替传统的管理方法，在理论上开创了对管理进行科学研究的先河，使管理从经验上升到科学，标志着管理学作为一门学科开始形成。科学管理理论提出通过管理科学化来提高劳动效率，从而增加利润的方法，体现了科学的巨大进步。计划管理工作与执行工作的分离在管理发展史上具有重要意义。其创造的技术和方法不仅是过去合理组织生产的基础，而且直到今天，它在管理实践中仍有十分广泛的影响。

（二）法约尔的一般管理理论

法约尔（1821—1925）出生于法国一个资产阶级家庭，1860年毕业于圣艾蒂安国利矿业学院，作为一名采矿工程师进入法国的一个冶矿公司工作，从1860年开始担任公司的高级管理职务，直到退休，有管理整个大企业的经验。当泰勒在美国研究倡导科学管理的时候，法约尔在欧洲也积极地从事着管理理论的研究。由于法约尔和泰勒的经历不同，他们对管理研究的着眼点也不同。泰勒的研究是从"车床前的工人"开始的，重点内容是企业内部具体工作的作业效率，即企业微观的生产组织问题。法约尔的研究则是从"办公桌前的总经理"出发的，他的视野能够覆盖整个企业，研究如何提高整体的工作效率问题。法约尔的著述很多，他在其代表作《工业管理与一般管理》中提出的一般管理理论对西方管理理论的发展具有重大影响，成为管理过程学派的理论基础。

1. 企业活动的类别

法约尔认为经营和管理是两个不同的概念。经营是引导一个组织趋向一个目标。经营包含六种活动：技术活动（生产、制造、加工）；商业活动（购买、销售、交换）；财务活动（筹集和最适当地利用资本）；安全活动（保护财产和人员）；会计活动（财产清点、资产负债表编制、成本核算、统计等）；管理活动（计划、组织、指挥、协调和控制）。企业的这六种活动，是企业每个人或多或少都要从事的，只不过随着职务高低和企业的大小而各有侧重。例如，一般工作侧重于技术活动，越到高层领导，管理活动所占的比重就越大。法约尔认为，人的管理能力可以通过教育来获得，所以他很强调管理教育的必要性和可能性。在这六种活动中，法约尔主要集中研究管理活动。

2. 管理的十四项原则

为了使管理者能够更好地履行管理的职能,他根据自己长期的管理经验,提炼出著名的 14 条管理原则:①劳动分工原则;②权力与责任对等原则;③纪律原则;④统一指挥原则;⑤统一领导原则;⑥个人利益服从整体利益原则;⑦员工报酬原则;⑧集权原则;⑨等级系列原则;⑩秩序原则;⑪公平原则;⑫人员稳定原则;⑬主动性;⑭团结合作原则。这些原则至今仍有重要的实践指导意义。

3. 管理的五项职能

法约尔指出,人们对法约尔管理的十四项原则的前五种活动了解较多,但对管理活动知之甚少。管理包含计划、组织、指挥、协调和控制五大职能(这是法约尔管理职能观点,与第一章所述的管理五项职能不同)。管理是一种具有一般性的,适用于企业、事业单位和行政组织的一般职能。他提出的关于管理五大要素或五大职能的思想,成为人们认识管理职能和管理过程的一般性框架,对管理理论的发展有着深刻的影响。

4. 一般管理理论的评价

法约尔的主要贡献是研究了管理的一般性或普遍性,为管理理论的形成构筑了一个科学的理论框架,奠定了管理学的基础。由于科学管理理论的研究主要集中在微观的生产作业领域,提出的是具体的管理方式、方法,缺乏宏观思考,因而无法形成理论体系。法约尔的一般管理理论系统性和理论性更强,对管理五大职能的分析不仅揭示了管理的本质,还为管理科学提供了一套科学的理论框架。法约尔的理论不仅适用于企业的管理,也适用于机关、学校、医院等各种组织和部门的管理,这正是一般管理理论的基石。法约尔提出的管理原则,经受住了实践的检验,一直在指导着人们的管理研究和实践活动。

(三) 韦伯的行政组织理论

韦伯(1864—1920)是德国人,担任过教授、政府顾问、编辑等职务,对社会学、宗教学、经济学与政治学都有相当深厚的造诣。韦伯的管理思想主要集中在《社会组织与经济组织》一书中。他最大的贡献是首创了一套完整的组织理论,即官僚制组织理论,又称为理想的行政组织理论,由此被人们称为"行政组织理论之父"。

1. 行政组织体系的权利基础

韦伯的研究对象主要是正式组织,他特别注重组织理论权威的意义。他认为,古往今来的一切组织无非都是建立在三种权威之上:一是世袭的权威,二是神授的权威,三是合理、合法的权威。只有合理合法的权威,才是现代社会中有效的和合理的组织形式的基础,是正式的、非人格化的官僚组织。它是人们进行强制控制的合理手段,是达到目标、提高效率的有效形式。

2. 理想的行政组织体系的特征

韦伯认为,理想的行政组织体系,并不是指最合乎需要的,而是指通过职务或职位(而不是通过个人或世袭地位)来管理。这是现代社会最有效和合理的组织形式,它在精确性、稳定性、纪律性和可靠性方面都优于其他组织形式。理想的行政组织模式应具有以下六个特点:

(1) 明确的分工。把组织的全部活动划分为各项基本任务,系统地分配各组织中各个成员的负担。每个职位的权利和义务都有明文规定。

(2) 等级严密。各个职位是按照职权的等级原则组织起来的，形成一个指挥体系。这是一种按照职位高低层层控制、井然有序、权责分明的组织体系。各级领导不仅要对自己的行为负责，而且要对自己下级的行为负责。

(3) 法规与规章。组织是根据明文规定的法规和规章组成的，法规和规章不变更，组织结构也固定不变。组织的任何一个成员都受法规和规章控制，他们的工作必须遵循固定的程序，按照规定行使权力。

(4) 非人格化。组织成员之间的关系，只有一种职位关系，不受个人情感的影响。这是一种非人格化的关系。这种公正的态度，不仅适用于组织内部，而且适用于组织同顾客之间的关系。

(5) 人员的任用、升迁与工资。人员的任用，通过公开的考试，有严格的选择准则。这些准则完全是根据工作的客观标准、职务上的客观要求确定的，它的运用也是非人格化的，不因人而异。

(6) 管理权与所有权分离。管理人员有固定的薪金和明文规定的晋升制度，是一种职业管理人员，而不是组织的所有者。

韦伯认为，具有上述六项特点的组织，可使组织表现出高度的理性化，其成员的工作行为也能达到预期的效果，组织目标也能顺利达成。韦伯对理想的官僚组织模式的描绘，为行政组织指明了一条制度化的组织准则，为社会发展提供了一种高效率、合乎理性的管理体制。这是他在管理思想上的最大贡献。

3. 行政组织理论的评价

韦伯的理想行政组织理论，总结了在大型组织中的实践经验，为社会发展提供了一种稳定、严密、高效、合理的管理体系模式，为管理理论的创新做出了贡献。韦伯的这一理论，对泰勒、法约尔的理论是一种很有价值的补充，对后来的管理学家，特别是组织理论家产生了很大影响。韦伯的理想行政组织体系自出现以来就得到了广泛的应用，它已经成为各类社会组织的主要形式。

三、行为科学理论

古典管理理论侧重于从管理职能、组织方式等方面研究效率问题，强调管理的科学性、合理性、纪律性，而未给管理中人的因素和作用以足够重视，从20世纪20年代美国推行科学管理的实践来看，泰勒制在使生产率大幅度提高的同时，也使工人的劳动变得异常紧张、单调和劳累，因而导致工人怠工、罢工以及劳资关系日益紧张等事件的出现；另一方面，随着经济的发展和科学的进步，体力劳动逐渐让位于脑力劳动，单纯用古典管理理论和方法已不能有效控制工人以达到提高生产率和利润的目的。这使得对新的管理理论和管理方法的探索成为必然。一些管理学者把人类学、社会学和心理学等知识体系运用到企业管理中，行为科学理论便应运而生。

想一想：
1. 为什么工资足够高，还是有人辞职？
2. 员工辞职的原因有哪些？

(一)人际关系学说

梅奥(1880—1949)是人际关系学说及行为科学的代表人物。他长期从事心理学和行为科学研究,代表作为《工业文明中人的问题》,该书总结了他亲身参与和指导的霍桑试验及其他几个试验的研究成果,详细地论述了人际关系理论的主要思想。

1. 霍桑试验

这项试验是美国国家研究委员会从1924年到1932年在美国芝加哥西方电器公司的霍桑工厂进行的。梅奥参加并指导了这一试验。该试验的目的是为了解释在西方电器公司管理实践中出现的一系列矛盾和问题。霍桑工厂有较完善的娱乐设施、医疗制度和养老金制度,但工人们的工作效率并不高,并且还有很强烈的不满情绪。是什么原因造成的呢?研究小组聘请了包括社会学、心理学、管理学等多方面的专家进驻了霍桑工厂,开始进行大规模的试验。试验长达8年有余,分为四个阶段:

第一阶段:工作场所照明试验。照明试验假设"提高照明度有助于减少疲劳,使生产效率提高"。可是试验发现,照明度的改变对生产效率并无影响。

第二阶段:继电器装配室试验。试验是通过改变继电器装配室人员的福利待遇来考察其与生产效率的关系,经过试验发现,不管福利待遇如何改变,都不影响产量的持续上升。进一步分析发现,导致生产效率上升的主要原因有如下两方面:①参加试验的光荣感,参加试验的女工认为这是莫大的荣耀。这说明被重视的自豪感对人的积极性有明显的促进作用。②成员之间良好的相互关系。

第三阶段:大规模访谈。研究人员进一步在全公司范围内进行访问和调查发现,影响生产力的最重要因素是工作中发展起来的人际关系,而不是待遇和工作环境。每一个工人的工作效率不仅取决于他们自身的情况,还与其所在小组中的同事有关。

第四阶段:接线板接线工作室试验。试验发现:①大部分成员都自行限制产量;②个人对不同阶级的上级持不同的态度;③成员中存在小派系。

梅奥对其领导的霍桑试验进行了总结,写成了《工业文明中人的问题》一书,在书中,梅奥阐述了与古典管理理论不同的观点——人际关系学说。

2. 人际关系学说的主要内容

(1)工人是社会人,而不是经济人。梅奥认为,工人是社会人,除了物质需求外,还有社会、心理等方面的需求,因此不能忽视社会和心理因素对工人工作积极性的影响。

(2)企业中存在着非正式组织。工人在共同工作的过程中,形成的非正式组织以它独特的情感、规范和倾向,左右着成员的行为。古典管理理论仅注重正式组织的作用是有欠缺的。非正式组织不仅存在,而且与正式组织相互依存,对生产率有重大影响。

(3)生产率主要取决于工人的工作态度以及他和周围人的关系。梅奥认为提高生产率的主要途径是提高工人的满足度,特别是人际关系的满足度。如果满足度高,工作的积极性、主动性和协作精神就高,生产效率就高。

3. 人际关系学说的影响

梅奥的人际关系理论同以前的管理理论的着眼点不同。梅奥抛弃了以物为中心的管理思想,而以人为中心进行管理理论的研究,为管理的研究开辟了新的领域,使人们开始关注工业生产中的另一个重要因素,即人的因素,为管理方法的变革指明了方向。人际关系理论导致管理实践中发生一系列改革，如对管理者进行教育和训练来改变他们对工人的态度和监督方式，多提倡下级参与决策，提高职工士气，鼓励上下级之间的意见沟通，多建立面谈和调节制度，以消除不满和争端等。人际关系学说的出现，开创了在管理中重视人的因素的时代，为以后的行为科学的发展奠定了基础。

(二) 行为科学理论

1. 行为科学理论的发展

所谓行为科学，就是对工人在生产中的行为及行为产生的动机进行分析研究，以便调节人际关系，提高劳动生产率。行为科学理论发端于梅奥等人创建的人际关系学说，经过30年的大量研究工作，许多社会学家、人类学家、心理学家、管理学家都从事着行为科学的研究，先后发表了大量优秀著作，提出了许多新理论，逐步完善了人际关系理论。1949年在美国芝加哥召开的一次跨学科的会议上，首先提出了"行为科学"这一名称。

行为科学的含义有广义和狭义两种。广义的行为科学是指包括类似运用自然科学的实验和观察方法，是研究在自然和社会环境中人的行为的科学，包括心理学、社会学、社会人类学等。狭义的行为科学是指有关对工作环境中个人和群体行为的一门综合性学科。

进入20世纪60年代，为了避免同广义的行为科学相混淆，出现了组织行为学这一名称，专指管理学中的行为科学。组织行为学实质上是包括早期行为科学——人际关系学说在内的狭义的行为科学。

2. 行为科学理论研究的内容

行为科学以人的行为及其产生的原因作为研究对象。具体来说，它主要是从人的需要、欲望、动机和目的等心理因素的角度研究人的行为规律，特别是研究人与人之间的关系、个人与集体之间的关系，并借助这种规律性的认识来预测和控制人的行为，以实现提高工作效率、达成组织的目标。行为学派虽然没有研究出一套完整的管理知识体系，却已经为人们提供了许多有用的素材，目前行为科学从其研究的对象和所涉及的范围来看，可分成三个层次：

(1) 个体行为理论。主要包括两大方面的内容：一是有关人的需要、动机和激励方面的理论，又可分为内容型激励理论、过程型激励理论和行为改造型激励理论三大类。

(2) 团体行为理论。主要包括团体动力、信息交流、团体及成员的相互关系三个方面。

(3) 组织行为理论。主要包括领导理论和组织变革、组织发展理论。领导理论又包括领导性格理论、领导行为理论和领导权变理论三大类。

3. 行为科学理论的特点

行为科学理论把社会学、心理学、人类学等学科的知识导入管理领域，开创了管理领域的一个独具特色的学派。其特点可概括如下：

(1) 提出了以人为中心来研究管理问题。古典管理理论强调组织形式而忽视了人，行为科学理论主张以人为中心进行管理，这是管理思想的一个重大变革。在行为科学阶段出现了许多不同的理论和假说，但是，它们的一个共同特点是：认为人的积极性是决定生产效率的关键，人是组织中最重要的资源。

(2) 肯定了人的社会性和复杂性。行为科学对人类个体、群体、组织行为的研究，揭示了人类行为的一般规律，认为人的行为动机和需要是非常复杂的，人们工作不仅仅是

为了物质利益。

（3）强调个人目标与组织目标的一致性。行为科学理论认为调动积极性必须从个人因素和组织因素两个方面着手，使组织目标包含更多的个人目标，不仅改进工作的外部条件，更重要的是改进工作设计，使工作本身满足人的需要。

4. 行为科学理论的评价

行为科学对管理学的贡献主要表现在以下两个方面：

（1）行为科学引起了管理对象重心的转变。古典管理理论把重点放在对事和物的管理上，忽视了人的主动性和创造性。行为科学则相反，强调重视人的因素，把管理的重点放在人及其行为的管理上。这样，管理者就可以通过对人的行为的预测、激励和引导，来实现对人的有效控制，进而达到对事和物的有效控制，从而实现管理的预期目标。

（2）行为科学引起了管理方法的转变。随着对人性的认识和管理对象重点的变化，管理的方法也由原来的监督管理，转变到人性化的管理，强调满足人的需要和尊重人的个性，以及采用激励和诱导的方式来调动人的主动性和创造性，借以充分发挥人的潜力。与此相对应，企业界提出了"以职工为中心的"弹性的管理方法，出现了"参与管理""目标管理""工作内容丰富化"等各种新的管理方式。

四、管理理论丛林

第二次世界大战后，许多复杂产品和现代化工程需要组织大规模的分工协作才能完成，这些都对企业经营管理提出了许多新的要求。古典管理理论和行为科学理论促进了管理实践的优化，但是由于管理活动牵涉因素的多样性和不确定性，特别是心理因素难以精确度量，这些以"分析"范式为主导的管理理论都在实践中受到了严重冲击，不能适应新形势的需要。因此，出现了许多新的管理理论和方法，形成许多新的学术派别。美国著名管理学家哈罗德·孔茨认为，到20世纪80年代初，林林总总共有十一个学派，并把这种管理理论学派林立的情况比喻为"管理理论丛林"。

（一）管理过程学派

管理过程学派又称管理职能学派，是美国加利福尼亚大学的教授哈罗德·孔茨和西里尔·奥唐奈里奇提出的。这一理论是在法约尔的一般管理理论的基础上发展而来的。该学派的主要观点是：管理是一个过程，即让别人或同别人一起实现既定目标的过程。管理是由一些基本步骤（如：计划、组织、控制等职能）所组成的独特过程。该学派注重把管理理论和管理者的职能和工作过程联系起来，目的在于分析过程，从理论上加以概括，确定出一些管理的基本原理、原则和职能。由于过程是相同的，从而使实现这一过程的原理与原则具有普遍适用性。

（二）人际关系学派

人际关系学派是从20世纪60年代的人类行为学派演变来的。代表人物是劳伦斯·阿普莱。主要观点是：既然管理是让别人或同别人一起去把事情办好，因此就必须以人与人之间的关系为中心来研究管理问题。该学派注重心理学，注重个人和人的动因，把人的动因视作一种社会心理现象。这一学派把管理看作是对组织行为的领导和协调，坚持认为抓好对人的管理是企业成功的关键。

（三）群体行为学派

这一学派是从人类行为学派中分化出来的，因此同人际关系学派关系密切，甚至易于混同。但它关心的主要是群体中人的行为，而不是人际关系。它以社会学、人类学和社会心理学为基础，而不以个人心理学为基础。它着重研究各种群体行为方式，也常被叫作"组织行为学"。"组织"一词在这里可以表示公司、政府机构、医院或其他任何一种事业中一组群体关系的体系和类型。有时则按切斯特·巴纳德的用法，用来表示人们间的协作关系。而所谓正式组织则指一种有着自觉的精心筹划的共同目的的组织。

（四）经验主义学派

经验主义学派的代表人物是美国的彼得·德鲁克。该学派认为：古典管理理论和行为科学理论都不能充分适应企业发展的实际需要，有关企业管理的科学应该从企业管理的实际出发，以大企业的管理经验为主要研究对象，以便在一定的情况下，把这些经验传授给企业管理者。因此，他们重点分析许多组织管理人员的经验，然后加以概括和总结，找出他们成功经验中具有共性的东西，然后使其系统化、理论化，并据此为管理人员提供在类似情况下采取有效的管理策略和技能，以达到组织的目标。

（五）社会系统学派

这一学派的代表人物是美国的切斯特·巴纳德，代表作有《经理的职能》。他被誉为"现代管理理论之父"。该学派的主要观点是：

1. 组织的实质

组织是一个系统，是由人的行为构成的、整体的协作系统的一部分和核心。这一协作系统由人的系统、物的系统和社会系统所组成。

2. 组织要素

作为一个组织，必须具备三个要素：协作的意愿，共同的目标，成员间的信息沟通。经理人员是组织成员协作活动相互联系的中心。他的基本任务是：建立整个组织的信息系统并保持其畅通，保证其成员进行充分协作，确定组织目标。

3. 权限接受论

（1）权力来源原理：权力来源于生产资料的占有者。

（2）权力大小的确定：权力发出后被接受的程度。即权力的大小不是上级授予，而来自下级接受的程度。

4. 组织平衡论

（1）组织对内平衡：组织对个人的诱因要大于或等于个人对组织所做的贡献。

（2）组织对外平衡：组织内部效率产生外部效能，它与外部环境间的平衡。

（六）系统管理学派

系统管理学派的代表人物是美国的卡斯特和罗森茨韦克。系统管理学派强调应用系统的观点，全面考察与分析研究企业和其他组织的管理活动、管理过程等，以便更好地实现企业的目标。他们认为，组织是由人们建立起来的相互联系并且共同运营的要素所构成的系统。其中，这些要素可称为子系统。系统的运行效果是通过各个子系统相互作用的效果决定的。组织这个系统中的任何子系统的变化都会影响其他子系统的变化。为了更好地把握组织的运行过程，就要研究这些子系统及它们之间的相互关系，以及它们怎样构成一个完整的系统。

（七）决策理论学派

这一学派的代表人物有美国的赫伯特·西蒙。主要观点是：管理就是决策，决策贯穿于整个管理过程；决策可分为程序化决策和非程序化决策，两者的解决方法一般不同；信息本身以及人们处理信息的能力都是有一定限度的，现实中的人或组织都只是"有限理性"而不是"完全理性"的；决策一般基于"满意原则"而非"最优原则"；组织设计的任务就是建立一种制定决策的"人－机系统"。这一学派重点研究决策理论。他们片面地强调决策的重要性，但决策不是管理的全部。

（八）管理科学学派

管理科学学派也叫作数学学派，代表人物是布莱克特和伯法等人。该学派将管理作为数学模式或过程加以处理。他们认为，由于管理全过程（计划、组织、控制）的工作是一个合乎逻辑的过程，把管理看成是一个类似于工程技术、可以精确计划和严格控制的过程，因此也被称为技术学派。其局限性：适用范围有限，不是所有管理问题都能定量；解决实际问题中存在许多困难；管理人员与管理科学专家之间容易产生隔阂。此外，采用此种方法大都需要相当数量的费用和时间，往往只用于大规模复杂项目。

（九）权变理论学派

这一学派的代表人物有劳伦斯和洛尔希。他们把管理看成一个根据企业内外部环境选择和实施不同管理策略的过程，强调权宜应变。主要观点：权变主要体现在计划、组织与领导方式等方面：①计划要有弹性；②组织结构要有弹性；③领导方式应权宜应变。权变管理理论强调随机应变，主张灵活应用各学派的观点；但是，过于强调管理的特殊性，忽视管理的普遍原则与规律。按权变的观点，管理者可以针对一条装配线的具体情况来确定一种适应于它的高度规范化的组织形式，并考虑两者之间的相互作用。

（十）行为科学学派

行为科学学派从心理学、社会学角度侧重研究个体需求、行为，团体行为，组织行为和激励、领导方式。继梅奥的开创性研究之后，行为科学方面的研究长盛不衰，构成管理学一个重要方面。其中著名的成果如马斯洛（Abraham H. Maslow）的"需求五层次论"，麦格雷戈（Douglas M. McGregor）的"X 理论－Y 理论"，赫茨伯格（Frederick Herzberg）的"双因素理论"，利克特（Rensis Likert）的"领导方式"理论，等等。

（十一）经理角色学派

经理角色学派主要通过观察经理的实际活动来明确经理角色的内容。明茨伯格系统地研究了不同组织中5位总经理的活动，得出的结论是，总经理们并不按人们通常认为的那种职能分工行事，即只从事计划、组织、协调和控制工作，同时还进行许多别的工作。

明茨伯格根据他自己和别人对经理实际活动的研究，认为经理扮演着10种角色：

（1）人际关系方面的角色有3种：挂名首脑角色（作为一个组织的代表执行礼仪和社会方面的职责），领导者角色，联系人角色（特别是同外界联系）。

（2）信息方面的角色有3种：信息接受者角色（接受有关企业经营管理的信息），信息传播者角色（向下级传达信息），发言人角色（向组织外部传递信息）。

（3）决策方面的角色有4种：领导者角色，故障排除者角色，资源分配者角色，谈判者角色（与各种人和组织打交道）。

五、现代管理理论的新发展

进入20世纪80年代以后，由于世界经济环境的发展变化，科学技术的突破性发展和广泛的应用，市场竞争日益激烈和国际化，促使人们对管理和组织进行了多种角度、多种形式的探索，形成了一些新的管理理论。

（一）学习型组织理论

企业组织的管理模式问题一直是管理理论研究的重点问题之一。20世纪80年代以来，随着信息技术的突破性发展，知识经济时代进程的加快，企业面临着前所未有的竞争环境的变化，传统的企业组织已越来越不适应环境，其突出表现就是许多在历史上曾名噪一时的大公司纷纷退出历史舞台。因此，研究企业组织如何适应新的知识经济环境，增强自身的竞争能力，已成为世界企业界和理论界关注的焦点。在这样的大背景下，以美国麻省理工学院教授彼得·圣洁（Peter M. Senge）为代表的西方学者，吸收东西方管理文化的精髓，提出了以"五项修炼"为基础的学习型组织理念。学习型组织的出现奠定了未来的企业模式。

所谓学习型组织，就是通过不断的学习来改革组织本身的组织。善于不断地学习是它的本质特征。彼得·圣洁认为，企业的领导者和全体职工都要进行5项修炼：①锻炼系统思考能力；②追求自我超越；③改善心智模式；④建立共同远景目标；⑤开展团队学习。

要进行这5项修炼，必须建立学习型组织。而判断一个组织是否是学习型组织，有以下4条基本标准：①人们能不能不断检验自己的经验；②人们有没有生产知识；③大家能否分享组织中的知识；④组织中的学习是否和组织的目标息息相关。

（二）人本管理

"人本管理"是与"以物为中心"的管理相对应的概念，它要求理解人、尊重人、充分发挥人的主动性和积极性。"人本管理"可分为五个层次：情感管理、民主管理、自主管理、人才管理和文化管理。具体包括这样一些主要内容：运用行为科学，重新塑造人际关系；增加人力资本，提高劳动力质量；改善劳动管理，充分利用劳动力资源；推行民主管理，提高劳动者的参与意识；建设企业文化，培育企业精神；等等。

（三）企业再造

二十世纪七八十年代以来，技术革命使企业的经营环境和运作方式发生了很大的变化。越来越多的跨国公司越出国界，在全球市场上展开各种形式的竞争，美国企业面临日本、欧洲企业的竞争威胁。市场需求日趋多变，产品寿命周期一再缩短，企业的生产、服务系统经常变化。在这种环境下，原有的经营管理模式已无法适应快速变化的市场。于是，20世纪90年代初西方发达国家兴起了一场"企业再造"革命。

所谓"企业再造"，简单地说就是以工作流程为中心，重新设计企业的经营、管理及运作方式。按照该理论的创始人哈默和钱皮的定义，是指"为了飞越性地改善成本、质量、服务、速度等重大的现代企业的运营基准，对工作流程进行根本性重新考虑并彻底改革"，也就是说，"从头改变，重新设计"。为了能够适应新的世界竞争环境，企业必须摒弃已成惯例的运营模式和工作方法，以工作流程为中心，重新设计企业的经营、管理和运营方式。

（四）精益管理

精益管理源于精益生产，是一种以日本丰田生产方式为原型的"精益生产方式"。

精益管理由最初的在生产系统的管理实践成功，已经逐步延伸到企业的各项管理业务，也由最初的具体业务管理方法，上升为战略管理理念。它能够通过提高顾客满意度、降低成本、提高质量、加快流程速度和改善资本投入，使股东价值实现最大化。精益管理要求企业的各项活动都必须运用"精益思维"。"精益思维"的核心就是以最小资源投入，包括人力、设备、资金、材料、时间和空间，创造出尽可能多的价值，为顾客提供新产品和及时的服务。其目标可以概括为：企业在为顾客提供满意的产品与服务的同时，把浪费降到最低限度。企业生产活动中的浪费现象很多，常见的有：错误——提供有缺陷的产品或不满意的服务；积压——因无需求造成的积压和多余的库存；过度加工——实际上不需要的加工和程序；多余搬运——不必要的物品移动；等候——因生产活动的上游不能按时交货或提供服务而等候；多余的运动——人员在工作中不必要的动作；提供顾客并不需要的服务和产品。努力消除这些浪费现象是精益管理的最重要的内容。

（五）精细化管理

精细化管理是一种理念，一种文化。它是源于发达国家（日本20世纪50年代）的一种企业管理理念，它是社会分工的精细化以及服务质量的精细化对现代管理的必然要求，是建立在常规管理的基础上，将常规管理引向深入的基本思想和管理模式，是一种以最大限度地减少管理所占用的资源和降低管理成本为主要目标的管理方式。现代管理学认为，科学化管理有三个层次：第一个层次是规范化，第二个层次是精细化，第三个层次是个性化。

现代企业对精细化管理的定义是"五精四细"。"五精"即精华（文化、技术、智慧）、精髓（管理的精髓、掌握管理精髓的管理者）、精品（质量、品牌）、精通（专家型管理者和员工）、精密（各种管理、生产关系链接有序、精准）；"四细"即细分对象、细分职能和岗位、细化分解每一项具体工作、细化管理制度的各个落实环节。"精"可以理解为更好、更优，精益求精；"细"可以解释为更加具体，细针密缕，细大不捐。精细化管理最基本的特征就是重细节、重过程、重基础、重具体、重落实、重质量、重效果，讲究专注地做好每一件事，在每一个细节上精益求精、力争最佳。

【点对点案例】

上海申花队某德国球星给球队的几条建议

1. 球员上场练球必须穿统一的队服；
2. 出席公共活动或者记者招待会必须穿西装；
3. 脱下的衣服应该把它翻到正面，然后再拿给别人洗；
4. 鞋子脏了，去掉泥巴，把经过整理的脏鞋送去洗；
5. 衣服放在柜里，应该叠成 A4 纸那么大。

（资料来源：汪中求. 精细化管理系列之二——舅舅由弟弟接待 [J]. 价值中国，2008（5）. 有删减）

思考：为什么他提出的这些问题没有一条是关于怎么踢球的？

（六）赋权管理

赋权实际上是对管理风格的一种描述，其含义非常接近于授权，主要是指让下属获得决策权和行动权。它意味着被赋权的人很大程度上享有自主权和独立性。赋权管理要求管理者充分信任下属，相信其能在没有自己干预的情况下取得结果；要求管理者不仅要为下属制定工作目标，而且还要让其明确学习目标。管理者不仅要指明被赋权者的权力，而且还要学会指导其掌握必要的技术，使其有信心去完成工作。许多管理者认为，学习培训、工作成就感和赋予权力三者的结合是必不可少的，管理者必须寻求更具创新的管理方式。

【点对点案例】

韦尔奇的"深潜"

美国通用电气集团前任董事长杰克·韦尔奇是赋权管理的典范。在韦尔奇充满传奇色彩的管理生涯中，深潜是他最为得意的领导风格之一，也是我们所说的"赋权管理"经典案例之一。"深潜"（只身介入最具体、最基层的工作中），即与具体的项目集体建立平等的同事关系，充分尊重赋权，共同克服工作难题。

韦尔奇的最后一次"深潜"发生在 2001 年 5 月，当时通用旗下的 CNBC 电视台的《商务中心》栏目正遭到来自 CNN 电视台的《货币在线》栏目的竞争威胁。为获得高层的精神鼓励，《商务中心》栏目主持人休·赫雷拉给韦尔奇打电话，希望他能给栏目组发个电子邮件以鼓舞组员的士气，为战胜竞争对手做好准备。韦尔奇的回答是："休，不用发电子邮件了，我为什么不能亲自到你们的工作室与你的团队见面呢？"

接下来的一周里，韦尔奇一直与该工作室的员工在一起，吃着饼干，喝着汽水，一起考虑了几十个方案，最后以一套策略"组合拳"将竞争对手击败了。韦尔奇讲道："在过去的许多年里，我进行过数以百计的'深潜'。这些'深潜'并不都很成功，而且我的很多想法一直没有被采纳。对于我来说，我的满足和乐趣在于参与员工们的工作，和他们融合在一起，一起兴奋，一起就解决问题的正确方向展开争论。"

上述实例并未告诉我们韦尔奇是如何赋权的,但它却使我们明白了一个真正的赋权应当是怎样的,在这种赋权中,赋权人与被赋权人应当保持怎样的关系。

(资料来源:张百章. 赋权管理及其纠偏机制[N]. 北京工商大学学报(社会科学版),2005,20(3):31-32.)

思考: 浅谈管理的哲学。

除了以上介绍的一些新理论以外,还有柔性管理、敏捷性管理、情感管理、知识管理、团队管理、集成管理、危机管理,等等。管理大师德鲁克说:"管理没有终结的答案,只有永恒的问题。"从百家争鸣以及国内外学者对主流管理学的批驳与不断修正中,我们可以深切感受到,虽经历百年发展,主流管理学仍然面临着诸多困境与挑战,管理学距离成熟学科的标准还相去甚远。新的时代背景在赋予这门年轻学科更多挑战的同时,也带来了学科发展更多的机遇。

【本章小结】

为了深刻把握管理的科学性和艺术性,为了对管理工作做出适当的变革以便有效管理,系统了解和学习有关管理理论的历史演进是非常必要的。本章主要介绍了中外管理理论的形成和发展的主要过程。

1. 中国古代主要有儒家、道家、墨家、法家和兵家管理思想,中国现代管理理论就是对中国传统文化中管理思想的梳理和升华,中国传统文化是中国现代管理理论的基石和支撑。

2. 泰罗科学管理的核心是要求管理人员和工人双方实行重大的精神变革;中心问题是提高工作效率,而实现最高工作效率的手段,是用科学的管理代替传统的管理。

3. 法约尔的一般管理理论的重要贡献主要表现在两个方面:一是提出了"管理的五项职能",即计划、组织、协调、指挥和控制;二是提出了"管理十四项原则"。

4. 韦伯认为,理想的行政组织体系应具有六个特点:明确的分工,等级严密,法规与规章,非人格化,人员的任用、升迁与工资,管理权与所有权分离。

5. 梅奥的人际关系学说认为工人是社会人而非经济人;企业中存在着非正式组织;生产率主要取决于工人对人际关系的满足度。

6. 行为科学理论提出,以人为中心来研究管理问题,肯定了人的社会性和复杂性,强调个人目标与组织目标的一致性。

7. 现代管理理论丛林主要有十一个学派:管理过程学派、人际关系学派、群体行为学派、经验主义学派、社会系统学派、系统管理学派、决策理论学派、管理科学学派、权变理论学派、行为科学学派和经理角色学派。

【复习思考题】

1. 简述古典管理理论的基本特征。
2. 科学管理理论的主要管理思想是什么?你如何评价这些思想?
3. 人际关系理论提出了哪些新观点?
4. 结合相关管理理论分析:为何计件工资制不能最大限度地提高劳动效率?
5. 权变理论有何现实指导意义?
6. "泰勒和法约尔给予我们一些明确的管理原则,而权变理论却说一切取决于当时的情境,我们倒退了七八十年,一套明确的原则退回到一套不明确且模糊的指导方针上去了。"你认同这种说法吗?为什么?

7. 论述中、日、美三国管理理论的不同。
8. 现代管理理论丛林包含哪些学派？它们各有哪些主要观点？

【案例分析】

解读丰田管理的内在特质

刘承元

在给总裁班学员上课的时候，我做了一个简单的调查。调查的第一个问题是：你认为降低成本的着眼点是什么？答案大多集中在两个方面：一是原辅材料或零部件采购成本，二是员工工资福利待遇支出。他们给出的理由很简单：因为在成本构成中这两个部分占比很高。第二个问题是：要降低成本的话，你会让谁去做？大多数的回答是让财务部或由其督促其他部门去做。

以上回答似乎无可厚非，但是细细推敲，你会发现这些观点有违精益管理思想。精益生产，就要学会丰田式思考，在降耗思维上实现三个转变。

学会丰田式思考

首先，要关注显性成本，更要关注隐性成本。在成本构成中，原辅材料或零部件采购成本和员工工资福利待遇支出属于变动成本的范畴。而这两项成本在财务报表中均有直接的表述，是显性的。因此管理者关注显性成本也就不足为奇了。

问题在于，当管理者过于专注显性成本的时候，会有意无意地忽视对隐性成本的关注。事实上，隐性成本大量存在。比如：包含在固定成本里的设备厂房折旧和贷款利息、库存资金利息、管理费用、报废成本、预提的各类费用等，包含在变动成本里的物流和检查成本、效率损失成本、品质失败成本等等。而财务报表中的隐性成本，才是吞噬企业利润的元凶。做精益，首先要在关注显性成本的同时，更加关注隐性成本，从隐性成本中要利润。

第二，关注资源价格，更要关注资源效率。管理者在关注采购成本和员工工资福利待遇支出的时候，不知不觉中把关注的焦点放在了原辅材料或零部件的采购单价以及员工工资福利待遇的高低上。因此，在采购单价上与供应商周旋，在待遇上与员工较劲成了管理者们的重要工作。

但在高度竞争的今天，采购单价是相对透明的，企业应该本着互利的原则与供应商协商确定合理的价格。如果无限压低采购单价，最坏的情况是供应商为了生存而采取以次充好的策略，其恶劣后果是显而易见的。

另一方面，员工工资福利待遇的上升是必然趋势，正确的做法是顺应形势发展要求，按《中华人民共和国劳动法》要求设计人力资源政策。如果期望通过克扣员工待遇来降低成本的话，问题将更加严重。期望无限制地压低资源价格来获得成本优势，不仅背离了精益管理思想，而且还会为此付出惨痛代价。

事实上，我国企业成本的高企很大程度上是资源效率低下造成的。就是说，我们要在设备效率、能源效率、人均产出率、厂房单位面积产出率等方面下功夫做改善，把关注的焦点放在各种资源的利用效率上，通过消除资源使用过程中的大量浪费来降低成本，提高

企业成本竞争力。

第三，关注财务降耗，更要关注全员降耗。通过财务预算管理等措施来控制一些非生产性支出（如：吃喝费用、文具费用等），提高费用管理精度方面是有效果的。但期望通过财务的管控来获得成本竞争力的努力通常是徒劳的。一方面，因为财务部门对如何降低各个环节成本支出缺乏认识和办法，所以财务降耗将无所作为；另一方面，还因为财务部门的基本职能是金钱管控，所以对动员各部门参与降耗改善方面也将无能为力。

正确的做法是，通过运营有效地改善机制，培养员工强烈的成本意识，让每一个员工都成为降低成本的主体，即通过全员降耗，提高企业成本竞争力。

像丰田那样做事

关注和研究丰田、理光等一批持续成功的日本企业，你就会发现他们在做人和做事方面有许多值得我们学习和借鉴的地方。

第一，低调、谦逊。丰田人的低调是出了名的。当全世界的目光都在关注丰田的时候，丰田人却不动声色，继续默默地做自己的事情。他们只有一个目标，那就是"高效率地做世界上最好的车"。

我在理光10年，深深体会到了这种做人原则的重要性。理光总裁就极少在聚光灯下露面，即便在两次获得日本国家经营绩效大奖之后，他还是低调如常。他还经常告诫员工：白天工作的时候要放下"理光"的架子，要学会用个人的实力（能力和自身的影响力）去与周边的人（特别是供应商和社区的民众）交往。晚上，要扛起"理光"的牌子消遣，要保持品位，千万不得因为个人的放荡坏了"理光"的名声。

这种品性对企业的经营具有深远的影响，特别是与供应商的交易中体现平等、互惠的精神，最终使得供应商成为丰田、理光成功的重要基石。这可谓先进的供应链管理理念。

第二，务实、严谨。成功的日本企业都在实践着一种叫作"三现主义"的思想，即现场、现物、现实。就是说，解决问题的时候要到"现场"去，确认"现物"，并认真探究"现实"，杜绝一切闭门造车或关门开会等官僚主义做法。这种务实、严谨的工作态度不仅造就了一流的产品品质，更重要的是培育了员工务实、严谨的做事风格。

在理光，把"三现主义"变为"五现主义"，除了三现之外还加入了"现金"和"现认"。就是要求管理者和员工对任何一个管理事件要进行经济（金额）评估，并进行确认总结，培养员工强烈的成本意识。做事不折不扣，很多时候表现在对细节的关注和追求上。

三现主义和关注细节的具体做法有很多，比如：制造环节管理者的办公桌就在生产线的旁边，开会就在发生问题的现场而不是在会议室；最高领导者会经常与一线员工交流；各级管理者特别注意培养员工良好的习惯；等等。

第三，平等、尊重，主张全员参与。与美国的精英主义不同，日本企业更崇尚团队力量，更加尊重一线员工的人格和能力，并设法发掘他们的智慧。日本企业坚持认为：产品的品质是一线员工（设计者和一线工人）设计和制造出来的，真正创造价值的不是管理者，而是员工。管理者只有在服务一线员工的过程中才能实现自身的价值。这其实也是精益生产的重要思想之一。丰田的伟大之处，在于数十年如一日设法发掘一线员工的智慧，在培养员工的意识和能力方面不遗余力。

第四，执着、坚持。人们发现，日本文化中缺乏革命精神，但是他们却在重视传承的同时，强调持续改善。因此改善和不断追求精益成了日本人提升管理水平的主通道。

为了持续改善和追求尽善尽美，日本企业从实践中提炼出了许多有效的工具和方法，如：5S、TQC、QCC、TPM、JIT 等。日本人会用一生做 5S 管理、做 TPM、做精益生产。

（资料来源：《中外管理》2009 年第 11 期）

思考：
1. 从本案例中你悟出丰田管理理论与实践的成功经验有哪些？
2. 这些成功经验有哪些理论依据？

【技能训练】

【实训目标】
1. 通过文献资料的查阅，掌握某种管理思想的主要观点及其发展趋向。
2. 初步培养学生分析管理思想与实践方法的能力。

【实训内容与方法】
1. 将全班同学分成若干小组，由组长带队，前往图书馆或书店查阅文献资料。
2. 各组自行查明本章介绍的各种管理思想的主要观点，每组查阅一种管理思想，分析有关管理思想的主要贡献及局限性。

【实训要领】
1. 掌握查阅资料的方法与步骤。
2. 观点表达要有条理性和创意性。

【实训成果与检测】
1. 每组写一份查阅资料小结，并派一位代表在下一节课随堂进行成果汇报。
2. 教师根据学生的小结和汇报表现，进行小组成绩评定，并计入小组积分。

【推荐读物】

[1] 鲁克德. 你一定要读的 50 部管理学经典 [M]. 上海：立信会计出版社，2016.
[2] 曾仕强. 中国式管理经典 [M]. 北京：北京大学出版社，2010.
[3] 彼得·德鲁克. 管理的实践 [M]. 北京：机械工业出版社，2016.

【本章重点内容网络图】

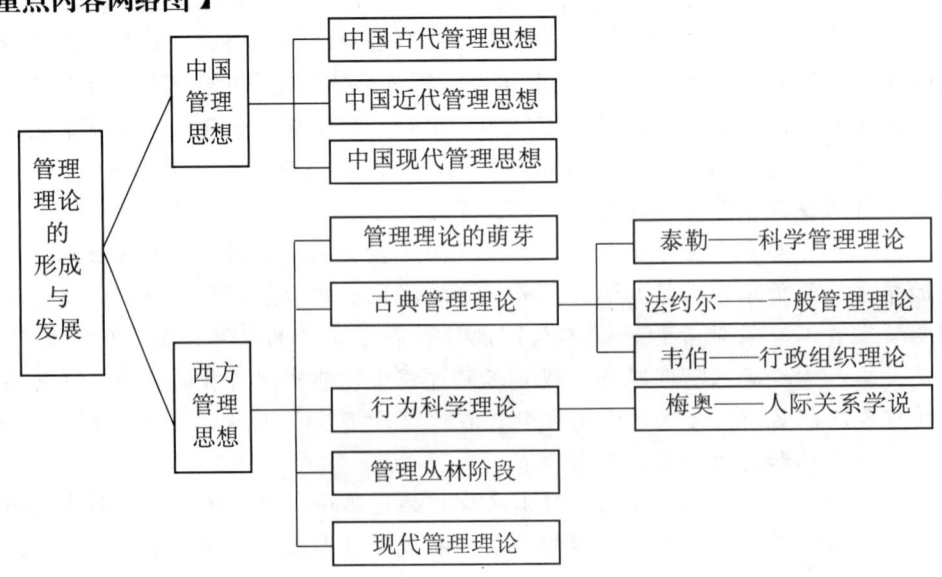

第三章　管理环境

【知识目标】
1. 了解管理环境的内容及其构成；
2. 掌握环境分析的主要理论和方法；
3. 理解环境研究的意义。

【素质目标】
1. 培养具备行业环境分析的基本思路；
2. 通过对环境的认识和分析，达到对机遇或挑战的辨识；
3. 对环境变化比较敏感。

【技能目标】
1. 能熟练运用环境分析工具进行企业环境分析；
2. 能根据企业所处的不同环境对问题进行决策。

【导入案例】

管理万能论和管理象征论

一直以来有两种观点：管理万能论和管理象征论。管理万能论（omnipotent view management）认为，管理者对组织的成败负有直接的责任，"成也萧何，败也萧何"。而管理象征论（symbolic view management）则认为管理者对组织成果的影响十分有限，组织的成败在很大程度上归因于管理者无法控制的外部因素，这些因素包括经济、技术的变化，全球的、政治法律的、市场的变化，政府政策、竞争者行动、特殊行业的环境以及前任管理者的决策，等等。

（资料来源：https：//wenku.baidu.com/view/b3b552d7b90d6c85ed3ac68f.html，有删减.）

【分析及任务】
你认为管理者是万能的还是象征的？

第一节　组织与环境

一、管理环境的含义及其构成

（一）管理环境的含义

任何组织都是在一定环境中从事活动的；任何管理也都要在一定的环境中进行，这个环境就是管理环境。管理环境的特点制约和影响管理活动的内容和进行。管理环境的变化要求管理的内容、手段、方式、方法等随之调整，以利用机会，趋利避害，更好地实施管理。斯蒂芬·P. 罗宾斯对管理环境的定义是指，存在于一个组织内外部的影响组织业绩的各种力量和条件因素的总和。

（二）管理环境的构成

管理环境由组织外部环境和内部环境两部分组成。外部环境包括一般环境（又称宏观环境）和行业环境（又称任务环境）；内部环境包括内部物质环境和组织文化环境。管理环境具体构成如图 3 - 1 所示。

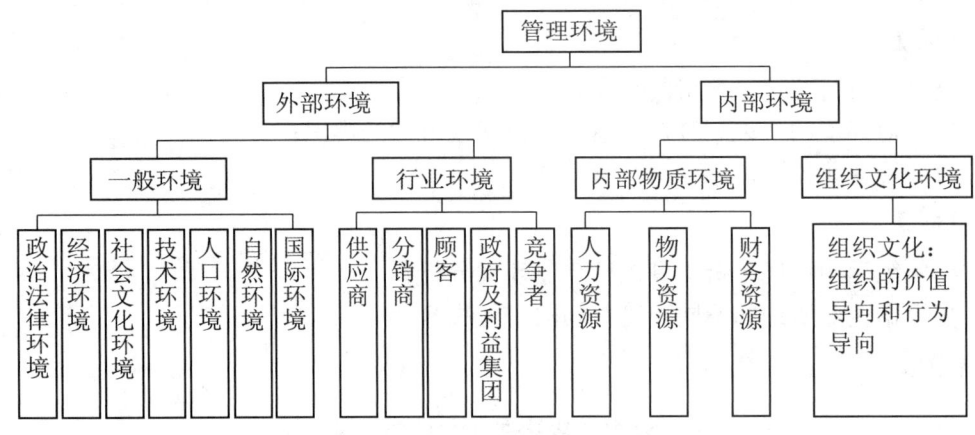

图 3 - 1　管理环境的构成

二、组织的外部环境

外部环境是组织之外的客观存在的各种影响因素的总和。它是不以组织的意志为转移的，是组织的管理必须面对的重要影响因素。外部环境包括一般环境（又称宏观环境）和行业环境（又称任务环境），具体如表 3 - 1 所示。

表 3 - 1　外部环境

不同环境	环境因素	举例
一般环境中各因素构成	政治（包括法律）	环保制度、税收制度、竞争规则、安全规定、消费者权利法
	经济	风俗习惯、语言文字、劳动与社会流动率、生活方式变革、教育、生活条件
	社会文化	新型发明与技术专利、技术转让率、能源利用与开发、互联网变革、移动技术变革、产业技术关注、政府研究支出
	技术	经济增长、利率与货币政策、政府开支、失业、税收、汇率、通货膨胀率、消费者信心

续上表

不同环境	环境因素	举例
行业环境中各因素构成	供应商	原材料、零部件、流动资金、员工等
	分销商	帮助企业销售产品与服务，讨价还价能力影响企业特殊环境
	顾客	消费者、中间商、国际、生产者、政府市场等
	竞争者	现在竞争者、潜在竞争者、替代品竞争
	政府机构及公共利益集团	工商、税务、物价局、劳动部门、工会、消费者协会、环保、组织、技术监督局、环保局等

（一）外部一般环境

外部一般环境又称作宏观环境，是在一定时空内存在，社会中的各类组织均会面对的环境，主要包括政治、经济、社会、技术、自然五个方面。

1. 政治法律环境

政治法律环境主要是指总的政治形势及立法和司法现状，它涉及社会制度、政治结构、党派关系、政府的政策倾向、人民的政治倾向以及国家制定的有关法令、法规等。组织管理者必须通过对政治法律环境的研究，了解国家和政府目前禁止组织干什么，允许组织干什么，鼓励组织干什么，从而使组织活动符合社会利益和国家规定，受到政府的保护和支持。

2. 经济环境

经济环境指整个国民经济的发展状况，包括宏观经济环境和微观经济环境两个方面。

宏观经济环境主要是指一个国家的人口数量及其增长趋势，国民收入、国民生产总值及其变化情况以及通过这些指标能够反映的国民经济发展水平和发展速度。例如，人口数量众多既可以提供丰富的劳动力资源，又可能因其基本生活需求难以充分满足，从而构成经济发展的障碍；宏观经济的整体繁荣可以为企业等经济组织提供蓬勃发展的机会，而宏观经济的衰退则可能给所有经济组织带来生存的困难。

微观经济环境主要是指组织所在地区或所需服务地区的消费者的收入水平、消费偏好、储蓄情况、就业程度等因素。假如其他条件不变，一个地区的就业越充分，收入水平越高，那么该地区的购买能力就越高，对某种活动及其产品的需求就越大。一个地区的经济收入水平对其他非经济组织的活动有着同样重要的影响。

3. 社会文化环境

社会文化环境主要指教育水平、文化传统、风俗习惯、价值观念、道德伦理、宗教信仰、商业习惯等。社会文化环境对组织往往具有重要的影响：从组织内部看，会影响组织文化和员工的工作表现；从组织外部看，人们的信念、价值观、文化传统、风俗习惯等会影响甚至改变消费者偏好乃至生活方式，从而影响对社会产品和服务的需求。

4. 技术环境

技术环境通常指社会科技总水平及其发展趋势，技术环境对企业的影响尤为明显。不同的产品，代表着不同的技术水平，对劳动者和劳动条件有着不同的技术要求。企业经营管理者必须关注技术环境的变化，以及时采取应对措施。

技术环境的研究，除了要考虑与所处领域的活动直接相关的技术手段的发展变化外，还应及时了解国家对科技开发的投资和支持重点、该领域技术发展动态和研究开发经费总额、技术转移和技术商品化速度、专利及其保护情况等方面的内容。

5. 自然资源环境

自然资源环境主要指组织所处的外部自然条件状况，通常包括地理位置、气候条件、资源状况、自然灾害、环境污染等因素。一个国家的自然资源环境既给组织带来发展的机会，也会给组织的运行和发展带来某种威胁或限制。

（二）外部特殊环境

组织不仅在一般环境中生存，而且在特殊领域内活动。特殊环境也称任务环境，与组织更接近，直接影响组织的基本经营和绩效水平的所有方面，主要包括资源供应者、分销商、服务对象、竞争对手和政府机构五个因素。

1. 资源供应者

资源供应者即供应商，是组织从外部获取投入或要素的来源，主要包括原材料的供应者、机器设备的供应者、劳动力的供应者、资金的供应者和信息情报资料的供应者等。管理当局需要处理好与资源供应者之间的关系，确保人力、物力和财力的持续供应，寻求以尽可能低的成本来保证所需投入的稳定供应，它们的不可获得或延误，都将极大地降低组织的绩效。

2. 分销商

公司与用户制定长期、稳定、合作共赢的营销战略，已形成完善的线上和线下销售平台，为用户提供售前、售中和售后服务。将商品从生产者转移到消费者的活动机构和人员。

3. 服务对象

服务对象即顾客，即组织向外部环境输出的各种要素的实际或潜在的使用者或享受者。

组织与顾客的关系实质上是生产与消费的关系。一方面，组织是为满足顾客需求而存在的。组织生产的每一个产品，都是为了满足顾客的需求，没有需求，生产就变成了一种无意义的行为。有些组织，如政府、学校，虽然不生产实物产品，但这些组织的存在为社会提供了服务，这种服务就是它们的产品——无形产品。另一方面，顾客的需求是不断变化的。组织只有不断地满足顾客变化的需求，才能生存和发展。

4. 竞争对手

竞争对手是指与组织在资源的取得、分配与使用方面进行争夺的其他人或组织。任何一个组织都有竞争对手，即使是垄断组织也不例外。忽略竞争对手行为的组织往往要付出惨重的代价。

5. 政府机构

政府机构作为社会经济管理者，对组织的行为需要从全社会利益角度进行必要的调节和控制。政府代表公共利益，负责对社会进行管理，它规定组织可以做什么，不可以做什么。政府的相关机构依法对社会的各类组织进行监督，对有违法行为的组织施加压力。

综上所述，外部环境的各个因素与管理相互作用，一定条件下甚至对管理有决定作用。外部环境制约管理活动的方向和内容。无论什么样的管理目的，管理活动都必须从客观实际出发。脱离现实环境的管理是不可能成功的。"靠山吃山，靠水吃水"一定程度上反映了外部环境对管理活动的决定作用。同时外部环境影响管理的决策和方法。当然，管理对外部环境具有能动的反作用。

三、组织的内部环境

内部环境是指组织内部的各种影响因素的总和。它是随组织产生而产生的，在一定条件下内部环境是可以控制和调节的。

内部环境随着组织的诞生而产生，对组织的管理活动产生影响。内部环境决定了管理活动的可选择的方式方法，而且在很大程度上影响到组织管理的成功与失败。

内部环境由组织内部的物质环境和内部文化环境构成，如表3-2所示。

表3-2 内部环境

不同环境	环境因素	举例
内部物质环境	人力资源	生产工人、技术人员、管理人员
	物力资源	组织所拥有的物质资源和数量：厂房、设备
	财力资源	能够获取和改善其他资源状况的资源：资金数量、构成情况、筹措渠道等
组织文化环境	内部文化	企业成员所共同遵守的组织信念、期望、价值观念的集合，为员工提供一种认同感和归属感

【阅读思考】

华为应对新《劳动合同法》，万名员工自选去留

001——这个沿用了20年、华为公司内部人所共知的"老板"任正非的工号，或许即将成为历史。

记者近日获悉，华为公司包括任正非在内的所有工作满八年的华为员工，在2008年元旦之前，都要先后办理主动辞职手续（即先"主动辞职"，再"竞业上岗"），再与公司签订1~3年的劳动合同；废除现行的工号制度，所有工号重新排序。

华为官方人士对此不愿过多置评，但认为正在实施的人力资源体系调整相对提高了员工的福利，"员工们都非常满意"。而记者采访华为员工时，他们大都表示对方案表示理解，同时薪金的确有所增加。

知情人士表示，华为此举意在规避于2008年1月1日起实施的新《劳动合同法》（以下简称"新劳动法"）"规范劳动用工以及保持企业的竞争力采取的做法"中对企业未来用人制度带来的挑战。2007年6月经全国人大常委会审议通过的新劳动法规定：劳动者在满足"已在用人单位连续工作满十年的"或"连续订立二次固定期限劳动合同"等条件后，便可以与用人单位订立"无固定期限劳动合同"，成为永久员工。

记者采访深圳外商投资行业协会等机构后得知，新劳动法目前已在很多大公司内部引起较大反应，不少公司已在酝酿和调整自己的人力资源管理政策。中华英才网总裁张建国在接受本报记者采访时表示，华为此举"应该是针对国家法律修订做出的调整"。他认为，新劳动法体现了国家对劳动者权益的重视，但在现有国情下，新劳动法"十四条"将会给像华为这样的创新公司带来过重的企业责任压力。

（资料来源：http://wenku.baidu.com/view/cf7853d250e2524de5187e6a.html?from=search）

思考：
1. 影响华为公司的属于哪种环境因素（外部或者内部）？
2. 这种环境因素是如何影响企业经营的？

第二节　管理环境分析

【导入案例】

食品行业的宏观环境分析

1. 政治因素

（1）"十一五"期间中国发展模式发生嬗变。经济增长方式的转变是中国建立新的发展模式的核心内容之一，它意味着：中国要从过度依赖资金、自然资源和环境投入，以量的扩张实现增长，转向更多依靠提高劳动者素质和技术进步，以提高效率获取经济增长。

（2）开放的行业。食品行业作为中国开放最早、市场化程度最高的行业之一，国际品牌涌入迅猛，国内品牌后起之秀最多、发展最快，投资食品行业基本不存在政策壁垒。

（3）解决"三农"问题的有效途径。从近况看，"三农"问题已经引起了政府和社会各界的广泛关注和高度重视。要解决"三农"问题，就必须加快对传统农业的改造，推进农业工业化的进程。食品行业的发展，是带动农业产业化，调整农业结构，提高农产品附加值，实现农民增收的主要渠道。食品行业是农业保持可持续发展的必由之路。

（4）"农业产业化龙头企业"政策的积极扶持。2000年以来，农业部、原国家计委、原国家经贸委、财政部、原外经贸部、中国人民银行、国家税务总局、中国证监会八部委先后三批确定了500多家"农业产业化龙头企业"，其中食品类企业占据2/3的比例。政府的优惠政策涉及龙头企业生产的各个环节，包括税收减免、财政贴息、公益性补贴、价格补贴、用地优惠甚至上市政策优惠等，政策支持力度大，影响也非常广泛。

2. 经济因素

（1）巨大的消费市场潜力。世界食品工业以约3000亿美元的营业额居世界工业前列，中国仅占5%的份额，相对于中国占世界总人口21%的比例，食品行业市场潜力巨大。国内外经济学家公认，在未来的5~10年，中国将是全球收入增长最快的国家之一，至少有1亿家庭进入年收入1万美元以上的行列，这个巨大的消费市场使中国食品行业充满激情和希望。

（2）消费升级带动食品行业增长。根据国际货币基金组织《国际金融统计》，发达国家消费支出占GDP的比例平均为80%左右，发展中国家平均为74%，而中国目前约为

57%，中国仍处于"投资型经济"向"消费型经济"的转变过程中，消费增长的空间巨大。食品行业作为居民消费的基础，也是最典型的消费品行业，将直接从中受益。

（3）宏观调控背景下的防御性行业。本轮宏观调控，钢铁、有色金属、水泥、房地产等行业受到较大冲击。与之相对应，食品行业具有明显的防御性特征，受经济波动的影响较小，属于在经济回落周期中增速不下滑的行业。与其他行业相比，即使在经济低迷的情况下，人们还是必须保证食品消费，而减少对其他商品的消费，因此食品行业将从本轮宏观调控中受益，行业增长性将有所提高，成为战略投资者理想的选择对象。

3. 社会因素

（1）城乡差别。目前，中国农村人口占总人口的64%，农业劳动力占总劳动力的50%，就社会结构而言，仍然是以农民为主的社会。中国具有的特殊的"双层刚性二元经济结构"严重地制约了经济的发展，造成了诸多的社会问题，如贫富差距扩大、地区发展不平衡等，已经成为影响和制约中国国民经济及现代化发展的障碍。只有农业和食品行业发展了，才能带动整个国民经济的发展，进而促进一系列社会问题的解决。

（2）中小城镇建设。在专业化的中小城市中，应以发展商业为主，并根据具体市情适当发展工业。中小城镇的"商"以餐饮、零售、土特产为主，而"行业"无疑仍会以食品加工为主。因此，中小城镇建设进程中，食品行业也将迎来新的发展机遇。

4. 技术因素

发达国家农产品产后加工能力都在70%以上，加工食品约占饮食消费的90%，而中国仅为25%左右。此外，中国食品工业的综合利用也比较落后。目前，中国农产品加工企业大多数加工设备简陋，加工工艺落后，技术人才缺乏，加工技术远远低于国际水平。

近年来，高新技术在食品工业中得到较好应用，大中型企业技术装备水平有了较大提高。如生物工程技术、超临界萃取、膜分离、分子蒸馏等一大批高新技术在食品行业得到了推广应用，有力地促进了食品工业生产技术水平的提高和产品的更新换代。啤酒、饮料、烟草加工等行业中较先进的技术装备，已接近发达国家20世纪90年代中期先进水平，中国食品机械设备制造水平正在逐步适应食品工业的发展和技术改造的要求。

（资料来源：中国食品行业网 http://www.foodqs.com）

【分析及任务】

宏观环境是如何影响食品行业发展的？

一、管理环境分析的意义

任何组织都是在一定的环境中从事活动，环境的特点及其变化必然影响组织活动的方向和内容的选择。环境分析就是要通过分析组织活动的内、外影响因素，揭示活动条件的变化规律，预测其未来的变化，为活动方向和内容的选择与调整提供依据。

环境分析的意义可以从环境对组织作用的两面性入手：

外部的环境决定了企业可以做什么和不可以做什么，一方面扩大了企业寻求外来资源与支持的机会，另一方面又限制了管理者的行动。

内部环境决定了该组织中的管理者能够做什么、可以怎么做以及做到何种程度等。

有利的环境提供机遇，不利的环境带来挑战。企业应随外部环境因素以及内部各种因素的变化，做出适当的调整，充分利用机会，避开和化解威胁。

二、管理环境分析方法

（一）宏观环境 PEST 分析法

PEST 为一种企业所处宏观环境分析模型，所谓 PEST 即 Political（政治）、Economic（经济）、Social（社会）和 Technological（科技）。这些是企业的外部环境，一般不受企业掌握。

1. 政治法律环境要素（Political Factors）

政治会对企业监管、消费能力以及其他与企业有关的活动产生十分重大的影响。一个国家或地区的政治制度、体制、方针政策、法律法规等因素常常制约、影响着企业的经营行为，尤其影响企业较长期的投资行为。政治法律环境因素对企业影响的特点包括：

（1）不可预测性。企业很难预测国家政治环境的变化。

（2）直接性。国家政治法律环境直接影响企业的经营状况。

（3）不可逆转性。政治法律环境一旦影响到企业，就会发生十分迅速和明显的变化，而企业是无法推卸和转移这种变化的。

2. 经济环境要素（Economical Factors）

经济环境要素是指国民经济发展的总概况，国际和国内经济形势及经济发展趋势，企业所面临的产业环境和竞争环境等。企业的经济环境主要的组成因素包括：

（1）社会经济结构。是指国民经济中不同的经济成分、不同的产业部门及社会再生产各方面在组成国民经济整体时相互的适应性、量的比例以及排列关联的状况。

社会经济结构主要包括：产业结构、分配结构、交换结构、消费结构和技术结构。其中，最重要的是产业结构。

（2）经济发展水平。是指一个国家经济发展的规模、速度和所达到的水平。反映一个国家经济发展水平的常用指标有国内生产总值、国民收入、人均国民收入和经济增长速度。

（3）经济体制。是指国家经济组织的形式，它规定了国家与企业、企业与企业、企业与各经济部门之间的关系，并通过一定的管理手段和方法来调控或影响社会经济流动的范围、内容和方式等。

（4）宏观经济政策。是指实现国家经济发展目标的战略与策略。它包括综合性的全国发展战略和产业政策、国民收入分配政策、价格政策、物资流通政策等。

（5）当前经济状况。当前经济状况会影响一个企业的财务业绩。经济的增长率取决于商品和服务需求的总体变化。其他经济影响因素包括税收水平、通货膨胀率、贸易差额和汇率、失业率、利率、信贷投放以及政府补助等。

（6）其他一般经济条件和趋势。其他一般经济条件和趋势对一个企业的成功也很重要。工资、供应商及竞争对手的价格变化以及政府政策，会影响产品的生产成本和服务的提供成本以及它们被出售的市场的情况。

经济环境因素可以参考以下几点：

（1）利率。

(2) 通货膨胀率与人均就业率。
(3) 人均 GDP 的长远预期等。

3. 社会与文化环境要素（Social and Cultural Factors）

这是指一定时期整个社会发展的一般状况，主要包括社会道德风尚、文化传统、人口变动趋势、文化教育、价值观念、社会结构等。各国的社会与文化对于企业的影响不尽相同。社会与文化要素十分重要，主要包括：

（1）人口因素。人口因素包括企业所在地居民的地理分布及密度、年龄、教育水平、国籍等。大型企业通常会利用人口统计数据来进行客户定位，并用于研究应如何开发产品。人口因素对企业战略的制定具有重大影响。例如，人口总数直接影响着社会生产总规模；人口的地理分布影响着企业的厂址选择；人口的性别比例和年龄结构在一定程度上决定了社会的需求结构，进而影响社会供给结构和企业生产结构；人口的教育文化水平直接影响着企业的人力资源状况；家庭户数及其结构的变化与耐用消费品的需求和变化趋势密切相关，因而也就影响到耐用消费品的生产规模等。

对人口因素的分析可以使用以下一些变量：结婚率、离婚率、出生率和死亡率、人口平均寿命、人口的年龄和地区分布、人口在民族和性别上的比例、地区人口在教育水平和生活方式上的差异等。

（2）社会流动性。社会流动性主要涉及社会的分层情况、各阶层之间的差异以及人们是否可在各阶层之间转换、人口内部各群体的规模、财富及其构成的变化以及不同区域（城市、郊区及农村地区）的人口分布等。

（3）消费心理。消费心理对企业战略也会产生影响。例如，部分顾客的消费心理是在购物过程中追求有新鲜感的产品多于满足其实际需求，因此，企业应有不同的产品类型以满足不同顾客的需求。

（4）生活方式变化。随着物质需求的提高，人们对社交、自尊、求知、审美的需要更加强烈，随之带来的生活方式的改变，这也是企业面临的挑战之一。

（5）文化传统。文化传统是一个国家或地区在较长历史时期内形成的一种社会习惯，它是影响经济活动的一个重要因素。例如，中国的春节、西方的圣诞节就为某些行业带来商机。

（6）价值观。是指社会公众评价各种行为的观念标准。不同的国家和地区，人们的价值观各有差异，例如，西方国家的个人主义较强，而日本的企业则注重内部关系融洽。

4. 技术环境要素（Technological Factors）

技术环境要素是指目前社会技术总水平及变化趋势、技术变迁、技术突破对企业的影响，以及技术对政治、经济社会环境之间的相互作用的表现等，具有变化快、变化大、影响面大等特点。

（二）"五力"分析模型

"五力"分析模型是迈克尔·波特（Michael Porter）于 20 世纪 80 年代初提出，又称波特竞争力模型。"五力"分析模型对企业战略制定产生全球性的深远影响。它用于竞争战略的分析，可以有效地分析客户所处的竞争环境。"五力"分别是：供应商的讨价还价能力、购买者的讨价还价能力、潜在竞争者进入的能力、替代品的替代能力、行业内竞争

者现在的竞争能力,如图3-2所示:

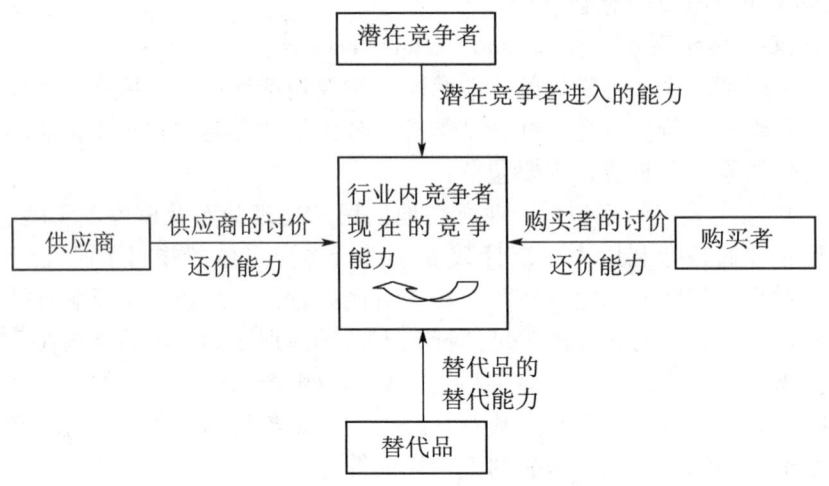

图3-2 波特"五力"分析模型

(1) 供应商的讨价还价能力

供方力量的强弱主要取决于他们所提供给买主的是什么投入要素,当供方所提供的投入要素其价值构成了买主产品总成本的较大比例,对买主产品生产过程非常重要,或者严重影响买主产品的质量时,供方对于买主的潜在讨价还价力量就大大增强。

(2) 购买者的讨价还价能力

购买者主要通过其压价与要求提供较高的产品或服务质量,来影响行业中现有企业的盈利能力。一般来说,满足如下条件的购买者可能具有较强的讨价还价能力:

- 购买者的总数较少且购买量较大,占了卖方销售量的很大比例。
- 卖方行业由大量相对规模较小的企业所组成。
- 购买者所购买的基本上是一种标准化产品,同时向多个卖主购买产品在经济上也完全可行。

(3) 潜在竞争者进入的能力

潜在竞争者进入威胁的严重程度取决于两方面的因素,这就是进入新领域的障碍大小与现有企业对于进入者的反应。

进入障碍主要包括规模经济、产品差异、资本需要、转换成本、销售渠道开拓、政府行为与政策、自然资源、地理环境等方面。现有企业对进入者的反应,主要是采取报复行动,可能性的大小则取决于有关厂商的财力情况、报复记录、固定资产规模、行业增长速度等。总之,新企业进入一个行业的可能性大小,取决于进入者主观估计进入所能带来的潜在利益、所需花费的代价与所要承担的风险这三者的相对大小情况。

(4) 替代品的替代能力

两个处于不同行业中的企业,可能会由于所生产的产品是互为替代品,从而在它们之间产生相互竞争行为。替代品价格越低、质量越好、用户转换成本越低,其所能产生的竞争压力就强。这种来自替代品生产者的竞争压力的强度,具体可以通过考察替代品销售增长率、替代品厂家生产能力与盈利扩张情况来加以描述。

（5）行业内竞争者现在的竞争能力

现有企业之间的竞争常常表现在价格、广告、产品介绍、售后服务等方面，其竞争强度与许多因素有关。

根据上面对于五种竞争力量的讨论，企业应尽可能地将自身的经营与竞争力量隔绝开来，采取努力从自身利益需要出发影响行业竞争规则，先占领有利的市场地位再发起进攻性竞争行动等手段来对付这五种竞争力量，以增强自己的市场地位与竞争实力。以下案例是福特汽车公司的波特"五力"模型分析。

【点对点案例】

福特公司的波特"五力"模型分析

在竞争对手、新加入者的威胁，供应商和顾客的讨价还价能力及替代品的威胁之中，这些控制行业竞争的主要力量在于争取有利位置。

1. 在竞争对手中争取有利位置

下列几家公司构成了行业的主要竞争对手：三家主要的美国大公司——福特（Ford）、通用汽车公司（GM）、克莱斯勒公司（Chrysler）和三家主要的日本公司——本田（Honda）、丰田（Toyota）、尼桑（Nissan）。

（1）在20世纪80年代后期和90年代初期汽车工业增长较为缓慢，人们采用折扣和其他的优惠政策以刺激消费增长。

（2）日本公司以更加质优价廉的产品吸引了许多美国顾客。

（3）与美国三大汽车公司相比较而言，日本的汽车公司使用了高技术从而控制了成本。然而，美国三大汽车公司却在生产系统的现代化方面进行了大量投资，并与外国公司合作以使公司变得更有效率。例如，福特与马自达合资生产Probe；克莱斯勒与法国雷诺公司合资生产微型车；克莱斯勒与现代公司将生产一种新型的中型车。

（4）美国公司正采取措施收购以国外为基地的小公司，以使产品线更加多样化，并且利用小公司的独立精神和创造力。

（5）日本公司正在大量投资美国工厂以避开进口限制；欧洲的公司也在做类似的事情，来避开在1992年欧共体形成一个真正的共同市场后那些新的严厉的贸易制度。

2. 新加入者的威胁

（1）此时，规模经济限制了任何主要竞争者加入汽车工业。

（2）汽车生产的资金要求极大地增长，使得新进入市场的可能性越来越小。机器人和其他自动化技术的发展有望控制成本。然而，开发和实施这些自动化技术需要巨大的先期项目成本、研究和开发成本以及高精尖的技术人才。

（3）政府对尾气排放及油耗的政策将进一步限制新加入者进入市场的威胁，1990年美国车的平均经济油耗为11.69 km/L。

3. 供应商的讨价还价能力

单一供货来源和制造系统中用户与供应商的合作关系保持着增强趋势。

（1）日本、美国和欧洲的主要汽车零部件供应商纷纷开始在其他国家建厂。

（2）与供应商订立长期合同变得越来越普遍。

（3）通用汽车公司和它的两家主要的资本设备供应商签订了无限期的长期协议。

（4）克莱斯勒公司和几家主要的工具生产公司已经订立了五年的合同。

4. 客户的讨价还价能力

下列趋势要归因于激烈的竞争、滞销和随之而来的较高存货水平：

（1）为了吸引客户，各厂商竞相降价并给予折扣。

（2）客户在相当程度上可以对售价、担保及其他服务项目进行讨价还价。

（3）公司管理者逐渐采用服务等级来衡量销售绩效，这些等级常常用来决定经销授权的机会、获得广告基金和其他经济优惠的标准。

5. 替代产品或服务的威胁

（1）主要的大公司不能像小的专业汽车公司那样提供一个合适的细分市场。

（2）大城市居民面对日益增长的购车、保险、停车和维修费用等，纷纷转向使用公共交通工具。

近十年来汽车工业竞争越来越激烈，日本公司打入美国市场促使美国三大汽车公司重新评价他们的营销策略，以及在行业中的地位。结果，美国和日本公司都努力使自身在工艺上更具竞争力，这种竞争力将使产品低成本、高质量。美国三大公司与主要外国竞争者以物美价廉的产品在争夺市场份额的竞争中使消费者继续受益。

（资料来源：豆丁网http：//www.docin.com/p-383119001.html）

（三）SWOT分析法

SWOT分析法是一种企业内部分析方法，即根据企业自身的既定内在条件进行分析，找出企业的优势、劣势及核心竞争力之所在。S代表Strength（优势），W代表Weakness（劣势），O代表Opportunity（机会），T代表Threat（威胁），其中，S、W是内部因素，O、T是外部因素，具体如图3-3所示。

竞争优势（S）是指一个企业超越其竞争对手的能力，或者指公司所特有的能提高公司竞争力的能力，如图3-4所示。

其中，有形资产优势包括：先进的生产流水线、现代化车间和设备、丰富的自然资源、充足的资金、完备的资料信息等；无形资产优势包括：优秀的品牌形象、良好的商业信用、积极进取的公司文化等；竞争能力优势包括：产品开发周期短、强大的经销商网络、与供应商良好的伙伴关系、对市场环境变化的灵敏反应、市场份额的领导地位等；组织体系优势包括：高质量的控制体系、完善的信息管理系统、忠诚的客户群、强大的融资能力等；人力资源优势包括：关键领域拥有专长的职员、积极上进的职员、很强的组织学习能力、丰富

图3-3 SWOT分析法

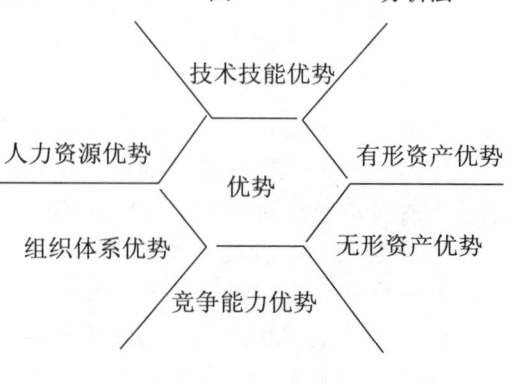

图3-4 竞争优势

的经验等；技术技能优势包括：独特的生产技术、低成本生产方法、领先的革新能力、雄厚的技术实力、完善的质量控制体系、丰富的营销经验、上乘的客户服务、卓越的大规模采购技能。

竞争劣势（W）是指企业缺少或做得不好的东西，或指某种会使企业处于劣势的条件。如：缺乏具有竞争意义的技能技术，缺乏有竞争力的有形资产、无形资产，缺乏有竞争力的人力资源、组织资产，关键领域里的竞争能力正在丧失等。

潜在机会（O）：市场机会是影响公司战略的重大因素。公司管理者应当确认每一个机会，评价每一个机会的成长和利润前景，选取那些可与公司财务和组织资源匹配、使公司获得竞争优势潜力最大的最佳机会。如：客户群的扩大趋势；产品细分、市场细分；获得购并竞争对手的能力；市场需求增长强劲，可快速扩张；向其他区域扩张，可扩大市场份额的机会等。

外部威胁（T）：在公司的外部环境中，总是存在某些对公司的盈利能力和市场地位构成威胁的因素。公司管理者应当及时确认危及公司未来利益的威胁，做出评价并采取相应的战略行动来抵消或减轻它们所产生的影响。如：强大的新竞争对手、主要产品市场增长率下降、客户或供应商的谈判能力提高、容易受到经济萧条和业务周期的冲击、市场需求减少等。

图 3－5 表示的是四种内外匹配的战略。SO 战略：依靠内部优势，利用外部机会——增长型策略；ST 战略：利用内部优势，回避外部威胁——多种经营战略；WO 战略：利用外部机会，克服内部弱点——扭转型战略；WT 战略：减少内部弱点，回避外部威胁——防御型战略。

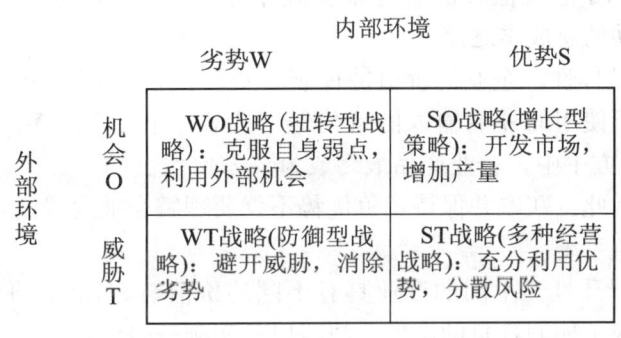

图 3－5　SWOT 战略模型

（四）价值链分析法

价值链分析法是由美国哈佛商学院教授迈克尔·波特提出来的，是一种寻求确定企业竞争优势的工具。企业有许多资源、能力和竞争优势，如果把企业作为一个整体来考虑，又无法识别这些竞争优势，这就必须把企业活动进行分解，通过考虑这些单个的活动本身及其相互之间的关系来确定企业的竞争优势，具体如图 3－6 所示。

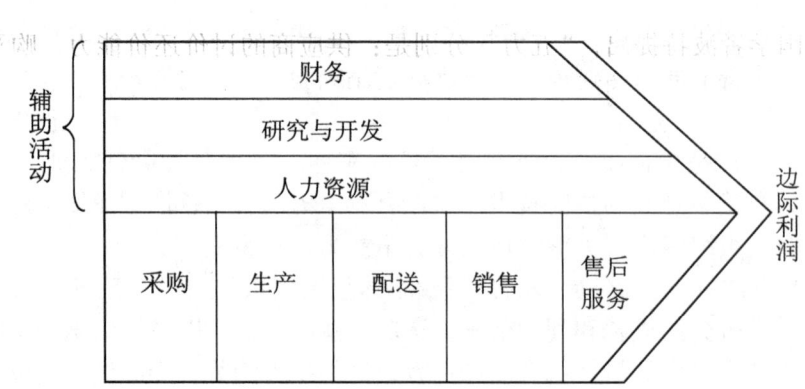

图 3-6 价值链

（1）价值链分析的基础是价值，其重点是价值活动分析。各种价值活动构成价值链。价值是买方愿意为企业提供给他们的产品所支付的价格，也是代表着顾客需求满足的实现。价值活动是企业所从事的物质上和技术上的界限分明的各项活动，它们是企业制造对买方有价值的产品的基石。

（2）价值活动可分为两种活动：基本活动和辅助活动。基本活动是涉及产品的物质创造及其销售、转移给买方和售后服务的各种活动；辅助活动是辅助基本活动并通过提供外购投入、技术、人力资源以及各种公司范围的职能以相互支持的活动。

（3）价值链列示了总价值。价值链除包括价值活动外，还包括利润，利润是总价值与从事各种价值活动的总成本之差。

（4）价值链的整体性。企业的价值链体现在更广泛的价值系统中，供应商拥有创造和交付企业价值链所使用的外购输入的价值链（上游价值），许多产品通过渠道价值链（渠道价值）到达买方手中，企业产品最终成为买方价值链的一部分，这些价值链都在影响企业的价值链。因此，获取并保持竞争优势不仅要理解企业自身的价值链，也要理解企业价值链所处的价值系统。

（5）价值链的异质性。不同的产业具有不同的价值链，在同一产业，不同企业的价值链也不同，这反映了他们各自的历史、战略以及实施战略的途径等方面的不同，同时也代表着企业竞争优势的一种潜在来源。

【本章小结】

本章主要从管理的外部环境、内部环境、管理环境分析方法等几个方面展开论述。外部环境是组织生存的土壤，它既为组织活动提供条件，同时又对组织活动起制约作用。外部环境具有不确定性的特征，既为组织的生存和发展提供新的机会又可能在环境变化过程中对组织生存造成某种威胁。内部环境指组织内部的资源拥有情况和利用情况，包括组织内部的物质环境和文化环境。

组织的不同环境对应不同的环境分析方法，即 PEST 分析法是宏观环境分析方法，不受组织自身因素的控制；SWOT 分析法是从企业内外环境综合分析组织的优劣势和面临的机会和威胁，从而使组织明确自身优势，抓住可能出现的机会实现组织目标；"五力"模型分析法由美国学者波特提出,"五力"分别是:供应商的讨价还价能力、购买者的讨价还价能力、潜在竞争者进入的能力、替代品的替代能力、行业内竞争者现在的竞争能力。

【复习思考题】

1. 组织的环境主要包括哪些?环境与组织的关系如何?为什么环境研究对管理十分重要?
2. 对一个组织来说,外部一般环境与特殊环境哪个更为重要?为什么?
3. 常用的环境分析方法有哪些?
4. 简述 SWOT 分析法。
5. 为什么说全球化是一种挡不住的趋势?面对全球化,管理者应如何应对?

【案例分析】

联想国际化的成功因素

一、联想集团国际化历程

1997 年,联想集团在中国内地销售联想牌电脑达 40 万台,销售额达 125 亿元,市场占有率居第二位,成为中国制造电脑第一品牌的企业。

联想集团的发展是成功的。在联想成功的诸多因素中,跨国经营可以说是一个关键性的因素。那么,联想集团又是如何开展跨国经营的呢?

1987 年,中国科学院计算技术研究所新技术发展公司(联想集团公司的前身)依靠联想汉卡和代理国外电脑等业务,营业额达 7 000 多万元。企业资产从 1984 年的 20 万元增加到 1 300 多万元,员工从初期的 11 人发展到 230 人,电脑产品销售网络已基本上在全国各地形成。

中国科学院计算技术研究所新技术发展公司几代科技人员的一个共同愿望,就是自己设计并生产出电脑产品,在国内外市场与外国电脑竞争。为此,当公司有了一定的资金积累后,他们决定开始从事电脑的研制和生产。那么,选择何地来进行呢?1988 年 4 月,中国科学院计算技术研究所新技术发展公司(以下简称"中科院计算所")在香港与香港导运电脑有限公司、中国(香港)技术转让公司合资成立"香港联想科技有限公司"。

为什么不选内地,而选香港呢?主要原因有:①在内地难以了解国际市场行情及电脑技术的最新动态,难以采购到最新的电子元器件,无法设计、生产出有竞争力的产品;②中国内地电脑市场较小,当时只占全球市场的 0.5%,而香港是世界著名的贸易、信息中心,通过香港可更快地进入国际市场,且国际市场需求巨大;③在当时的投资体制下,一切投资均要经过政府计划部门审批,而当时中国已有近 100 家电脑生产厂,新的建厂申请自然很难获批。

香港联想科技有限公司的发展可分为三个阶段。①起步阶段。以开展电脑贸易为主要业务,为电脑开发、生产积累资金,并摸索国际市场脉搏,选择打入国际市场的产品,这个任务在公司成立当年顺利完成,实现营业额 1.2 亿港元。②电脑主机板开发、生产、国际销售阶段。1988 年底,中国科学院计算技术研究所新技术发展公司与香港联想科技有限公司收购的 Quantum 公司在香港成立研究开发中心,从事电脑主机板的开发和设计业务。1989 年 3 月,共同研制的联想 Q2861 个人电脑在德国汉诺威和美国芝加哥一炮打响,当时意向订单多达4 000多台。同年6月，香港联想科技有限公司在深圳成立"深圳联想公司"，持股70%，意在建立一个低成本的生产基地。从此，香港联想公司开始批量生产和出口主机板。从1989年底每月4 000套发展到1991年底每月10万套。1994年，香港联想公司出口主机板500万套，占全球市场的10%，进入世界最大生产厂家前五名之列。其营业额从1989年的3.2亿港元增至1992年的18亿港元。这个阶段，除产品出口外，联想公司的跨国经营还有许多新的进展。1990年上半年在美国洛杉矶设立分公司，下半年在法国的德斯多夫设公司。1992年初在美国硅谷设立实验室，以及时获取电脑最新技术情况与信息。到1993年底，联想集团基本形成国际化的技术、生产、销售格局：技术开发方面由美国硅谷、香港、深圳、北京形成体系；生产方面拥有香港、深圳两个基地；销售方面北京联想拥有国内销售网，香港联想拥有国际销售网。③新的发展阶段。1994年1月香港联想公开上市，通过发售新股融资2.17亿港元，为形成规模经营，实现建成国际级大型电脑企业这一目标奠定了基础。

二、经营要素国际化组合的范例

联想集团公司目前已形成技术开发—大规模生产—销售维修网的垂直一体化跨国经营体系。

（1）研究与开发体系。联想分别在北京、香港、深圳、美国硅谷设有研究与开发中心。它们形成分工合作体系：美国硅谷是情报信息站，时刻监控世界上最大电脑市场上的最新技术与商业动态，及时反馈重要信息；香港承担主机板等新产品的开发与中试；深圳直接为香港中心服务，主要为降低人员的开支；北京的研究中心有多个功能，一是利用强大的质量评测力量，对香港开发出的新产品进行科学的测试检验，然后将结果反馈给香港，进行改进、修改和完善；二是在香港开发出的主机板基础上研制各种型号的电脑整机，三是开发联想汉字系统等软件，为大型系统集成项目提供技术支持。

（2）生产体系。联想分别在北京、深圳、香港设有生产工厂，香港负责最新产品的试产；深圳承担大批量主机板的生产，还与当地的几家国有大工厂形成协作关系；北京主要承担联想系列电脑整机的生产。

（3）销售维修体系。联想在海外14个国家建立了25个子公司，形成了一定规模的国际销售维修网络。在国内已建成相当规模的批发—销售（经销）—维修网络体系。

电脑产业是一种技术密集度很高、变革速度很快、产品生命周期很短的产业。联想集团以中科院计算所的技术力量为后盾，通过北京—香港—美国硅谷的研究开发体系形成适应国际市场变革的产品开发能力；同时它以美国硅谷少量人员—香港中量人员—北京大量人员的总体配置，达到比欧美日发达国家电脑企业明显低、比中国台湾电脑企业还要低的研究开发成本，从而使它获得相对稳定的国际竞争优势。

联想集团跨国经营的成功，有两项决策是至关重要的：一是选择香港为桥头堡；二是选择主机板为主攻产品。

除前文已述的原因外，选择香港为第一站还有以下理由：①在香港可以直接了解国际市场行情，较及时地掌握世界电脑技术发展最新动态（一般情况下，香港较美国硅谷晚2~3个月；而中国内地较香港又晚3~6个月），以及采购到最新的电子元器件；②由于历史文化的原因，香港与中国内地有共同的语言和文化，可谓存在最大的"相近性"；③从地理上看，香港是可以直接了解国际市场行情，较及时地掌握世界电脑技术发展最新动

态的唯一地区,同时又与深圳相连,可利用深圳来降低部分成本,这不仅对国际化初期至关重要,而且是联想竞争优势的来源之一。

选择主机板而不是整机或其他零部件作为进军国际市场的主攻产品,在联想成功史上具有战略意义和地位。首先,从企业价值链角度看,整机生产与销售需要:①品牌的高知名度;②庞大的销售网络;③大规模地生产和采购;④领导或紧跟领先者的技术开发潮流。这些对当时的联想而言并不具备。而主机板生产的关键是及时了解最新技术动态,采购最新的电子元器件,依靠的是自己的设计能力和速度,对品牌、销售网络等要求并不高。这对当时的联想而言是基本适合的。其次,从竞争战略角度看,后发企业的重要策略是集中优势攻击一点。电脑是由许多零部件组成的系统,在国际市场名牌电脑整机竞争激烈的状况下,联想集团集中自己的资金、人员和低成本优势,选择其中一个重要的部件——主机板,可谓是上述策略的成功运用。再次,选择主机板还可以避开联想集团的劣势:无品牌知名度和国际销售网络。最后,选择主机板可起到"一手托两头"的作用:一是进入国际市场,扩大品牌知名度,并逐步建立国际销售网;二是掌握大批量生产制造技术和最新技术动态,为进军国内电脑整机市场奠定基础。

(本案例选编自中国企业战略与案例网 http://www.3rd56.com)

思考:
1. 联想的技术、生产、销售结构体现出一种什么样的企业经营管理思想?
2. 联想国际化的实例对于中国企业走向全球化有什么启示?
3. 企业如何有效地利用国内外环境,实现跨越式发展?

【技能训练】

大学生创业条件和环境分析

【实训目标】
1. 掌握市场调查方法及手段;
2. 熟练选择及应用各种环境分析方法;
3. 培养学生分析及策划能力。

【实训内容与方法】
假设你即将从大学毕业,打算在广州工商学院附近开设一家小店(可以出售快餐、奶茶、书籍、饰品、服装等各种商品),商品自选。请站在创业者的角度并结合本章所学知识思考,如果想成功开设这家小店,你需要考虑哪些因素,做哪些相关分析?

【实训要领】
1. 要使同学们认识到市场调查方法及手段使用的重要性,要求其认真对待。
2. 要认真应用环境分析工具来进行问题的分析与界定。环境与问题不清,就不会做出正确的决策。要按照所学的关于环境分析与问题界定的模型与方法,认真进行分析与研究。
3. 通过分析得出结果的重要性。

【成果与检测】
每人起草一份分析报告,计入渐进化过程考核。

【推荐读物】

　　[1] 迈克尔·波特. 竞争战略 [M]. 香港：华夏出版社，2005.

　　[2] 彼得·德鲁克. 有效的管理者 [M]. 北京：工人出版社，1989.

　　[3] 雾满拦江. 像青蛙一样思考 [M]. 北京：当代中国出版社，2005.

【本章重点内容网络图】

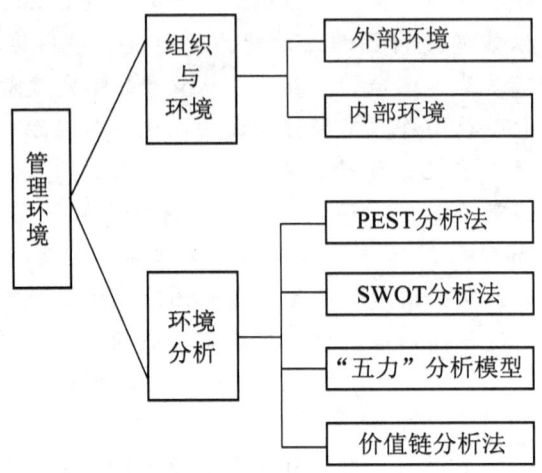

第二篇

管理职能篇

第四章 决 策

【知识目标】
1. 了解决策的含义、类型、步骤;
2. 掌握定性和定量的决策方法。
3. 熟悉目标体系,掌握制定目标的原则、依据、程序;
4. 掌握计划的基本概念、计划的种类及表现形式;

【素质目标】
1. 训练学生逐步养成做事有计划的习惯和良好素质;
2. 培养具备制定个人和组织目标的能力;
3. 培养学生严格按照目标执行计划的严谨工作态度;
4. 掌握计划书的内容结构与编制计划书的要领。

【技能目标】
1. 具有观察环境、分析界定问题的能力;
2. 能熟练运用环境分析工具进行分析,并制定计划书;
3. 能根据企业所处的不同环境对问题进行决策;
4. 具备对企业管理中一般问题的发现、解决和决策能力。

【导入案例】

联想集团的世界 500 强之路

1984 年 11 月 1 日,一个仅靠 20 万元开办费起家的自负盈亏的计算机公司成立了,它就是闻名全国的联想集团。1988 年 4 月,联想集团宣布开始向海外进军,首先准备在香港设立一个贸易公司,目的在于为创办产业积累资金;第二步决定于 1995 年以前,建立科、工、贸一体化的跨国集团;第三步在 20 世纪末形成经济规模,使联想股票在海外上市,公司的营业额达到 10 亿美元。2004 年 12 月 8 日联想演绎了一出新的 IT 版的蛇吞象的惊人故事,联想以 12.5 亿美元的价格兼并了 IBM 公司的全球 PC 及笔记本电脑业务,只不过这次吞下的只是大象的一条腿。

2008 年 7 月 9 日晚,美国《财富》杂志网站公布了 2007 年度世界 500 强企业排行榜,联想集团以 2007 财年 168 亿美元的营收位列第 499 位。

(资料来源:https://wenku.baidu.com/view/e777f9727fd5360cba1adbdf.html,有删减。)

【分析及任务】
1. 联想集团为何能成为世界 500 强?
2. 企业经营之路应该怎么走?

第一节　决策概述及方法

【导入案例】

囚徒困境

一个案件的两个同犯被分别审讯，有关信息可建立如下决策矩阵

乙犯 甲犯	不招供		招供	
	甲犯	乙犯	甲犯	乙犯
不招供	1 年徒刑	1 年徒刑	10 年徒刑	免予起诉
招供	免予起诉	10 年徒刑	7 年徒刑	7 年徒刑

这是一个互动决策，两个案犯在进行"招"还是"不招"的决策时都要考虑到对方的决策（即对方是"招"还是"不招"）。对于甲犯或乙犯来讲，最好的结果是"免予起诉"（条件是他招供，对方不招供），最坏的结果是"10 年徒刑"（条件是他不招供，对方招供）。

（资料来源：http：//www.baike.com/wiki/%E5%9B%9A%E5%BE%92%E5%9B%B0%E5%A2%83.）

【分析及任务】

1. 如果是你，会做出怎样的选择？请说明理由。
2. 结合此案列，谈谈你对决策的理解。

一、决策的含义

何谓决策？其定义众说纷纭，但基本内涵大致相同。"兵来将挡，水来土掩"，决策自古有之。通常讲的领导"拍板"，指的就是决策。决策就是个人或组织为实现组织目标，在调研分析的基础上，通过分析、比较，在若干个可供选择的方案中选定一个最优方案，用以实施的管理行为。决策有狭义和广义之分。从狭义来说，决策仅是对未来行动方案的抉择行为。从广义来说，决策还包括在做出最后选择之前必须进行的调查研究、预测、分析研究，设计与选择方案，直至付诸实施等一系列活动。

二、决策的程序

决策要解决的问题复杂多样，决策的程序也不尽相同。决策是一个动态的过程，一般由五个步骤组成。

1. 发现存在的问题，分析并确定其产生的原因

决策本身就是为了解决问题而选择行动方案的过程。因此，明确存在问题是前提。例如，某公司产品销售额突然大幅度下降，经分析，主要原因是竞争对手在同一市场上降低了同类产品的价格。明确原因后，公司将是否降价作为决策的目标。

确定问题要注意：
（1）首先确定是否存在需要解决的问题。
（2）确定问题出在何处。
（3）明确真正的问题及其可能的原因。

2. 确定决策目标

问题提出后必须明确问题能否解决，解决的程度，结果要达到什么要求，也就是决策的目标。决策要求有明确而具体的决策目标。若决策的目标是模糊的，甚至是模棱两可的，则无法以目标为标准评价方案，更无从选择方案。

3. 方案的拟定

决策也可以说是对解决问题的种种行动方案进行选择的过程。但如果不能将各种可行方案设计出来，选择的余地就很少了，也就难以保证决策的质量。备选方案不可能是一个，但也不可能太多。因此，备选方案是带有概括性、典型性和代表性的。概括性是指所拟定的备选方案包括了所有可能的方案，典型性和代表性是指各方案之间互相排斥。

4. 方案的评价与选择

方案的评价首先需要建立一套有助于指导和检验判断正确性的决策准则。决策准则一般包括目标达成度、成本代价、可行性等。

方案的选择应充分考虑各种可能的限制因素和条件，特别应重视各种方案可能带来的后果。

方案抉择时应当注意：
（1）任何方案均有风险。
（2）不要一味追求最佳方案。
（3）在最终选择时，允许不做任何选择。不选择也是一种方案。

在选择方案时，一般遵循"满意原则"。

5. 方案的执行与回馈

决策在执行过程中首先应当制订一个实施的方案，包括宣布决策、解释决策、分配实施决策所涉及的资源和任务等。

在决策执行过程中必须进行有效的控制和监督，对决策执行过程中的结果必须进行及时有效的回馈，这样才能发现决策中存在的问题，及时地纠正偏差，即进行新一轮决策的过程。这样决策活动便形成一个"决策—执行—再决策—再执行"的循环往复的动态过程。决策的过程如图4-1所示。

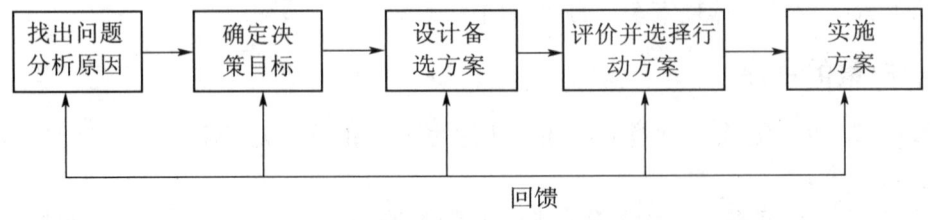

图4-1 决策过程

三、决策的类型

（一）按决策的重要性划分

1. 战略决策

战略决策是指与确定组织发展方向和长远目标有关的重大问题的决策，具有全局性、长期性与战略性，解决的是"干什么"的问题。如企业使命的确定，企业发展战略与竞争战略；收购与兼并；产品转向；技术引进和技术改造；厂长、经理人选的确定；组织结构改革等。

美国国际商用机器公司为了从规模上占领市场，大胆决策购买股权。1982 年以 2.5 亿美元从美国英特尔公司手中买下 25% 的股权，足以对付国内外计算机世界的挑战；另一次是 1983 年，又一次以 2.28 亿美元收购了美国一家专门生产电信设备的罗姆公司 15% 的股权，从而维持了办公室自动化设备方面的"霸王"地位。

2. 战术决策

战术决策也叫管理决策，是为实现战略决策所规定的目标而制定的组织在未来一段较短时间内的具体的行动方案，由中层管理人员做出。战术决策是对企业人、财、物等有限资源进行调动或改变其结构的决策，涉及信息流、组织结构、设施等。譬如：营销计划与营销策略组合、产品开发方案、职工招收与工资水平、机器设备的更新等。

3. 业务决策

业务决策是指企业内部基层管理人员在执行计划过程中，为提高生产效率和日产工作效率的决策。如生产进度安排、库存控制、广告设计等。

（二）按决策的重复程度划分

1. 程序化决策

程序化决策又称常规决策，是指经常发生并能按照规定程序和标准进行的决策，多指对例行公事所做的决策。在管理活动中经常产生两类性质的问题：一类是重复出现的、日常的管理问题，称之为例行问题，如产品质量检查、员工工资等问题；另一类是偶然发生、没有一定规律可循、对组织有重大影响的问题，称之为例外问题，如新产品开发、组织结构变革等问题。例外问题无先例可参照，也没有固定的模式，这需要决策者有丰富的决策经验和能力，同时还需具备创新能力。

2. 非程序化决策

非程序化决策又称非常规决策，它所要解决的事不易确定、错综复杂且是目前所没有遇到过的新问题。问题发生、发展的速度很快，出乎意料，难以应对，必须采取非常规方法来处理。随着管理者地位的提高，面临的决策不确定性增大，决策的难度加大，所面临的非程序化决策的数量和重要性也都在逐步提高，进行非程序化决策的能力变得越来越重要。如生产什么车型、如何定价、目标顾客是谁、供货商的选择等。其中供货商的选择就是程序化决策，公司建立了选择标准，来处理这种常规性的问题。而新产品的研发则属于非程序化决策，因为新产品的研发涉及技术条件、市场环境、顾客需求的变化、政策法规等影响因素，并且新产品研发一般是一次性的、复杂的决策。

(三)按决策时间划分

1. 中长期决策

一般为 3～5 年,甚至更长时间。

2. 短期决策

一般在一年以内。

(四)根据决策的主体不同划分

1. 集体决策

集体决策指由多个人共同做出决策。在组织中一般对于重大的问题由多人共同做出决策。如董事会对有关企业战略性的决策采用集体决策。此外对关系到员工切身利益的有些决策需要员工的参与。

2. 个人决策

个人决策即一个人做出决策。对于一些不是很重要的问题可以采用个人决策,或者在情况紧急的条件下,对于重要决策也需要个人决策。

(五)按照决策问题所处条件不同划分

1. 确定型决策

确定型决策指可供选择的方案只有一种自然状态时的决策。各备选方案所需的条件已知,并能预先准确了解各方案的必然后果的决策。如常用的盈亏平衡分析方法。

2. 风险型决策

风险型决策指可供选择的方案中存在着两种以上的自然状态,哪种状态可能发生是不确定的,但可估计其发生的客观概率的决策。如买各种彩票的决策就属于风险型决策。

3. 不确定型决策

不确定型决策指各备选方案中存在着两种以上的可能出现的后果,这些后果出现的概率是不知道的,有的时候可以凭主观推测得出概率,如企业开发新产品的决策。这类问题无规律可循,一般依靠决策者的经验和直觉进行决策。对同样的问题决策者可以给出不同的答案。

一般地,越是组织的最高主管人员,其所做出的决策越倾向于战略型的、非常规的、科学的、非确定型的决策;而越是组织的下层主管人员,其所做出的决策,越倾向于战术型的、常规的、经验的、确定型的决策。

四、决策的方法

(一)定性决策方法

定性决策方法又称主观决策法,是指在决策中主要依靠决策者或有关专家的智慧来进行决策的方法,这是一种"软技术"。管理决策者运用社会科学的原理并依据个人的经验和判断能力,采取一些有效的组织形式,充分发挥各自丰富的经验、知识和能力,从对决策对象的本质特征的研究入手,掌握事物的内在联系及其运行规律,对企业的经营管理决策目标、决策方案的拟定以及方案的选择和实施作出判断。

定性决策方法灵便，通用性大，容易被一般管理者接受，而且特别适合于非常规决策，同时还有利于调动专家的积极性，提高他们的工作能力。其局限性表现为：由于它是建立在专家个人直观的基础上，缺乏严格论证，易产生主观性，而且还容易受决策组织者个人倾向的影响。

定性决策方法有很多种，常用的有经理人员决策法、专家会议法、头脑风暴法、德尔菲法等，其中德尔菲法（Delphi Method）是最具代表性的方法。尤其在长远的战略决策中，由于许多条件的不肯定性，德尔菲法特别适用。经理人员决策法是决策者根据已知的情况和数据，直接利用个人的知识、经验和组织规章进行决策。

这一类决策包括程序化决策方法、经验型决策方法、创造性决策方法等。

1. 程序化决策方法

程序化决策方法就是按照现有的政策、规章制度和程序进行决策。程序化决策的优点是可以使管理者更快地处理日常事务，节省时间和精力处理其他问题。缺点是可能会减少发现更好的处理问题方法的机会，而且政策、规章制度、程序一旦建立，人们就必须依规去做，即使有更好的方法。这就显得僵化。

（1）政策。政策是处理各种组织活动的普遍适用的原则。如企业退货原则、引进高层次人才政策。

（2）规章制度。组织的规章制度规定了在某种情况下必须遵守的一系列行为准则。如上下班制度、接待顾客的制度。

（3）业务常规。这也可以说是业务程序，规定了执行某项任务如何去一步步做。

2. 经验型决策方法

经验型决策就是决策者凭自己的经验进行决策。由于是凭个人的经验来进行决策，因而有时会出现重大的失误。但在一些情况下，如信息数据不完整、问题复杂，涉及大量不可预知的因素，为了避免出现重大的失误，导致严重的后果，利用经验进行预测可以采用近渐式决策方法。

近渐式决策方法是指在众多途径中先选择一条走一步，慢慢向目标靠近。也就是我们常说的摸着石头过河。

这种方法虽然缺少力度和直接性，但由于根据每一步的结果确定下一步的行动，因此可以避免犯严重的错误，导致重大的损失。这种方法适合于重大的决策。

在一些日常生活中进行的简单决策，我们常会借助总结的经验来指导决策。如足球运动员在"形势危急时，将球踢出场"、领导者对待下属"把员工当成熟人来看待"等。

3. 创造性决策方法

创造性决策方法是指发现新的、富有想象力的解决问题的方法。

思维科学对此作了很多的研究，提出了很多能够激发人们想象力的方法。

（1）头脑风暴法：一群人通过相互启发，形成多种方案的方法。一般由5～9人组成一个小组，要求每个人提出自己的方案，别的人可以对此修正的基础上提出更好的方案，但不允许指责或批评别人的方案。

（2）发散思维的方法（哥顿法）：促使人们通过发散思维的方式从全新的角度来提出解决问题的方法。这种方法主要是鼓励人们摆脱传统的思维模式，从不同角度去看待问题。

(3) 德尔菲法：又称征询法，是指要求被征询意见的人事先不接触、事后接触的一种决策方法。将被征询意见的所有人员编成组，开始时不见面谈问题，或者虽见面也不谈问题。在这种不接触、不产生相互影响的条件下，让他们分别用书面方式提问题、提建议或回答所提问题。之后由组织者将每个人的书面材料整理成汇编材料公布于众。公布时只有汇编结果，并无具体人名。这样，在随后针对汇编的讨论中就会使每个人毫无顾忌地发表意见。最后，把大家达成一致的成熟意见集中起来，做出决策。

（二）定量决策方法

在决策问题所涉及的变量能够量化并且能够取得一定统计数据时，可选择定量决策方法。定量决策方法又称"硬方法"，是建立在数学工具基础上的决策方法。它的核心是把决策的变量与变量，以及变量与目标之间的关系，用数学模型表示出来，然后根据决策的条件，通过计算工具运算，求得决策答案。

1. 确定型决策方法

确定型决策属于程序化决策，决策依据的原则是最优值原则。如利润最大，时间、物质等消耗最小。常用的方法有很多，如技术经济分析法中的各种方法、运筹学方法、计算机管理信息系统等。最常见的一种方法是盈亏平衡分析法。

盈亏平衡分析的基本模型是研究生产、经营一种产品达到不盈不亏时的产量或收入的一种分析模型。这个不盈不亏的平衡点即为盈亏平衡点。显然，当生产量低于这个产量时，则发生亏损；当超过这个产量时，则获得盈利，如图4-2所示，随着产量的增加，总成本与销售额随之增加，当达到平衡点 A 时，总成本等于销售额（即总收入），此时不盈利也不亏损，正对应此点的产量 Q 为平衡点产量，销售额 R 即为平衡点销售额。同时，以 A 点为分界，形成亏损与盈利两个区域。此模型中的总成本是由固定成本和变动成本构成的。按照是以平衡产量 Q 还是以平衡点销售额 R 作为分析依据，可将盈亏平衡分析法划分为盈利亏损平衡点产量（销量）法和盈亏平衡点销售额法。

(1) 盈亏平衡点产量（销量）法

盈亏平衡点产量（销量）法是以盈亏平衡点产量或销量作为依据进行分析的方法。

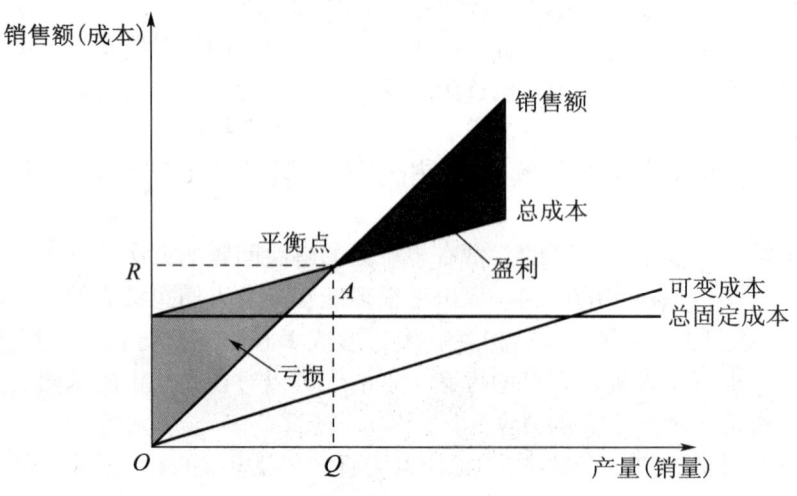

图4-2 盈亏平衡分析的基本模型

盈亏平衡点产量（销量）法基本公式为：

$$Q = \frac{C}{P - V}$$

式中　Q——盈亏平衡点产量（销量）；
　　　C——总固定成本；
　　　P——产品价格；
　　　V——单位变动成本。

要获得一定的目标利润时，其公式为：

$$Q = \frac{C + B}{P - V}$$

式中　B——预期的目标利润；
　　　Q——实现目标例如 B 的产量或销售量；
　　　C——总固定成本；
　　　P——产品价格；
　　　V——单位变动成本。

【例1】某厂生产一种产品。其总固定成本为 300 000 元；单位产品变动成本为 15 元，产品销售价为 20 元。

求：①该厂的盈亏平衡点产量；
②实现利润 30 000 元时的产量。

解：① $Q = \dfrac{C}{P - V} = \dfrac{300\ 000}{20 - 15} = 60\ 000$（件）

即生产量为 60 000 件时，处于盈亏平衡点上。

② $Q = \dfrac{C + B}{P - V} = \dfrac{300\ 000 + 30\ 000}{20 - 15} = 66\ 000$（件）

即当生产量为 66 000 件时，企业可获利 30 000 元。

(2) 盈亏平衡点销售额法

盈亏平衡点销售额法即以盈亏平衡点销售额作为依据进行分析的方法，其基本公式为：

$$R = \frac{C}{1 - \dfrac{V}{P}}$$

式中　R——盈亏平衡点销售额；
　　　C——总固定成本；
　　　P——产品价格；
　　　V——单位变动成本。

当要获得一定目标利润时，公式为：

$$R = \frac{C + B}{1 - \dfrac{V}{P}}$$

式中　B——预期的目标利润；

R——获得目标利润 B 时的销售额;
C——总固定成本;
P——产品价格;
V——单位变动成本。

2. 风险型决策的方法

风险型决策具备的条件:存在着决策人要达到的一个明确的决策目标;有两个以上可供选择的可行方案;存在着不以决策人意志为转移的两种以上的自然状态,各种自然状态可观的概率可以预测出来,各种自然状态下的损益可以计算出来。

(1) 决策损益表法。是指以决策收益表为基础,分别计算各个方案在不同自然状态下的损益值,然后按客观概率的大小,加权计算出各方案的期望收益值,进行比较,从中选择一个最佳的方案,如表4-6所示。

(2) 决策树法。决策树的基本原理仍然以决策损益表为依据,通过计算和比较各个方案的损益值,借助于树枝图形,利用修剪树枝方法寻找出最优方案。它适用于分析较为复杂的多级决策。

【例2】某公司计划未来3年生产某种产品,需要确定产品批量。根据预测估计,这种产品的市场状况的概率是:畅销为0.2,一般为0.5,滞销为0.3。现提出大、中、小三种批量的生产方案,试做出取得最大经济效益的决策方案,有关数据如表4-1所示。

解: 首先计算各方案每年期望收益值如下:

大批量生产期望值 = [40×0.2 + 30×0.5 + (-10)×0.3]×3 = 60(万元)
中批量生产期望值 = [30×0.2 + 20×0.5 + 8×0.3]×3 = 55.2(万元)
小批量生产期望值 = [20×0.2 + 18×0.5 + 14×0.3]×3 = 51.6(万元)

表4-1 损益值表   单位:万元

自然状态及其概率 损益值 方案	畅销(0.2)	一般(0.5)	滞销(0.3)
大批量	40	30	-10
中批量	30	20	8
小批量	20	18	14

然后比较各方案期望收益值的大小,确定最佳方案。由以上计算可知:小批量生产期望值 < 中批量生产期望值 < 大批量生产期望值,按照最优值原则,应选大批量的生产方案。

决策树法与期望值法基本相同,它是用很形象的树形图形,通过图示罗列解题的有关步骤以及各步骤发生的条件与结果来表明决策的过程。上例用决策树来决策,步骤如下:

① 首先确定决策点,即要解决的问题,用"□"表示,上例中是决策哪一种方案可带来最大的经济效益;其次根据方案的数目画出方案枝,上例中共有三个方案,画出三条方案枝;再次在每一条方案枝的后面,根据状态的数目画出状态枝,并在每条状态枝上注

明状态内容及其概率；最后在状态枝末端注明不同状态下的损益值。

②画出决策树后，计算各方案的期望值。

③选择最佳方案，并将其他方案枝剪去，具体见图4-3。

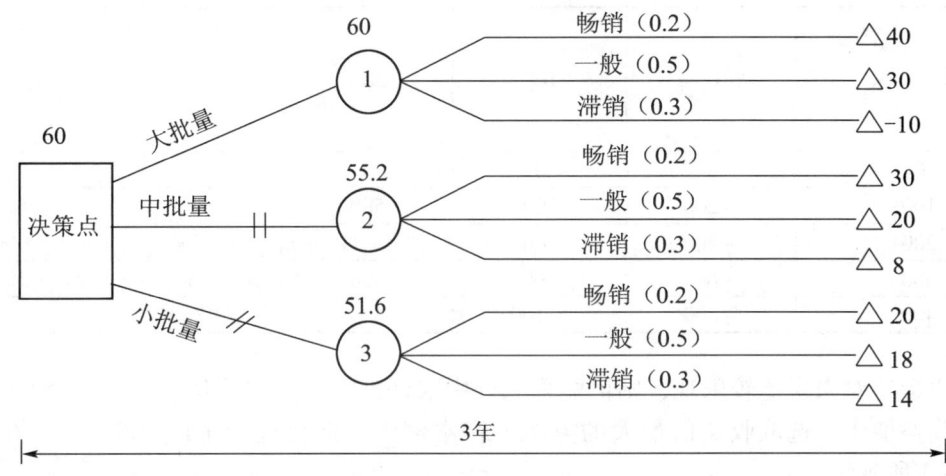

图4-3 决策树法的应用

3. 不确定型决策的方法

不确定型决策是指在决策所面临的自然状态难以确定，而且各种自然状态发生的概念无法预测的条件下所做出的决策。决策在不确定情况下进行方案的选择，主要取决于决策者的经验和主观判断。

不确定性决策选择哪种方案，在很大程度上取决于决策者的风险价值观。根据决策者对待风险的态度和看法，决策者可分成三种类型，相应地有三种不同的选择标准：

（1）保守型。保守型也称作悲观原则，这类决策者对于利益的反应比较迟钝，而对损失的反应比较敏感，不求大利，唯求无险；不求有功，但求无过。

保守型决策先计算出各方案的期望值之后，找出各方案的最小损益值，再从中选择损益值最大的方案作为决策方案。

（2）进取型。进取型也称为乐观原则，这类决策者对于损失的反应比较迟钝，而对利益的反应比较敏感，他们往往谋求大利、不怕风险，敢于进取、以求突破。

与悲观原则相反，他们从损益值中挑选收益最大的方案作为决策方案，也就是极大损益值。

（3）稳妥型。稳妥型也称最小后悔值原则，这类决策者不愿冒大的风险，也不愿循规蹈矩，在决策时往往依据最小后悔值原则。

最小后悔值原则，以各个方案的机会损失的大小作为判别优劣的依据。

机会损失也就是后悔值，是指由于没有采取与实际状态相符的决策方案所造成的收益差额。

【例3】某企业拟成批生产、成批销售一种产品。现有四种批量生产方案：100件/批，200件/批，300件/批，400件/批。企业最大生产能力为400件/批。产品价格为10元/件，成本为5元/件。若产品未销出，则给企业带来的损失为2元/件。问企业应选择哪一种生产方案？

解：列出各方案的损益值，如表 4-2 所示。

表 4-2 损益值表

状态 损益值 方案	0	100	200	300	400
0	0	0	0	0	0
100	-200	500	500	500	500
200	-400	300	1 000	1 000	1 000
300	-600	100	800	1 500	1 500
400	-800	-100	600	1 300	2 000

若决策者对未来比较乐观，则可能采取好中求好准则，又称乐观准则。他会在各方案的最大收益值中，选取收益值最大的方案。在本例中，他会选择生产 400 件/批的方案，如表 4-3 所示。

表 4-3 好中求好准则

状态 损益值 方案	0	100	200	300	400	最大收益值
0	0	0	0	0	0	0
100	-200	500	500	500	500	500
200	-400	300	1 000	1 000	1 000	1 000
300	-600	100	800	1 500	1 500	1 500
400	-800	-100	600	1300	2 000	2 000

若决策者对未来比较悲观、比较保守，则会采取坏中求好准则，即他会假设未来出现的都是最糟糕的情况，在这些糟糕的情况中，再选择最好的方案。在本例中，他会选择一件也不生产的方案，如表 4-4 所示。

表 4-4 坏中求好准则

状态 损益值 方案	0	100	200	300	400	最小收益值
0	0	0	0	0	0	0
100	-200	500	500	500	500	-200
200	-400	300	1 000	1 000	1 000	-400
300	-600	100	800	1 500	1 500	-600
400	-800	-100	600	1 300	2 000	-800

若决策者追求选择此方案而放弃其他方案的损失最小，则会采用最小后悔值准则。后

悔值是决策者因为选择了一种方案而放弃其他方案所带来的损失,等于两种方案收益值之间的差额。运用最小后悔值准则时,首先确定一种自然状态下最大的收益值,然后用最大收益值减去各方案的收益值即为各方案的后悔值,最后选择最小的最大后悔值所对应的方案。在本例中,生产300件/批为最佳,如表4-5所示。

表4-5 最小后悔值准则

后悔值 \ 状态 \ 方案	0	100	200	300	400	最大后悔值
0	0	500	1 000	1 500	2 000	2 000
100	200	0	500	1 000	1 500	1 500
200	400	200	0	500	1 000	1 000
300	600	400	200	0	500	600
400	800	600	400	200	0	800

第二节 目标管理

【导入案例】

目标管理实施

一家制药公司决定在整个公司内实施目标管理,根据目标实施和完成情况,一年进行一次绩效评估。事实上他们之前在为销售部门制定奖金系统时已经用了这种方法。公司通过对比实际销售额与目标销售额,支付给销售人员相应的奖金。这样销售人员的实际薪资就包括基本工资和一定比例的个人销售绩效奖两部分。

销售额大幅度提上去了,但是却苦了生产部门,他们很难完成交货计划。销售部抱怨生产部不能按时交货。总经理和高级管理层决定为所有部门和经理以及关键员工建立一个目标设定流程。为了实施这个新的方法他们需要用到绩效评估系统。生产部门的目标包括按时交货和库存成本两个部分。

他们请了一家咨询公司指导管理人员设计新的绩效评估系统,并就现有的薪资结构提出改变的建议。他们付给咨询顾问高昂的费用修改基本薪资结构,包括岗位分析和工作描述。还请咨询顾问参与制定奖金系统,该系统与年度目标的实现程度密切相连。他们指导经理们如何组织目标设定的讨论和绩效回顾流程。总经理期待着很快能够提高业绩。

然而不幸的是,业绩不但没有上升,反而下滑了。部门间的矛盾加剧,尤其是销售部和生产部。生产部埋怨销售部销售预测准确性太差,而销售部埋怨生产部无法按时交货。每个部门都指责其他部门的问题。客户满意度下降,利润也在下滑。

(资料来源:http://www.cs360.cn/news/xinchoucaiwu/10260/index_3.html)

【分析及任务】

1. 本案例的问题可能出在哪里?

2. 为什么设定目标（并与工资挂钩）反而导致了矛盾加剧和利润下降？

目标管理是美国著名管理学家德鲁克的首创，1954 年，他在《管理实践》一书中，首先提出"目标管理与自我控制"的主张，随后在《管理——任务、责任、实践》一书中对此作了进一步阐述。德鲁克认为，并不是有了工作才有目标，而是相反，有了目标才能确定每个人的工作。所以"企业的使命和任务，必须转化为目标"。以泰勒的科学管理和行为科学理论（特别是其中的参与管理）为基础，形成一套管理制度。这种制度强调组织成员参与目标制定，通过"自我控制"实现目标。由于有正确的目标作为考核标准，对员工的评价和奖励更客观、更合理，这大大激励了员工为完成组织目标而努力工作。这种管理制度在美国应用得非常广泛，而且特别适用于对主管人员的管理，所以被称为"管理中的管理"。

为了调动组织成员在计划执行中的积极性，我国一些企业于 20 世纪 80 年代初开始引进了目标管理（Management By Objectives，MBO）的方法，并取得了一定的成效。

一、目标及目标管理概述

（一）目标概述

1. 目标的含义

目标是个人或者组织未来希望达到的理想状态。目标是目的或宗旨的具体化，是在一定时期内需要依靠每个部门、每个人的努力才能实现的。一个组织的目的和任务，必须转化为目标，如果一个领域没有明确的目标，那么这个领域必然被忽视。目标的四个要素是：可计量、可预测、可激励、可控制。

生活中人们对目标这一概念在认识和理解方面比较模糊，许多人错误地把梦想、理想当作目标。实际上梦想、理想是难以变为现实的，只有目标可以变成现实。目标与梦想、理想的最大区别，就是目标具有可计量性，也就是具有时间、数量、质量等的量化。

2. 目标的内容及表述

（1）目标内容：工作内容和达到的程度。

（2）组织目标的表述——双向细目表（见表 4-6）。

表 4-6 目标双向细目表

层级目标 \ 具体目标	完成什么	完成多少	由谁完成	什么时间完成	在哪里完成	完成程度
组织整体目标						
部门目标						
分部门目标						
个人目标						

层级目标——由上往下是细化、具体的过程，由下往上是综合、抽象的过程。
具体目标——具体化（包括完成什么、完成多少、谁来完成、什么时间完成、在哪

里完成以及完成程度，即 5W1H）。

3. 目标的作用

目标的设定是为了按计划进行工作，使企业实现自身存在的目的。目标能产生如下的效用。

（1）使企业全体成员有共同努力的方向，并集合所有人的力量早日达成目标。

（2）将有限的资源最有效地利用，从而提高工作效率。

（3）目标能使人有工作意愿。一般人常以为工作没有干劲，即使制定了目标也无法达成。事实上，是因为没有一个"有价值、可追求"的目标，所以才提不起工作的干劲。

（4）目标能促进进步。当人有进步的意愿时，才真有可能进步。而不断提升的目标便是促使人进步的动力。

【点对点案例】

成功与目标的思考

心理学家做过这样一个实验：组织三组人，让他们分别向着10公里以外的三个村子进发。第一组的人既不知道村庄的名字，又不知道路有多远，只告诉他们跟着向导走就行了。第二组的人知道村庄的名字和路程有多远，但路边没有里程碑，只能凭经验来估计行程的时间和距离。第三组的人不仅知道村子的名字、路程，而且公路旁每一公里就有一块里程碑，人们边走边看里程碑。

思考： 你认为哪一组先到达目的地？为什么？

4. 目标的意义

美国潜能大师伯恩·崔西有一句经典名言：成功就等于目标，其他的一切都是这句话的注解。

表4-7为目标对人生影响调查表。

表4-7　目标对人生影响调查表

所占比例	目标状态	成就状态
27%	没有目标	社会最底层
60%	目标模糊	社会中下层
10%	有清晰但比较短期的目标	社会中上层
3%	有清晰且长期的目标	顶尖成功人士

由表4-7可看出，目标越清晰且长远的人，越能获得成功。因此目标对我们至少有以下几方面的意义：

（1）目标使我们产生达成最终结果的积极性，难度大的目标能增强意志。

（2）目标使我们看清自己所承担的使命，注意力集中到相关重要因素上。

（3）目标有助于我们安排事情的轻重缓急，调节自己的工作进度。

（4）目标使我们有能力把握现在，排除工作的盲目性。

(二)目标管理概述

目标管理的概念可以追溯至 20 世纪 20 年代的企业管理技术,此后,自德鲁克在其名著《管理实践》(*The Practice of Management*) 中明确提出目标管理以后,目标管理便被企业和政府部门广泛采用。

1. 目标管理的含义

所谓目标管理,就是指让组织中的管理者与被管理者参与目标的设置、实施、评价等活动来管理组织,并经过自我管理和自我控制等管理方式,建立各级人员的责任心和荣誉感,最终实现组织绩效。目标管理亦称"成果管理",俗称责任制。

2. 目标管理的特征

目标管理的特征有如下方面:参与管理的一种形式;目标的执行者同时也是目标的制定者,形成"目标—手段"链;强调"自我控制";促使下放权力;注重结果第一;核心是让员工自己当老板(主人),自己管理自己,变"要我干"为"我要干"。

3. 目标管理的内容

一是明确(制定)目标;二是实现目标过程中的管理;三是参与决策、规定期限;四是目标成果评价,也即反馈绩效——是否达成了既定目标?(见表 4-8)

表 4-8 目标管理内容

要素		内容	餐厅经理的目标示例
明确目标	1. 目标是什么?	实现目标的中心思想、项目名称	提高销售额、毛利
	2. 达到什么程度?	达到的质、量、状态	销售额 5 000 万元; 毛利 2 000 万元
计划	3. 怎么办?	为了完成目标,应采取的措施、手段、方法	1. 在东部地区新开一家分店; 2. 通过增加新菜品,实现新增销售收入 500 万元; 3. 通过服务品质管理将上座率提高 10 个百分点
	4. 什么时候完成目标?	期限、预定计划表、日程表	1 月: 2 月:
反馈	5. 是否达成了既定目标?	完成成果的评价	实际销售收入:5 500 万元; 毛利:1 100 万元

4. 目标管理的基本任务

(1) 确定有无目标,并找到真实具体的目标;
(2) 目标与战略顺序的选择;
(3) 合理分配人力资源;
(4) 准确地评估目标管理成果。

【点对点案例】

企业目标管理参考指标

1. 利润指标（营业额、利润额、利润分配）。
2. 费用指标（宣传费、差旅费、办公费、招待费等）。
3. 投资指标（投资项目、期限、投资额、资金来源）。
4. 市场指标（市场占有率、市场覆盖率、客户满意度、客户忠诚度等）。
5. 人事指标（员工数量、人员结构、薪酬水平、员工流动率、培训人数等）。
6. 财务指标（资产总额、资产负债率、资产增值保值率、净资产收益率、总资产报酬率、资金周转率、速动比率、成本费用利润率、应收账款周转率）。
7. 其他指标（研发品种数、合格率、设备完好率、能耗定额、事故次数等）。

思考：哪些指标更适用于绩效考核？

二、组织目标的制定

（一）目标制定的原则

"明确的目标是成功的开始"。对于一个处于 WTO 国际化经济环境的企业而言，其首要任务是确定企业的经营目标，然后根据经营目标制订经营计划，进而加以实施和控制，使企业实现经营目标。制定目标是主客观条件统一的过程，即主观的需要以及主观条件与客观环境的有机结合。因此，按"充分、必要"的原则处理好目标和条件的关系，是正确确定目标、保证管理绩效的基础。在具体制定目标时，可以按照"SMART"原则进行，即：

· Specific（S）：具体的。让考核者与被考核者能够准确理解的目标。例如："今年 5 月 25 日至 5 月 28 日把复印纸送抵公司前台，并且包装盒没有破损。"具体确定要完成什么，由谁来完成，什么时候完成以及怎样去完成。

· Measurable（M）：可测量。考核时可以采用相同的标准准确衡量。例如：为所有的老员工安排进一步的管理培训。进一步是一个既不明确也不容易衡量的概念，到底指什么？是不是只要安排了这个培训，不管谁讲，也不管效果好坏都叫"进一步"？

· Achievable（A）：可实现。目标通过努力可以实现，既不能过低也不能偏高，偏低了无意义，偏高了实现不了。这一原则要求目标设定时，员工要能参与，上下级及时沟通，使工作目标在企业与个人之间能达成一致。

· Relevant（R）：相关联的。目标要和工作有相关性，不是被考核者的工作，就别设定目标。例如一名前台接待员，可以要求他学习英语，以便接电话的时候用得上。但如果设定的是学会六西格玛（一种全新的管理理念）这一目标时，就偏离了工作要求。

· Time Bound（T）：时间限制。目标要有时限性，要在规定的时间内完成，时间一到，就要看结果。例如：在 5 月 31 日之前，完成 100 万元的销售额。

（二）目标制定的步骤

目标的制定是目标管理的关键，一个典型的目标管理方案中包含了给自己设定很多目标的人们。而企业的目标则需要管理层落实到每一个员工的身上。

企业的目标管理方案通常包括下面这些连续的步骤。

（1）确定组织目标。目标管理首先需要高层管理者设定组织目标，而这些目标通常都具有战略性。这些大的目标确立之后，管理者再考虑组织中的相应部门如何做才可以完成这些目标。

（2）确定部门目标。部门领导为本部门设定目标，然后逐层往下各自设定目标。基层员工的目标必须遵照高层管理者确定的基本目标。一个大的目标通常会留出很大余地，可以让基层员工个人设定符合组织目的的小目标。

（3）考虑员工的建议。员工可以就如何为实现部门目标做贡献而提出建议。除了适应战略目标之外，每位员工都有机会设定其他的目标。

（4）磋商或同意。这一阶段，管理者与员工将一起协商是否同意员工设定的目标。最终，上下级就实现目标所需的条件和目标实现后的奖惩达成协议。

（5）制订实现目标的行动计划。上下级就目标达成一致后，必须制订行动计划。

（6）评估绩效。工作表现获得良好评价的人，从某种意义上讲，大部分完成了他们设定的目标。如果目标没有达成，管理者和员工就会共同分析哪里出了错，同时也讨论正确的行为，为下一个评价期间设定新的目标。

（三）企业目标的基本特点

企业目标的基本特点表现为以下几个方面。

1. 时间性

企业目标的时间性表现在两个方面。一方面是指组织目标在未来一段时间内预期要达到的目的，如果失去了"未来一定时期"这一约束条件，目标就失去了存在的意义。设立工作目标的同时，应制定每个项目预定完成的期限，以利于进行期间的检讨、自我控制及纠正，以及工作完成后的评定。不管预期完成时间为多长，每个工作目标都应附有完成期限，否则目标将很难实现。另一方面是由于企业的发展，不同时期内，企业的目标会发生变化，管理者需要根据企业内外部环境的变化重新制定新的目标。

2. 层次性

为使企业目标能成为企业中每个员工的行动指南，往往需要将企业目标进行分解，使不同层次和岗位的员工都知道自己应当做什么，从而有助于企业总体目标的实现。

目标分解就是将总体目标在纵向、横向或时序上分解到各层次、各部门以至具体人，形成目标体系的过程。目标分解是明确目标责任的前提，是使总体目标得以实现的基础。

【点对点案例】

"化整为零"建成的大教堂

1968年某天，罗伯·舒乐博士立志要在加州用玻璃建造一座水晶大教堂。他向著名的建筑设计师菲利普表达了自己的构思："我要的不是一座普通的教堂，而是一座人间的伊甸园。"

当菲利普问舒乐预算是多少时，舒乐博士坚定地对他说："事实上，现在我一毛钱都没有，所以对我来说，100万美元和400万美元并没有区别。重要的是，这座教堂本身要具有足够的吸引力,吸引捐助者的到来。"

教堂最终敲定需要的预算是 700 万美元。这个数字不但超出了舒乐博士的承受能力,甚至也超出了他的想象范围,其他人也都对舒乐博士说"这似乎不可能"。

但舒乐博士却想出了一个化整为零的方法。他在一张纸上写着"700 万美元",然后在这个目标下面写道:

1. 找 1 笔 700 万美元的捐款;
2. 找 7 笔 100 万美元的捐款;
3. 找 14 笔 50 万美元的捐款;
……
9. 找 700 笔 1 万美元的捐款;
10. 卖出教堂 1 万扇窗户的署名权,每扇 700 美元。

在这神奇的化整为零的方法作用下,舒乐博士历时一年多时间筹集到了足够的款项。据说,水晶大教堂最后耗资 2 000 万美元,但是在舒乐博士将这宏伟的目标化整为零之后,奇迹般地募集了足够的资金,让这个大教堂成为加州的胜景。

(资料来源:http://www.hanba.net/List.asp?ID=18243.)

思考:如何更好地实现组织的目标?

进行目标分解时要遵循以下要求:

(1) 目标分解应按整分合原则进行。也就是将总体目标分解为不同层次、不同部门的分目标,各个分目标的综合体现总体目标,并保证总体目标的实现。

(2) 分目标要保持与总体目标方向一致,内容上下贯通,保证总体目标的实现。

(3) 目标分解中,要注意到各分目标所需要的条件及其限制因素,如人力、物力、财力和协作条件、技术保障等。

(4) 各分目标之间在内容与时间上要协调、平衡,并同步发展,不影响总体目标的实现。

(5) 各分目标的表达也要简明、扼要、明确,有具体的目标值和完成时限要求。

企业目标根据不同的人员层次、时间关系与空间关系划分,最终形成了企业目标体系(见图 4-4)。

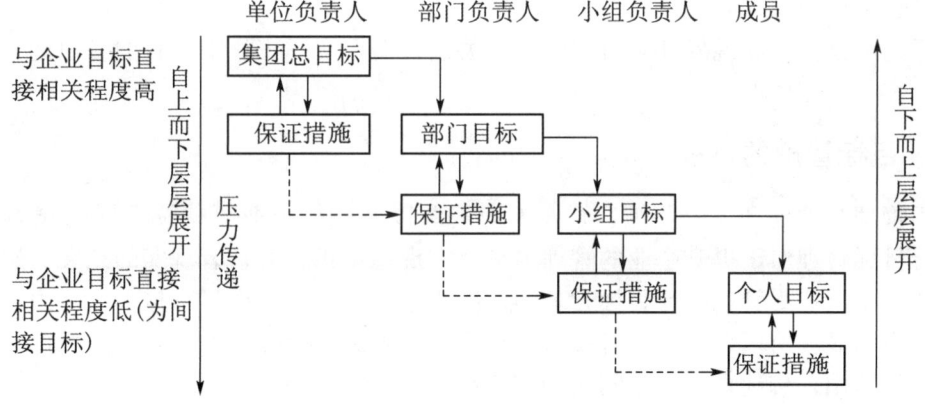

图 4-4 企业目标体系图

3. 多元性

每个企业都要面对众多的公众，而与企业有利益关系的利益相关者往往会对企业提出不同的要求，这就要求企业尽可能考虑所有利益相关者的要求，并尽量给予满足。由此就导致了企业目标的多元性，即不同的企业有不同的目标，同一企业也会有不同性质的多个目标。

然而，对于管理者而言，企业目标并不是越多越好。在设定企业目标时，需要考虑不同目标的重要程度，设置3～5个主要目标。

4. 可考核性

目标考核的途径是将目标量化。目标量化往往也会降低组织运行的效率，但是对组织活动的控制、成员的奖惩会带来很多方便。目标可考核表达的是：人们能够回答这样一个问题："在期末，我如何知道目标已经完成了？"例如，"获取合理利润"的目标，可以指出公司是盈利还是亏损的，但它并不能说明应该取得多少利润。因为在不同人的思想里，"合理"的解释是不同的。对于下属人员看来是合理的东西，可能完全不被上级领导人接受。如果意见不合，下属人员一般无法争辩。如果我们将此目标明确地定量为"在本会计年度终了实现投资收益率10%"，那么它对"多少？什么？何时？"都做出了明确回答。

5. 可接受性

根据美国管理心理学家维克多·弗鲁姆的期望理论，人们在工作中的积极性或努力程度是效价和期望值的乘积。其中效价指一个人对某项工作及其结果（可实现的目标）能够给自己带来满足程度的评价，即对工作目标有用性（价值）的评价；期望值指人们对自己能够顺利完成这项工作可能性的估计，即对工作目标能够实现概率的估计。因此，一个目标对其接受者如果要产生激发作用的话，那么对于接受者来说，这个目标必须是可接受的、可以完成的。对一个目标完成者来说，如果目标是超过其能力所及的范围，则该目标对其是没有激励作用的。

6. 挑战性

同样根据弗鲁姆的期望理论，如果一项工作完成所达到的目的对接受者没有多大意义，接受者也是没有动力去完成该项工作的。如果一项工作很容易完成，对接受者来说，是件轻而易举的事，那么接受者也没有动力去完成该项工作。所谓"跳一跳，摘桃子"，说的就是这个道理。

目标的可接受性和挑战性是对立统一的关系，但在实际工作中，我们必须把它们统一起来。

三、目标管理的过程

目标管理对于提升企业业绩、开发人力资源以及保持企业可持续发展的能力极为有效。实行目标管理对于提升企业的管理水平、实现稳步扩大经营有现实的意义。然而在实际运用中许多企业尽管在推行目标管理初期决心很大，推广中也尽了最大的努力，但实施的效果却不明显。所以企业管理者要对目标管理的思想进行深入的了解，对目标管理的理论要能活学活用，构建系统思考问题的方法和解决问题的能力。

（一）目标实施前的准备工作

目标管理的成败，很大程度上取决于在推行目标管理之前，能否回答以下两个问题：①是否真正了解目标管理的内容；②是否有在本公司内采用的愿望。因此，企业管理者在决定实施目标管理之前，需要通过分析确定企业管理层是否真正充分认识到目标管理对公司的重要性。确认目标管理适合本公司并且企业已经做好了准备，包括具备适宜的管理氛围、清楚的组织结构和有效的管理信息系统。明确当前是否推行目标管理的最佳时间以及能为企业带来什么好处。

在开始实施目标管理之前，充分的准备是成功的前提，需要注意的事项包括：施行目标管理所需要的各种书面工作，递呈报告应该力求高效精简，以符合良好的控制原则；第一批目标应该选择性质简单的目标，因为太复杂的目标容易使人混淆不清，并使得衡量成果时，发生困难；稳打稳扎地推行每项方案。

（二）目标实施过程的有效控制

目标实施过程的有效控制，会帮助管理者对自己经营目标的现实性和可实现性，以及实现目标的确切需求进行评估。例如，假如企业的经营目标需要大幅提升销售额，但企业并不拥有一支具备大幅提升销售额所需技能、知识和能力的销售队伍，而且也没有引进显著提升销售额的手段或过程，那么管理者就必须仔细考虑一下应该怎样实现目标了。管理者也许要考虑如何培养所需的新技能，以及如何获得这些技能。

设法让员工知道明确的目标，会激发员工的斗志，不至于让人在漫无目的的努力中失去动力。其实，人都一样，不了解具体该干什么，不知道离目标的确切距离，很容易产生不良情绪，从而影响到工作态度和工作情绪。

目标制定后，如何让员工自觉执行目标，并使目标实施过程得到有效控制，最终使目标实施取得良好的效果，则需要注意以下几个方面的问题。

（1）及时沟通，明确目标。管理者需要让员工了解整体目标、上级目标、业务目标、目标责任，让员工实现自我管理，必要时要给予援助。只有了解企业和部门目标，员工才能有所遵循，有助于其目标的达成和控制。

（2）员工在实现目标时，管理者应适当放权，实现权利责任对等。管理者需要及时给予员工物质、精神等支持，帮助员工实现自我控制、自我管理、自我提高，从而最终达成企业目标。

（3）有精确的结束语或者要求条件。一个精确的目标可能是"车间在经过清扫之后，须和前厅一样整洁有序。"

（4）目标和很多小的成就有关，并且目标的达成是可见的。很多目标要考虑能够实现的小型活动，如整理工作环境。完成小目标是实现大目标的基础。

（5）按时监督与检查。目标体系建立后，在执行过程中，首先，管理者应对其下属的目标完成情况和实施进度进行监督和检查，以便及时发现工作中存在的问题，对偏离目标的要及时给予纠正。其次，还需要鼓励和督促下属实行自我检查。自我检查是目标责任人根据目标要求在目标实施中自我分析、自我纠偏的检查、控制方法。在自我控制中，管理者应鼓励和引导目标责任人和执行者进行自我检查、自我监督，如写工作日志、周工作总结等，以便发现自己的问题，更好地了解目标的完成情况，实现其目标。

（6）目标管理成果的评估与改进。这也是检验目标管理在一个时期内实施的成效的有效手段，是目标管理的最后环节。目标下达后，在执行过程中，管理者要及时检查员工目标的完成情况及实施进度，通过考核评价监督员工目标的实现情况。在总结前期目标完成情况的基础上指出成绩和不足，制定新的目标，以推动企业绩效的不断提升。

（7）建立及时有效的激励机制。奖惩是对员工行为的一种表态，也是行动的一种重要方式。例如：某人知道自己某件事没做好，一方面想：这回准得受批评，另一方面也可能想着怎样为自己辩解、开脱，他对结果的关注程度是很高的。然而，管理者没有任何反应，时间一久，他的紧张就缓解了，甚至以为平安无事。同样，某人做出了一些成绩，原以为会受到赞扬和奖励，或者到了年末，回顾一年，自己取得了较突出的成绩，估计应该得到赞扬，可是管理者漠然处之，时间一长，他也就泄气了。这两种情况即使以后再去奖惩，受到奖惩的人都觉得无所谓了。

（三）目标的修正

目标制定后，原则上尽量避免修正或更改目标。假如目标变更频繁并且极其容易达到，则目标本身就失去意义，而且在以后设定目标时，必然抱着敷衍了事、漠不关心的态度，如此，将使所设定的目标变得毫无价值。同时，目标之间互相依存成为一个目标体系。假若某一部门改变其目标，势必影响其他部门之目标；一个人之变更，将使很多人随之改变，这样容易使组织的目标体系遭受破坏。

除非工作不能运转时方可修正目标。目标修正的原因包括：
① 出现新的机遇，外界形势变化而修正目标；
② 由于企业内部因素而修正目标；
③ 遭遇突发事件，目标达成受到阻碍时；
④ 出现了更好的构想及方法。

当确实遇到种种没有预见到的变化时，可以遵循以下目标修正法则。

第一步：考虑修正计划，而不是修正目标。如果更改目标已成为习惯，那么这种习惯很可能会让人一事无成。

目标一旦确定，绝不可轻易更改，尤其是"最终目标"。可以不断修正的是达成目标的计划，包括到达最终目标之前各个"路标"——过程目标。记住英国人的一句谚语："目标刻在石头上，计划写在沙滩上。"

第二步：如果修正计划还无法达成目标，可以退而求其次，修正目标达成的时间。

一天不行，用两天；一年不行，花两年。坚持到底，永不放弃，终将成功。修正计划还无法达成目标根本的原因是，当初制订计划时考虑得还不够周密。

第三步：如果修正目标的时限还不行，只好退居"第三防线"，修正目标的量。

其实这已经是在压缩目标了。做这一决定时，需要"三思而行"，不要轻易压缩目标以适应残酷的现实。需要树立的思维模式是：不惜一切努力，找寻新的方法以改变现实，达成目标。

第四步：万不得已时，只好放弃该目标。

放弃本身就是一个残酷的现实，不得不宣告失败，会使人品尝出"成功很难，不成

功更难"这句话的滋味。当然，对于成功者而言，这个世界根本就没有失败，只有暂时还没有成功。只要不服输，失败就绝不会是定局。

第五步：面对新的目标，切勿重复以上循环，而是永远只重复目标修正法的核心步骤"第一步"：修正计划。

（四）目标成果的考核

目标成果的考评是目标管理的重要环节，其基本目的是检验目标成果、考核管理绩效、改进领导工作和促进下级向更高的目标奋斗。目标成果的考评是目标管理最后一个环节，既是上一轮目标管理的终点，也是下一轮目标管理的起点，起着承上启下的作用。

1. 成果考评的含义

成果考评指管理人员在目标实施过程结束后，将所取得的工作成果与原先确定的目标项目标准进行比较，从而对目标的实现情况和组织成员的工作状况进行衡量，并总结目标管理活动的经验教训，然后以此为依据对组织成员进行适当的奖励和惩罚，以便在更高的起点上，开始新一轮的目标管理循环。

2. 成果考评的主要内容

（1）评价目标实现的程度。根据最初设定的目标，借助定量的方法，将目标转换为目标值，从而评价目标的实现程度。目标值的实现程度可以用原定的目标值加上新增的目标值，再减去目标实施过程中删减的目标值。

（2）评价目标进展的情况。可以使用的工具包括：

①目标完成率。目标完成率＝实际完成量/计划完成量

②目标进度偏离程度。目标进度偏离程度＝实际完成率/计划完成率－1

③目标进度均衡率。目标进度均衡率＝理想均衡率－目标进度偏离程度

（3）目标难度的比较。通过对目标的性质、目标对象的客观条件、目标实施的外界因素等方面的内容进行分析，从而判断目标管理的实施情况。

（4）对执行者的评价。主要针对执行者的能力、应变状况、能力成长状况、处事方法等进行评价。

3. 成果考评的方法

常见的成果考评方法主要有以下几种：

（1）分项记分、综合评定法。这是考评目标实现程度的最基本方法。其基本步骤是：在一个目标周期结束时，首先依据考评标准给各项目标分项记分，然后依据分项得分的多少，并结合协作情况、目标进度均衡情况、目标对策有效性、个人努力程度等因素，对单位或个人的目标成果进行综合评定。

（2）逐月评分累计法。这是一种月评分、年累计的评分方法。具体步骤是根据年度目标分解的各项具体指标，按十二个月平均，确定月指标，每月进行一次考核，逐月评分，年末汇总累计。其好处是：使考核评价经常化，并能与月奖结合。它适用于目标任务单一，工作指标周期性强的个人考评，例如对医院的医生、护士、化工厂中的工人等。运用这种方法时，指标分解要具体，评分方法要简单，标准要明确。

（3）名次排列法。这是目标考评的一种辅助方法。其具体做法是通过征询表的形式，让员工对本企业各个部门或本部门各个人员按优劣排出名次。一般可每季度排序一次。

 高等教育经管类"十三五"规划教材　　　　　　　　　　　　　　　　　　　　　　　管理学

（4）成果发表考评法。这也是一种辅助性的考评方法。目的是检验各级目标管理的成效性。成果发表考评法一般采取层层发表、层层选拔的办法，将优秀成果筛选出来。

　　4. 目标成果考核的注意事项

在目标考评过程中主要应注意以下几个问题：

（1）正确制定考评标准。考评标准是评价目标成果的基本依据，能否制定出符合客观实际的考评标准，是做好目标考评工作的关键。为此，应使评价尺度明确具体；项目内容全面、准确，并与目标体系相一致；时限要求与目标计划期一致；奖惩规定体现奖优罚劣原则。

（2）做好日常考评记录。所谓日常考评记录，是指在目标实施过程中对各部门和个人实施目标情况的文字记载。它是正确考评目标成果的基础性数据，一般有目标检查记事簿和目标管理卡两种形式。

（3）加强对考评工作的领导。企业需要建立专门的考评组织。一般的做法是成立考评小组。考评小组要具有权威性，其成员应由作风正派、坚持原则、员工信得过的人员组成。

（4）综合采用多种考评方法。目标考评方法很多，但每种方法都有它的局限性，都不可能完全准确地反映集体或个人的工作绩效。因此，必须综合运用多种考评方法，做到上级评价与本级评价相结合，个人评价与集体评价相结合，才能达到考评目的，发挥目标激励作用。

（5）及时实施奖惩。奖惩是激励先进、鞭策后进、调动员工积极性的重要手段。当目标考评结果公布后，必须立即实施奖惩，做到奖惩兑现。

（五）目标管理的优缺点

目标管理虽然已被世界上许多国家的企业和其他管理部门广泛应用，但由于在执行过程中会遇到许多不可控因素，导致有些应用没有得到满意的结果。现实考察和分析目标管理的优缺点，将有利于管理目标的制定和实现。

　　1. 目标管理的优点

（1）提供参与管理的基点。目标管理的主要特点是激励管理人员和员工积极参与本单位的目标制定，并在目标的实施过程中实行自我控制，自觉地完成所承担的目标任务，以确保目标的实现。这是一种建立在员工能力充分开发基础之上的、以目标为中心的管理方法，它使各级管理人员的注意力都集中于组织的目标上，注重目标的成效。因此，目标管理的实施，有助于改进管理。

（2）兼顾组织目标和个人目标。目标管理过程建立了明确的目标体系和可以考核的标准，强调目标的可行性和客观性，有助于计划工作和控制工作的开展。目标管理并不是目标分解下去就结束了，组织中的高层管理人员应经常进行检查和指导，同时定期或不定期地进行评比和奖励，如果发现有偏差要及时给予纠正。

（3）加强个人能力的开发。目标管理的一个好处就是鼓励员工专心致志于他们的目标。在实施目标管理的过程中，组织中的各成员不再只是重复工作、完成指标、等待上级的领导和决策，组织成员已参与设置目标，个人有机会提出自己的意见并纳入组织的目标体系中，每个人都明白自己的职责范围，同时如果他们有问题或有困难，还可以得到上级

管理人员的帮助，以确保他们完成自己的目标。所以，目标管理是一种自我调节的方式，是一种引导组织成员自我管理的方式，是一种"以人为本"的管理。

（4）凝聚和激励作用。当目标成为组织中每个层次、每个部门、每个成员的未来一定时期内要完成的任务和要达到的结果时，目标本身就成为组织中各个成员的内在激励因素。同时，由于目标的制定过程强调全员参与，组织中的每个成员在目标的制定过程中都能充分发挥自己的意见，可以把组织目标和自己个人目标联系起来，下级人员也可以充分发挥自己的主动性和创造性，并且，当组织目标实现时，组织对其成员要给予相应的报酬，所以目标管理中目标的激励作用是非常大的。

（5）有利于评估组织和个人。当组织目标分解到最小的单位部门或者个人时，评估时就要提前编写好是以个人业绩作为评估指标，还是以部门的业绩作为考核指标，并要处理好组织目标与个人目标之间的关系，以达到目标管理之目的。

2. 目标管理的缺点

（1）目标难定，绩效难以准确衡量。首先，组织是一个投入产出的共同体，这种产出是大家共同努力的结果，往往很难分清谁的贡献更大，因此可以度量的目标的确定本身就十分困难。其次，由于组织的内部条件和外部环境经常处于变化之中，使目标的前提确定较为困难，也使目标的制定较为困难。再次，目标管理要求目标尽量是可以度量的，但是组织中往往有一些目标是不可度量的，这些也增加了目标设置的困难程度。

（2）强调短期目标。组织的长期目标有利于组织的生存和发展，短期目标应服务于长期目标，为长期目标做贡献。由于长期目标不易分解，而且见效慢，所以多数目标管理中的目标是短期目标，如年度目标、季度目标等。所以在目标管理的实施过程中，往往出现强调短期目标而对长期目标不太关心的倾向，甚至为了短期目标而牺牲组织的长期利益，这是一种非常危险的倾向。

（3）难以权变。在目标管理的执行过程中，目标的改变往往是不可能的，因为目标的中途改变有可能引起整个组织的混乱。所以在目标管理的实践中，目标一旦确定就不会轻易改变。也正因为这样，使组织的运行缺乏必要的弹性，难以通过权变来适应外部环境的快速变化。同时，由于目标体系的修订和目标的制定一样要花费很大的精力，结果可能迫使管理者不得不放弃目标管理。

（4）过分强调目标。目标管理达到一定状态时及个人的利益与组织的利益发生冲突时，目标管理的弱点就表现出来了，缺少了文化建设的管理是不会长久的，所以有时为了组织的长远目标，可能要放弃个人的短期目标，否则就会损伤到整体的利益。

了解目标管理的局限性，对于有效地实施目标管理是十分必要的，尽管目标管理在某些情况下存在着这样或那样的问题，但这种系统方法所强调的设置目标和"以人为本"的管理思想依然受到越来越多管理者的重视。同时，目标管理在我国的经济管理中还是一种新的趋势，管理仍需不断探索，使之更加完善。

【案例分析】

厚积薄发 五粮液冲刺千亿元目标

建设"中国白酒金三角"，是地方经济社会发展的重要举措，也是中国白酒酿造工业的发展大计。五粮液正积极行动起来，强势推进企业"十二五"规划实施，以一步一个脚印实现千亿元目标的行动和业绩，快速实现"世界蒸馏酒引领者"愿景。

一、发挥企业自身优势，勇当行业龙头

长期以来，五粮液坚持用现代科技改造传统酒业，做到该传统的坚持传统，能现代的一定现代，在诸多方面形成了领先全国的突出优势。从20世纪80年代在业界率先开发的微机勾兑专家系统，到世纪之交引进的国际先进检验检测设备、世界一流国内领先的现代化包装流水线；从20世纪80年代业界最早的企业科研所，到省级和国家级技术中心、行业第一个博士后工作站；从污染严重的传统小作坊，到引领行业清洁生产、节能减排、循环经济的旗帜，成为科学发展的现代企业，五粮液丰富而卓越的创业实践和突出优势，都是在建设、提升"中国白酒金三角"伟大进军中开创新局面的重要基础和新的起点。

二、调整结构与时俱进，优化营销模式

进入新的发展时期，五粮液人不是将历史的辉煌当成包袱，而是不断开拓进取，积极响应和实践国家号召，2011年再度强化品牌结构优化工作力度，并取得积极进展。五粮液"十二五"规划明确强调，把集中力量培育具有全国影响力的中价位品牌，作为做强做大主业的重点要求，把做精做强高端品牌与产品，做活做大中价位品牌与产品，做实做稳低端品牌与产品，作为新形势下多品牌战略的主攻方向，卓有成效地完善相关政策和措施。2011年形成了核心产品量价齐升、系列酒销量大幅度增长的良好局面。五粮液、六和液、五粮春、五粮醇、永福酱酒、尖庄6大战略品牌，全线覆盖高、中、低端市场的产品线体系已经完成。

三、吹响千亿元目标号角，坚定走向世界

按照"做世界蒸馏酒引领者"愿景规划的方向，五粮液积极推行打造"世界的五粮液"战略规划，在过去长期保持中国白酒出口量90%份额、成功研制五粮液低度酒和努力接轨西方酒类消费文化的基础上，在中西方文化交流与融合、五粮液品牌全球推广，进而为全球消费者服务等方面，加大工作力度，取得了喜人进展。

2012年年初，五粮液集团公司召开千亿元目标研讨会，明确提出"凸显酒业、优化多元"的发展战略，确保在"十二五"的收官之年实现千亿元目标。五粮液集团公司党委书记、董事长唐桥指出，五粮液高度重视千亿元目标，将自我加压，快速发展，奋力夯实"中国酒业大王"地位，成为世界蒸馏酒的引领者。

四川对五粮液的发展提出殷切希望，对五粮液集团进军千亿元目标给予充分肯定，认为五粮液当前已经具备了良好的发展基础，在品牌、技术、资本、管理、规模等方面相较其他企业有明显优势，具备加速扩张、发展，实现千亿元目标的良好机会和条件。希望五粮液增强发展的危机感和紧迫感，全面提升和巩固领先优势，始终占据行业"金字塔"的塔尖。

（资料来源：http://info.tjkx.com/detail/899408.htm.）

思考：
1. 五粮液集团是依据什么来制定企业发展目标的？
2. 分析五粮液集团如何进行目标控制从而实现企业的战略目标的。

第三节 计划及其编制

一、计划概述

在竞争日益激烈的现代社会，计划工作已成为组织生存和发展的重要一环。对企业而言更是如此，经营事业就得有计划，而且要严加管控计划，把计划作为组织行为的准绳。良好的计划是增加竞争力的重要途径和有力工具。计划通过将组织在一定时期内的活动任务分解给组织的每个部门、环节和个人，不仅为这些部门、环节和个人在该时期的工作提供了具体的依据，而且为决策目标的实现提供了组织保证。

（一）计划的涵义

"计划"是一个动词，其中的"计"字是指预测和预计，即在计划工作之初必须分析和预测当前任务的需要和实际资源与能力的情况，以及分析和预测未来的各种情况的发展变化；其中的"划"字是筹划与安排的意思，即根据资源、环境与条件情况设计和安排好行动方案。所以计划就是预计与筹划的意思。

狭义的计划是计划工作中计划编制的结果，是指用文字和指标等形式所表述的，组织以及组织内不同部门和不同成员在未来一定时期内关于行动方向、内容和方式安排的管理文件。它既是组织在未来一定时期内的行动目标和方式在时间和空间上的进一步展开，又是组织、领导、控制和创新等管理活动的基础。它告诉组织内部全体成员为实现既定目标需要在什么时候、由什么人、采取什么方法、去开展什么活动。

广义的计划是指人们编制、执行计划，以及检查计划执行情况等一系列计划管理工作，即计划工作。包括从分析预测未来的情况与条件、确定目标、决定行动方针与行动方案，到依据计划去配置各种资源，进而执行任务，最终实现既定目标的整个管理过程。计划工作是项既广泛又复杂的管理工作，它涉及组织的每一项活动，需要进行深入细致的分析研究和需要非常高的技术技能。制订计划即在时间和空间两个维度上进一步分解任务和目标；执行计划包括实现任务和目标的方式、进度规定；检查计划是对行为结果的检查与控制等。管理大师孔茨曾对计划作过形象的比喻："计划工作是一座桥梁，它把我们所处的这岸和我们要去的对岸连接起来，以克服这一天堑。"所以管理学的计划一般是从广义上理解的。

广义的计划职能是指管理者制订计划、执行计划和检查计划执行情况的全过程；狭义的计划职能是指管理者事先对未来应采取的行动所做的谋划和安排。

（二）计划的任务和内容

计划工作的任务，就是根据社会的需要以及组织的自身能力，确定出组织在一定时期内的奋斗目标，通过计划的编制、执行、检查，协调和合理安排组织中各方面的经营和管理活动，有效地利用组织的人力、物力和财力资源，取得最佳的经济效益和社会效益。它一般可以概括为六个方面，简称5W1H。

(1) 目标——明确做什么（What）

"做什么"：要明确计划工作的具体任务和要求，明确每一个时期的中心任务和工作重点。例如，企业生产计划的任务主要是确定生产哪些产品，生产多少，合理安排产品投入和产出的数量和进度，在保证按期、按质和按量完成订货合同的前提下，使得生产能力得到尽可能充分的利用。

(2) 目的——回答为什么（Why）

"为什么做"：要明确计划工作的宗旨、目标和战略，并论证其可行性。实践表明，计划工作人员对组织和企业的宗旨、目标和战略了解得越清楚，认识得越深刻，就越有助于他们在计划工作中发挥主动性和创造性。通常所说的"要我做"和"我要做"的结果是大不一样的，其道理就在于此。

(3) 人员——由谁去做更合适（Who）

"谁去做"：计划不仅要明确规定目标、任务、地点和进度，还应规定由哪个主管部门负责。例如，开发一种新产品，要经过产品设计、样机试制、小批试制和正式投产几个阶段。在计划中要明确规定每个阶段由哪个部门负主要责任，由哪些部门协助，各阶段交接时，由哪些部门和哪些人员参加鉴定和审核等。

(4) 地点——确定在哪里做（Where）

"何地做"：规定计划的实施地点或场所，了解计划实施的环境条件和限制，以便合理安排计划实施的空间组织和布局。

(5) 时间——确定何时做（When）

"何时做"：规定计划中各项工作的开始和完成的时间，以便进行有效的控制和对能力及资源进行平衡。

(6) 方式与手段——确定如何去做（How）

"怎么做"：制定实现计划的措施，以及相应的政策和规则，对资源进行合理分配和集中使用，对人力、生产能力进行平衡，对各种派生计划进行综合平衡等。

（三）计划的表现形式

按照不同的表现形式，可以将计划分为宗旨、目标、战略、政策、程序、规则、规划和预算等几种类型。这几类计划的关系如图4-5所示。

(1) 宗旨。是指组织存在的意义和根本任务。它告诉人们就根本而言组织是干什么的和组织应当干什么。宗旨是组织一切计划之本。

(2) 目标。是在宗旨指导下确定的组织的行动方向。

(3) 战略。是指为实现组织宗旨、组织重大目标而确定的具体发展方向、行动方针，以及组织资源的总体配置方案。战略涉及组织全局，战略设计必须充分考虑组织的优势和劣势、环境的支持和约束条件。

(4) 政策。是包括在计划之内的一系列规定性文字说明，这些文字说明告诉人们哪些行动和行为是要提倡的、鼓励的，哪些行动和行为是会遭

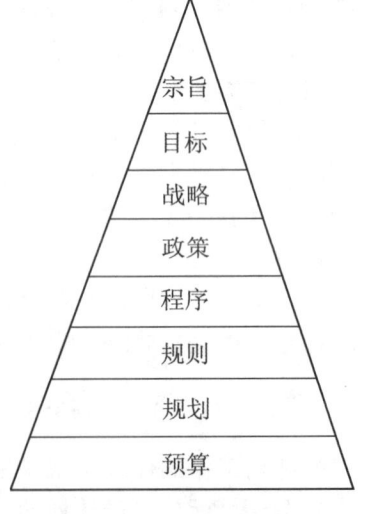

图4-5 计划的等级层次

到反对的。

（5）程序。是计划中规定行动的时间、步骤顺序的内容。有些程序是规范化的，具有一定的普遍适用意义；有些程序是专门化的，只适用于特定的内容、阶段和地点。

（6）规则。是针对某些具体情况所做的规定。"先喝汤后吃饭"是程序，"喝汤吃饭时不得喧哗"是规则。

（7）规划。是指为实施既定方针所确定的工作目标、配套政策、实施程序等内容的复合体。

（8）预算。是用数字表示的、对目标实施中各种资源运用的预先估计和设定。

（四）计划的特性

（1）预先性与指导性

计划、组织、控制，是管理的三项职能，而作为计划，是管理工作之先。一项工作，首先要具有计划，才会有后续的组织和控制，没有计划的工作，不叫管理工作。只有有了计划，才有控制的标准和组织的目的。计划，在管理工作中具有预先性，同时，它对管理工作的执行和控制又具有指导性。

（2）可行性

计划的程序是：目标—可行性研究—方案—决策。计划要有针对性，是为了完成某项工作或达到某个目的而制订的。完成的目标要具有可行性，针对经研究后的既定目标，提出执行方案，领导决策。这样，经决策后订立的方案，就形成了我们的计划。

计划，是综合考虑各方面因素后形成的工作方案。计划制订完成后，它应该是一个可行的行动方案。不可行的计划是失败的计划。

（3）原则性与灵活性

既然我们花费时间、人力、物力、财力制订计划，在计划制订后，它就要在工作中起到调控作用。我们要遵循计划，在计划规定的范围内去完成我们的工作。这里，计划具有原则性，不能随意更改和破坏。因为对于一个组织，大家都在按计划有步骤地工作，如果出现某个人或某个方面的破坏，可能会影响整个计划目标的达成。

但是，计划并不是僵化的、不可更改的。在计划的执行过程当中，由于制订计划时的一些相关因素发生了变化，从而导致计划的执行或我们的预期结果产生改变，这时候，我们就要适时调整计划，以使计划更切合实际，更可行。计划要与过程改进结合起来。

（4）效率性

可以用计划对组织的目标实现所做的贡献来衡量一个计划的效率。贡献是指在扣除制订和实施这个计划时所需要的费用和其他因素后能得到的剩余。在计划所要完成的目标确定的情况下，同样可以用制订和实施计划的成本及其他连带成本（如计划实施带来的损失、计划执行的风险等）来衡量效率。如果计划能得到最大的剩余，或者计划按合理的代价实现目标，这样的计划是有效率的。要特别注意的是，在衡量代价时，不仅要用时间、金钱或者生产等来衡量，而且要用个人和集体的满意程度来衡量。要使计划工作有效，不仅要确保实现目标，还要从众多方案中选择最优的资源配置方案，以便合理利用资源和提高效率。

（5）创新性

计划工作只是针对需要解决的新问题和可能发生的新变化、新机会做出决定，因而它是一个创造性的管理活动，正如新产品的成功在于创新一样，计划的成功在相当程度上也依赖于创新。

二、计划的类型

计划工作中最重要的任务除了组织目标的确定以外，就是计划的制订。计划有多种类型，按计划期的长短分为长期计划、中期计划和短期计划；按计划制订者的地位分为战略计划和行动计划；按计划对象分为综合计划、部门计划和项目计划；按计划对执行者的约束力分为指令性计划和指导性计划。

（1）长期计划、中期计划和短期计划

一般地，人们习惯于把五年以上的计划称为长期计划，一年以上、五年之内的计划称为中期计划，时间跨度在一年及一年以内的计划称为短期计划。

长期计划主要回答两方面的问题：一是组织的长远目标和发展方向是什么，二是怎样达到本组织的长远目标。例如，一个企业的长期计划要指出该企业的长远经营目标、经营方针和经营策略等，一般包括：企业产品发展方向、企业的发展规模、科研方向和技术水准、主要的技术经济指标等内容。

中期计划来自长期计划，只是比长期计划更为具体和详细，它主要起协调长期计划和短期计划之间关系的作用。长期计划以问题、目标为中心，中期计划则以时间为中心，具体说明各年应达到的目标和应开展的工作。

短期计划比中期计划更为具体和详尽，它主要说明计划期内必须达到的目标，以及具体的工作要求，要求能够直接指导各项活动的开展。企业中的年度利润计划、销售计划、生产计划等都是短期计划的例子。

在一个组织中，长期计划和短期计划之间的关系应是"长计划、短安排"，即为了实现长期计划中提出的各项目标，组织必须制订相应的一系列中、短期计划，而中、短期计划的制订则必须围绕长期计划所提出的各项目标而进行。

（2）战略计划和战术计划

战略计划是由高层管理者负责制订的计划，它体现了组织在未来一段时间内总的战略构想和总的发展目标，以及实施的途径。战略计划具有长远性、全局性和指导性，它决定了在相当长的时间内组织资源的运动方向，涉及组织的方方面面，并在较长时间内发挥其指导作用。

战术计划是在战略计划所规定的方向、方针、政策框架内，确保战略目标的落实和实现，确保资源的取得与有效运用的具体计划。它主要描述如何实现组织的整体目标，是战略计划的具体化，或是战略实施计划。战术计划还可进一步细分为施政计划和作业计划，分别由中层管理者和基层管理者负责制订。施政计划按年度拟订，明确各年度的具体目标和达到各种目标的确切时间；作业计划则在施政计划下确定计划期内更为具体的目标，确定工作流程、确定人选、分派任务和资源、确定权力与责任。

战略计划、战术计划的划分与按计划期的长短划分的计划类型在很多方面有相似之处，但也有一些差别，如表4-9所示。

表 4-9　战略计划和战术计划的差别

比较项目	战略计划	战术计划
时间跨度	3 年或 3 年以上	3 年以内（周、月、季、年）
范　围	涉及整个组织	局限于特定的部门或活动
重　点	确定组织宗旨、目标，明确战略和重大措施	明确实现目标和贯彻落实战略、措施的各种方法
目　的	提高效益	提高效率
特　点	全局性、指导性、长远性	局部性、指令性、一次性

（3）综合计划、部门计划和项目计划

计划还可按计划对象分为综合计划、部门计划和项目计划。顾名思义，综合计划涉及的内容是多方面的，部门计划只涉及某一特定的部门，项目计划则是为某项特定的活动而制订的计划。

综合计划一般是指具有多个目标和多方面内容的计划，就其所涉及的对象而言，它关联整个组织或组织中的许多方面。习惯上人们把预算年度的计划称为综合计划，在企业中它是指年度的生产经营计划。

部门计划是在综合计划的基础上制订的，它的内容比较专一，局限于某一特定的部门或职能，一般是综合计划的子计划，是为了达到组织的分目标而制订的。如企业销售部门的年度销售计划；生产部门的生产计划等，都是属于这一类型的计划。

项目计划是针对组织的特定活动所做的计划，例如某项产品的开发计划，职工俱乐部建设计划等都属于项目计划。

（4）指令性计划和指导性计划

指令性计划是由上级下达的具有行政约束力的计划，它规定了计划执行单位必须执行的各项任务，其规定的各项指标没有讨价还价的余地；指导性计划是由上级给出一般性的指导原则，具体如何执行具有较大的灵活性。

三、计划的编制过程

计划是计划工作的结果，计划工作则是计划制订的过程。计划的编制通常遵循一定的工作程序。任何计划工作的程序，即工作步骤都是相似的，依次包括以下内容：机会分析、确定目标、确定前提条件、拟订可选择的方案、评估备选方案、选择方案、拟订派生计划、编制预算（图 4-6）。

（1）机会分析。对机会的分析，要在实际的计划工作开始之前就着手进行，它虽然不是计划的一个组成部分，但却是计划工作的一个真正起点。其内容包括：对未来可能出现变化和预示的机会进行初步分析；根据自身的长处和短处了解自身能力所在；列举主要的不确定因素，分析其发生的可能性和影响程度；在反复斟酌的基础上，下定决心，扬长避短。

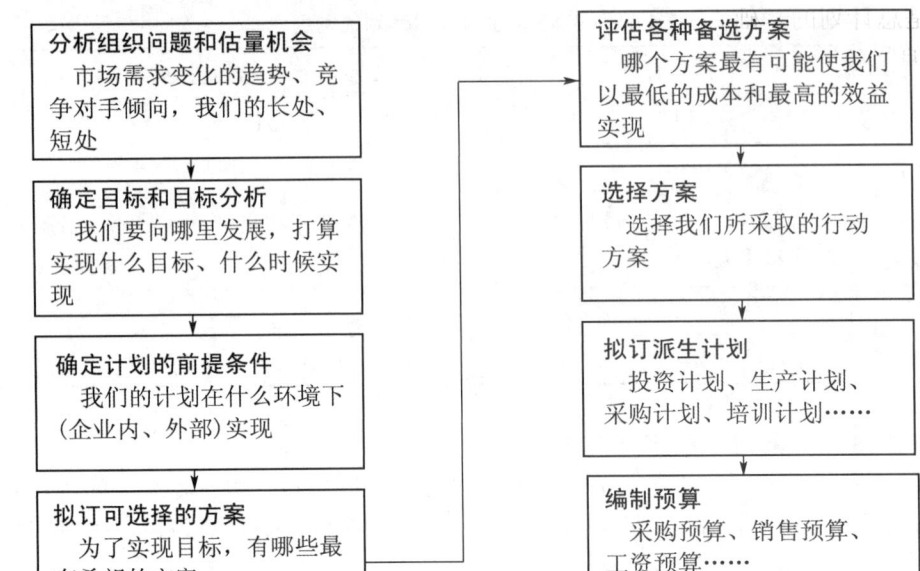

图 4-6 计划编制过程

（2）确定目标。计划工作的第一步是在分析机会的基础上，为组织及其所属的下级单位确定计划工作的目标。在这一步上，要说明基本的方针和要达到的目标，说明制定战略、政策、规则、程序、规划和预算的任务，指出工作的重点。

（3）确定前提条件。计划工作的第二步是确定一些关键性的计划前提条件，并使设计人员对此取得共识。所谓计划工作的前提条件就是计划工作的假设条件，换言之，即计划实施时的预期环境。负责计划工作的人员对计划前提条件了解得越细致和透彻，并能始终如一地运用它，则计划工作也能做得越协调和合理。

（4）拟订可选择的方案。计划工作的第三步是调查和设想可供选择的行动方案。通常，最显眼的方案不一定就是最好的方案。在过去的计划方案上稍加修改和略加推演也不会得到最好的方案，这一步工作需要发挥创造性。此外，方案也不是越多越好。即使我们可以采用数学方法和借助计算机的手段，还是要对候选方案的数量加以限制，以便把主要精力集中在少数最有希望的方案的分析方面。

（5）评估备选方案。计划工作的第四步是按照前提和目标来权衡各种因素，比较各个方案的利弊，对各个方案进行评价。评价实质上是一种价值判断。它一方面取决于评价者所采用的标准；另一方面取决于评价者对各个标准所赋予的权数。显然，确定目标和确定计划前提条件的工作质量，直接影响到方案的评价。在评价方法方面，可以采用运筹学中较为成熟的矩阵评价法、层次分析法以及在条件许可的情况下采用多目标评价方法。

（6）选择方案。计划工作的第五步是选定方案。这是在前四步工作的基础上做出的关键一步，也是决策的实质性阶段——抉择阶段。可能遇到的情况是，有时会发现同时有两个可取的方案。在这种情况下，必须确定出先采取哪个方案，而将另一个方案也进行细化和完善，并作为后备方案。

（7）拟订派生计划。派生计划就是总计划下的分计划。总计划要靠派生计划来保证，派生计划是总计划的基础。

（8）编制预算。计划工作的最后一步是把计划转化为预算，使之数字化。预算实质上是资源的分配计划。预算工作做好了，可以成为汇总和综合平衡各类计划的一种工具，也可以成为衡量计划完成进度的重要标准。

四、计划书编制方法

（一）PDCA 计划循环法（戴明循环管理法）

1. 含义

PDCA 计划循环法是指任何一项工作均要先有个计划（plan），然后按照计划的规定去执行（do）、检查（check）和总结（action）。这个过程周而复始，不断循环前进，并进一步地提高水平。

2. 工作程序

PDCA 计划循环法分为 4 个阶段 8 个步骤（见图 4-7）。

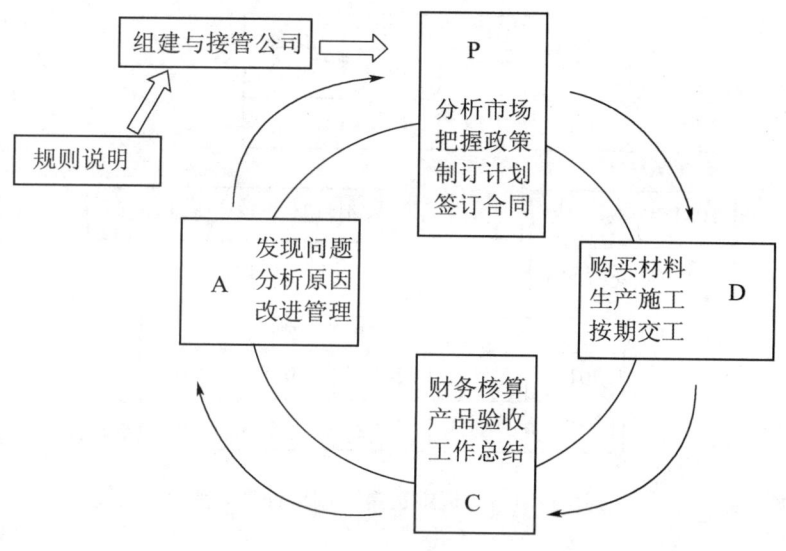

图 4-7 PDCA 计划循环法

（1）制订计划（P）

① 提出工作设想，收集有关资料，进行调查和预测，确定计划的目标和方针。

② 提出各种工作方案，并选出比较满意和理想的方案。

③ 编制具体的计划，并下达执行。

（2）执行计划（D）

④ 具体落实到各部门和有关人员，贯彻执行。

（3）检查计划执行情况（C）

⑤ 检查执行情况。

⑥ 发现问题，找出原因。

（4）总结处理（A）

⑦提出解决问题的办法。
⑧对这次解决不了的问题，要转入下一轮工作循环中予以解决。

3. 特点
①大循环套中循环，中循环套小循环，环环相扣，形成一个有机体。
②每个循环都含有4个阶段。
③循环是螺旋式上升和发展的。
④循环是综合性的循环。

（二）滚动计划法

1. 含义

滚动计划法是一种定期修订未来计划的方法。是在原计划的基础上，每经过一段固定时期（称为滚动期），便根据计划的执行情况和环境变化情况定期修订计划，并逐期向前推移，使短期计划、中期计划和长期计划有机结合起来。该方法主要应用于长期计划的制订和调整。其具体做法是用"近细远粗"的办法制订计划（见图4-8）。

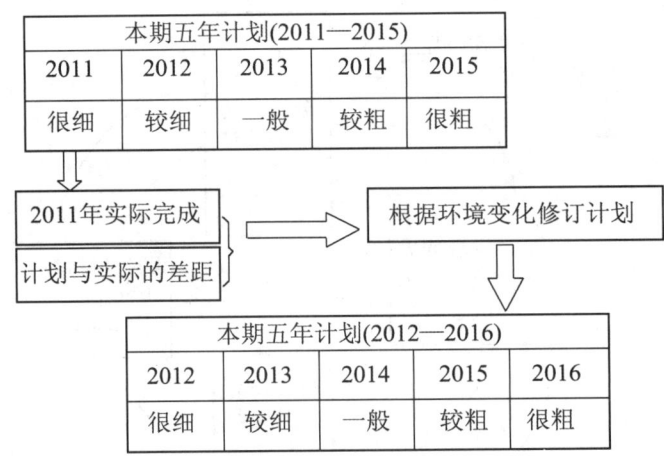

图4-8 "近细远粗"制订计划办法

2. 特点
①计划分为若干个执行期，其中近期行动计划编制得详细具体，而远期计划则相对粗略。
②计划执行一定时期，就根据执行情况和环境变化对以后各期计划内容进行修改、调整。

3. 评价

（1）优点

推迟了对远期计划的决策，增加了计划的准确性，提高了计划工作的质量。同时，这种计划方法使长、中、短期计划能够相互衔接，既保证了长期计划的指导作用，使得各期计划能够基本保持一致；也保证了计划应具有的基本弹性，特别是在环境剧烈变化的今天，有助于提高组织的应变能力。

（2）缺点

这种计划的缺点是加大了计划的工作量。

（三）网络计划技术法

1. 含义

网络计划技术法是利用网络理论，制订计划，并对计划进行评审的技术方法。它最适用于复杂工作项目的管理。

2. 基本原理

首先应用网络图的形式来表达一项计划中各项工作（任务、活动、工序等）的先后顺序和相互关系；其次，通过计算找出计划中关键工序和关键路线；然后通过不断改善网络图选择最优方案，并在计划执行过程中进行有效的控制监督，保证取得最佳的经济效益。

网络计划法技术主要是适用于包含上万个作业的大型工程项目，其主要工具是网络图（见图4－9）。利用网络图将整个工程分解成许多步骤的工作，根据这些工作在时间上的衔接关系，用箭头连线表示它们的先后顺序，画出一个反映各项工作相互关系的网络图，并标出完成任务的关键环节和路线。这样，管理者在制订计划时既可以统筹安排、全面考虑，又不失重点。

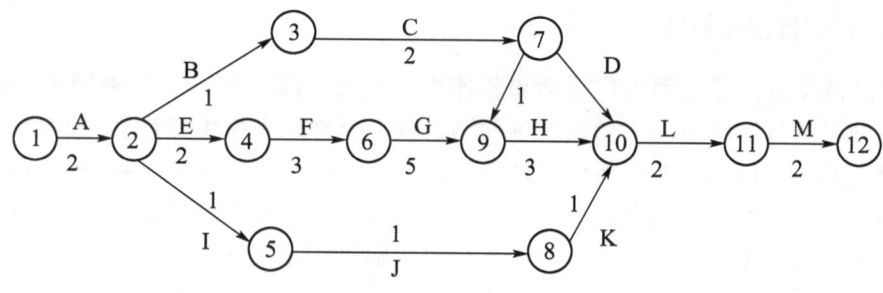

图4－9 网络图

网络计划技术虽然需要大量而烦琐的计算，但在计算机广泛运用的时代，这些计算大都已经程序化了。这种技术之所以被广泛地运用，是因为它有一系列的优点。

（1）该技术能清晰地表明整个工程的各个项目的时间顺序、相互关系、关键环节和路线，以便管理者对实施过程进行重点管理。

（2）可对工程的时间进度与资源利用实施优化管理。在计划实施过程中，管理者可以调动非关键路线上的人力、物力和财力，对关键作业进行综合平衡。这样既可以节省资源，又可以加快工程进度。

（3）可事先评价达到目标的可能性。该技术指出了计划实施过程中可能发生的困难点，以及这些困难点将对整个任务所产生的影响，这样可以准备好应急措施，从而减少完不成任务的风险。

（4）便于实施与控制。管理者可以将工程特别是复杂的大项目分成许多支持系统来分别组织实施与控制。这种化整为零、聚零为整的管理方法，可以达到局部和整体的协调一致。

(四) 运筹学方法

运筹学方法是一种分析的、实验的和定量的科学方法，用于研究在物质条件（人、财、物、信息等）已定的条件下，为了达到一定的目的，如何统筹兼顾整个活动各环节之间的关系，为选择一个最好的方案提供数量上的依据，以便能为最经济、最有效地使用人、财、物做出综合性的安排，取得最好的效果。

在计划中应用运筹学的一般程序，包括以下主要步骤：

（1）建立问题的数学模型。首先，根据研究目的对问题的范围进行界定，确定描述问题的主要变量和问题的约束条件；然后，根据问题的性质确定采用哪一种运筹学方法，并按此方法将问题描述为一定的数学模型。为了使问题简化和突出主要的影响因素，需要做出各种必要的假定。

（2）规定一个目标函数，作为对各种问题可能的行动方案进行比较的尺度。

（3）确定模型中各参量的具体数值。

（4）求解模型，找出使目标函数达到最大值或最小值的最优解。

运筹学方法广泛地运用于有限资源如何合理运用以实现既定目标的问题，典型的运筹学方法是线性规划法。

（五）计量经济学方法

计量经济学方法是运用现代数学和各种统计方法来描述和分析各种经济关系的方法，它对于管理者调节经济活动，加强市场预测，以及合理地安排生产计划和改善经营管理等都具有很大的实用价值。严格地说，计量经济学就是把经济学中关于各种经济关系的学说作为假设，运用数理统计的方法，根据实际统计资料，对经济关系进行计量，然后把计量的结果和实际情况进行对照。用计量经济学方法解决实际问题的程序分四步：

（1）因素分析。即按照问题的实际情况分析影响它的因素种类、因素之间的相互关系以及各因素对问题的影响程度。

（2）建立模型。根据分析的结果，把影响问题的主要因素列为自变量，把所有次要因素都用一个随机误差表示，而把问题作为因变量，然后建立起含有一些未知参数的数学模型。

（3）参数估计。由于模型有许多参数需要确定，这就要用计量经济学方法，利用统计资料加以确定。参数估计出来之后就要计算相关系数，以检查自变量对因变量的影响程度。此外，还要对参数进行理论检验和统计检验，如果这两项结果不好就要分析原因，修改模型，重新进行第三个步骤，直至模型满意为止。

（4）实际应用。计量经济模型主要有三个用途：第一，经济预测，即预测因变量在将来的数值。第二，评价方案，即对计划工作或决策工作中的各种方案进行评估，以选出最优方案。第三，结构分析，即利用模型对经济系统进行更深入的分析，深化认识。计量经济学的这三种用途都可以应用于计划工作，它能够使计划更加完善，更加科学。

（六）投入产出分析法

投入产出分析法是 20 世纪 40 年代由美国著名经济学家华西里·列昂惕夫首先提出

的。它的主要根据是各部门经济活动的投入与产出之间的数量。所谓投入就是将人力、物力投入生产过程中，并在生产过程中被消耗，这是生产性消费；所谓产出就是生产出一定数量和种类的产品。

投入产出分析法作为一种综合计划方法，首先，要根据某一年份的实际统计需求资料了解各部门之间需求的一定比例，编制投入产出表；然后，计算各部门的直接消耗系数和间接消耗系数（合计便是完全消耗系数）；最后，进一步根据某些部门对最终产品的需求，算出各部门应达到的状况，据此编制综合计划。

这种方法的主要特点是：

（1）反映了各部门的技术经济结构，可合理安排各种比例关系，是进行综合平衡的一种有效工具。

（2）在编制过程中不仅能充分利用现有统计资料，而且能建立各种统计指标之间的内在联系，使统计资料系统化。编制的投入产出表则是一个比较全面反映经济过程的数据库，可以用来进行多种经济分析和经济预测。

（3）由于通过表格形式反映经济现象，所涉及的数学知识不深，因而易于理解，并易于为计划工作者所接受。

（4）适用范围较广，不仅可以用于国家、部门或地区等宏观层次的计划制订，也可用于企业的计划安排。

五、计划书的构成

计划书（有时简称为计划）就是为了达到项目发展目标之目的，在经过前期对项目进行科学的调研、分析、搜集与整理有关资料的基础上，根据一定的格式和内容的具体要求而编辑整理的书面材料。它是党政机关、企事业单位、社会团体对今后一段时间的工作、活动做出预想和安排的一种事务性文书。

要想避免工作的盲目性，必须前有计划、后有总结。计划能够建立起正常的工作秩序，明确工作的目标，是管理者指导、检查，群众监督、审察工作成绩的依据。计划也是一段时间过后，本单位总结工作时的基本标准，计划完成或超额完成，说明工作成绩是突出的；相反，没有完成工作计划，则说明工作存在严重问题。

在实践中，计划书有许多名称，如："安排""要点""设想""预想""方案""规划""打算"等。

常见的工作计划大体分为标题、正文、结尾三部分。

1. 标题

由单位名称、适用时期、内容和文种构成。

2. 正文

由前言和计划事项构成。

（1）前言要简明扼要说明制订计划的目的或依据，提出工作的总任务或总目标。前言常用"为此，今年（或某一时期）要抓好以下几项工作"作结，并领起下述的计划事项。

（2）计划事项是总的计划下面的各个分计划项目。这部分一般要分项来写，有时，大的项目下有小的项目。大的项目是一个大的方面要做的工作，小的项目是在大的方面要做的每一项工作。

3. 结尾

结尾可以用来提出希望，发出号召，展望前景，明确执行要求等，也可以在条款之后就结束全文，不写专门的结尾部分。

一份完整计划书的构成如表4-10所示。

表4-10 一份完整计划书的构成

部 分	内 容	说 明
1. 计划导入	（1）封面	计划书的脸面，应充满魅力
	（2）前言	表明计划的动机及计划者的态度
	（3）目录	计划书的目录
2. 计划概要	（4）计划概要	概述计划书的整体思路与内容
3. 计划背景	（5）现状分析	明确计划的出发点，说明计划的必要性及其前提
4. 计划意图	（6）目的、目标设定	确定计划的目的、目标，说明计划的意义
5. 计划方针	（7）概念的形成	明确计划的方向、原则，规定计划的内容
6. 计划构想	（8）确定实施策略的结构	明确计划实施的结构及其组织保证，提高计划的效果
7. 计划设计	（9）具体实施计划	计划的具体内容，将实现目标的方法具体化
	（10）确定实施计划	实施计划所需时间、费用、人力资源及其他资源；预测计划可能获得的效果
8. 附录	（11）参考数据	附加的与计划相关的数据，增加计划的可信度

【点对点案例】

计划书构成样例

新商品计划书

1. 形成商品的概念：①命名；②包装、设计。
2. 目标市场（用户、购买者、推荐者等）。
3. 商品：①竞争商品；②类似商品。
4. 本企业商品的市场定位。
5. 顾客化基本战略（顾客计算机信息系统）。
6. 产品制造方法（产品图纸、基本功能、安全性等）。
7. 产品用途（使用场所、使用机会、使用方法）。
8. 管道：①营销管道；②维修服务。
9. 市场导入策略：①销售促进策略；②市场导入手段；等等。
10. 广告计划（广告活动计划）。
11. 价格（关于成本、价格等）。

12. 开发推进（设计、试制、原材料等）。

<h3 style="text-align:center">促销活动计划书（店内促销）</h3>

1. 计划的名称：①活动名称；②副标题。
2. 计划的目的（销售促进等）。
3. 计划的主题（活动主题）。
4. 对象商品。
5. 计划的内容（如：赠品种类、赠品的赠送方法）。
6. 计划的对象（目标顾客）。
7. 计划的目标（来店客人数、促销期间销售量等）。
8. 促销场所（店内）。
9. 促销时间。
10. 店内装饰。
11. 制品种类（广告传单、POP、卡片等）。
12. 通知方法（广告等）。
13. 运营计划：①店内任务安排；②与以往计划的区别。
14. 计划的效果（顾客数、销量以外的预期效果）。

【本章小结】

1. 计划是管理的首要职能，它包括狭义和广义的两个方面；计划的内容包括"5W1H"；计划具有预先性与指导性、可行性、原则性与灵活性、效率性、创新性，依据不同的标准，可将计划分为不同类型。

2. 计划工作的基本步骤有：分析组织的问题和估量机会、确定目标和目标分析、确定计划的前提条件、拟订可选择的方案、评估各种备选方案、选择方案、拟订派生计划、编制预算。

3. 常用的编制计划的方法有PDCA计划循环法、滚动计划法、网络计划技术法、运筹学方法、计量经济学方法、投入产出分析法。

4. 目标与目标管理。目标和目标管理的概念、目标的作用和意义、目标管理的特征、组织目标制定的原则、目标制定的步骤、目标的制定是目标管理的关键、企业目标的基本特点。

5. 目标管理的过程包括目标实施前的准备工作、目标实施过程的有效控制、目标的修正、目标成果的考核、目标管理优缺点和注意的问题。

6. 决策的概念、特征、类型、主要步骤与过程，以及常见的决策方法与原则等方面的内容；决策具有目标性、可行性、选择性等特点；决策可依据不同标准进行分类。

7. 决策是一个过程，可将决策划分为以下步骤：发现问题或诊断问题—明确决策目标—拟订可行方案—方案的评价与选择—执行方案—检查与评估。

8. 决策的方法有定性决策方法和定量决策方法，能否做出正确的决策还与组织文化、时间约束、环境特征、过去决策的影响及决策者的素质与对风险的态度有关。

以上内容告诉我们：组织的管理者在履行计划管理职能时，不仅要编制好计划，而且每种计划方法都有其特点，关键是要能在恰当的条件下灵活运用各种方法。决策是管理者识别环境状况、确认解决问题以及利用机会的过程，决策正确与否关系到组织的兴衰成败，为此，管理者应努力提高自身素质，提高决策能力。

【复习思考题】

1. 对一个组织来说，为什么必须进行计划工作？
2. 什么是计划？简述战略计划与战术计划，长期计划与短期计划。
3. 计划拟订需要哪些步骤，你认为关键性步骤是什么？
4. 目标管理的核心内容是什么？它有哪些优点和缺点？
5. 什么是滚动计划法？它的优点是什么？
6. 什么是决策？它包含哪几层含义？请举例说明。
7. 举例说明决策在组织管理中的重要作用。
8. 决策有哪些步骤？各步骤的工作重点是什么？
9. 结合例子说明计划工作的内容有哪些。
10. 胜利电子有限公司生产某一电子产品，其总固定成本为40万元，单位产品可变成本为20元，产品单价为30元。请问：该公司的盈亏平衡点产量应为多少？如果该公司要实现利润3万元，其产量应为多少？
11. 宏图摩托车厂与时代公司联合成立摩托车工贸联营商场，并打算建立一个方便消费者的专卖商场。经研究拟设立大型、中型、小型商场三个方案。各种商场在不同状态下的销售额率及利润预测值如表4-11所示。请问这个工贸联营商场决定兴建哪种型号的商场？请画出其决策树。

表 4-11　损益值表　　　　　　　　　　单位：万元

方案 商场	畅销（0.2）	一般（0.5）	滞销（0.3）
大型商场	25	12	-5
中型商场	20	10	5
小型商场	15	8	3

【案例分析】

阿迪达斯与耐克

阿迪达斯是德国的一家公司，是为竞技运动员生产轻型跑鞋的先驱。在1976年的蒙特利尔奥运会上，田径赛中有82%的获奖者穿的是阿迪达斯牌运动鞋。高质量、创新性和产品多样化，使阿迪达斯在20世纪70年代中支配了竞技跑鞋领域的国际竞争。到1980年有2 500万～3 000万美国人加入了慢跑运动，还有1 000万人是为了休闲而穿跑鞋。为了保护其在竞技市场中的统治地位，阿迪达斯并没有大规模地进入慢跑市场，20世纪70年代出现了一大批竞争者，如美洲狮（Puma）、布鲁克斯（Brooks）、新布兰斯（New Balance）和虎牌（Tiger），还有富有进取性和创新性的耐克（Nike）。耐克公司由俄勒冈大学的一位长跑运动员创办。在1972年俄勒冈的尤金举行的奥林匹克选拔赛中首

次亮相。穿着新耐克鞋的马拉松运动员获得了第四至第七名，而穿阿迪达斯鞋的参赛者在那次比赛中占据了前三名。耐克的大突破出自1975年的"夹心饼干鞋底"方案，1976年的销售额达到1 400万美元，而在1972年仅为200万美元。今天，耐克公司的年销售额超过了35亿美元，并成为行业的领导者，占有运动鞋市场26%以下份额。

耐克公司的成功源于它强调的两点：

1. 研究和技术改进。
2. 风格式样的多样化。

在营销中，耐克公司为消费者提供了最大范围的选择。它吸引了各种各样的运动员，并向消费者传递出最完美的旅游鞋制造商形象。到20世纪80年代初慢跑运动达到高峰时，阿迪达斯已成了市场中的"落伍者"。竞争对手推出了更多的创新产品、更多的品种，并且成功地扩展到了其他运动市场。到20世纪90年代初，阿迪达斯的市场份额降到了可怜的4%。

（资料来源：http://www.51kaoshi.com/Item.aspx? id=134545）

思考：

1. 到20世纪90年代初，阿迪达斯制定的不良决策如何导致了市场份额的极大减少？这些决策怎么使得阿迪达斯的市场份额在20世纪90年代初降到了可怜的地步？其不确定性在其中扮演了什么角色？
2. 耐克公司的管理当局制定了什么决策使它如此成功？
3. 你认为阿迪达斯的管理当局今天应采取什么措施纠正它以前的错误？
4. 你认为优秀的决策者应该具备哪些基本素质和能力？
5. 结合个人以往的决策经历，谈谈自己是如何决策的？决策的素质和能力如何？

【技能训练】

编制活动策划书

【实训目标】

1. 培养创新能力与策划能力；
2. 掌握实际编制计划的方法。

【实训内容与方法】

1. 在调研的基础上，运用创造性思维，策划一项活动，编制计划书。要求：

（1）所策划活动的内容与主题，既可以由教师统一指定，也可以由学生自选。选题尽可能与所学专业相关，也可以是学生所熟悉的其他内容。

（2）应通过调研，获取较为丰富的材料。

（3）要运用创造性思维，所策划的活动一定要有创意。

（4）要科学地规划有关要素，计划书的结构要合理、完整。

2. 在每个人进行个别策划的基础上，以模拟公司为单位，运用"头脑风暴法"等方法，组织深入研讨，形成公司的创意。

3. 利用课余时间进行系统的活动策划，编制公司的活动策划书或计划书。

4. 在课上进行交流与论证。

【实训要领】

1. 要使同学们认识到撰写策划书是计划职能的基本手段,是同学们未来就业的重要技能,一定要高度重视,积极参与。

2. 要认真进行环境分析与问题界定。要按照所学的关于环境分析与问题界定的模型与方法,认真进行分析与研究。

3. 策划的灵魂是创意。同学们应运用所学的多种创新方法,开动脑筋,务必形成创意,没有创意的策划方案是不会有太大价值的。

4. 策划书的基本结构要合理,计划要素要完整齐全。要根据所学的企业基本框架模式与问题框架模式及企业计划书的基本项目进行设计,认真撰写,形成一份完整规范的策划书或计划书。

【成果与检测】

1. 每个人都要起草一份策划书,计入渐进化过程考核。

2. 在个人策划的基础上,编写公司的策划书或计划书(执笔人不再另写个人策划书)。

3. 根据各公司的策划书及在交流中的表现,对发言人进行评估,计入渐进化过程考核小组分数中。

【推荐读物】

[1] 孙颢. 你的管理错在哪里[M]. 北京:中国华侨出版社,2010.

[2] 张平华. 中国企业管理创新[M]. 北京:中国发展出版社,2004.

[3] 何海燕,李存金等. 现代管理学:理论与方法[M]. 北京:北京工业大学出版社,2007.

[4] 唐华山. 一口气读懂管理学[M]. 北京:人民邮电出版社,2010.

【本章重点内容网络图】

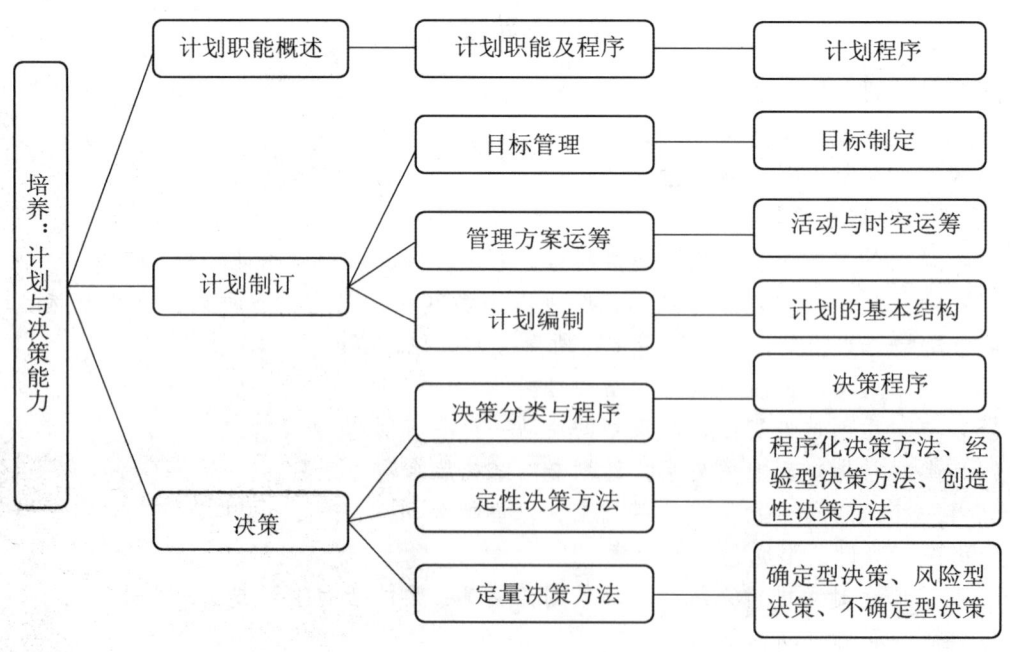

第五章 组 织

【知识目标】
1. 了解组织结构的构成及形式，掌握组织职能的原则；
2. 掌握组织结构设计的原则与方法；
3. 掌握人员选聘、培训与组合的原理与要求；
4. 掌握组织变革过程的管理。

【素质目标】
1. 培养善于发掘下级潜力、用人所长容人所短的素质；
2. 培养能够创建适应组织发展的组织结构、企业文化的素质；
3. 培养能够独立策划并组织一场培训或企业活动的能力和素质。

【技能目标】
1. 掌握部门划分的方法及能选择适应企业发展的组织结构；
2. 掌握员工招聘、培训等程序、方法与要求；
3. 掌握组织文化建设的要求与方法；
4. 掌握组织变革的发展趋势。

【导入案例】

浪涛公司

浪涛公司是一家成立于1990年的生产经营日用清洁用品的公司，由于其新颖的产品，别具一格的销售方式和优质的服务，其产品备受消费者的青睐。在公司总裁董刚的带领下发展迅速。然而，随着公司的发展，公司总裁逐步发现，一向运行良好的组织结构，现在已经不能适应该公司内外环境变化的需要。

公司原先是根据职能来设计组织结构的，财务、营销、生产、人事、采购、研究与开发等构成了公司的各个职能部门。随着公司的发展壮大，产品已从洗发水扩展到护发素、沐浴露、乳液、防晒霜、护手霜、洗手液等诸多日化用品上。产品的多样性对公司的组织结构提出了新的要求。旧的组织结构严重阻碍了公司的发展，职能部门之间矛盾重重，在这种情况下，总裁董刚总是亲自做出主要决策。在2000年总裁董刚做出决定，根据产品种类将公司分成8个独立经营的分公司，每一个分公司对各自经营的产品负有全部责任，在盈利的前提下，分公司的具体运作自行决定，总公司不再干涉。但是重组后的公司，没过多久，公司内又涌现出许多新的问题。各分公司经理常常不顾总公司的方针、政策，各自为政；而且分公司在采购、人事等职能方面也出现了大量重复，这些现象逐步显示出，公司正在瓦解成一些独立部门。在此情况下，总裁意识到自己在分权的道路上走得太远了。

于是，总裁董刚又下令收回分公司经理的一些职权，强调以后总裁拥有下列决策权：

超过 10 万元的资本支出；新产品的研发；发展战略的制定；关键人员的任命等。然而，职权被收回后，分公司经理纷纷抱怨公司的方针摇摆不定，甚至有人提出辞职。总裁意识到了这一举措大大地挫伤了分公司经理的积极性和工作热情，但他感到十分无奈，因为他实在想不出更好的办法。

（资料来源：https：//wenku.baidu.com/view/4bf92ea4b0717fd5360cdc09.html？re=view.）

【分析及任务】

如果你是总裁助理，你该如何就组织结构及如何处理好集权与分权的关系向总裁提出建议？

第一节 组织与组织结构

一、组织概述

（一）组织的含义

组织是人类社会最普遍、最常见的社会现象，政府机关、工厂、学校、医院等都是各类组织的表现形式。对于组织的概念，国外有关学者众说纷纭。其中最早的是由巴纳德提出的观点，他认为"组织就是两个或两个以上的人有意识协调活动的系统"。被誉为"管理过程理论"之父的法约尔，最早指出的管理五职能，其中之一就是组织，并认为企业的组织职能主要包括：设计组织结构，确定相互关系，制定规章制度，以及招收、训练、评价职工等。其后，西方的理论学者对组织都下过不同的定义。伊兹尼把组织描述为"组织是一个有计划的单位，是为完成特定的目标而设计起来的"；韦伯提出了"理想行政理论"的概念，把理性合法权利看作组织的基础和支柱；哈罗德·孔茨把组织定义为"正式的有意形成的职务结构或职位结构"；波特、劳拉和哈克曼指出组织应包括五个基本要素：社会结构、目标方向、差别化的功能、合理协调和时间上的延续性；穆尼则强调组织是一种在一个协调的整体里，把具体的任务或职能联系起来的技术，等等。由此可见，组织不仅是人的结合，而且是一个特定的体系，综合起来，我们可以把组织定义为：

组织是由两个或两个人以上的群体组成的有机体，是一个为了共同目标，内部成员形成一定的关系结构和共同规范力量的协调系统。

这个概念包括了以下几方面的含义：

1. 有形的实体组织

（1）组织一定要有共同的目标。目标是组织存在的前提和基础。组织的存在是因为它执行一定的功能，而组织能够存在并发展下去的原因是它有一定的目标。

（2）组织是实现目标的工具。组织目标能否实现取决于组织内各要素之间的协调及配合程度，分工协作是由组织目标限定的，组织结构是否合理有效对组织目标的实现起着很重要的影响作用。

（3）组织包括不同层次的分工协作。组织内部一定要有分工，并且要赋予各个部门及每个人相应的权力，以利于实现目标。把组织各层次联系起来，形成一个有机的整体并

进行分工协作,才能达到组织目标。

2. 无形的"组织"活动

无形的"组织"活动即确定组织成员、任务及各项活动之间的关系,对资源进行合理配置的过程。其主要内容包括:组织机构的设计、适度和正确授权、人力资源管理和组织文化建设。

(二)组织的类型

1. 按组织的性质分类

组织按性质划分可以分为经济组织、政治组织、文化组织、群众组织和宗教组织等。

2. 按组织的形成方式分类

(1)正式组织。是为了有效地实现组织目标,而明确规定组织成员之间职责范围和相互关系的一种结构,是组织的组成部分并且有明确的职能,其组织制度和规范对成员具有正式的约束力。例如:医院、学校、部队和企业中的财务部门、销售部门、生产部门等。正式组织的特征是:①不是自发形成;②有明确的目标;③以效率逻辑为标准;④强制性。

(2)非正式组织。是人们在共同工作或活动中,由于地理位置、兴趣爱好、亲朋好友等关系,以共同的利益和需要为基础而自发形成的团体。这种群体不是经过程序化而成立的。例如:同乡会、同学联谊会,学校、医院、机关或企业中的业余足球队、业余合唱团等。

3. 按组织成员利益受惠的程度分类

(1)互利组织,如互助团体、会员制俱乐部等。

(2)服务组织,如医院、大学、福利机构等。

(3)实惠组织,如工厂、银行、公司等。

(4)公益组织,如监察机关、行政机关和军队组织等。

【点对点案例】

后勤集团的发展与改革

某校后勤部门在多年的改革和发展中通过承包、自主经营、实行公司制等,现在已成为拥有多家子公司的企业集团,经营范围涉及餐饮、食品加工、机械、电子、房地产等多个领域,但在管理组织上还是沿用过去实行的集权的直线职能制,严重制约了公司的发展和员工积极性的提高。最近,公司领导认识到必须改变这一做法以促进公司的进一步发展。

思考:运用组织结构的有关理论,说明该公司应采取什么类型的组织结构形式。

二、组织结构类型

组织结构是全面反映组织内各要素及其相互关系的一种模式。它是根据组织目标,结合组织的内部环境,将组织的各要素结合起来的框架。组织结构是依托于社会的发展而发展起来的,各种类型的组织都没有统一的优劣之分,环境、企业、管理者的不同,都将有不同的组织结构。目前,组织结构的基本形式大致有以下几种。

1. 直线制组织结构

直线制组织结构又称简单结构,是组织发展最早期的一种结构模式,也是最简单的。它的特点是:指挥和管理的职能由组织的行政负责人执行,下级只接受一个上级的指挥。从最高层领导到最底层的一般员工,通过一条直接纵向的指挥链连接起来,上下级之间关系是直线关系,即命令与服从的关系(见图5-1)。在这种组织结构中,每一级管理者都不设参谋机构,向上级负责,直接指挥下级。

直线制组织结构的优点是:结构简单,有利于统一指挥;权责分明,上下级关系明确;管理人员少,组织灵活,管理成本低。直线制组织结构的缺点是:若企业规模大,高层管理人员管理幅度过宽,易决策失误;权力过分集中,易滥用职权。这种组织结构一般只适用于那些规模较小、生产技术比较简单的企业,或现场作业管理。

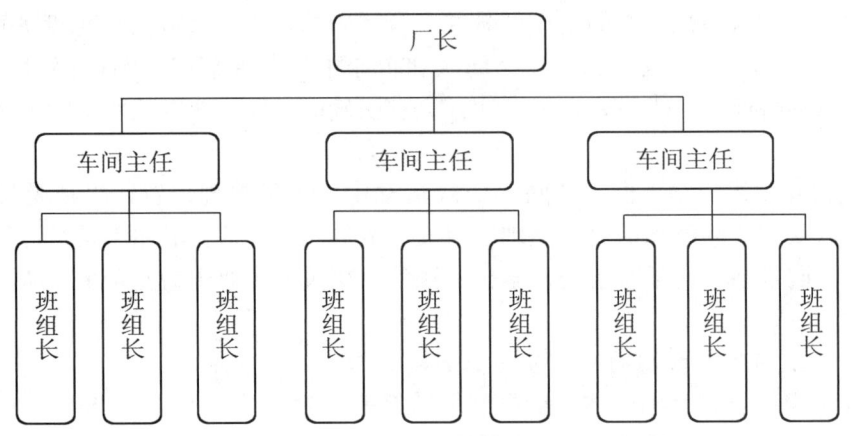

图 5-1　直线制组织结构

2. 职能制组织结构

职能制组织结构是按职能实行专业化分工的管理办法(见图5-2)。职能制组织结构的特点是采用专业化分工的管理者代替直线制的全能管理者,在组织内部设立职能部门,各职能部门经理在自己的业务范围内,有权向下级下达命令和指示,直接指挥生产经营活动,各级负责人除了服从上级行政领导的指挥外,还要服从上级职能部门在其专业领域的指挥。

职能制组织结构的优点是:满足了现代企业管理工作较复杂的专业分工需要,能够充分发挥职能机构的专业管理作用;可以弥补各级行政领导人员管理能力的不足。缺点是:多头领导导致企业生产经营活动不能统一指挥,甚至会出现管理混乱;各职能部门无法相互配合,只从各自的业务工作出发;组织中会因为追求职能目标而忽视全局利益;

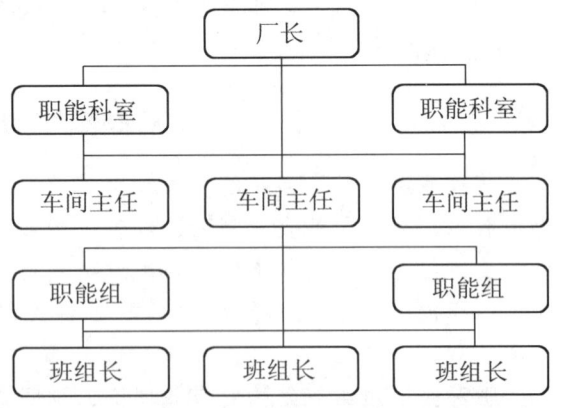

图 5-2　职能制组织结构

不利于权责划分。在实践中，企业一般不采用这种组织形式。

3. 直线职能制组织结构

直线职能制组织结构是把直线制和职能制结合起来形成的，它是在职能制的基础上进行的一种改进，是以直线制为基础，在各级行政领导下，设置相应的职能部门，即在保持直线制组织统一指挥的原则下，增设了参谋机构，如图5-3所示。

直线职能制的优点是：既保证了集中的统一指挥，又能发挥各种专家业务管理的作用，适应企业管理比较复杂、细致的特点。缺点是：各职能部门自成体系，不重视信息的横向沟通，造成工作重复，加大了管理成本；如果授权职能部门权力过大，容易干扰直线指挥命令系统。目前，大多数组织均采用了这种组织结构形式。

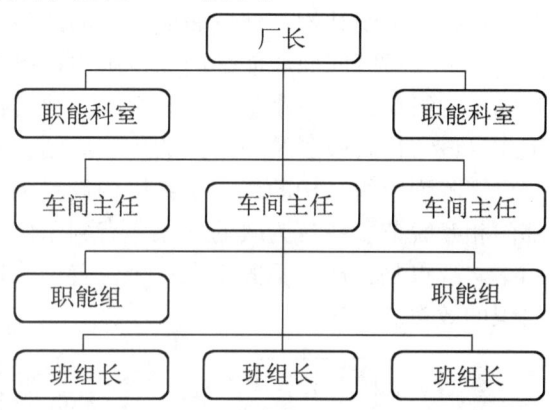

图5-3 直线职能制组织结构

4. 事业部制组织结构

事业部制组织结构是西方经济从自由资本主义过渡到垄断资本主义以后，在企业规模大型化、企业经营多样化、市场竞争激烈化的条件下，出现的一种分权式的组织形式。这种组织结构形式最初是美国通用汽车公司总裁斯隆于1924年提出的，因而也被称为"斯隆模型"，它是目前国内外大型企业普遍采用的一种组织形式，如图5-4所示。其主要特点是在"集中决策，分散经营"，集权领导下实行分权管理。它把企业的生产经营活动，按产品和地区不同，建立不同的经营事业部，同时，每个经营事业部都是一个利润中心，在总公司的领导下，实行统一政策，分散经营，独立核算，自负盈亏。

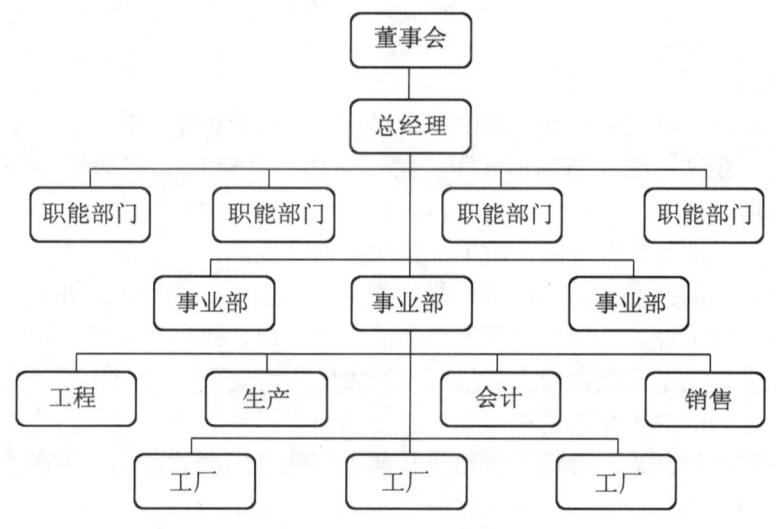

图5-4 事业部制组织结构

事业部制组织结构的优点是：解决了直线职能制中责任不明的问题，有利于提高中层管理者的积极性和责任心；有利于总部集中精力从事长期规划，扩大外部联系，提高高层经营决策水平；有利于人力资源的开发和培养。其缺点是：公司与各事业部的职能机构功能重复，造成资源浪费；各事业部缺乏有效的沟通，影响协调发展；管理费用高。

本组织结构在事业部上又多一个层次来管理事业部，总经理和董事会来管理若干超事业部又称为超事业部制组织结构。

5. 矩阵型组织结构

矩阵型组织结构，把按职能划分的部门和按产品划分的小组结合起来组成一个矩阵，一名管理人员既同原职能部门保持组织业务上的联系，又参加项目小组的工作。职能部门是固定的组织，项目小组是临时组织，项目任务完成之后就解散了，其成员回原职能部门工作。该结构打破了统一指挥的传统原则，有多重指挥线，如图 5 - 5 所示。

矩阵型组织结构的优点是：机构设置和人员安排机动灵活，适应性强；避免了各职能部门相互脱节、各自为政的现象，有利于协调条块关系；有利于提高组织内各项资源的利用率。缺点是：成员不固定在一个位置，稳定性差；人员受双重领导，权责不清，降低了组织的效率。

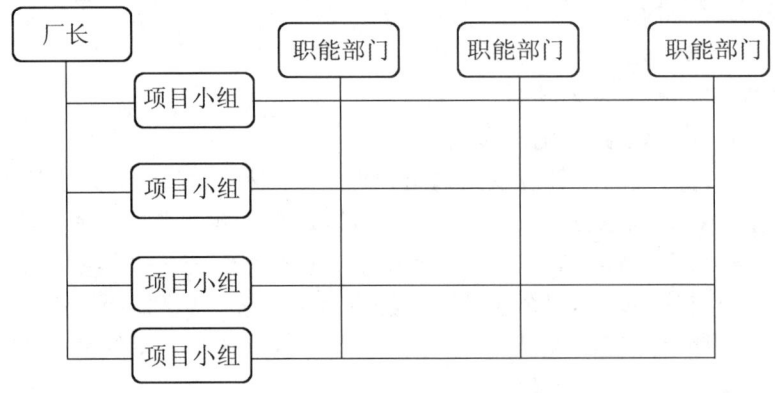

图 5 - 5　矩阵型组织结构

6. 网络制组织结构

在实践中，这一组织结构形式是由若干相互独立的组织结构构成的、一个成员不断变动的组织系统。在这一组织结构形式下，将通常由一些部门完成的工作任务，如产品设计、制造、培训、包装、仓储、交货等，通过承包转给其他公司去完成。该形式主体由两个部分构成，一个部分是中心层，由单个企业家或企业家群体组成，直接管理一个规模较小、支付报酬较低的办事人员队伍（网络中心），而这个办事人员队伍保持着较高的流动性和最大限度的精干性。外围层由若干独立的公司组成，这些独立的公司与中心层是一种合作关系，而合作关系又经常变更，呈现出极大的不稳定性。同时构成一个网络的若干公司与网络中心之间的关系在紧密程度和优惠待遇上也呈现较大的差异。中心层与外围层之间以合同为基础进行制造、分销、营销或其他关键业务的经营活动，如图 5 - 6 所示。

网络制组织结构与传统的层级制组织结构相比有如下特点：

（1）网络制组织结构几乎没有直属的职能部门，通常只是一个小规模的经理人员集团，主要对那些从事制造、销售和其他一些主要职能的组织之间的关系进行协调和控制。网络中心进行各项业务时主要依靠网络外层的公司提供的职能来进行。

(2) 组织结构上的柔性化。网络制组织把重点放在自己能够干得最好的职能工作上，并把除此之外的任何职能工作，包括制造、营销、运输等都可以让其他经营单位去做，只要这些经营单位能够做好产品或服务质量高，价格便宜。这样保持了组织结构上的灵活性和柔性化，最大限度地提高网络制组织的经济效益。

(3) 组织结构虚拟化。网络制组织可以把许多并不隶属于网络中心的独立经营的公司或经营单位纳入自己的组织网络，因而具有组织结构虚拟化的特点。但由于有一个并不是虚拟存在的网络中心，也就不属于全部虚拟，因此可将它与虚拟公司组织结构区分开来。

图 5-6 网络制组织结构示意图

网络制组织结构的主要优点是精干灵活、高效。但主要缺陷也是明显的，就是难以控制其他组织，即外围层独立的各公司。

7. 虚拟公司组织结构

此结构是企业之间的一种暂时的组织结构形式，是不同的企业通过合作所组建的一定形式的"战略联盟"，因此又叫战略联盟组织模式。在实践中，为了共同开发一种或几种产品，相关企业彼此之间形成一种紧密的合作关系，充分发挥各自的竞争优势，迅速把共同开发的产品推向市场，所加盟的各个企业共同分担所有的成本费用，共同享有开发产品所研制的高技术。一旦联盟的目标实现，先前所组建的虚拟公司即宣告解散。而为了新的战略目标，又可通过重新组合创建新的虚拟公司。

此组织结构的特点在于：

(1) 组织结构较松散。由于是各企业为了一定的战略目标而组建的松散企业联盟形式，因此，它没有总部办公室，也没有固定的组织机构和众多的管理层次。虚拟公司只关心成员企业与联盟战略目标有关的经营问题，对其他经营问题则不介入。因此，在管理上具有很大的松散性，有利于节约资源，重点发展中心活动。

(2) 技术联盟是虚拟公司的基础。虚拟公司的联盟是以一定的高技术的开发和应用为基本内容的，实质上是一种技术联盟。为了使这种技术联盟具有比较高的市场竞争力，各个加盟的企业要具有在加盟的中心技术上的巨大合作潜力和优势的互补性，所加盟的中心技术常常又是那些对企业的未来发展生死攸关，其研究开发费用巨大且风险程度很高的技术；所加盟企业具有将中心技术或者将所研制的以新技术为基础的新产品推广到国内外市场的优势；或者具有相关的零部件生产优势；或者具有在该中心技术上的科学技术研究优势。

上面介绍的组织结构形式，从一定意义上来讲是对千姿百态的现实世界中各种组织形态所进行的概括。现实中，大多数组织都是以其中的某种结构形式为基础形式，然后结合环境特点和组织战略的要求进行改造，从而形成一种最有利于实现组织目标的、具有自身特色的组织结构。普遍适用的最好的组织结构是不存在的，管理者必须根据所面临的内外环境的变化和所追求的目标，决定一种最适合自己的组织结构设计方案。

第二节　组织结构设计

【导入案例】

怎样设置精简高效的组织机构？

冯新志承包了公司下属的一个小厂。职工有五十多人，原有的机构都解散了。冯新志必须在短时间内，重新建立起精简高效的组织机构。可是，应该怎样设置部门？管理幅度与层次是怎么回事？有哪些可供选择的组织形式？这些问题弄得冯新志一头雾水。

【分析及任务】

1. 你能说清部门、管理幅度、管理层次是怎么回事吗？
2. 你认为什么样的组织才是精简高效的组织？

一、组织结构设计的原则

设计一个开放、高效的组织结构，必须遵守以下基本原则：

（1）战略导向原则。组织是实现组织战略目标的有机载体，组织的结构、体系、过程、文化等均是为完成组织战略目标服务的，达成战略目标是组织设计的最终目的。

（2）适度超前原则。组织结构设计应综合考虑组织的内、外部环境，组织的理念与文化价值观，组织的当前以及未来的发展战略等，以适应组织的现实状况。并且，随着企业的成长与发展，组织结构应有一定的拓展空间。

（3）系统优化原则。现代组织是一个开放系统，组织中的人、财、物与外界环境频繁交流，联系紧密，需要开放型的组织系统，以提高对环境的适应能力和应变能力。因此，组织结构应与组织目标相适应。一个组织结构的设计除了要考虑组织的目标外，还必须考虑组织的决策、执行、咨询、沟通、监督等功能。组织结构设计应简化流程，有利于信息畅通、决策迅速、部门协调；充分考虑交叉业务活动的统一协调和过程管理的整体性。

（4）有效管理幅度与合理管理层次的原则。管理层级与管理幅度的设置受到组织规模的制约，在组织规模一定的情况下，管理幅度越大，管理层次越少。管理层级的设计应在有效控制的前提下尽量减少管理层级，精简编制，促进信息流通，实现组织扁平化。

（5）责权利对等原则。责权利相互对等，是组织正常运行的基本要求，在结构设计时应着重强调职责和权利的设置，使公司能够做到职责明确、权力对等、分配公平。

（6）职能专业化原则。公司整体目标的实现需要完成多种职能工作，应充分考虑专业化分工与团队协作，特别是对于以事业发展、提高效率、监督控制为首要任务的业务活动，要以专业化原则为主，进行部门划分和权限分配。当然，公司的整体行为并不是孤立的，各职能部门应做到既分工明确，又协调一致。

（7）稳定性与适应性相结合的原则。首先，企业组织结构必须具有一定的稳定性，这样可使组织中的每个人工作相对稳定，相互之间的关系也相对稳定，这是企业能正常开展生产经营活动的必要条件。其次，企业组织结构又必须具有一定的适应性。由于企业的外部环境和内部条件是在不断变化的，如果组织结构、组织职责不注意适应这种变化，企业就缺乏生命力、缺乏经营活力。因此，企业应在保持稳定性的基础上进一步加强和提高组织结构的适应性。

二、组织结构设计的影响因素及过程和内容

（一）组织设计的影响因素

权变的组织设计必须考虑战略、环境、规模、技术等一系列因素，针对不同的组织特点，设计不同的组织结构。综合而言，影响组织设计的主要因素有以下五个：环境、战略、技术、组织规模和生命周期。

1. 环境

环境包括一般环境和特定环境。一般环境包括对组织管理目标产生间接影响的诸如经济、政治、社会文化以及技术等环境条件，这些条件最终会影响到组织现行的管理实践。特定环境包括对组织管理目标产生直接影响的诸如政府、顾客、竞争对手、供应商等具体环境条件，这些条件对每个组织而言都是不同的，并且会随一般环境条件的变化而变化，两者具有互动性。环境的复杂性和变动性决定了环境的不确定性，当环境由简单的稳定态向复杂的变动态转移时，关于环境的信息不完整性也逐渐增强，管理决策过程中的不确定因素也大为增强，只有那种与外部环境相适应的组织结构才有可能成为有效的组织结构。

2. 战略

组织结构是帮助管理者实现其组织目标的手段，而目标产生于组织的总战略，所以组织结构必须与组织战略紧密配合，而且结构应服从于战略。战略的重大调整即意味着组织结构的调整，即公司的战略变化先行于并导致组织结构的变化。战略是指决定和影响组织活动性质及根本方向的总目标，以及实现这一总目标的路径和方法。组织结构应因战略而异。

3. 技术

技术是指把资源转化为最终产品或服务的机械力和智力转换过程（是一个组织将投入转化为产出的方法、手段和过程）。在这一过程中，组织的资源（人、财、物等）以一定的方式被组合到一定类型的活动中。任何组织都需要通过技术将投入转换为产出，因此，组织的设计就需要因技术的变化而变化。

4. 组织规模

组织规模是影响组织结构的重要的因素，当组织业务呈现扩张趋势，组织员工增加，管理层次增多，组织专业化程度不断提高时，组织的复杂化程度也不断提高。组织的规模对其结构有明显的影响，但不是线性的。一般来说，随着组织规模的扩大，规模对结构的影响强度逐渐下降。规模越大，越专门化、标准化，规章制度越多，分权程度越高，越正规。

5. 生命周期

组织的演化呈现明显的生命周期特征。像任何机体一样，组织也有其生命周期。葛瑞纳最早提出企业生命周期理论，认为企业的成长如同生物的成长一样要经过诞生、成长和衰退几个过程。

（二）组织结构设计的过程

为了完成组织结构设计的任务，组织结构设计必须根据组织内在规律有步骤地进行。组织结构设计的过程就是从调查、分析一个组织实体的自身因素的状况和组织外部因素的特点开始，直到形成完整的组织结构与运行规则的方案为止所经历的所有步骤。这些步骤主要有：

1. 分析、确定影响组织结构设计的因素

通过对组织自身因素和组织外部因素的调查研究，确定影响特定组织结构实体的各种因素，从而为组织结构设计提供依据。

2. 确定组织设计的方针、原则和选择组织结构的类型

组织结构包括许多不同的类型，每种类型的组织结构各自具有不同的特点，分别适合不同特点实体组织的运行。因此，必须根据目标组织实体的各种因素状况，确定进行组织结构设计的方针与原则，再根据组织结构设计的方针与原则确定出欲构建的组织结构类型。

3. 职能与职位分析

从保证组织总体业务流程最优化的角度出发，确定为实现组织目标所必须进行的管理工作的具体职能，并按其性质适当分类，形成组织运行的职位。

4. 确定部门设置

部门是按照一定的方法将组织中相关的职位加以组合，形成易于管理的组织单元。确定部门设置包括从横向上确定要设计出的部门种类和从纵向上确定管理层次。通过部门划分可以将整个组织分成若干个小单位，使组织的各项活动落实到具体的承担机构上来。

5. 职权界定

根据组织目标的要求，明确规定各单位和部门及其负责人对管理工作应负的责任以及评价工作成绩的标准。同时，还要根据搞好管理工作的实际需要，授予各单位和部门及其负责人适当权力。

6. 确定整合方式

确定整合方式即规定出组织中的横向部门间、纵向部门间的信息沟通和相互协调方面的途径和方法，从而把一个组织实体上下左右联结起来，形成一个能够协调运作、有效地实现组织目标的组织系统。

7. 规定组织运行规则

组织运行规则是指组织中的各部门在运用自身权力、履行职责过程中所必须遵循的规章制度，诸如办事程序和办事规则、检查和报告制度、管理部门和人员绩效考核制度、管理人员培训制度与奖励制度等。规定组织运行规则就是对这些规章制度的设计与确定工作。

8. 编制组织结构图与职位说明书

经过以上步骤，组织结构设计的初步方案即可形成。此时，即可根据清晰、完整和美观的要求编制出组织结构图与职位说明书。

9. 反馈和修正

由于对影响组织结构设计的因素分析不可能完全正确，组织结构设计的初始方案很难

十分合理，即使原来合理的方案随着影响组织结构设计的因素改变也会成为不合理的方案，所以，为了保证组织结构设计方案的合理性，必须将组织运行过程中的信息定期或不定期地加以反馈，根据出现的新情况、新问题对原有组织结构设计方案适时地进行修正，以使其不断完善。

（三）组织结构设计的内容

组织结构设计主要是管理劳动的分工设计，包括两方面的内容：①横向设计——部门化；②纵向设计——根据管理幅度的限制，确定管理层次，并规定各层次管理人员的职责和权限。

三、组织结构层级的纵向设计与横向设计

（一）纵向设计

根据管理幅度的限制，确定管理层次，并规定各层次管理人员的职责和权限。组织的层次化，是指组织在纵向结构设计中需要确定的管理层次数目和有效的管理幅度。根据组织集权化的程度，规定纵向各层次之间的权责关系，最终形成一个能够对内外环境要求做出动态反应的有效组织结构形式。

1. 管理层次与管理幅度的互动性

有效的管理幅度是决定组织中管理层次数目的最基本因素。所谓管理幅度，也称管理跨度，是指组织中上级主管能够直接有效地指挥和领导下属的数量。由于组织任务存在递减性，从最高的直接主管到最低的基层工作人员之间就形成了一定的层次，这种层次称为管理层次。

管理层次受到组织规模和管理幅度的影响。它与组织规模呈正比，组织规模越大，组织的人员越多，组织工作也越复杂，则管理层次也就越多。在组织规模已确定的条件下，管理层次与管理幅度具有互动性，它与管理幅度呈反比，即管理幅度越大，组织层次就越少，反之则越多。

管理层次与管理幅度的互动关系决定了两种基本的组织结构形态：扁平型的组织结构形态和高耸型的组织结构形态。扁平型的组织结构形态就是管理层次少而管理跨度大的结构，而高耸型的组织结构形态的情况则相反，如图 5-7 所示。

一般来说，为了达到高效，应尽可能地减少管理层次。这也是近年来组织结构变革的趋势。

2. 管理幅度设计的影响因素

（1）工作内容和性质。包括主管所处的管理层次、下属工作的相似性、计划的完善程度、非管理性事务的多少。

（2）主管人员与其下属双方的素质与能力。

（3）工作条件，如助手的配备情况等。

（4）工作环境。组织环境是否稳定会在

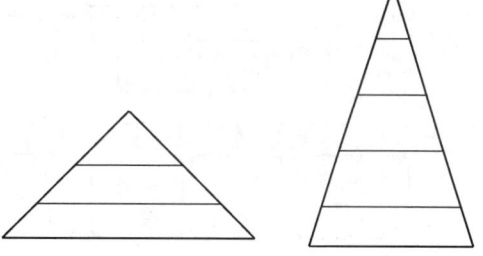

图 5-7 扁平型的组织结构形态与高耸型的组织结构形态

很大程度上影响组织活动内容和政策的调整频次与幅度。

（二）横向设计

横向设计部门化。部门，是指导组织中的各类主管人员按照专业化分工的要求，为完成某一类特定的任务而有权管辖的一个特定领域，它既是一个特定的工作领域，又是一个特定的权力领域。

组织的部门化，就是按照职能相似性、任务活动相似性或关系紧密性的原则，把组织中的专业技能人员分类集合在一个部门内，然后配以专职的管理人员来协调领导，统一指挥。组织部门化的基本形式有以下几种：

1. 职能部门化（一种传统而基本的组织形式）

按照生产、财务管理、营销、人事、研发等基本活动相似或技能相似的要求，分类设立专门的管理部门，如图 5-8 所示。

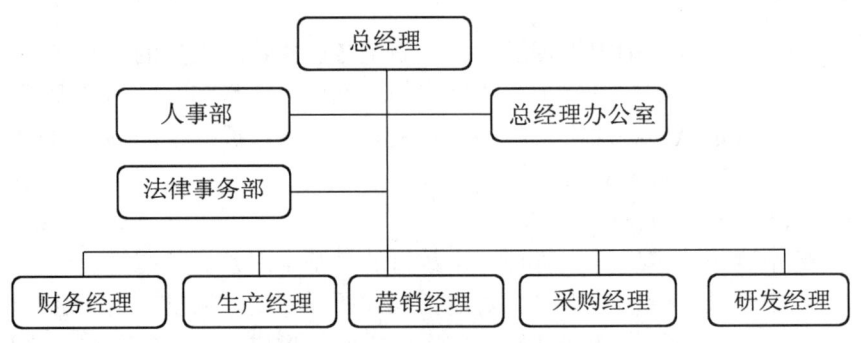

图 5-8 按职能划分的部门化组织

2. 产品或服务部门化

产品或服务部门化的组织，如图 5-9 所示。

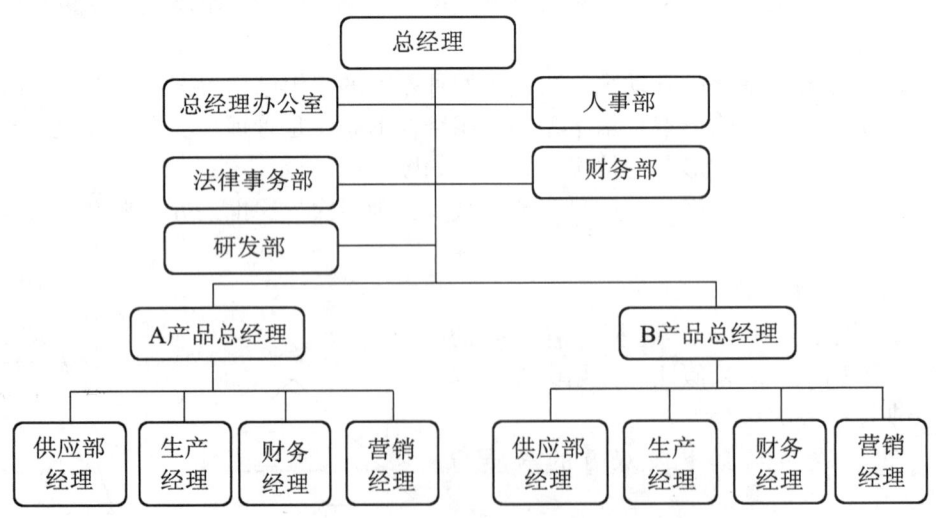

图 5-9 按产品或服务划分的部门化组织

随着企业的进一步成长与发展,企业面临着增加产品线和生产规模,以获取规模经济和范围经济的经营压力,管理组织的工作也将变得日益复杂。这时,就有必要按业务活动的结果为标准来重新划分企业的活动。按照产品或服务的要求对企业活动进行分组,即产品或服务部门化,这是一种典型的结果划分法。

3. 地域部门化

地域部门化就是按照地域的分散化程度划分企业的业务活动,继而设置管理部门管理其业务活动,如图 5 - 10 所示。

4. 顾客部门化

在激烈的市场竞争中,顾客的需求导向越来越明显,企业应当在满足市场顾客需求的同时,努力创造顾客的未来需求。顾客部门化顺应了需求发展的这种趋势。

顾客部门化就是根据目标顾客的不同利益需求来划分组织的业务活动,如图 5 - 11 所示。

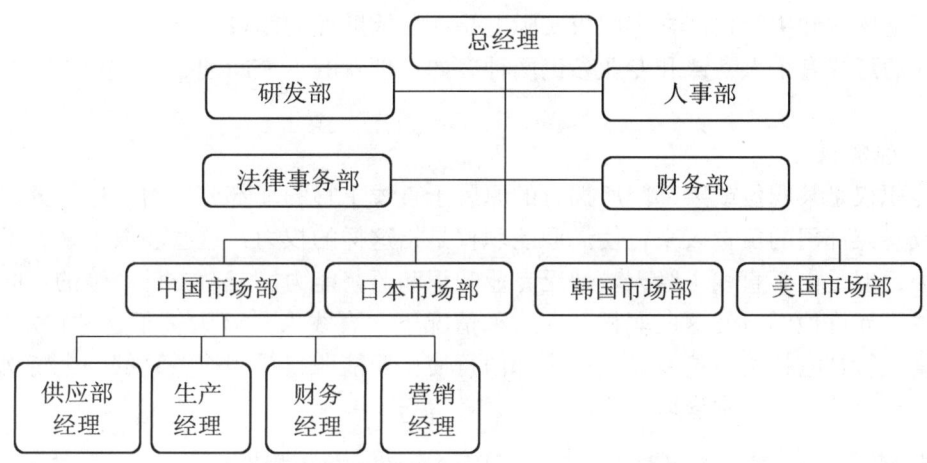

图 5 - 10 按地域划分的部门化组织

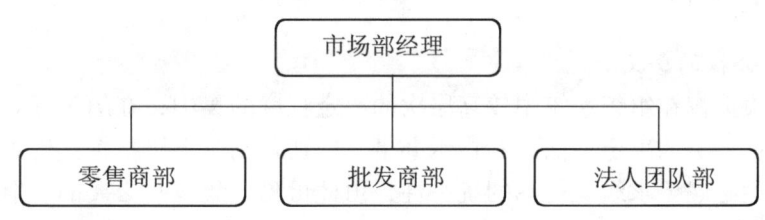

图 5 - 11 按顾客划分的部门化组织

5. 流程部门化

流程部门化就是按照工作或业务流程来组织业务活动。人员、材料、设备比较集中或业务流程比较连续紧密是流程部门化的实现基础。

四、组织结构职权设计

传统观念认为权力是授予的,某人有职权是因为有人给了他职权,如股东的权力来源于股东大会。现代的接受理论(巴纳德)认为权力来源于下属接受指挥的意愿。管理者可以对下属发号施令，并对不服从命令的人施以惩罚，但当下属不为之所动时，管理者也就无可奈何。只有当下属接受其指挥时，管理者的权力才能形成。实际上职权来自下属的观点，把职权与管理者影响其下属接受职权的能力即权威或威信也考虑进去了。

（一）职权的形式

1. 直线职权

直线职权指上级指挥下级的权力，上下级之间的命令与被命令关系。它与组织等级链相联系，在组织等级链上的管理者一般都拥有直线权力，其一方面接受上级指挥，另一方面又指挥下级。

2. 参谋职权

参谋职权是一种有限度的、不完整的职权。从性质上说，参谋职权是一种顾问性的或服务性的职权，拥有参谋职权的管理者可以向直线管理者提出建议或提供服务，但其本身并不包括指挥权和决策权。参谋职权实际上是一种辅助性的职权。

参谋的形式有个人参谋和专业参谋两种，如管理者的个人助理、"智囊团"或"顾问班子"。

3. 职能职权

职能职权是某职位或某部门所拥有的原属于直线主管的那部分权力，这部分职权大多由业务或参谋部门的负责人来行使。职能职权是指这样的权力：这些职权本来属于直线人员的权力，但是由于直线主管人员缺乏专业知识和监督能力，或对方针政策的不同解释等等，往往不允许他们行使这些职权，在这种情况下，直线人员就失去了这种特定的职权，而由最高主管把它授给一位专家或一个部门行使。职能职权是职权关系的一个特例，可以认为它介于直线职权与参谋职权之间。

【想一想】职能权力的出现是否违背组织命令统一性原则？

（二）集权与分权

1. 集权与分权的含义

集权是指决策权在组织系统中较高层次的一定程度的集中；在组织领导层，下级部门和机构只能依据上级的决定、法令和指示办事，一切行动听上级指挥。管理实践证明，组织目标的一致性必然要求组织行动的统一性，由此可见，集权是必要的。但是，权力的绝对集中是不妥当的，一定程度上的职权分散，是一切组织的基本特征。

分权是指决策权在组织系统中较低层次的一定程度的分散。组织领导层把其决策权分配给下级组织机构和部门的负责人，以使他能够行使这些权力，支配组织某些资源，自主解决某些问题，完成其工作职责。在组织内部要实行分工，就必须分权。但是，绝对的分权，把权力绝对分散，势必造成组织的解体，形成无组织的局面。

2. 影响集权与分权的因素

集权与分权不能简单地用"好"与"坏"来加以判断。在成功的企业中，既有许多被认为相对分权的企业，也有许多被认为是相对集权的企业。因此，并不存在一个普遍的标准，可以使管理者据以判断应当分权到什么程度，或者应当集权到什么程度。一个组织中职权分散或集中的程度，除了受到管理者个性的影响之外，还取决于许多其他的因素，这些因素主要包括：

（1）决策的重要性。决策对组织是否十分重要，是决定集权还是分权的主要因素。一般来说，越是重要的决策，就越有可能由较高层次的管理者掌握。重大决策的正确与否责任重大，上层主管一般是不会把特别重大的关键性决策的职权授予下层的。

（2）组织政策的一致性。如果高层主管希望保持组织方针政策的一致性，他们往往赞同较高程度的集权。因为这样做是达到政策一致性目的最简单的途径。

（3）组织的规模。组织规模越大，管理的层次和管理的部门也就越多，协调起来也就越困难。为了提高管理效率，就必须分散权力。反之，如果组织规模较小，集权程度就应高些。

（4）组织的成长方式。如果组织是通过内部的成长由小到大发展起来的，往往集权程度较高；如果是通过兼并或收购而发展起来的，则分权程度较高。

（5）组织的变动程度。如企业面临扩张，迅速成长，会产生许多问题，在这种情况下，高层主管往往倾向于授权给下级。而在不少非常成熟且稳定的组织中，则存在一种集权或再集权的趋势，如铁路企业、银行等。

（6）高级主管人员的个性。在现实中，上级主管对权力的态度与认识会对各自组织中的职权集中或分散造成重要影响。他们中有的视权如命，有的不习惯放权，而有的则看成是获取经济效益的手段。

（7）管理人员的数量与素质。缺乏训练有素的主管人才会限制分权的实施。如果管理人员数量充足，经验丰富，管理能力强，则可较多地分权；反之，则趋向集权。

（8）控制技术与手段。如果控制技术与手段比较完善，主管人员对下级的工作和绩效控制能力强，则可较多地分权。统计技术、会计控制方法、计算机技术等方面的发展有利于促进职权的分散。

（三）有效授权

有效授权是指上级把自己的职权授给下属，使下属拥有相当的自主权和行动权。上级给予下级的权力和责任，使下属在一定的监督之下，拥有相当的自主权而行动，授权者对被授权者有指挥、监督权，被授权者有对授权者汇报情况及完成任务之责。当权力的授予与接受是在上下级之间进行时，授权就变为分权。

【案例分析】

谁拥有权力

王华明近来感到十分沮丧。一年半前，他获得某名牌大学工商管理硕士学位后，在毕业生人才交流会上，凭着他满腹经纶和出众的口才，他力挫群芳，荣幸地成为某大公司的高级管理职员。由于其卓越的管理才华，一年后，他又被公司委以重任，出任该公司下属的一家面临困境的企业的厂长。当时，公司总经理及董事会希望王华明能重新整顿企业，使其扭亏为盈，并保证王华明拥有完成这些工作所需的权力。考虑到王华明年轻，且肩负重任，公司还为他配备了一名高级顾问严高工（原厂主管生产的副厂长），为其出谋划策。

然而，在担任厂长半年后，王华明开始对自己控制局势的能力感到怀疑。他向办公室高主任抱怨道："在我执行厂管理改革方案时，我要各部门制定明确的工作职责、目标和工作程序，而严高工却认为，管理固然重要，但眼下排在第一位的还是抓生产、开拓市场。更糟糕的是他原来手下的主管人员居然也持有类似的想法，结果这些经集体讨论的管理措施执行受阻。倒是那些生产方面的事情推行起来十分顺利。有时我感到在厂里发布的一些命令，就像石头扔进了水里，我只看见了波纹，随后，过不了多久，所有的事情又回到了发布命令以前的状态，什么都没改变。"

(资料来源：https://wenku.baidu.com/view/35a1b2679b6648d7c1c74670.html)

思考：

1. 王华明和严高工的权力各来源于何处？
2. 严高工在实际工作中行使的是什么权力？你认为，严高工作为顾问应该行使什么样的职权？
3. 这家下属企业在管理中存在什么问题？如果你是公司总经理助理，你会向总经理提出哪些建议？

第三节　人员配置

【导入案例】

汉高祖的用人观

汉高祖曾说过："夫运筹策帷帐之中，决胜于千里之外，吾不如子房。镇国家，抚百姓，给馈响，不绝粮道，吾不如萧何。连百万之军，战必胜，功必取，吾不如韩信。此三者，皆人杰也，吾能用之，此吾所以取天下也。项羽有一范增而不能用，此其所以为我擒也。"

【分析及任务】

汉高祖在这里给我们提示：作为一个管理者，人力资源管理管什么？

一、人员配置的含义

（一）人员配置的含义

人员配置是组织根据目标和任务需要正确选择、合理使用、科学考评和培训人员，以合适的人员去完成组织中规定的各项任务，从而保证整个组织目标和各项任务完成的职能活动。组织的任何活动都是人的行为结果，任何一个部门、任何一项任务、任何一项组织职能都必须有合适的人选。因此，科学地进行人员配置，努力实现整个组织中的各职位人与事的最佳结合，具有很重要的意义。

（二）人员配置的程序与方法

人员配置一般经过下述几个步骤。

(1) 制订用人计划，使用人计划的数量、层次和结构符合组织的目标任务和组织结构设置的要求。

(2) 确定人员的来源，即确定从外部招聘还是从内部重新调配。从根本上讲，人员的来源只能是从外部获得，但对特定的时间和特定的工作岗位而言，也可以从现有富余员工中进行调配，以便充分挖掘现有人员的潜力，降低成本，同时也易于保持组织的稳定性。

(3) 对应聘人员根据岗位标准要求进行考查，确定备选人员。

(4) 确定人选，必要时进行上岗前培训，以确保能符合组织需求。

(5) 将所定人选配置到合适的岗位上。

(6) 对员工的业绩进行考评，并据此决定员工的续聘、调动、升迁、降职或辞退。

二、人员配置的原则

为求得人与事的优化组合，人员配置过程中必须遵循一定的原则。

(1) 因事择人的原则。选人的目的在于使其担当一定的职务，要求其从事与该职务相应的工作。要使工作卓有成效地完成，首先要求工作者具备相应的知识和能力。

(2) 因地制宜的原则。不同的工作要求不同人去进行，而不同的人也具有不同的能力和素质，能够从事不同的工作。从人的角度来考虑，只有根据人的特点来安排工作，才能使人的潜能得到充分的发挥，使人的工作热情得到最大限度的激发。

(3) 人事动态平衡的原则。处在动态环境中的组织是在不断发展的，工作中人的能力和知识总在不断提高和丰富，同时，组织对其成员素质的认识也是不断深入的。因此，人与事的配合需要进行不断调整，以使每一个人都能得到最合理的使用，实现人与工作的动态平衡。

三、人员配置的内容

（一）人员招聘

组织的发展离不开员工。吸引广大求职者并且使其成为组织中一员的一个关键环节就是招聘。招聘是员工进入组织的第一个环节。在招聘工作进行之前，需要对所招聘的岗位进行职位分析。职位分析是一项基础而又十分重要的工作。在招聘工作进行之前，必须对所招聘的岗位进行科学而准确的职位分析。

【点对点案例】

TS 集团用人策略

TS 集团公司在刚刚起步时，曾在报纸中公开刊登向社会招聘高级技术管理人才的广告，在一周内就有 200 余名专业技术人员前来报名，自荐担任 TS 集团的经理、部门主管、总工程师等。公司专门从某学校聘请了人力资源管理方面的专家组成招聘团，总裁亲自参加招聘工作。

随后，招聘团对应聘者进行了笔试、面试等选拔测试，挑选出一批优秀的人才。这次向社会公开招聘人才的尝试，给 TS 集团带来了新的生机和活力，使其迅速发展成为当地知名的公司。随着知名度的迅速提高，该公司开始从组织内部寻找人才。公司决策层认为：寻找人才是非常困难的，但是组织内部机构健全，管理上了轨道，大家懂得做事，单位主管有了知人之明。有了伯乐，人才自然会被挖掘出来。基于这个思想，每当人员缺少的时候，该公司并不是立即对外招聘，而是先在本公司部门间互通有无进行人才调度，只要是本部门需要的人才，双方部门领导同意就可以向人力资源部提出调动申请。

（资料来源：http://www.ppkao.com/tiku/shiti/225722.html）

思考：1. 在起步阶段 TS 集团公司为什么采用外部招聘的方式？
2. 随着企业的知名度越来越高，TS 集团为什么优先从组织内部寻找人才？

1. 员工招聘的来源

员工招聘是指组织为了满足运行的需要，在企业内部或外部寻找、吸纳符合岗位要求的人到本组织中任职和工作的过程。一般而言，组织招聘员工的原因主要来自以下几个方面：①新组织的设立导致对人才的需求；②组织进行扩张导致岗位需求量增加；③组织在进行机构调整时，使一些人员分流；④员工个人提出的离职；⑤其他方面的原因。在进行员工招聘时，根据岗位需求的不同，将采用不同的招聘方式。

（1）内部招聘

内部招聘是在组织内部公布空缺职位，发布招聘启事，通过职位要求与员工技能之间的匹配，从中选拔员工的招聘方式。内部招聘主要有以下两种方式：内部公开招募、重新雇用离职员工。

（2）外部招聘

外部招聘是借助于一些招聘渠道和方法，在组织外部寻找与岗位相匹配人才的过程。外部招聘有时能够弥补内部招聘的不足之处，能够帮助组织在外部寻找适合其需要的人才。外部招聘的方式主要有人才市场招聘、校园招聘、员工推荐、媒体招聘、猎头公司等。

（3）内外结合的招聘方式

内部招聘和外部招聘各有优缺点。外部和内部相结合的方法是组织最常用的招聘方式。针对组织中不同层次的员工，可以采用不同的招聘策略。对组织内的中层员工，一般是采用内部招聘，这样既有利于员工队伍的稳定，又能够激发基层员工的积极性。对于组织中一些高层的、高级专业技术人才，可以通过外部招聘，既为组织注入新的血液，又能够引进别人先进的技术和宝贵的经验。内部招聘与外部招聘的优缺点如表 5-1 所示。

表 5-1 内部招聘与外部招聘的优缺点

	内部招聘	外部招聘
优点	了解全面，准确性高； 可鼓舞士气，激励员工； 可更快适应工作； 使组织培训投资得到回报； 选择费用低	来源广，余地大，利于招到一流人才； 带来新思想、新方法； 可平息或缓和内部竞争者之间的矛盾； 人才现成，节省培训投资

续上表

	内部招聘	外部招聘
缺点	来源局限、水平有限； "近亲繁殖"； 可能造成内部矛盾； 需要有效的培训和评估系统	进入角色慢； 了解少； 可能影响内部员工积极性； 增加搜寻成本； 增加招聘难度

2. 员工招聘的流程

（1）分析组织人力资源需求

招聘员工前，组织首先要在职位分析的基础上进行人员的需求分析。影响人力资源供给和需求的因素主要包括组织内部和组织外部的因素。

（2）发布招聘信息

当组织中出现空缺的岗位时，一般而言，首先从组织内部考虑是否有适合该岗位的职工。在内部员工无法满足岗位要求的情况下，组织需要通过外部招聘的方式在各种媒体上发布招聘信息，吸引求职者前来应聘。

（3）初试

招聘者根据收集到的应聘者信息，开始进行简历的筛选，通知符合组织需要的人员进行初试。很多组织在进行初试时主要采用笔试的形式，通过应聘者的笔试，了解其专业知识、技能等。初试合格者方可进入复试。

（4）复试

复试主要采用的是面试的形式。面试官在现场通过有针对性的提问，对应聘者的专业技能、工作经验进行考察。很多跨国公司一般进行2～3轮面试，通过面试层层筛选，选择最适合企业的员工。在面试中，有几种常用的方法。

①结构化面试

结构化面试又称标准化面试。它要求在面试前对试题构成、评分标准、考官组成和分数统计等各环节进行标准化的设计及执行。考官根据面试者的应答表现，对其相关能力素质做出相应的评价。该方法着重考察面试者的一般能力，包括逻辑思维能力和语言表达能力、领导能力和气质风度、情绪稳定性、自我认知等个性特征。

②无领导小组讨论

无领导小组讨论是一种集体面试的方法，它要求一组应试者在给定的背景下围绕指定的问题展开讨论。考官根据应试者在讨论中的表现，对其相关能力素质做出相应的评价。通过无领导小组讨论，在某种程度上用人单位既能够区分出应试者能力和素质方面的相对差异，又能够对应试者的发展潜力进行预测。

③其他面试方法

其他面试方法还有工作取样法、角色扮演法、演讲法、公文处理测验等。在具体的面试工作中，应该根据工作岗位的不同要求，综合多种面试方法。

（5）录用及评估

员工通过笔试和面试之后,还有一些单位需要通过体检,然后和员工签订劳动合同。最后,在整个招聘结束后,需要对本次招聘过程进行总结,并对新入职的员工进行跟踪评估。

3. 员工招聘的标准

(1) 一般员工的招聘标准

一般员工的招聘标准主要体现在以下几方面:品质及态度、过去的工作经验、团队合作精神及较强的专业知识等。

(2) 管理人员的招聘标准

对于管理人员而言,除了需要符合一般员工所应满足的招聘标准外,还需要具备一些能力及品质来满足管理岗位的特殊需要,比如:管理的意愿;较强的组织、沟通能力;良好的个人品质;对环境的适应能力等。

【点对点案例】

中外名企招聘标准

世界银行:基本条件是跳过三次槽。世界银行认为,对于经常需要考查、验资的银行人员来说,知己知彼非常重要,所以,应聘世界银行职位的基本条件是至少要有三种以上不同行业的工作经历。

微软:寻找"聪明"人。微软一直在寻找自己需要的聪明人,并且微软有自己的一套办法考查人的"聪明"程度。比如,微软的招聘人员会看你能不能在最短时间内通过加减乘除得出24。还有一些问题,比如考官会问你"美国有多少加油站"等。而这些问题当然不是考你的记忆力和常识,而是考查你分析问题的能力,如何找到一个切入点。

联想:选人标准是有上进心、悟性强。联想集团董事局主席柳传志选人有两条标准。第一是看有没有上进心。"年轻人能不能被培养,上进心强不强非常重要。企业真正要做好,总得有一批这样的人,真的是为国家、为民族富强,把职业变成事业的人。纯粹求职的人,在联想没有大的发展。"第二是看悟性强不强。"什么能妨碍悟性的发展呢?是自己对自己的评价过高。悟性无非是善于总结的意思,但过高地看自己,容易忽视别人的经验,不能领悟别人的精彩之处。很多人有一定的能力,达不到智慧的程度。有的人个性很强,强到外力砸不破的时候,这个人也没有培养前途。"

SAP:注重发展潜力,不在乎学历学位。德国SAP公司是全球第四大独立软件供应商,也是软件解决方案供应商。SAP看重一个人的素质潜力,因为在SAP看来,技术和知识都是可以通过实践来获得的,而人员的素质、品德,与学历的高低并没有必然的联系。SAP在招聘员工时并不在乎对方现有的学位和文凭,而更在乎他还能吸收多少新知识,只要有这个空间,进SAP之后,经过培训、学习以及具体企业文化的熏陶,成长就有可能。

UPS:第一要求是清廉。美国联合包裹速递服务公司(UPS),为全球速递行业的"四大巨头"之一。为保证员工具有较高的清廉素质,UPS着重采取三条措施。首先,在招聘过程中,通过"目测"和"心测"的方法来选人。其次,通过试用期选人。最后,采用一套行为科学的测试机制,给员工打分。

宝洁:第一位是诚实正直,热心社会活动者优先。具有传统的"侠义之风"的应聘

者是宝洁最期待的。这些素质可以概括为诚实正直、勇于承担风险、积极创新、发现问题和解决问题的能力。这几方面是密不可分、相互联系的。其中，诚实正直是放在第一位的。此外，宝洁公司常常会问到是否经常参加学校的活动或组织过哪些活动，热心社会活动的学生，宝洁公司会优先考虑聘用。

（资料来源：景泽京. 管理学. 清华大学出版社，2010.）

思考：用人标准在企业管理中起到怎样的作用？

（二）员工培训

组织在进行员工培训时，首先要调查组织内员工的培训需求，根据员工的需求制订培训计划，培训结束后，还需要对培训的效果进行评价和反馈。对于不同岗位、不同职务的员工，培训的内容和侧重点有所不同。很多组织都在内部设立专职的培训机构并创立培训体系，这样不但有助于员工个人的职业生涯的发展，还有助于培养、激励和留住员工，使员工的培训工作规范化和制度化。

【点对点案例】

三星公司培训体系

特点：

①清楚三星培训体系包含的内容和企业培训的现状；

②密切结合企业的发展战略和现况；

③维持层级和职能上的平衡；

④询问有关部门的建议和意见；

⑤制定培训制度，并监督执行；

⑥充分考虑员工自我发展的需求；

⑦根据实际情况，不断进行调整。

培训体系的构成：培训组织机构、培训课程体系、讲师队伍建设、培训支持软件系统、培训支持硬件系统。

三星公司培训课程的分类：核心人才培训课程、领导力培训课程、国际化课程、网络课程、专业知识课程。

培训课程设计：企业文化培训内容与方法、挑战与开拓的历史、经营理念和企业精神、核心价值和经营原则、拍摄生动的影像资料、开展知识问答竞赛等等。

入门教育：极限能力训练、社会公益活动、销售产品、社会体验活动、现场实习与课题发表、员工职业化素养训练等等。

思考：如何形成组织的管理体系？

1. 员工培训的目的

（1）减少人力资本的耗损，提升员工的岗位技能。培训是减少员工人力资本耗损的有效方式，也能够增加员工人力资本的价值，同时能够使员工个人的发展与岗位的需要相匹配。

（2）增强组织的核心竞争力。人力资源的开发和培训对组织的发展具有重要意义。通过对员工的专业技能及认知等方面的培训，能够提高企业的生产效率，强化企业的竞争优势，弥补企业发展中所存在的不足之处。

（3）强化企业文化。企业通过开展形式多样的培训能够增加员工的凝聚力，增强员工对组织的认同感、归属感。组织通过组织文化的培训，使员工个人的价值观与组织文化相适应，这样能促进组织健康发展，并且成为组织区别于其他组织的重要标志。

2. 员工培训的内容

（1）知识培训

①规章制度培训。组织对员工的制度培训体现在两个层面。首先是组织本身的制度，具体的制度包括行政管理制度、财务管理制度、薪酬管理制度、绩效考核制度、考勤制度等。第二是组织外部和员工密切相关的制度，如针对劳动法、新劳动合同法和社会保险制度所进行的培训。

②岗位知识培训。对于具体的工作岗位而言，新员工入职后的培训对于他们掌握本岗位、本工种所需的知识，以及提高生产效率、培养劳动安全意识具有重要的作用。

（2）技能培训

技能培训可分为通用技能培训和专业技能培训两种。通用技能对于提高组织整体的能力具有重要的作用。另外，每一个岗位由于其特殊性，需要具备专业技能的员工才能胜任。但是，对于大多数的员工而言，一些通用技能是每一个岗位的员工都应该掌握的。专业技能培训是针对特殊岗位所进行的培训。对于技术部门或生产部门的岗位而言，新入职员工必须进行技术理论、实际技能的培训，并且合格后才能够上岗。

（3）人际技能培训

对于不同层次的管理人员而言，虽然随着职位的升高，对于概念性技能的要求越来越高，但是，人际技能的作用并没有因此而降低。人际技能是协调组织中员工关系、传递信息、领导员工的必备能力。对于组织中一般员工而言，人际技能的培训同样重要，员工通过培训可以加强自身与顾客沟通交流的能力，加强与组织内员工和谐相处的能力。

（4）团队精神和意志力培训

组织内不同层次的员工，培训的重点不同。针对高层的员工，主要培训其概念性的能力；对于中层员工，培训的重点在于其执行力的提升；对于基层员工，培训的重点在于其团队精神及基层事务的执行力。另外，培训课程需要根据岗位和业务的需要来进行，还有些培训则是为了磨砺员工的团队意识及拼搏精神。

3. 员工培训的方法

（1）讲授法

讲授法主要指针对组织的需要，对组织内的员工通过外部聘用和内部选派的方法，指派专人对员工进行培训的一种方式。针对不同的行业、组织和部门，培训的内容有很大的差别。它既可以是一些关于组织基本常识的培训，也可以是一些组织内的业务培训。

（2）案例法

在案例法培训过程中，培训师向受训人提出某个贴近组织实际的案例或场景，尽可能使受训者能够陈述自己的看法，培训师很少给出"对"与"错"、"是"与"非"的答案，从而引导受训者进行独立思考，培养其分析问题和解决问题的能力。培训师的主要作用在于引导受训者，激发其灵感，拓展其思维能力，从而提高其思维水平。案例培训法的目的并不是要教给受训人一个"正确"的解决方法，而是培养受训人的思维能力及处理实际问题的能力。

（3）在职培训

在职培训是指员工在不脱离工作岗位的情况下，利用业余时间进行学习的培训方式。知识经济的发展使得知识对于提高劳动生产率的作用大大加强，同时，科学技术进步速度的加快导致员工人力资源成本急剧贬值，仅仅依靠从学校中学到的东西远不足以应对快速变化的环境对于劳动者更高的要求，同时在职培训也是增加员工人力资本价值的重要方式。

（4）游戏培训法

角色扮演培训法是设计一个接近现实的场景或情境，通过参与者之间面对面的直接交流，使受训者扮演特定角色，通过对角色的处境、困难、思路等进行表演而切身体验，使受训者从中感悟、体会角色，从而共同分析解决问题的办法。

游戏培训法是在角色扮演法的基础上，综合案例研究和角色扮演，综合多学科知识，使员工通过参与培训能够获得新知识，提高专业技能及应变能力，运用有关理论及实践经验，最终达到改善组织绩效的目的。

（5）视听培训

电脑技术及多媒体技术的应用使培训的方式更加多元化。电脑、幻灯片、投影仪、音像制品等为组织培训提供了大量的影音资料。网络培训模式成为补充传统培训方式的重要手段，它能够为组织和员工提供大量可供选择的音频和视频培训资料。

（6）工作轮换

对于新入职的员工而言，工作轮换能够使其在培训过程中找到适合自己能力和兴趣的岗位，有利于其找到适合自己发展的职业方向。对于管理人员而言，一方面，有利于其今后协调各部门的工作，加强部门之间的合作；另一方面，管理人员通过工作轮换可以在晋升到更高的职位前了解各部门的运作情况。从组织挑选人才的角度来看，工作轮换能够帮助各部门的领导从多方面综合评价员工，成为其职业发展的依据。

【案例分析】

培养人才　海尔之本

海尔之所以能在世界经济大舞台上迅速崛起，关键在于海尔的人才。海尔集团不但人才济济、精英荟萃，而且每人都能居于最能发挥个人才干的位置上，发挥其所能，为海尔的振兴和发展贡献出自己的力量。

海尔自创建之初就开始实行严格的人才选拔制度，选择职工的标准是"具有智能、诚实和健康的人"。在把符合条件的人招为企业职工之后，公司不惜花费大笔资金，把他们培养成为对企业发展有用的人才，并将他们安置在合适的岗位上，放手使用他们。

海尔集团不但重视人才的选拔、培训和使用，还十分重视人才的自我提高。为此，海尔总是积极地创造条件，使员工能够自我发展，不断提高。

从海尔集团人才政策可以看出，海尔既能有效地吸收和培训人才，又能合理地使用和提高人才，从而真正实现了人才济济，各尽其能。

（资料来源：中国人力资源网 http://www.hr.com.cn/p/1423414705.）

思考：

1. 企业在人员配置中应遵循哪些原则？

2. 企业培训的目的包括哪几个方面？

第四节　组织文化

【导入案例】

任正非缔造"狼性华为"

任正非，于1988年创办深圳华为技术有限公司，现任华为技术有限公司总裁。任正非军人出身，其身上带有的浓厚军事色彩并且强调斗争性的个人色彩也深深地影响着华为，他曾经对"土狼"时代的华为精神做过经典概括。他说："发展中的企业犹如一只狼。狼有三大特性，一是敏锐的嗅觉，二是不屈不挠、奋不顾身的进攻精神，三是群体奋斗的意识。企业要扩张，必须要具备狼的这三个特性。"据称1997年一个会议上，任正非特别称道"狼"和"狈"的攻击组合。一位曾为华为员工的人士说，任正非是一个喜欢讲故事的人，一般讲完故事后都要采取措施。这次"狼狈为奸"的故事直接促成了华为"狼狈组织计划"的出炉。虽然那项计划之后已消散，但任正非嘴中的"狼性"却被作为华为精神延续下来。

(资料来源：中国企业家网 http：//www.iceo.cn/guanli/110/2011/0726/225190.shtml)

【分析及任务】

1. 深圳华为技术有限公司的"狼性文化"给企业带来怎样的骄人业绩？
2. 狼性文化是如何塑造出来的？

一、组织文化概述

（一）组织文化的概念

组织文化是组织在长期实践活动中形成的，并且为组织成员普遍认可和遵循的目标、理想、价值观和行为规范的总和。任何一个社会上存在的由人组成的具有特定目标和结构的集合体，都有自己的组织文化。政府部门有机关文化，学校有校园文化，社团有社团文化，每一个企业都具有其特定的企业文化。

（二）组织文化的特征

1. 组织文化的意识性

大多数情况下，组织文化是一种抽象的意识范畴，它作为组织内部的一种资源，应属于组织的无形资产。它是组织内一种群体的意识现象，是一种意念性的行为取向和精神观念，但这种文化的意识性特征并不否认它总是可以被概括性地表述出来。

2. 组织文化的系统性

组织文化由共享价值观、团队精神、行为规范等一系列内容构成一个系统，各要素之间相互依存、相互联系。因此，组织文化具有系统性。同时，组织文化总是以一定的社会环境为基础,是社会文化影响渗透的结果,并随社会文化的进步和发展而不断地调整。

3. 组织文化的人本性

人是企业文化的主体,也是企业生产和服务的主体;人是可以创造的生产要素;是活的资源,可以升值的资源;人是企业生存发展的第一资源。一个企业成败的关键,在于它能否激励员工的力量和才智。因此"以人为本"是企业文化最重要的特征。

4. 组织文化的自觉性

组织文化是管理者、企业家、员工在总结经验教训的基础上提出组织文化理念,并应用于实践,从而培养、升华出高水平的组织文化。它是员工在高度自觉的努力下形成的,也是组织文化具有管理功能的前提条件。

5. 组织文化的可塑性

组织文化并不是与生俱来的,而是通过组织生存和发展逐渐总结、培育和积累而形成的。组织文化可以通过人为的后天努力加以培育和塑造,而已形成的组织文化也并非一成不变,是会随组织内外环境的变化而加以调整的。

6. 组织文化的长期性

长期性指组织文化的塑造和重塑的过程需要相当长的时间,而且过程极其复杂。组织的共享价值观、共同精神取向和群体意识的形成不可能在短期内完成,在这一创造过程中,涉及调节组织与其外界环境相适应的问题,也需要在组织内部的各个成员之间达成共识。

(三)组织文化的影响因素

影响组织文化形成的因素主要有以下几个方面:

(1)民族文化因素。民族文化是影响组织文化的重要因素之一。不同的民族有不同的文化,进而会影响组织文化。民族文化对企业的经营思想、经营方针、经营战略及策略等也会产生深刻的影响。

(2)外来文化因素。改革开放以来,中国从西方发达国家引进了大量的技术和设备,在引进、消化、吸收这些技术的同时,也引进了国外的文化和管理思想,它们都会对我国企业文化产生不同程度的影响。国外的先进管理思想的引进,增强了我国企业的创新精神、竞争意识、效率效益观念、质量观念、民主观念、环保意识等的培育,成为我国企业文化中的新鲜血液。

(3)地域文化因素。同一国家的不同地区之间,地域性差异是客观存在的。正是由于不同的地域有着不同的地理、历史、政治、经济和人文环境,因而在一定程度上会产生企业间文化的差异。

(4)行业文化因素。由于各个行业在生产特点、管理模式和服务要求上存在很大的差异,所以企业文化也必然存在差异。

(5)企业传统因素。企业文化的形成过程也就是企业传统的传承过程,企业文化的发展过程也就是企业传统去粗取精、扬善抑恶的过程。因此企业传统是企业文化的重要因素。

(6)企业发展阶段因素。企业处于不同的发展阶段,决定了它将面临不同的发展状况和焦点问题,进而影响企业文化的特点。

（7）个人文化因素。指的是企业领导者和员工的思想素质、文化素质和技术素质对企业文化的影响。从领导者角度来看，组织的最高目标和宗旨、价值观、组织作风和传统习惯、行为规范和规章制度在某种意义上可以说是组织领导者价值观的反映。从员工角度来看，员工的思想素质、文化素质和技术素质直接影响和制约着该组织文化的层次和水平。

二、组织文化的要素和功能

（一）组织文化的要素——结构和内容

组织文化的结构可以分为三个层次，即精神文化层、制度文化层、物质文化层，具体如图 5-12 所示。

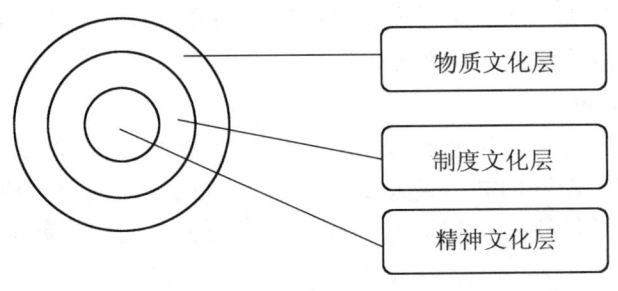

图 5-12 组织文化的三层次结构

1. 精神文化层

这是组织文化的核心和灵魂，是形成组织文化的制度层、行为层和物质层的基础和原因，它包括以下五个方面：

（1）组织目标。它是组织全体成员共同追寻的最高目标，是全体成员共同价值观的集中体现，是组织文化的出发点和归宿，能把组织成员紧紧凝聚在一起。

（2）组织经营哲学。它是组织对从事生产经营和管理活动的战略和策略的概括。企业在激烈的市场竞争中需要有一个科学的方法论来指导自己的行为，以更好地获取效益，这就是企业经营哲学。

（3）组织精神。它是组织成员在组织发展过程中形成的对组织生活和活动过程的稳固看法，是组织中多数乃至全体成员自觉遵循的基本信念。组织精神是组织文化的灵魂，它能使组织成员以高涨的热情投入到组织的发展中。

（4）组织风气。它是组织及其成员在长期组织活动中形成的一种带有普遍性的精神风貌。组织风气是组织文化的外在表现，人们总是通过组织成员的言行举止感受到组织风气，进而感受到组织的文化。

（5）组织道德。它是指调整本组织与其他组织之间、组织内部成员之间、组织与社会之间关系的行为准则。组织道德影响着组织在社会上的形象，一个缺乏组织道德的组织是不可能在社会上长期生存下去的。

【点对点案例】

苏宁员工职业准则

苏宁员工职业道德：

维护企业利益，严禁包庇纵容；交往来礼物，严禁索贿索酬；做人诚实守信，严禁欺瞒推诿；做事勤俭节约，严禁铺张浪费。

苏宁营销人员行为准则：

待人热情礼貌，切忌诋毁同行；谈吐有理有节，切忌独断专行；交往互敬互惠，切忌损人利己。

苏宁管理人员行为准则：

管理就是服务，切忌权力本位；制度重在执行，切忌流于形式；奖惩依据结果，切忌主观印象。

苏宁服务人员行为准则：

微笑发自内心，切忌虚情假意；服务细致入微，切忌敷衍了事；技能精益求精，切忌得过且过。

（资料来源：http://www.21cfm.com/html/2007/0619/11172.html）

思考：职业准则在企业管理中是怎样发挥作用的？

2. 制度文化层

制度文化层是组织文化的中间层级，是指对人的行为产生规范性、约束性的各种规定，主要包括各种工作制度、规定等。它是精神文化的表现形式，是物质文化实现的保证。

3. 物质文化层

这是组织文化的表层部分，包括了企业的品牌标志、产品或服务、生产环境、企业容貌、企业建筑、企业广告等。其中，企业生产的产品和提供的服务是企业生产经营的成果，是物质文化的首要内容。

从以上分析可知，组织文化的各层次是相辅相成的，其中精神文化层是组织文化的核心，是形成制度文化层和物质文化层的思想基础。制度文化层则规范和保证精神文化层和物质文化层的建设。物质文化层是组织文化的外在表现，使企业文化得以更好地推广和传承，并为精神文化和制度文化的建设提供物质支持。

（二）组织文化的功能

1. 导向功能

导向功能是指组织文化能对组织每个成员起到引导作用，使之符合组织所确定的目标。这种导向与传统管理中单纯强调硬性的纪律或制度不同，它强调通过企业文化的塑造来引导企业成员的行为，使人们在一种文化的潜移默化中接受共同的价值观念。企业文化的导向功能主要体现在两个方面：首先是经营哲学和价值观念的指导，其次是企业目标的指引。

2. 约束功能

约束功能是指组织文化对组织成员的思想、心理和行为具有约束和规范的作用。组织文化的约束功能主要是通过管理制度和道德规范来实现，具体表现在：

（1）企业制度作为文化的重要组成部分，是企业精神文化的表现形式，也是实现物质文化的重要保证，企业的领导者和企业员工必须遵守和执行企业制度，从而形成约束力。

（2）企业文化建设过程中形成的企业精神、价值观念、企业道德、团队意识等，则是从伦理关系的角度来约束企业领导者和员工的行为，对成员具有强烈的感染力，并会逐渐形成无形的自我约束力。

3. 凝聚功能

凝聚功能是指组织文化能把组织成员团结起来，从而产生一种很强的凝聚力量。共同的价值观念形成了共同的目标和理想，当员工把企业看成是一个命运共同体、把本职工作看成是实现共同目标的重要组成部分的时候，整个企业就能够团结在组织目标的旗帜下。

4. 激励功能

激励功能是指组织文化对组织成员产生有效而持久的激励作用，激发组织成员的积极性，它属于精神激励的范畴。共同的企业价值观能够使企业每个员工都感到自己存在的价值，而自我价值的实现是人的最高精神需求的一种满足，这种满足必将形成强大的激励，使每个员工从内心深处愿意为企业发展付出努力。积极向上的企业文化还是一把职工自我激励的标尺，他们通过这把标尺对照自己的行为，找出差距，可以产生改进工作的驱动力。一旦员工对企业文化产生了强烈的共鸣，那么企业文化的激励功能就具有了持久性、整体性和全员性的特点和优势。

【点对点案例】

美国兰德公司、麦肯锡公司、国际管理咨询公司的专家通过对全球优秀企业的研究，得出的结论认为：世界500强公司胜出其他公司的根本原因，就在于这些公司善于给他们的企业文化注入活力，这些一流公司的企业文化同普通公司的企业文化有着显著的不同，他们最注重四点：

一是团队协作精神；

二是以客户为中心；

三是平等对待员工；

四是激励与创新。

凭着这四大支柱所形成的企业文化力，使这些一流公司保持百年不衰。

（资料来源：https：//wenku.baidu.com/view/dceafd773b3567ec102d8ace.html.）

想一想：为什么优秀公司重视企业文化？

三、组织文化的培育

组织文化的培育是一个系统工程，要遵循科学、循序渐进原则。一般来说，组织文化的培育可以分为以下几个步骤。

（1）成立组织文化培育机构。可与专业咨询机构合作组建，组织领导者要成为组织文化培育的领导者和推行者。

（2）组织文化培育的诊断。审视组织内外部状况，调查分析企业现状、行业态势、竞争状况、企业最终目标等，得出企业存在的必要性、企业发展要求，明确组织文化培育的目标和培育思路。

（3）组织文化的提炼与设计。从精神文化层、制度文化层、物质文化层三个层次搭建组织文化体系并完善组织文化的内涵。要科学、艺术地归纳总结企业远景、企业使命、企业精神、企业理念、企业战略、企业口号等；依据已提炼出的精神文化层和企业实际需求，设计企业行为规范，包括员工行为规范、服务规范、生产规范、危机处理规范等；进行企业形象识别系统规划，一般要请专业设计机构进行，以确保设计符合艺术性、国际化、高识别性、行业要求等。

（4）组织文化的强化与宣传。采取培训教育等方式对全体员工进行组织文化培训，通过企业形象识别系统能更好地促进组织文化的传播。

企业文化的强化与宣传方式一般有：

①晨会、夕会、总结会。就是在每天的上班前和下班前用若干时间宣讲公司的价值观念。总结会是月度、季度、年度部门和全公司的例会，这些会议应该固定下来，成为公司的制度及公司企业文化的一部分。

②张贴宣传企业文化的标语。把企业文化的核心观念写成标语，张贴于企业显要位置。

③树先进典型。给员工树立一种形象化的行为标准和观念标志，通过典型员工可形象具体地明白"何为工作积极""何为工作主动""何为敬业精神""何为成本观念""何为效率高"，从而提升员工的行为素质。

④网站培育。在公司网站上进行及时的方针、思想、文化宣传。

⑤权威宣讲。引入外部的权威进行宣讲是一种培育企业文化的好方法。

⑥企业故事。把有关企业的故事在企业内部流传，会起到企业文化培育的作用。

⑦企业创业、发展史陈列室。陈列与企业发展相关的物品。

⑧文体活动。文体活动指唱歌、跳舞、体育比赛、晚会等，在这些活动中可以把企业文化的价值观贯穿进行。

⑨创办企业报刊。企业报刊是企业文化培育的重要组成部分，也是企业文化的重要载体。企业报刊更是向企业内部及外部所有与企业相关的公众和顾客宣传企业的窗口。

⑩领导人的榜样作用。在企业文化形成的过程当中，领导人的榜样作用有很大的影响。

【案例分析】

麦当劳的"Q、S、C、V"精神

麦当劳能成为世界上最成功的快餐连锁店，原因就在于有一套独特的经营理念，正是凭着这套经营理念，使麦当劳走向一个又一个辉煌。简单地说，麦当劳的经营理念可以用四个字母来代表，即Q、S、C、V。具体说，Q代表质量（Quality），S代表服务（Service），C代表清洁（Cleanliness），V代表价值（Value）。这一理念是由麦当劳的创始人雷·克洛克在创业之初提出来的。几十年来，麦当劳始终致力于贯彻这一理念，说服一个又一个消费者来品尝它的汉堡。

Q（质量）：为保证食品的独特风味和新鲜感，麦当劳制定了一系列近乎苛刻的指标。所有原材料在进店之前都要接受多项质量检查，其中牛肉饼需要接受的检查指标达到40

多个;奶浆的接货温度不超过 4℃;奶酪的库房保质期为 40 天,上架时间为 2 小时,水发洋葱为 4 小时,超过这些指标就要废弃;产品和时间牌一起放到保温柜中,炸薯条超过 7 分钟、汉堡超过 10 分钟就要扔掉。

S(服务):麦当劳提倡快捷、友善和周到的服务。麦当劳餐厅的侍应生谦恭有礼,餐厅的设备先进便捷,顾客等候的时间很短,外卖还备有各类消毒的食品包装,干净方便。餐厅布置典雅,适当摆放一些名画奇花,播放轻松的乐曲,顾客在用餐之余还能得到优美的视听享受。有些餐厅为方便儿童,专门配备了小孩桌椅,设立了"麦当劳叔叔儿童天地",甚至考虑到了为小孩换尿布问题。麦当劳餐厅备有职员名片,后面印有 Q、S、C 三项评分表,每项分为好、一般和差三类,顾客可以给其打分,餐厅定期对职员的表现给予评判。

C(清洁):走进麦当劳餐厅,你会感觉到那里的环境清新幽雅、干净整洁。麦当劳制定了严格的卫生标准,如员工上岗前必须用特制的杀菌洗手液搓洗 20 秒,然后冲净、烘干。麦当劳不仅重视餐厅和厨房的卫生,还注意餐厅周围和附属设施的整洁,连厕所都规定了卫生标准。麦当劳老板认为,如果一个顾客在用餐之后,走进的是一个肮脏不堪的洗手间,很难想象他下次还会再光顾这家餐厅。

V(价值):所谓价值,就是说要价格合理、物有所值。麦当劳的食品讲求味道、颜色、营养,价格与所提供的服务一致,让顾客吃了之后感到真正是物有所值。同时,麦当劳还尽力为顾客提供一个宜人的环境,让顾客进餐之余得到精神文化的享受,这是无形的价值。

(资料来源:http://baike.baidu.com/view/2258331.htm.)

思考:

结合案例与个人经历分析,麦当劳的"Q、S、C、V"精神能给员工和公司分别带来哪些影响?

第五节 组织变革

【导入案例】

海尔集团的三次组织变革

海尔集团创立于 1984 年,随着企业成长和规模的不断扩大,集团经历了三次大的组织变革。

1984 年,海尔前身的原有组织结构形式是直线职能制。海尔的前身是濒临倒闭的青岛电冰箱总厂,只有 800 人,规模小,生产单一型号的冰箱产品,引进德国力渤海尔电冰箱生产线,年营业额 348 万元,资不抵债。此时,我国正处在改革开放初期,冰箱短缺,市场容量很大,竞争对手少,企业规模小,产品单一,采取直线职能制组织结构形式能够充分发挥统一指挥的优势。张瑞敏重质量(砸毁 76 台不合格冰箱),抓效率,规范内部管理,从无序到有序,为海尔的名牌战略奠定了坚实的基础。

职能制组织一度在海尔的成长期起到很大的作用,集体所有制的企业制度要求企业在规模成长阶段，保持行政色彩，集中管理，统一指挥。但是，企业做大后这种结构就完全不适应了。企业由上到下都是行政隶属关系，一级传递一级，集团是投资决策中心，本部是经营决策中心，事业部是利润中心，分厂是成本中心，班组是质量中心。结果，所有的人只面对上级，都没有面对市场，没有责任对整个过程负责，各司其职，根本无法对大规模企业灵活管理。

1992年，海尔发动了第一次组织结构大变革：海尔集团的"联合舰队"组织管理模式（现代企业集团）。品牌加规模是企业在市场竞争中立于不败之地的重要法宝。从1992年开始，全面实施多元化战略，利用品牌和管理优势，采取"吃休克鱼"的方式，通过兼并、收购、合资、合作等手段进行扩张。为了加强控制，集团总部成立项目开发中心、资金调度中心和质量认证中心。这一变革使海尔迅速成长。

1994年，海尔进行了第二次组织结构大变革：事业部制。当下属企业的数量急剧增加时，集团公司的管理成本呈边际递增趋势，规模不经济，且风险过度集中于集团公司，整体优势不能充分发挥，为此，海尔进行了事业部制改造，实行集中决策，分散经营，成立了冰箱事业发展部、冷柜事业发展部、洗衣机事业发展部、空调事业发展部、金融事业发展部及生物工程事业发展部，形成以集团为投资中心、事业部为利润中心、事业分部为成本中心的组织管理模式。1998年销售收入达168亿元。

1999年，海尔进行了第三次组织结构大变革：流程型网络组织结构。在开放经济条件下，企业面临"国际市场国内化，国内竞争国际化"的局面，为了与国际接轨，1999年海尔全面实施国际化战略，在美国建厂。为配合国际化战略的实施，采取了流程型网络组织结构。实行流程型网络组织是对组织结构进行一次较为彻底的变革，即在流程化的基础上，通过SST（市场链）合同实现流程间的咬合。扁平化、信息化的网络结构，大大提高了市场的响应速度，降低了管理费用，克服了"大企业病"给企业带来的消极影响。

结构的创新必然带来企业系统功能的创新，海尔的实践证明，流程型网络组织结构获得了三个效果，即顾客零距离、资金零占用、质量零缺陷，使海尔的经营进入更高的层次，达到前所未有的好效果。

（资料来源：https://wenku.baidu.com/view/789db8ed31b765ce04081425.html.）

思考：
1. 请分析海尔集团组织变革的原因。
2. 请画出三次组织变革的组织结构图。
3. 请结合三种组织结构图的特点分析海尔集团的三次组织变革的成功与失败之处。
4. 请思考海尔组织结构调整的依据。

一、组织变革概述

（一）组织变革的含义

组织变革是指运用行为科学和相关管理方法，对组织的权力结构、组织规模、沟通渠道、角色设定、组织与其他组织之间的关系以及对组织成员的观念、态度和行为，成员之间的合作精神等进行有目的的、系统的调整和革新，以适应组织所处的内外环境、技术特征和组织任务等方面的变化，提高组织效能。

（二）组织变革的意义

（1）通过组织变革，不断提高组织适应环境的能力。能适应环境是组织生存的前提。

（2）通过组织变革，进一步提高组织的工作效率。

（3）通过组织变革，实现有方向的领导。

（4）通过组织变革，不断提升核心竞争力。通过组织变革可以推陈出新，扬长避短，使组织能够紧跟时代步伐，与社会的脉搏合拍。

（5）通过组织变革，使组织永葆生机与活力。

（三）组织变革的目标

组织变革的目的是促进组织的发展，因此，组织变革的目标应与组织发展的目标协调一致。组织变革应努力实现以下目标：

1. 提高组织适应环境的能力

适应环境是组织生存的前提。当组织的内外部环境发生了变化，组织也要随之而变。但这种变化既不是盲目地跟随，又不是急功近利地变革，而是在对环境变化进行充分和正确认识之后，审时度势，认真思考后进行的。组织变革要通过建立健全组织运行机制，改造组织结构和流程来增加组织对环境的适应性。

2. 提高组织的工作绩效

组织变革的第一个目标是通过组织变革提高适应能力。组织的最终目标则是在提高适应能力的基础上，促进组织的自我创新，提高组织运作效率和效益，使组织不断发展壮大。

3. 承担更多的社会责任

在现代社会中，单个组织的生存和发展从根本上来说取决于它同社会的关系。任何组织都不能只追求自身利益，而不顾社会责任。因此，每个组织所承担的社会责任，它所树立的社会形象，都成为组织运作的必要前提。组织的社会责任要求组织要不断地进行调整与变革，这也是组织变革的最高目标。

二、组织变革过程的管理

（一）组织变革的动力与阻力

1. 组织变革的动力

从组织变革的实践看，促使组织变革的动力主要来自组织内部和组织外部两个方面。

（1）组织内部动力

影响组织变革的内部因素主要有：

①管理技术条件的改变；

②管理人员的调整与管理水平的提高；

③组织运行政策与目标的改变；

④组织规模的扩张与业务的迅速发展；

⑤组织内部运行机制的优化；

⑥组织成员对工作的期望与个人价值观念的变化。

以上这些因素都会影响到组织目标、组织结构及组织权力系统等的调整和修整，从而引起组织的变革，这种变革往往是全面而深刻的。例如我国大型家电企业海尔集团，在其初创期，产品单一，只生产冰箱，当时它采用的是集权型的直线职能制的组织结构模式。随着企业的不断发展，它的产品已经扩展到十几种，规模也得到了成倍提高，原来的直线职能制组织结构远远不能适应组织的发展，为此海尔及时地进行了组织变革，建立了分权型的事业部组织结构，这是组织结构上的一种质的改变。

（2）组织外部动力

组织是从属于社会大环境系统的一个子系统，它必须适应外部环境。适者生存是市场竞争的自然法则。当外部环境发生了变化，组织也要进行相应的改变。只有以变应变，组织才能生存下去，才能获得新的发展机遇。

引发组织变革的外部因素主要有：
①科学技术的进步；
②国家有关法律、法规的颁布与修订；
③国家宏观经济调控手段的改变；
④国家产业政策的调整与产业结构的优化；
⑤国内外经济形势的变化；
⑥国内政治形势及政治制度的变化；
⑦国际外交形势及本国外交政策的变化；
⑧国内外市场需求的变化与市场竞争程度的加剧。

2. 组织变革的阻力

组织变革意味着打破原有状态，建立新的组织状态。面对变革，组织中的一些人必须放弃自己原有的观念和行为方式，以适应新的方式。因此，组织变革势必遇到来自各个方面的阻力。充分认识这些阻力，并设法排除阻力是保证组织变革取得成功的基本条件。

组织变革的阻力一般来自以下几个方面：

（1）组织的惯性

随着组织年龄的增长，组织往往有保持其稳定性的倾向，这将促使其反对变革，使组织产生一种惯性。这种变革阻力严重制约着组织变革。

（2）组织的保守倾向

国外学者对组织寿命周期研究表明，所有组织，除非它处于快速增长或内部动荡的时期，否则其年龄越长或越成熟，它就变得越保守。

（3）既得利益者的反对

组织变革会威胁到一些成员为取得现状所作的投资。这些人对现有体制所作的投资越多，他们反对变革的阻力就越大。因为，他们担心失去现有的地位、收入、权力等。

（4）变革风险

组织变革将使已知的东西变得模糊不清并具有不确定性，导致变革风险。组织中的人都有理性避险的倾向，从而与组织变革发生抵触。

（5）对组织变革缺乏有效的保护

组织变革本身是一种社会发明，尤其是那些解决组织管理中的一般性问题的组织变革更是如此。但是，组织变革从来没有像技术创新那样得到严格的保护，是一种没有专利权的社会发明。一项组织创新成果可以被其他组织无偿使用，这使组织失去了创新的动力。

（二）减少组织变革阻力的方法

美国管理学家威尔顿（Goodwin Walton）认为，一个组织如果能采取下列12种方法，则可以减少变革的阻力。

（1）让有关人员参与变革的计划，使其认为此变革的方案是他们自己提出来的；

（2）设法使变革方案得到高层管理者的全力支持；

（3）使参与变革者认为此变革将减少而不是增加他们的负担；

（4）使变革计划所依据的价值观念和理性准则为参与变革者所熟悉和理解；

（5）使变革计划所提供的新经验为变革的参与者感兴趣；

（6）变革计划能使参与变革者感觉到他们的自主权与安全没有受到威胁；

（7）让参与变革者能参与共同的组织诊断，使他们同意变革的基本问题并感受其重要性；

（8）让参与变革者一对一地决定变革的计划；

（9）使变革的赞成者与反对者增进交流，了解反对的正当理由，并设法减轻不必要的恐惧；

（10）认识到创新可能被误解，同时做好变革计划的信息反馈与宣传解释工作；

（11）使参与变革者之间彼此相互接受、相互信任和相互支持；

（12）公开地讨论变革计划，且经验显示，此种变革有望成功进行。

美国著名管理学家斯蒂芬·P.罗宾斯总结了各位学者的观点，概括出六种应对变革阻力的管理策略。

由表5-2我们可以看出，减少变革阻力的方法是让有关人员共同参与变革的计划与执行。有关专家的实践表明，让成员全面参与或部分参与远比不让成员参与好。变革自始至终要有群众基础，因此，要减少变革的阻力，就应该与有关的人员公开讨论变革的内容与执行方式，以减少他们内心的恐惧与不安，以利于变革的顺利推进与实施。

表5-2 用以减少变革阻力的六种管理策略

教育与沟通
·与员工们沟通，帮助他们了解变革的缘由
·通过个别会谈、备忘录、小组讨论或报告会等教育员工
·这种策略适合在变革阻力来源于不良沟通或误解时使用，要求劳资双方相互信任和相互信赖
参与
·吸收持反对意见者参与决策
·假定参与者能以其专长为决策做出有益的贡献
·参与能降低阻力、取得支持，同时提高变革决策的质量
促进与支持
·提供一系列支持性措施，如员工心理咨询和治疗、新技能培训以及短期的付薪休假等，这种策略需要时间，花费也较大

续上表

谈判
·以某种有价值的东西来换取阻力的减少 ·在阻力来自少数有影响力的人物时是必要的措施 ·潜在的高成本,并可能面临其他变革反对者的勒索
操纵与合作
·操纵是将努力转换到施加影响上,如有意扭曲某些事实,隐瞒具有破坏性的消息,制造不真实的谣言 ·合作是介于操纵和参与之间的一种形式 ·使用成本降低,也便于争取反对派的支持 ·要是欺骗或利用的意图被察觉,易适得其反
强制
·直接使用威胁或强制手段 ·取得支持的花费低,也较易 ·可能是不合法的,即便合法的强制也容易被看成是一种暴力

(三) 组织变革的内容

组织变革的内容包括组织结构变革、技术变革和人事变革三类。

1. 结构变革

结构变革是对组织的构成要素、整体布局和运作方式所作的较大调整。结构所涉及的内容主要有:权力分配、结构调整、工作设计、绩效评估、报酬制度和控制系统设计等。

对这些变革内容进行具体分析,能帮助我们更好地理解结构变革的内涵。

(1) 权力重新分配。结构变革首先要考虑的问题就是组织的集权与分权问题。组织所处的环境不同、组织发展的阶段不同、组织正规化程度,这些都会影响到组织的集权和分权的程度。因此,组织的管理者要根据形势的变化对组织权力进行重新分配。

(2) 结构再设计。它包括对结构要素的调整(如合并或增设部门、增减管理层次等)和整个结构的重新设计(如从直线制结构到直线职能制结构)以及组织整体的结构扩张(如通过兼并、收买、控股等方式扩张)或缩减(如通过卖出或取消分支机构等形式收缩)。

(3) 工作再设计。管理者可以通过重新设计职位体系、工作程序、修订职务说明书、丰富职务内容、实行弹性工作日制等方式来变革组织结构。

(4) 绩效评估和奖励制度的改变。组织发展的不同阶段,对员工的要求会有很大差别,同时,员工的需要也会发生较大的变化,因此,管理者必须及时改变对员工的评价和奖励制度,以适应变化的要求。

(5) 控制系统的改变。组织的控制系统包括对财务、人力资源、生产过程、产品质量、投资计划等方面的控制。组织控制系统要随技术、市场、内部资源情况做出相应的调整。

2. 技术变革

一个组织的技术水平标志着该组织将投入转化为产出的能力。组织的技术变革是指管理人员通过改变从原料的投入到转变成为产品的整个过程所使用的技术，促使人们的工作内容、工作顺序、工艺程序的改变，以达到影响人的行为、提高工作绩效的目的。改变技术意味着运用各种新技术去提高工作效率，具体形式有设备更新和工艺流程的变革。不同类型的技术对组织结构和下级员工的工作行为会产生不同的影响，这些影响包括：①影响工作分工与工作内容；②影响下级的社会关系；③影响工作环境；④影响管理者所需要的技能；⑤影响工作的类型；⑥影响员工工资；⑦影响工作时间。

因此，在考虑技术变革问题时，不仅要考虑新技术可能带来的效益，而且还要考虑新技术可能对组织结构和下级员工的行为带来的影响。

3. 人事变革

人事变革是管理者着重于改变人员的态度、价值观和需要的种类与层次，通过转变人员的工作态度促使人们修正自己的行为，从而达到改进工作绩效的目的。

人事变革是围绕人力资源进行的变革，具体包括组织变动和组织发展两部分内容，组织变动涉及人员流动、人员选择和人员培训，组织发展涉及人员的态度、观念、行为和关系的改变。一般来说，人事变革更加强调组织发展。人事变革的目的是努力创造一种良好的组织气氛，促进组织成员之间相互关系的改变，使组织中个人和群体更加有效地工作。

（四）组织变革的程序

关于组织变革程序，不同专家学者有不同的看法，一般认为组织需经过以下八个步骤：

（1）确定变革的问题。组织必须结合自身的实际情况来确定是否需要变革以及所要变革的内容。当一个组织出现以下几种情况时，表明需要进行变革：①组织决策效率低或经常做出错误的决策；②组织内部沟通渠道阻塞，信息传递不畅或失真；③组织机能失效，如生产任务不能按时完成，产品质量下降，成本过高等；④组织缺乏创新，没有活力。这些现象表明，组织的现状已不尽人意，如不进行及时变革，组织的发展将受到严重的影响。因此，组织有必要对出现的问题进行认真分析，找出引发问题的主要原因，以确定变革的方向。

（2）组织诊断。为了准确地掌握组织需要变革的方面，要对组织进行诊断。组织诊断首先要采取行之有效的方式将组织现状调查清楚，然后对所掌握的材料进行科学分析，找出期望与现状的差距，以便进一步确定需要解决的问题和所要达到的目标。

（3）提出方案。一般来说变革方案要有几个，以便进行选择。在各备选方案中必须明确问题的性质和特点，解决问题需要的条件，变革的途径，方案实施后可能造成的后果等内容。

（4）选择方案。这项工作就是在提出的方案中，通过对比分析选出一个较优的方案。对于选出的方案，既要考虑到它的针对性、可行性，也要考虑到方案实施后能带来的综合效益。

（5）制订计划。在选定方案的基础上，必须制订出一个较为具体、全面实施的计划，包括时间安排、人员的培训、人员的调动、物力和财力的筹备等内容。

（6）实施计划。在实施变革计划时，既要注意选择发起变革的适当时机，又要恰当地选择变革的范围，以便取得较好的效果。

（7）评价效果。评价效果就是检查计划实施后是否达到了变革的目的，是否解决了组织中存在的问题，是否提高了组织的效能。

（8）反馈。反馈是组织变革过程中关键的一环，也是一项经常性的工作。反馈的信息所揭示的问题较为严重时，需要根据上述步骤再循环一次，直到取得满意的结果为止。

三、组织变革的发展趋势

1. 高速度化

随着信息化和网络经济的发展，规模经济时代正在向"速度经济"时代转变，正如美国思科公司总裁钱伯斯所言："新经济规则不是大鱼吃小鱼，而是快的吃慢的"。因此，未来的竞争在很大程度上依赖于速度，未来的社会是"快者生存"的时代。

2. 组织扁平化

由于计算机互联网在组织中的应用，组织的信息收集、整理、传递和控制手段的现代化，"金字塔"式的传统层级结构正在向层次少、扁平式的组织结构演进。在当今组织结构的变革中，减少中间层次，加快信息传递速度，直接控制是一个基本趋势。

3. 组织运行柔性化

柔性是指组织结构的可调整性，对环境变化、战略调整的适应能力。在知识经济时代，外部环境变化以大大高于工业经济时代的变化速度在发生着变化，因此，组织的战略调整和组织结构调整必须及时，应运而生的柔性组织结构使得组织结构运作带有柔性的特征。

4. 组织协作团队化

这里的团队是指在组织内部形成的具有自觉的团结协作精神、能够独立完成任务的集体。团队组织与传统的部门不一样，它是自觉形成的，是为完成共同的任务，建立在自觉的信息共享、横向协调基础上的。在团队中，没有拥有制度化权力的管理者，只有组织者；团队中的成员不是专业化的，而是多面手，分工的界限不像传统的分工那么明确，相互协作是最重要的特征。

5. 组织管理人本化

知识经济时代，组织中最重要的资源是人，特别是具有特殊才能的人才。组织的高效率和高效益，依赖于组织成员的积极性和创造性。因此，组织要尊重每个成员的合理需要，建立科学有效的激励制度和各项规章制度，为员工创造充分发展的机会和环境，使员工得到全面、自由的发展。

6. 学习型组织

知识经济时代的组织必须不断地学习，阿里·德·格斯（Arie de Geus）在领导皇家荷兰壳牌公司策划时曾说过："比你的竞争对手更快学习的能力可能是唯一的持久性竞争优势"。可见，组织要保持领先的唯一办法就是比对手更快、更好地学习。

【本章小结】

1. 组织是管理的基本职能之一，管理的组织职能旨在建立一个经过精心设计的组织结构并对组织成员在工作中的具体任务目标、责任与权限进行明确的划分，以利于人们更好地进行分工与协作，并对组织所拥有的人、财、物资源进行合理调配与使用，确保计划目标的顺利完成。

2. 组织结构设计是组织与其目标、环境相匹配的必然结果。在进行组织结构设计时，需要遵从战略导向、系统优化、有效管理幅度和合理管理层次、稳定性与适应性相结合等原则，并要充分考虑战略、环境、技术等因素的影响。组织在设计结构式可以考虑直线制、职能制、直线职能制、事业部制、矩阵型、网络制等组织结构，不同的组织结构有不同的优缺点并有其适用的范围。

3. 人员配置是根据组织结构规定的职位数量与要求，对所需各类人员进行有效的招聘和培训，以合适的人员去充实组织中的各个职位，保证组织活动正常进行，实现组织的既定目标的活动。

4. 组织除了运用组织结构、规章制度来约束成员的行为，保证组织的有效运行之外，还存在着另一种软约束，即组织文化。组织文化是现代管理实践的产物，它是一种为组织成员所普遍接受的价值观念和行为模式，它对组织内的各种活动产生广泛而持续的影响。

5. 组织经过设计、整合并实施后，并不是一成不变的，它必须随着组织生存的外部环境和内部条件的变化不断进行调整和变革才能实现组织的长远发展，确保组织生命的长盛不衰。

【复习思考题】

1. 什么是组织？组织的功能有哪些？
2. 组织结构有哪些基本类型？试说明直线职能制结构、矩阵型结构各自呈现的特点。
3. 在组织设计中，应该怎样协调好管理幅度与管理层次的关系？
4. 人员配置的原则有哪些？简述人员配置的过程。
5. 员工招聘的来源有哪些？试比较它们的优缺点。
6. 管理人员培训的目的与作用有哪些？
7. 分析讨论你所在院校的组织文化：
（1）分析你所在院校的物质文化层、制度文化层与精神文化层内容；
（2）讨论分析你所在院校的组织文化特色，是否存在可改善的方面。
8. 试联系实际谈谈组织文化的含义。
9. 就一般而论，一个系统的结构决定其功能。试结合组织文化的特征结构谈谈其功能的发挥。
10. 组织为什么要变革？试结合实际谈谈组织变革的种种方式。
11. 组织变革展现为哪些新趋势？就现实来看，你认为哪种趋势更贴近实际？
12. 针对你所了解的一个需要变革的组织，假设你是该组织的管理者，谈谈你的变革思路。

【案例分析】

ABB 公司的组织结构

ABB 公司是一家国际化的大型设备制造商，产品涉及从运输机械、自动化工程设备到发电、输电、配电的多个领域，年销售额达到290亿美元，其经营规模比著名的西屋公司（Westinghouse）还大。ABB 公司是瑞典工程集团 ASEA 与其瑞士的竞争者布朗-博韦里公司（Brown Boveri）于1988年合并后成立的，后来又增加了70多家公司，形成现在

的 ABB 巨人，在高速火车、机器人和环境控制方面，这家公司都是世界的领先者。作为国际化的大公司，ABB 公司的管理当局面临着一个新的挑战：对一家遍布世界各地、拥有 21 万名员工的公司，如何加以组织？这家公司需要经常性地将经营业务从一个国家转换到另一国家，而它又试图使其各项经营都能共享技术和产品。ABB 公司的董事长珀西·巴内韦克认为他已经找到了答案。他在公司内大幅度地精简了公司总部的职员，同时大力推行一种两条指挥链的结构，使所有的员工同时接受所在国经理和所属业务经理的双重领导。ABB 公司大约有 100 个不同国家的经理，在其董事会的领导下，经营着原来的国内公司，这些经理大部分是其所工作国度的公民。另外，公司配备了 65 名全球经理人员，将他们组织到 8 个集团中：运输集团、过程自动化与工程集团、环境装置集团、金融服务集团、电子设备集团，以及三个电力事业集团，即发电、输电和配电集团。巴内韦克认为，这种结构有利于高级经理利用其他国家的技术。比如，格哈特·舒尔迈耶，一个领导 ABB 美国业务和自动化集团事业的德国人，使用 ABB 瑞士公司开发的技术服务于美国公司的汽轮机制造，或者使用 ABB 欧洲地区的技术将美国密歇根州的核反应堆转换为沼气发电厂。

（资料来源：http://www.docin.com/p-277499910.html.）

思考：
1. 请画图说明 ABB 公司采用的是哪种类型的组织结构。
2. 这种结构的突出特点与有效运行的必要条件是什么？
3. 请根据案例材料分析 ABB 公司采用这种结构形式的原因与作用。
4. 这种组织结构的优点与可能存在的问题是什么？

【技能训练】

组建模拟公司

【实训目标】
1. 培养创新能力与策划能力。
2. 掌握实际组建组织的方法。

【实训内容与方法】
1. 运用本章所学知识与技能，实际处理身边的管理问题。
2. 深入社会组织或利用网络，搜集有关组建公司的资料与案例。
3. 学习有关企业组织结构、人员配置、组织文化等知识。

【实训要领】
1. 根据在"无领导小组讨论"中涌现出的领导者，推荐或投票产生公司总经理。
2. 共同商定公司名称、办公地点（寝室或教室）、联系电话。
3. 由总经理进行人员分工，指定职位。主要职位：总经理、人事经理、财务经理、生产经理、技术经理、营销经理、行政经理等。
4. 绘制公司组织结构图。
5. 以模拟公司为单位，组织招聘活动。全班（模拟公司）分为两大组，分别扮演招聘方和应聘方，并进行轮换。
6. 各小组要制订招聘计划或方案，包括招聘目的、招聘岗位、任用条件、招聘程序，以及聘用的决定办法。同时制订岗前培训方案。

7. 每个人要写出应聘提纲，或应聘讲演稿，特别要体现出应聘竞争的优势。

8. 各小组分别为组建的模拟公司设计企业文化建设方案。

9. 同学们先在课下进行精心准备，然后在课上完成成果展示。

【成果与检测】

1. 每个人都要绘制组织结构图，计入渐进化过程考核。

2. 依据各小组成果分享与合作情况，评估小组分值，计入日常考核。

【推荐读物】

[1] 马克思·韦伯. 社会组织和经济组织理论 [M]. 桂林：广西师范大学出版社, 2012.

[2] 托马斯·彼得斯. 追求卓越 [M]. 北京：中信出版社, 2009.

[3] 迈克尔·哈默，詹姆斯·钱匹. 改革公司——企业改革的宣言书 [M]. 上海：上海译文出版社, 1998.

[4] 查尔斯·汉迪. 非理性的时代——掌握未来的组织 [M]. 北京：华夏出版社, 2000.

[5] 赫塞尔本. 未来的组织 [M]. 北京：中国人民大学出版社, 2006.

[6] 海能. 企业文化——理论和实践的展望 [M]. 北京：知识出版社, 1990.

[7] 史蒂文·L. 戈德曼，罗杰·N. 内格尔，肯尼思·普瑞斯. 灵捷竞争者与虚拟组织 [M]. 沈阳：辽宁教育出版社, 1998.

【本章重点内容网络图】

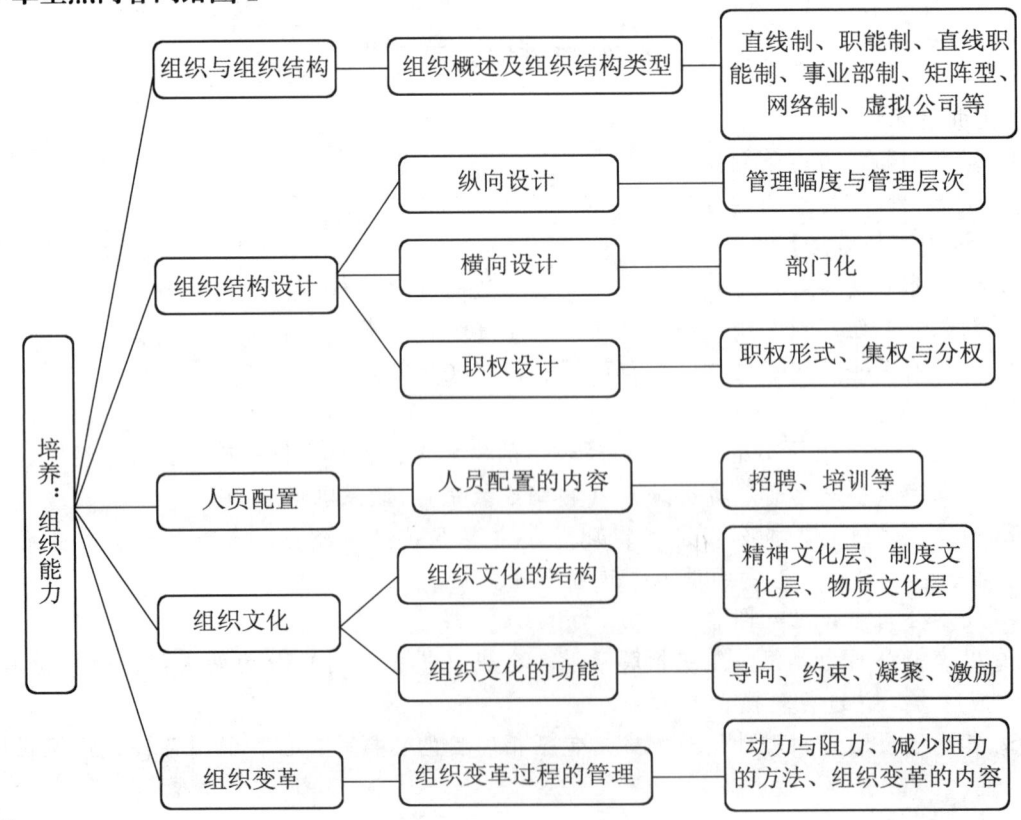

第六章 领 导

【知识目标】
1. 理解领导的内涵与作用，掌握领导的权力类型；
2. 结合实际理解领导特质理论、领导行为理论和权变领导理论；
3. 理解影响激励效果的因素；
4. 理解各种激励理论及其在实践中的运用；
5. 理解沟通的含义和类型，掌握沟通中的障碍及克服办法；
6. 理解组织中的冲突，掌握组织中协调冲突及冲突管理的办法。

【素质目标】
1. 培养学生管理沟通的能力，能有效进行分析问题和解决问题；
2. 培养学生爱岗敬业、富有责任心、勇于创新、敢于领导、科学管理的职业精神；
3. 培养学生热心公共事务和具有良好服务意识、责任心的领导素质；
4. 培养学生具有一定亲和力，能调动组织成员积极性的基本素质；
5. 培养学生具有较强凝聚力，并能构建和谐团队的领导素质。

【技能目标】
1. 能根据任务情境，结合领导相关理论对某一具体领导方式加以分析；
2. 能根据背景资料，运用激励基本原理，分析企业的激励机制，识别实践中激励的具体形式或方法；
3. 能结合任务情境，分析实际沟通过程中存在的问题，实施有效沟通。

第一节 领导概述

一、领导的内涵及其与管理的区别与联系

领导是一种无所不在的行为，企业家领导员工开拓业务，占领市场；政治人物领导人民建设家园，改善生活；军队指挥官领导士兵保家卫国，维护和平；设计师领导流行前沿；等等。

(一) 领导的内涵

什么是领导呢？美国当代杰出的组织理论、领导理论大师沃伦·本尼斯说："领导行为和爱情差不多，人人都知道它的存在，但却难以说清楚。"

不同的政治学家、领袖对领导都有自己独到的见解。

意大利政治学家马基雅维里是较早研究领导理论的人，他指出："领导是权力的行使者，是那些能够利用技巧和手段达到自己目标的人"。

美国政治学家伯恩斯更进一步地将"追随者"纳入领导的要素，认为："领导人劝导追随者为某些目标而奋斗，而这些目标体现了领袖及其追随者共同的价值观和动机、愿望和需求、抱负和理想。"

毛泽东同志指出："领导依照每一具体地区的历史条件和环境条件，统筹全局，正确地决定每一时期的工作重心和工作秩序，并把这种决定坚持地贯彻下去，务必得到一定的结果，这是一种领导艺术。"

美国前总统尼克松对"领导"是这样描述的："伟大的领导能力是一种独特的艺术形式，既要求有非凡的魄力，又要求有非凡的想象力。经营管理是一篇散文，领导能力是一篇诗歌。"

那么，学术界对领导是如何界定的呢？

美国著名学者哈罗德·孔茨认为，"领导是促使下属充满信心、满怀热情地完成他们任务的艺术"。

美国俄亥俄州立大学教授斯多基尔认为，"领导是对组织内团体和个人施加影响的活动过程"。

泰瑞认为，"领导是影响人们自动地为组织目标努力的一种行为"。

戴维斯提出，"领导是一种说服他人热心于一定目标的能力"。

阿诺德·费尔德曼提出，"领导是一个影响过程，包括影响他人的一切活动"。

我国著名学者周三多教授提出，"领导就是指挥、带领、引导和鼓励部下为实现目标而努力的过程"。

抛去一切因素，单独去追寻领导这个词的本义，可发现"领"是"带领"的意思，"导"是"引导"的意思，因此从本义上讲，领导就是指"带领和引导"，这和英文当中的"Leadership"的词根"lead"（本义是引导、领路、走在队伍的前头）的含义是一致的。可见，"领导"的本义就是带领大家朝着既定方向前进的行为，而领导的目的在于为

实现组织的目标而努力。而这正是《中国企业管理百科全书》对领导的定义："领导是率领和引导任何组织在一定条件下实现一定目标的行为过程。"

综合众多学者的意见，本书给出的领导的定义是：领导是引导和影响他人或组织，在一定条件下，致力于实现预定目标的行动过程。

这个定义可以通过以下几点来理解：

（1）领导是一个动态过程。领导的有效性是领导者素质（能力、行为）、被领导者和环境三者的函数。而这三者都是动态发展变化的。

（2）领导的本质是影响力。靠着影响力，领导者在组织或群体中实施领导行为，把组织或群体中的人吸引到他的周围来；并获取组织或群体成员的信任，使组织或群体中的成员心甘情愿地追随领导者。

（3）领导是一门艺术。领导不仅是一门科学，也是一门艺术。有的人在企业做领导干得很好，但是到了高校做领导就不能胜任了。这是为什么呢？因为领导的对象和领导环境发生了改变，原来的那套领导方法失效了。越是高层次的领导行为，其面对的因素的复杂性和不确定性也就越高，领导行为中艺术的成分也越高。

（4）领导的目的是实现组织或群体的目标。没有目标无须管理，目标不清管理混乱，目标错误一错百错。所以领导的职责是为一定的社会组织或群体确立目标、制定战略、进行决策、编制规划和组织实施等，并率领、引导、组织、指挥、控制其下属人员为实现预定目标而共同奋斗。

（5）领导具有社会性。领导是一项活动，它既可能表现为社会性，也可能表现在管理过程中，后者成为管理中的领导职能。领导是一种社会角色，是领导者的简称，特指领导行为的活动主体，即承担或实现领导过程的人。

（二）领导与管理

杰克·韦尔奇说："别沉溺于管理了，赶紧领导吧！"

沃伦·本尼斯说："绝大多数组织都被管理过度却领导不足。"

这些人都从不同角度，不约而同地强调了领导比管理更重要，这不禁让人产生了疑问，到底领导和管理有啥区别？为什么他们都那么强调"领导"的重要性呢？

领导和管理有着密切的关系，从表面上看，两者似乎没有什么区别，人们通常将它们混为一谈。但实际上，两者既有密切联系，又有很大差异。首先，领导与管理的共同之处在于：领导和管理都是组织活动，都是为组织的目标服务的，两者的职位权力都来源于组织的岗位设置。可以说，所有的管理者都应是领导者，但并不是所有的领导者都应居于管理岗位。而关于领导与管理的差异，美国哈佛商学院领导学教授约翰·科特认为领导和管理具有不同的功能：管理是用于应对复杂性的情况，而领导则是应对变革的情况，即管理主要针对处理复杂的问题，优秀的管理者通过制订正式计划、设计规范的组织结构以及监督计划实施的结果，从而达到有序化和稳定性。领导主要处理变化的问题，领导者通过开发未来愿景而确定前进的方向，然后，他们把这种愿景与他人进行交流，并激励其他人克服障碍实现这一愿景。

其次，领导可以是组织正式任命，也可以是自发产生，并不一定需要组织的正式任命；而管理者通常是由组织任命。

再者，领导权力来自组织赋予的职位权力和本身的影响力（人格魅力、专业权威等）；而管理者的权力通常是由组织中所处的职位所决定。两者主要的区别见表6-1。

表6-1 领导和管理的主要区别

项目	管理	领导
对象	人、财、物、信息等	人
目标	注重短期目标	注重长期目标
变动	小（规范化）	大（因人而异）
管制方法	规章制度、流程、规则等	愿景、文化、理念
进行方式	指示、督促、考核	期望、鼓励、承诺
权力	多运用职位权力	多运用个人魅力
任务	效率（正确地做事）	效果（做正确的事）
经常用语	效率、标准、系统	荣誉、自觉、激励

在职业经理人盛行的今天，组织在职业经理人的管理下运作到一定程度，却越来越失去了领导的那种原始纯朴的"带领""表率""启发"和"激励"等作用。在这样的背景下，自然使得越来越多的人呼吁追寻管理的原始"领导"意义，使实施职位权力控制的管理者转变角色、转换职能，回归到"满腔激情""众望所归"的领导者身上。

总之，在技术改变世界的今天，为了组织的生存与发展，既需要敢于打破常规、勇于创新，对未来有清晰的蓝图规划和能激励组织成员去实现愿景的领导者；同时也需要富有执行力、强调效率、能制订具体的计划、能形成有效的组织结构、监督日常操作的管理者。

二、领导的作用

为什么需要领导呢？英国的生物学家曾经做过一个实验，让很多蚂蚁搬运食物。在搬运过程中发现，有的蚂蚁非常认真地搬运食物，来来回回地搬运；有的蚂蚁跑来跑去，却不搬运食物。这些实验者就拿个小镊子把这些不搬食物的小蚂蚁组成另外一条食物链，让它们重新搬，这样就形成了两条食物链。结果出乎意料，原来搬运食物的这些小蚂蚁也不搬运食物了，而重新组成的这些小蚂蚁也不搬运食物。实验者没有办法，又把这些小蚂蚁重新归队，归队以后又恢复了原来的正常，搬食物的蚂蚁继续搬食物，跑来跑去的蚂蚁继续跑来跑去却不搬食物。

为什么呢？因为这些跑来跑去的蚂蚁在其中就是充当领导的角色。它们在其中协调蚂蚁的关系，统一指挥蚂蚁去搬运食物，让它们安全把食物搬运到指定的地点，不让它们搬错了地方。

从这个故事可知，领导的作用就是确定目标，制定措施，协调关系，从而实现组织或群体的目标。而从具体的领导活动来讲，领导应发挥指导、协调、激励三方面的作用，从而保证能够实现预定的目标。

（1）指导作用。指点迷津，指导下属使用正确的工作方法。在人们的集体活动中，

需要有头脑清晰、胸怀全局，能高瞻远瞩的领导者来帮助人们认清所处的环境，明确活动的目标和实现目标的途径。

（2）协调作用。协调各方关系，调解矛盾。由于每一位成员的能力、态度、认知、性格、地位等不同，人们难免会在思想上发生各种分歧、行动上出现偏离目标、对目标理解不一致的情况。这就需要领导者来协调人们之间的关系，把大家团结起来，朝着共同的目标前进。

（3）激励作用。排忧解难，鼓舞斗志。当一个人工作、学习、生活遇到困难、挫折，某种物质的或精神的需求得不到满足时，就必然会影响到其工作热情。这就需要有通情达理、关心群众的领导者来为他们排忧解难，以高超的领导艺术诱发下属的事业心、忠诚感和献身精神，调动和加强他们积极进取的动力。此外，个人目标和组织目标不可能完全一致，领导活动的目的在于将两者结合起来，所以也需要领导进行正确的激励，调动每一个成员的积极性，使其以高昂的士气为组织或群体做贡献。

【知识拓展】

鲶鱼效应

德国动物学家霍斯特发现了一个有趣的现象：鲶鱼因个体弱小而常常群居，并以强健者为自然首领。然而，如果将一条较为强健的鲶鱼脑后控制行为的部分割除后，此鱼便失去自制力，行动也发生紊乱，但是其他鲶鱼却仍像从前一样盲目追随！这就是我们在企业管理中经常提到的"鲶鱼效应"，也称之为"头鱼理论"，它生动地反映了团队中领导人的重要性。

三、领导力

德鲁克说，"发现一个领导者最有效的办法是，看其是否有心甘情愿的追随者"。"心甘情愿"是指无论其有权或无权、在位或不在位，都能赢得人们发自内心的追随或拥护。那么领导如何才能让人们心甘情愿追随他呢？这就靠领导者个人的领导力。

（一）领导力的概念

什么是领导力呢？哈罗德·孔茨认为："领导力是一种影响力，领导即是一种影响过程，是影响人们心甘情愿和满怀热情为实现组织目标而努力的艺术或过程。"美国领导学家蒂芬·柯维则认为："现代领导者的才能就是其影响力，真正的领导者是能够影响别人，使别人追随自己的人物。"结合这些人的观点，我们可以认为，领导力的实质就是影响力，即领导者拥有的能影响他人的能力或力量。

在心理学中，影响力是指一个人在与他人交往中所表现出来的影响和改变他人心理状态和行为的能力。借鉴心理学的定义，我们给领导力的定义是：领导力是指领导者个人所拥有的能够影响和改变他人心理状态和行为的能力。这种能力是影响力而非操纵力、控制力。任何人都可以使用领导力，只要你能对其发生影响，你就可能是领导。

（二）领导力的来源

根据法兰西（John French）和雷温（Bertram Raven）等人的研究，领导力的来源有两种：一是来源于职位赋予的权力；二是来自领导者个人的威信，包括专家权力、参照权力。

1. 职位权力

职位权力又称权力性的影响力，是一种强制性权力，包括法定权力、奖赏权力和强制权力。职位权力是伴随工作岗位而拥有的正常权力，与领导者个人素质等没有必然的联系。这种权力在时间和范围方面都具有一定的局限性。比如说，如果王强是销售部门的经理，他可以对销售部门的人行使职位权力，指挥销售部门的人去打印材料，但是他就不可以指挥财务部门的人去打印材料。此外，当王强卸任了之后，他也就没有权力去指挥销售部门的人去打印材料了。

（1）法定权力。法定权力是组织赋予领导者的岗位权力，包括决策权、组织权、指挥权、人事权、奖惩权。这种权力以服从为前提，具有强制性、潜在性、与职务相关性等特征。由于具有法定权力，当公司总裁、部门经理、学校校长、部队军官下达任务和命令时，职员、老师、士兵通常都会服从，去执行。这种权力与领导者素质无必然联系，随职务的授予而开始，以职务的免除而终止，所谓"人走茶凉"就属此情况，有些领导在职时，门庭若市；离职后，门可罗雀。

（2）奖赏权力。奖赏权力是一种可以带来积极效益或奖赏的权力，包括对下属确定工资、奖金、晋升、分红、调换更好工作、分派有趣的工作任务等权力。这也是与职位相应的权力，与领导者本人素质也无必然联系。奖赏权力是否有效，关键在于领导者是否了解下属的真正需求。人们的需求是多种多样的，且不同时间有不同的需求，所以必须采用适当的方式、有针对性地进行奖赏才能有效，不求雪中送炭，但求合乎心意。

（3）强制权力。强制权力又称惩罚权力，是指领导者拥有的惩罚或控制的能力。这种权力会使下属意识到如果我不按照上层领导的指示去执行命令，或做错了就会受到惩罚，比如批评、扣工资、停职、降级、降薪甚至解雇等，从而产生惧怕，不得不服从。这实际上就是利用人们对惩罚和失去既得利益的恐慌心理而影响和改变他人的态度和行为。这种权力的使用，虽然见效快，但也容易导致下属反感或抵制，甚至是报复，需要慎用。

2. 威信

领导者的威信也称为非职位权力，是一种自然影响力，是建立在他人认同基础之上，与个人在组织中的地位没有必然的联系。这种威信可能来自领导者的品德修养（尤其是信誉）、知识技能（或称专家权、专长权）、实际业绩（或成功经历或资历）和个性魅力（宽容、豁达、自信和谦虚等），主要表现为专家权力和参照权力两种。

（1）专家权力。专家权力指的是以其特有的专长、丰富的知识或掌握的信息对其他成员实现组织目标所产生的重要影响。一位资深的大学教授、著名学者可能没有任何行政职位，但在教师和学生中具有巨大的影响力；企业中的一位电脑专家、财务专家、策划专家等都可能拥有各自领域的某种专长权力，而在该领域内发挥巨大的影响力。

（2）参照权力。该权力是指领导者具备的令人羡慕的资源或人格特点。一个人拥有吸引别人的个性、品德、作风而得到别人的认可、赞赏、钦佩或羡慕而自愿追随和服从他，这时他就拥有了一定的参照权力。所以参照权力又称为统御权或感召权。参照权力的大小与职务的高低无关，只取决于个人的魅力。在组织中，往往也有很多没有任何职位的人，也具有很大的参照权力，从而成为非正式的群众领袖，他们对人们的影响力有可能远大于拥有正式职位的领导者。另外，参照权力也可能与个人所拥有的社会资源有关，比如某个人与某特殊人物有密切的关系，因为这个关系，可能有些人也会聚集到这个人身边，自愿听从于他。但是这样的影响力是不稳定的、不牢固的，一旦拥有的这种特殊关系不存在或者那个人物不再特殊，这种影响力就会消失掉。

总之，职位权力是伴随着工作岗位而拥有的正常权力，是由组织正式授予管理者的权力，与特定的个人没有必然联系，是管理者实施领导行为的基本条件。而个人的威信（非职位权力）是伴随着领导者个人的人格魅力、素质、能力、专长等形成的影响力。这种影响力是建立在他人认同的基础之上的，与其在组织中的职位没有必然联系。威信可以使他人自觉服从指挥，心甘情愿追随。组织中的各领导者只有正确地理解领导力的来源，精心地营造和使用这些权力，才能成为真正有效的领导者。

（三）领导力的提升

从上面的分析可以看到，领导力 = 职位权力 + 威信。所以，要提升一个领导者的领导力，必须从以下两方面入手。

1. 职位权力的合理使用

（1）不滥用权力。美国管理顾问肯尼斯·布朗夏尔说："卓越的领导能力关键在于影响他人的能力，而不是职位所赋予的权力。"要知道，职权并不总是有效的。管理者的权力之所以被员工接受，是因为大家理解这种权力是实现组织共同目标所必需的。所以，权力是有限的，而影响力是无穷的。领导不是统治，也不是压制，更不是飞扬跋扈，而是一种凝聚人心的积极力量。滥用权力是领导者黔驴技穷的表现。领导者要做好表率、带好头，管好权，合理利用手中的权力，才能把手中的权力用到最大化。要知道，权力有效与否，还要看员工接受权力支配的情况。

（2）对职位赋予的三种权力，要了解这些权力的性质、作用、作用基础和适用范围（见表6-2），从而合理使用，发挥其应有的功效。

表6-2 职位权力的性质、作用

权力构成	性质	作用	作用基础	适用范围
支配权	命令	必须服从	工作需要	工作职责范围内
强制权	惩罚	迫使	下属惧怕	要下属履行职责
奖赏权	奖励	诱使	交换原则	额外工作

（3）提高职权的影响力。为了更大地发挥职权的影响力，管理者在试用职权的过程中，必须遵循以下四个原则。一是多赞扬。赞扬给人以愉快的情绪体验，可满足人们尊重、自我实现需求，从而激发人形成奋发向上的工作热情。对自己的员工，不要吝啬赞扬和肯定。二是少批评。批评和惩罚给人带来的是不快的情绪体验，会引起怨恨和敌意，要因人而异。当员工出现问题的时候，不要急于批评或采用强制性权力，而是要先冷静，多沟通，了解情况，再做恰当的指正。即使批评，也要注重方式方法，让员工心服口服地接受批评。三是多引导。在进行工作指导时，多进行引导，而不是频频发出命令、指令或强制性要求。通过提问方式引导他人行为，可带来更多的认同感，从而增加行为的可接受

度。四是常请求。每一个员工都有尊重的需求,因而对于日常性的工作分配,管理者通过合法的请求方式来行使支配权比用命令或强制的方式更有效。

2. 建立威信

罗伯特·豪斯曾说过:"魅力是远远超出一般的尊重、影响、钦佩和信任的,是对追随者的情感具有震撼力的一种力量。"职位权力会随着职位的失去而消失,而个人的威信则不会。领导者要建立威信,可以从以下几个方面入手。

(1)提升品德修养。常言道,领导无德,何以服众?品德是一个人的本质表现,优良的品德能使人产生敬爱感,并能吸引人,使人不自觉模仿。领导者具有诚实正直的品质,"言必行,行必果",就会令人信服。日本"经营之神"松下幸之助曾指出,一位领导者,不必是万能的人,但必须是一位品格高尚的人,因为后者往往更能吸引人才。松下以他的一生经验断言:道德修养是一个人最大的"才能",因为无德之人不可能领导他人,一个不能领导他人、团结他人的人是不可能做出什么成绩的。因此,管理者在工作中要做到公正廉洁、讲求信誉、追求事业、不断进取。

(2)具备杰出的才能。虽说领导者无需亲力亲为,但是才能是威信的根本。领导无才,何以驭众?古代的将领多是熟知兵法而又武艺高超者。领导具备杰出的才能会给事业带来成功,创造实际业绩,从而使人产生敬佩感,吸引人们自觉地接受其影响。因此,具有较强的业务能力或杰出的才能,并能创造实际业绩,也可以大大提升领导力。

(3)建立深厚的感情。以现代人力资源管理的观点来看,管理者和员工是合作伙伴的关系,而不是简单的上下级之间的关系。领导和下属之间建立良好的情感关系,能产生亲切感,从而相互吸引,彼此影响,更有利于进行深入的合作,建立长久的合作关系。管理者平时要多在员工之间走动,关心体贴下属,了解员工的需求,知道员工的疾苦,及时提供帮助,都有助于建立深厚的感情。日本"经营之圣"、索尼董事长盛田昭夫多年来一直保持一个习惯,走进职工餐厅与职工一起就餐、聊天,以培养员工的合作意识和与他们的良好关系。

(4)修炼个人魅力。个性魅力是威信的补充,领导者的最高境界是给人如沐春风的感觉。宽容、豁达、自信和谦虚让领导者笼罩着一层迷人的光环。富有同理心的领导,更让人心甘情愿追随。研究表明,个人魅力可以增强领导者本身的凝聚力和向心力。

【阅读思考】

初上任的王经理

王强是广州市百脑汇一家电脑公司的员工。他大学本科毕业之后,就来到这家公司工作。他大学学的是计算机专业,在公司里一直负责电脑维修工作,专业对口,五年下来,可谓是如鱼得水。此外,王强对工作也认真负责,勤奋钻研业务,技术过硬,深受顾客的好评。他性格温和,虽然沉默寡言,但和同事们相处也不错。同事们对他的印象都很好,觉得他是个言行一致的人。只要你拜托他的事情,总能出色完成。

随着公司的发展,公司做出了"第二次创业"的战略决策,并据此将公司经营业务的重点从组装"杂牌"电脑转到创立自己品牌的方向上来。公司经过再三考虑,最终任命王强为新设业务部门的经理。王强接到这个任命之后,高兴之余,也对这个新的任命充满了焦虑。他从来没有做过相关的管理工作,也没有进行过相关的培训,怎么能胜任这样

的岗位,带领大家一起把新业务发展起来呢?此外,新设业务部门的员工,都是公司新招来的充满激情的刚毕业的大学生,他们有热情,也充满自信,对于这个沉默寡言的新领导,能服从管理吗?对此,王强也充满了怀疑。

原本王强只要好好提高自己的技术,靠自己的能力条件独善其身就好,现在公司却把他提拔为一个部门的负责人,他还能像以前一样只要提高业务能力就可以了吗?

(资料来源:http://blog.sina.com.cn/u/53bfd67a010008cf,有删减.)

思考:
1. 如果你是王强,是不是也像他以前一样,只要保证自己的技术过硬就可以了?
2. 如果你是王强,如何提高自己的领导力?

第二节 有效的领导

【导入案例】

乔布斯与比尔·盖茨

《时代》杂志对这两个人的对比评价:"在某种意义上,乔布斯是比尔·盖茨的对抗者:他是一个硬件大师,而不是一个软件大师;他是一个开拓者,而不是一个跟随者;他是一个创造者,而不是一个克隆者;他是一个提倡打破旧习的人,而不是行业标准的统合者。"

盖茨和乔布斯代表了IT业的两种商业思想的极限,盖茨是左脑模式——理性经济、偏重技术、贩卖标准,而乔布斯则是右脑模式——感性经济、偏重设计、贩卖梦想。

性格决定命运。盖茨和乔布斯都是出生于1955年,盖茨出生于10月份,属于天蝎座——偏理性的性格,乔布斯出生于2月份,属双鱼座——偏敏感、感性的性格,结果是两人选择了完全不同的发展路径。

作为成功的创业者,盖茨和乔布斯拥有一些共同的创业素质,比如,A、愿景——盖茨的梦想是让每一台办公桌、每一个家庭桌面上放一台PC,而乔布斯则是"我要改变这个世界";B、热忱;C、直觉;D、敏捷。

最为关键的是两个人到底差别在什么地方,就如上面所言,一个是左脑模式,一个是右脑模式。而乔布斯一直认为,"情感经济将战胜理性经济。"

两个人的管理风格也分别代表了两种极端:

一个是左脑管理——让技术人才发挥最大作用,在微软,价值观的第一条不是创新,不是激情,而是诚信。

一个是右脑管理——激发创意人才的潜力。乔布斯给Macintosh研发团队灌输一种叛逆精神,经常大喊这样一种战斗口号:"最好去当海盗,而不要去当海军。"

【分析及任务】
1. 乔布斯和比尔·盖茨的性格截然不同,为什么他们仍然取得了成功?
2. 假如让乔布斯领导微软,而让比尔·盖茨领导苹果公司,他们是否仍然会取得成功?

3. 如何才能成为有效的领导者？

一、领导理论

领导理论是研究领导有效性的理论，是管理学理论研究的热点之一。影响领导有效性的因素以及如何提高领导的有效性是领导理论研究的核心。归总这么多年的研究，关于领导理论的研究成果主要有三大类型：领导特性理论、领导行为理论和领导权变理论。

（一）领导特性理论

领导特性理论的研究重点在于要成为有效的领导者，应该具备哪些特性？如何才能正确地选择领导？

1. 传统特性理论

传统特性理论认为领导者的特性是先天具有的，是生理遗传的，且领导者具备这些特性才能成为有效的领导者。阿尔伯特（C. W. Allport）及其同事们曾分析过 17 953 个用来描写人的形容词。亨利（W. Henry）1949 年在调查研究的基础上指出，成功的领导者应具备十二种品质：高成就需要；干劲大，喜欢挑战；用积极的态度对待上级；组织能力强，有较强的预测能力；决断力强；自信心强；思维敏捷，积极进取；竭力避免失败，勇于拥抱变化；讲求实际，重视当下；亲上级远下级；对父母没有情感的牵绊；效力于组织，忠于职守。

而吉伯（C. A. Gibb）在对美国历年来的总统研究的基础之上，提出了天才的领导者应该具备七个特质：智力过人、英俊潇洒、能言善辩、心理健康、外向而敏捷、自信心强和有支配他人的倾向。

然而，随着研究的深入和实践的反馈，传统特性理论受到了各方面的质疑，归纳起来主要有三方面：①据统计，从 1940 年至 1947 年的 124 项研究中，所得出的天才领导特质众说纷纭，各自的相关性不大，甚至有的互相矛盾；②进一步研究发现，领导者与被领导者、卓有成效的领导者与平庸的领导者有量的差别，但并不存在质的差异；③许多被认为具有天才领导者特性的人并没有成为领导者。其中斯托格蒂尔指出，没有什么固定的特质群能够使领导者在多种情境中区别于非领导者。具有一定领导特质的个体在某种情境下是领导者，但在另一种情境下则可能不是领导者。

2. 现代特性理论

到了 20 世纪末，领导特质理论逐渐复苏，出现了新的观点。他们认为领导者确实具有某些共同的特性，但是这些特性并非完全是天生的，而是可以在后天的领导实践中逐渐形成的，也可以通过训练和培养的方式予以造就。其中一个代表人物就是美国普林休斯敦大学的鲍莫尔，他通过对成功的企业家群体进行研究，发现成功的企业家具备 10 项素质，即合作精神、决策能力、组织能力、善于授权、善于应变、敢于求新、勇于负责、敢担风险、尊重他人和品德高尚。

20 世纪 90 年代，斯蒂芬·P. 罗宾斯总结各位学者的研究，指出有效的领导者与六项特质有关，分别是内在驱动力、领导愿望、诚实与正直、自信、智慧、工作相关知识。

近年来，领导特质理论研究者们又提出了以魅力型领导和变革型领导为核心的特质理论。魅力型和变革型领导都重视愿景、使命，并能清晰地传达给下属，指导、激励下属为愿景的实现自觉努力。在其他条件均等的情况下，魅力型、变革型的领导者将更能够影响下属的行为，更高效率地实现组织目标。

（二）领导行为理论

领导行为理论萌芽于 20 世纪 40 年代。许多管理心理学家在调查研究中发现了领导者在领导过程中的领导行为与他们的领导效率之间有密切的关系。此外，由于领导特性理论存在的缺陷，使得研究者寄希望于通过研究领导者的行为，来解释领导的有效性。基于此，为了寻求最佳的领导行为，许多机构对此进行了大量的研究。在这些研究成果当中，比较有代表性的研究有勒温（P. Lewin）的领导作风理论、俄亥俄州立大学的四分图理论以及布莱克（R. Blake）和莫顿（S. Mouton）的管理方格图理论。

1. 勒温（P. Lewin）的领导作风理论

美国艾奥瓦大学的研究者科特·勒温及其同事们从 20 世纪 30 年代起就进行关于团队气氛和领导风格的研究。他们研究发现，团队的各任务领导并不是以同样的方式表现他们的领导角色，领导者们通常使用不同的领导风格，而不同的领导风格对团队成员的工作绩效和工作满意度有着不同的影响。他们试图识别出最有效的领导行为，着眼于三种不同的领导风格，即专制型、民主型和放任型。

专制型领导是指领导者独断专行，所有的决策都由领导者自己做出，不重视下属成员的意见。领导者倾向于集权管理，采用命令方式告知下属任务、工作方法。这种类型的领导只注重工作目标，仅仅关心工作的任务和工作的效率。但他们对团队的成员不够关心，与成员保持距离，容易使群体成员产生挫折感和机械化的行为倾向。

民主型领导是指领导者善于发动下属讨论，鼓励共同商量，集思广益，然后决策，实施授权管理。这种类型的领导者对团队成员的工作注重鼓励和协助，关心并满足团队成员的需要，营造一种民主与平等的氛围，领导者与被领导者之间的社会距离比较近。在民主型的领导风格下，团队成员的工作动机和自主完成任务的动力比较强，责任心也比较强，工作效率比较高。

放任型领导是指领导者给下属充分的自由，放任不管，让他们自己做出决策，并按照他们认为合适的做法完成工作。这种类型的领导采取的是无政府主义的领导方式，对工作和团队成员的需要都不重视，听之任之，在这种情况下，团队成员之间的人际关系淡薄，工作的进展不稳定，效率不高。

总之，专制型领导风格权力定位于领导者，以领导者为中心，上下级保持一定的心理距离；民主型的权力定位于群体，以群体为中心，上下级心理距离小；放任型的权力定位于成员个人，以成员个体为中心，上下级关系疏远。勒温他们的研究结果也表明了民主型风格更有利于获得良好的工作质量和工作数量。但是后面的研究发现，有时候民主型风格的绩效低于专制型和放任型，有时候又高于这两种。不过，如果使用下属的工作满意度作为测量指标，得到的结果趋于一致。总体来说，相比于专制型领导，民主型领导所领导的群体中，下属的满意度更高。

2. 俄亥俄州立大学的四分图理论

美国俄亥俄州立大学的研究员弗莱希曼（E. A. Fleishman）和他的同事们以国际收割机公司的一家卡车生产厂为调查对象，展开关于领导方式的比较研究。他们从 1000 多个行为维度入手,最后归纳出两大类:结构维度和关怀维度,并证明这两个维度是群体成员对领导行为描述最多的两个方面。

结构维度是指为了实现组织的目标,领导者界定和构造自己与下属的角色的倾向程度,包括构建任务、界定任务关系和明确工作行为等。常见的表现是把任务规定得很明确,组织得条理分明,任务委派得职责分明,规章、计划、岗位责任都制定得一清二楚,并使用职权与奖惩进行监控,以保证绩效目标的实现。这是重视结构的领导行为。

关怀维度是指领导者在工作中尊重下属的看法与情感、建立相互信任关系的程度。比如说领导者关怀下级个人福利与需要,帮助下级解决个人问题,与下级沟通对话并鼓励下级参与决策等。这是重视下级及人际关系的领导行为。

每一个领导者的行为在每一种维度中可以出现很大的变化,有高低之分。根据这样的分类,领导者可以分为四种基本类型,即高结构高关怀、高关怀低结构、低关怀高结构和低关怀低结构,如图6-1所示。

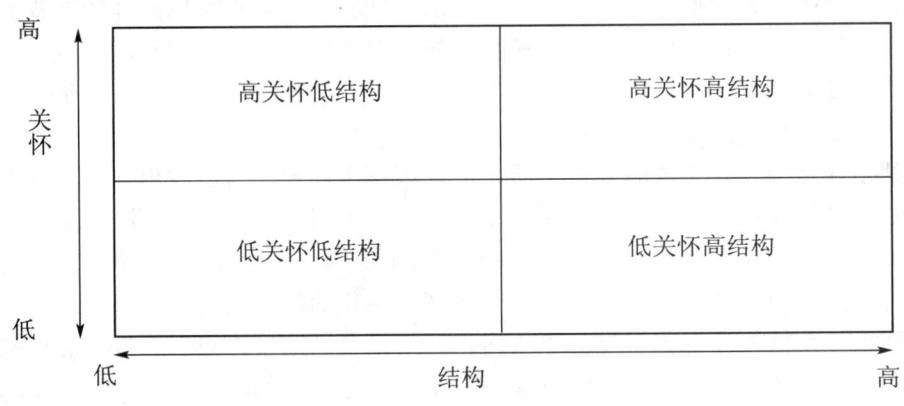

图6-1 领导行为四分图

研究发现,高关怀高结构的领导者常常比其他三种类型的领导者更能使下属达到高绩效和高满意度。不过,高关怀高结构风格也不能总是产生积极的效果。在常规的任务环境下,以高结构为特点的领导行为容易导致高抱怨率、高缺勤率、高离职率和低满意度。

3. 莫顿(S. Mouton)的管理方格理论

管理方格理论是由美国德克萨斯大学的行为科学家罗伯特·布莱克和简·莫顿在1964年出版的《管理方格》一书中提出的。他们认为,在企业管理的领导工作中往往出现一些极端的方式,或者以人为中心,或者以生产为重,或者以X理论为依据强调监督,或者以Y理论为依据而强调相信人。为避免趋于极端,克服以往各种理论中的"非此即彼"的绝对化观点,他们指出在对生产关系和对人关系的领导方式之间,存在着使两者在不同程度上互相结合的多种领导方式。为此,他们就企业中的领导方式提出了管理方格法。他们使用"关心人"和"关心生产"两个行为维度,在坐标轴上从1(低)到9(高)标度它们。如图6-2所示,横坐标表示领导者对生产的关心程度,纵坐标表示领导者对人的关心程度,从而生成了81种不同的领导类型,其中最为典型的有五种,分别是(1,1)贫乏型、(9,1)任务型、(5,5)中庸型、(1,9)乡村俱乐部型、(9,9)团队型。

(1,1) 贫乏型领导：对人和工作都很少关心，这种领导必然失败。实际中，他们已经放弃了自己的职责，但能基本维持组织成员的身份。

(9,1) 任务型领导：只注重任务的完成，而对人很少关心。这种领导是一种专权式的领导，指挥和控制下属的活动，下属奉命行事，很难发挥积极性和创造性。

(5,5) 中庸型领导：既不过于注重人的因素，也不过于注重生产的因素，努力保持和谐。

(1,9) 乡村俱乐部型领导：即特别关心职工，持此方式的领导者认为，只要职工精神愉快，生产自然会好。

(9,9) 团队型领导：对生产的关心和对人的关心都达到了最高点，能使员工和生产两个方面最理想、最有效地结合起来。在此领导方式下，职工能了解组织目标且关心结果，并能自我控制，自我管理，通过相互协作、共同努力去实现企业的目标。领导者诚心诚意地关心职工，努力使职工完成工作目标时，满足职工的要求。

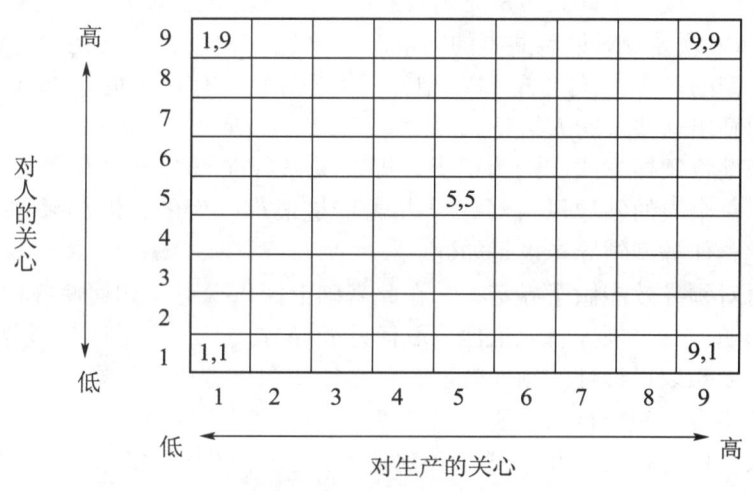

图6-2 领导方格图

对此，布莱克和莫顿认为，作为领导者应该客观分析组织内外的各种情况，把自己的领导方式改造为"9,9"型的方式，以求得最高效率。

遗憾的是，管理方格图理论只是对领导风格这一概念提出了框架，并未回答如何成为有效的领导者这一问题。同时，也没有证据证明在所有的情境下，(9,9)团队型都是最有效的。

（三）领导权变理论

领导权变理论产生于20世纪60年代，该理论的研究目的是研究在不同情境下领导的成功因素。领导权变理论认为并不存在唯一最优的领导方式，有效的领导者应根据不同的领导情境而采用不同的领导方式。目前被广泛认可的领导权变理论有：费德勒的领导权变模型、赫赛-布兰查德的情境领导模式理论、豪斯的路径-目标理论。

1. 费德勒的领导权变模型

伊利诺大学的费德勒（F. Fiedler）于1962年提出了一个"有效领导的权变模式"，

即费德勒模式。这个模式把领导人的特质研究与领导行为研究有机地结合起来,并将其与情境分类联系起来研究领导的效果。在长达15年的调查之后,他认为不存在一种"普适"的领导方式,领导工作强烈地受到所处的各种客观环境的影响。有效的领导行为,依赖于领导者与被领导者相互影响的方式,以及情境给予领导者的控制和影响程度的一致性,即 $S = f(L、F、E)$。

在上式中,S 代表领导方式,L 代表领导者特征,F 代表被领导者的特征,E 代表环境。即领导方式是领导者特征、被领导者特征和环境的函数。

费德勒认为,领导者的行为及其目标具有多样性,这种多样性是由领导者本身的需求多样性决定的。因此,应当而且必须以此种需求结构来界定领导方式。这是费德勒领导权变理论的基本出发点。

费德勒开发了一种名为 LPC 问卷表,LPC 即"你认为最难与之共事的人"(Least Preferred Co-worker),来询问领导者对最不与自己合作的同事的评价。如果领导者对最难共事的同事看法比较消极,用词大多是充满敌意的,则该领导趋向于工作任务型的领导方式(低 LPC 型);如果领导者对最难共事的同事的评价比较积极,用词比较善意,则该领导趋向于人际关系型的领导方式(高 LPC 型)。费德勒承认有很小的一部分人介于两者之间,因而很难勾勒出这些人的人格特点。

所以,费德勒将领导方式归纳为两类,即"关系导向型"和"任务导向型"。此外,费德勒还认为,一个人的领导风格(领导方式)是很难改变的,即如果你是关系型领导者,你永远如此;任务型领导者也是如此。

费德勒同时对领导效能做了界定,并在此基础上深入探讨了如何使各种领导方式充分发挥其功能的问题。一个领导者无论他采取何种领导方式,其最终目标都是为了获得最大的领导效能。而要想取得最佳的领导效能,就必须使领导方式和领导情境相配合。

领导情境即指发生领导行为时所处的环境,它包括职位权力、任务结构、领导者与成员关系三个要素。职位权力是指领导者现居职位所具有权力之多寡和下属服从指挥的程度。领导者拥有明确的职位权力时,则组织成员将会更顺从他的领导,有利于提高工作效率。任务结构是指工作任务的明确程度和有关人员对工作任务的职责明确程度。当两者都十分清晰明确时,领导者对工作过程易于控制,整个组织完成工作任务的方向就更加明确。领导者与成员关系是指下属对领导者的信任爱戴和忠诚程度,以及领导者对下属的关心与爱护程度。这一点对履行领导职能是很重要的。

费德勒根据这三项权变变量对每一种领导情境进行评估。把这三项变量汇总起来得到八种情境,每个领导者都可以从中找到自己所处的情境。如果三项变量都处于有利情境,即领导者与下属之间建立良好的关系,有明确的任务结构,充分合理地发挥职位权力,则领导者更能进行有效的领导;反之,将造成不利的领导情境。

为了确保领导效果的具体权变情况有更好的结论,费德勒研究了1200个工作群体,针对八种情境类型中的每一种,均对比了关系取向和任务取向两种领导风格。他得出结论:任务取向的领导者在非常有利的情境下(Ⅰ、Ⅱ、Ⅲ)和非常不利的情境下(Ⅶ、Ⅷ)效果更好(如图6-3所示),关系取向的领导者则在中等情境下(Ⅳ、Ⅴ、Ⅵ)干得更好。

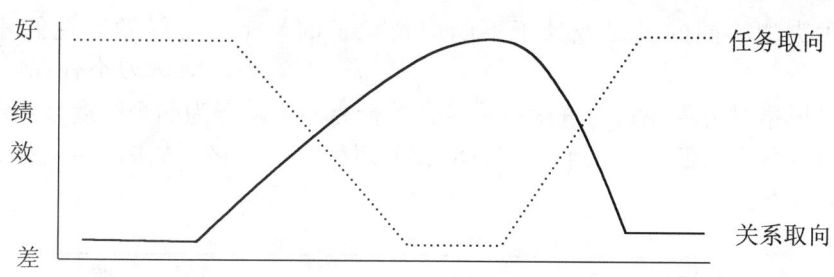

图6-3 费德勒模型的发现

回顾整个费德勒的领导权变理论，得出以下两点结论：

（1）应根据工作情境，采用合适的领导方式，以提高领导的有效性。当领导者处于有利或不利的情况下，采取任务导向型领导风格；当领导者处于中等情况下，便采取关系型领导风格。

（2）个体的领导风格是基本稳定不变的，提高领导者的有效性有两种途径。一是重新选择领导者以适应情境。如处于不利的情境下，而目前领导者又属于关系导向型的，应重新选择一个任务导向型的领导。二是改变情境以适应领导者。这可以通过重新构建任务结构或提高（降低）领导者的职位权力而做到。

2. 赫赛－布兰查德的情境领导模式理论

情境领导理论是由保罗·赫赛（Paul Hersey）和肯·布兰查德（Ken Blanchard）提出的。他们认为下属的"成熟度"对领导者的领导方式起着重要作用。有效的领导者要根据下属的成熟程度选择合适的领导方式。

所谓成熟度是指个体对自己的直接行为负责的能力和意愿。它包括两个要素：工作成熟度和心理成熟度。工作成熟度包括一个人的知识和技能。工作成熟度高的下属拥有足够的知识和能力，经验丰富，能够不需要他人的指导而独立完成工作任务。心理成熟度指一个人做事的意愿和动机。心理成熟度高的下属自信心强，工作积极主动，责任心强。

该理论把下属的成熟度从低到高分成四种类型：

（1）"没能力且没意愿"，称 R1 型。下属缺乏工作能力和工作经验，不能胜任工作；而且他们又不情愿去执行任务，缺乏自信心和积极性。

（2）"没能力有意愿"，称 R2 型。下属目前缺乏工作能力，但他们愿意执行必要的工作任务，有较高的工作积极性。

（3）"有能力但没意愿"称 R3 型。下属有较高的工作能力，但他们却不愿意去做领导希望他们做的工作。

（4）"有能力且有意愿"称 R4 型。下属既有能力又有很高的工作意愿。

对于这四种类型不同的员工或处于不同成长状态的员工，怎样领导他们才比较有效呢？

在分析领导风格时赫赛和布兰查德也是从任务行为和关系行为两个维度来界定，并且把这两个维度分别分为高低两个水平，从而形成了四种领导风格，如图6-4所示。具体描述如下：

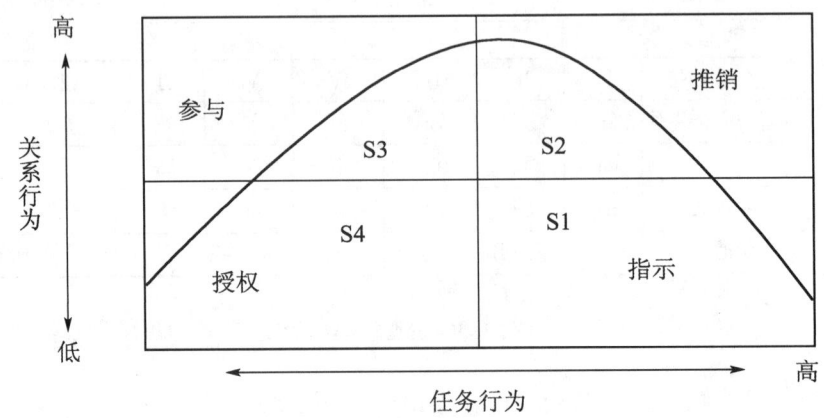

图6-4 赫赛-布兰查德的情景领导理论

（1）指示型领导方式（高任务低关系S1）：领导者界定角色，确定任务，明确告诉下属具体该干什么、怎么干以及何时何地去干。在这种情境下，下属缺乏工作能力且不愿意去完成工作任务。他们既不能胜任工作又不被信任，属于R1型下属。

（2）推销型领导方式（高任务高关系S2）：领导者同时提供指示性行为与支持性行为。也就是说领导者对大多数工作做出决定，并且把做出的决定向下属推销，通过解释、说服等方式获得下属的心理支持。在这种情境下的下属是具有工作意愿但缺乏工作能力，属于R2型下属。

（3）参与型领导方式（低任务高关系S3）：领导者不需要再去做具体的工作安排和工作指导，并且邀请下属做决定，领导者的主要角色是提供便利条件与沟通渠道。在这种情境下的下属是有工作能力但缺乏工作意愿，属于R3型下属。

（4）授权型领导方式（低任务低关系S4）：领导者提供较少的指示性行为或支持性行为，即领导充分信任下属，授权给下属，放手让下属按照自己的意思去工作。在这种情境下的下属有能力且愿意完成工作任务，属于R4型下属。

总之，将员工的工作状态和领导类型两对照，就是一个完整的情境领导模式了。四种领导方式没有优劣之分，一切依情境而定。只有当领导者的领导方式与下属的成熟度相匹配时，他的领导才能够有效。当下属的成熟度越来越高时，领导者不但要降低对他们活动的控制，逐渐放手让他们干，还要减少关系行为。

3. 豪斯的路径 – 目标理论

该理论由罗伯特·豪斯等人于 20 世纪 70 年代研究提出。该理论认为领导者的工作是帮助下属达到他们的目标，并提供必要的指导和支持，以确保下属的目标和组织的目标相一致。所谓"路径 – 目标"就是指有效的领导者既要帮助下属充分理解各种目标，还要为下属指明实现目标应遵循的路径。

该理论包含的内容如下：

（1）确定领导方式。该理论认为领导者可以随意转换领导方式。可随意转换的领导方式如下：

指示型领导：他们告诉下属组织的期望是什么，以及完成工作时间的安排和对如何完成工作做出具体指示。

支持型领导：他们对下属平等对待，与下属友好相处。

参与型领导：他们让下属共同磋商，参与决策，并能充分采纳下属的意见进行决策。

成就取向型领导：他们设置富有挑战性的任务目标，并期望下属实现自己的最佳水平。

（2）确定领导情境。该理论提出两大类情境变量作为领导行为与结果之间的中间变量，分别是下属权变变量和环境权变变量。下属权变变量是指下属个人特点中的一部分内容，比如控制点、过去经验、知觉能力等；环境权变变量是指下属可控范围之外的环境变量，比如任务结构、权力系统、工作群体等。要使下属的产出最大化，环境因素决定了需要什么样的领导行为类型，下属的个人特点决定了个体对于环境和领导行为的感知。这一理论指出，当环境内容与领导者行为彼此重复时，或领导行为与下属特点不一致时，绩效均不佳，如图 6 – 5 所示。

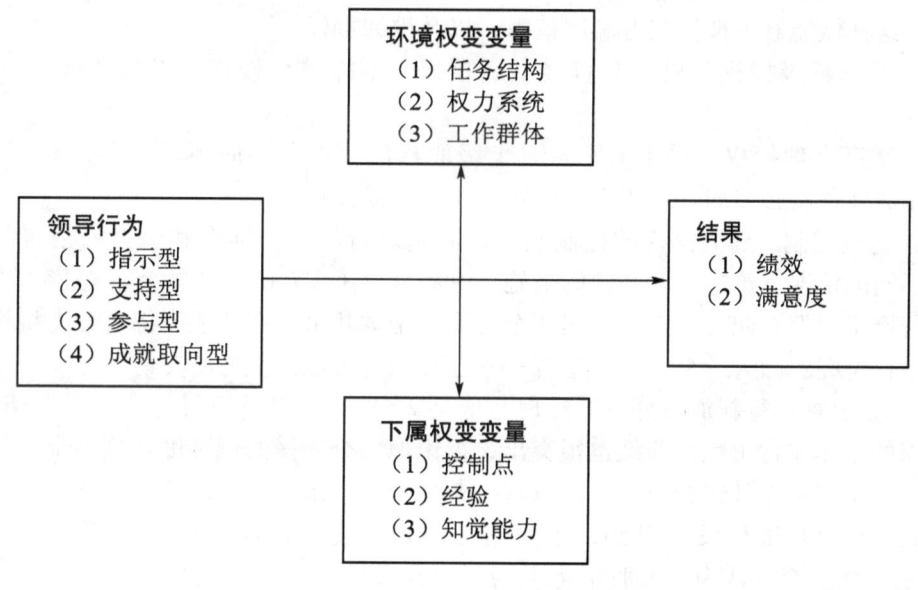

图 6 – 5　路径 – 目标理论

（3）领导方式和情境匹配。相对于高度结构化和安排好的任务来说，当任务不明或压力过大，指示型领导有利于产生更高的满意度；当下属执行结构化任务时，支持型领导有利于促成员工高绩效和高满意度；当任务结构不清时，成就导向型领导将会提高下属的努力水平，从而达到较高的绩效期望；内控型下属对参与型风格更为满意；外控型下属对指示型风格更为满意。

二、领导艺术

领导工作也是一门艺术。领导艺术是指领导者在领导过程中将领导权力、方法及领导者的才能富有创造性地应用。领导艺术的内容，目前尚无统一的看法，一般而言包括授权艺术、决策艺术、用人艺术等。

（一）授权艺术

授权是领导授给下属一定的权力和责任，使下属在一定的范围内，有相当的自主权和决定权。授权者对被授权者有监督权，被授权者对授权者有报告情况和完成相应工作的责任。西方的管理学者吉尼奇曾说过："当一个人体会到他请别人帮他一起做一件工作，其效果要比他单独去干好得多时，他便在生活中迈进了一大步。"历史上，南美洲的印加帝国在经济、政治、生活上都处在统治者高度而严格的控制之下，即使是小事亦要请示最高当局，致使拥有20万军队的印加帝国后来被西班牙征服者比查罗的168人分遣队打败。诸葛亮事必躬亲，出师未捷身先死。谁又能比诸葛亮高明多少？因此，领导者在履行职能过程中要善于授权、善于用人，灵活运用授权艺术。授权时应当遵循以下原则：

（1）因事设人，视能授权。在授权时，应根据工作任务的难易程度和被授权者的能力高低来合理授权。一旦发现下属不能胜任时，应及时收回授权。

（2）明确所授事项。授权时，授权者必须向被授权者明确所授事项的任务目标及权责范围。这样做能避免被授权者滥用权力，以及推卸责任。

（3）不可越级授权。只能对直接下属授权，不能越级授权，以免造成下属之间的矛盾。

（4）适度合理授权。授予的职权是上级职权的一部分，而不是全部，对下属来讲，这是他完成任务所必需的。对于重大问题，不可轻易授权。

（5）适当控制。建立完善的控制制度，制定可行的工作标准和适当的报告制度，以及能在不同的情况下迅速采取补救的措施。1995年2月27日，世界上有着233年历史的巴林银行垮了。拥有四万员工、下属四个集团，全球几乎所有的地区都有分支机构的巴林银行怎么会垮呢？因为一个人——李森——巴林银行曾经最优秀的交易员之一。李森当年才28岁，是巴林银行新加坡分行的经理。他是25岁进入巴林银行的，主要做期货买卖。之前李森的工作非常出色，业绩也很突出，据说他一个人挣的钱一度达到整个银行其他人的总和。为了表示巴林银行对人才的重视，董事会决定采取一个政策，让李森拥有先斩后奏的权利。可巴林银行没有料到，正是这一决定，使巴林银行走上了毁灭的道路。从1994年底开始，李森认为日本股市将上扬，未经批准就套汇衍生金融商品交易，期望利用不同地区交易市场上的差价获利。这一举动如果放在别人身上，早就引起上面的审查

了，可是李森有先斩后奏的权利，没有人对此表示异议。后来，在已购进价值 70 亿美元的日本日经股票指数期货后，李森又在日本债券和短期利率合同期货市场上做价值约 200 亿美元的空头交易。这等于把整个巴林银行都压在了日经指数会升值上。但不幸的是，日经指数并未按照李森的预测走。在 1995 年 1 月降到了 18 500 点以下。在此点位下，每下降一点，巴林银行就损失 200 万美元。李森又试图通过大量买进的方法促使日经指数上升，但都失败了。随着日经指数的进一步下跌，李森越亏越多，眼睁睁地看着十亿美元化为乌有，而整个巴林银行的资本和储备金只有 8.6 亿美元。尽管英格兰银行采取了一系列的拯救措施，但都没能救活这家拥有 233 年历史的银行。

（6）相互信赖。授权必须基于主管人员和下属之间的相互信任，做到用人不疑，疑人不用。

在授权时需注意以下三点：不敢授权，对自己缺乏信心；授权不到位，对下属缺乏信心；授权过了头，对事业缺乏信心。

在中国家电业内，何享健被看作是最潇洒的企业家。他甚至从不用手机，也没有手机。"很多事，他们不用请示我。我要找人，几分钟就能找到。每天我一下班就回家，一步都不再离开，晚上从来不干活。"何享健笑说。在业界，他对高尔夫的钟爱是出了名的，除了周六、日要打球，周一至周五也总有一两天在绿茵场上度过。而同在广东顺德，同为家族企业的格兰仕，两位创始人老板据说现在每天工作还超过 10 个小时。

一位对美的内部运作非常熟悉的同业人士指出，何享健的本事是"能把职业经理人放得很远，又能收得很紧"。经理人在享受充分授权的同时，也接受着严峻的业绩考验。长久以来，何享健十分认可一些跨国企业的做法，经营单位两个季度未完成指标尚可原谅，第三个季度还没完成，经理人就要下课。在美的，每个人证明自己的时间很短，基层的业务员一般只有 3 至 6 个月，事业部总经理也是一年一聘。美的人习惯于接受这样一种文化，业绩指标达不到，即刻换人；如果达到了，上至经理人下到一个普通的销售员所获得的奖金激励也是行业内最为可观的，甚至有知情人士用"多得吓人"来形容。

（二）决策艺术

决策是组织的生命。一个领导者是否善于决策，对一个组织的发展有着直接的影响。柯达曾经创造了全球传统胶卷市场的神话。在辉煌时期，柯达曾占据全球 2/3 的胶卷市场，拥有员工 8.6 万人，其特约经营店遍布全球各地。

然而，随着数码成像技术的发展与普及，数码产品以迅雷不及掩耳之势席卷全球，传统胶卷市场迅速萎缩。而率先发明出数码影像技术的柯达公司，因担心这一新业务会对传统业务造成不利影响而将数码影像技术"雪藏"并坚持固守传统胶卷市场。随后，数码相机迅速在全球风行，而传统胶卷市场则日益衰弱。

其实早在 2003 年，柯达公司的胶卷业务就出现了明显的萎缩，传统影像部门销售利润从 2000 年的 143 亿美元锐减至 2003 年的 41.8 亿美元，跌幅达 71%。在 2005—2010 年间，柯达仅有一年盈利，其余年份均亏损。

2012 年 1 月 19 日，柯达这个拥有 131 年历史的老牌摄影器材企业，正式向法院递交破产保护申请。

所以说决策要依靠科学，又要依靠领导者的智慧和经验，将科学决策、个人智慧和经验三者有机结合、灵活运用，这就是决策艺术。领导决策时应注意以下几方面：

（1）深入调研，去伪存真；
（2）掌握信息，增强预见；
（3）集思广益，比较优势；
（4）看清大势，回避风险；
（5）弄清实质，抓住要害；
（6）多谋善断，理性决策；
（7）决断及时，指令明确；
（8）科学与经验相结合，情感与理性相结合。

领导过程中会遇到各种各样的问题需要决策，要随机应变，根据环境变化情况及时调整部署。

（三）用人艺术

关于用人的艺术，古今伟人留下了大量的至理名言和用人心得。

唐太宗李世民说："为政之要，唯在得人，用非其才，必难致治。"用人之道，是领导才能的最重要组成部分，是领导者在领导过程中的重要工作之一。正确用人，必须实现能者上、平者让、庸者下、劣者汰，方可达到"人尽其才，才尽其用"。

领导用人时应注重以下几个问题：

（1）用当其时。在恰当的时机，选用合适的人。不要论资排辈，不要等到年老体衰时再用。

（2）用人所长。金无足赤，人无完人。每个人都有缺点和短处，领导者用人时要用其所长。扬长避短、人尽其才是用人的基本原则。

（3）用当其位。用当其位就是把合适的人放在合适的位置上。由于每个人在学识、能力、专业、经历、品格、智力、体力等方面存在很大的差异，这些因素也导致人的能力差异，导致不同的人适合于不同职位。一个人只有处在最能发挥其才能的岗位上，才能做得最好，把自己的能力全部贡献出来。

（4）用当其愿。根据个人的心愿把他安排在个人感兴趣的位置上。个人的态度会影响其工作效率。

（5）用心至上。用人不疑，疑人不用。在用人上，要诚信对待下属，用真情感动下属、用真心关心下属。领导的关怀会让员工觉得自己得到尊重和认可，会备受鼓励，更加用心工作。

【案例分析】

海底捞的留人秘诀

海底捞成立于1994年，经过二十年的发展，公司在北京、上海、西安、郑州、天津、南京、杭州、深圳、厦门、广州、武汉、成都等国内29个城市有117家直营餐厅。在国外，已有新加坡2家、美国洛杉矶1家和韩国首尔1家直营餐厅。在短短的20年间，海底捞曾先后在四川、陕西、河南等省荣获"先进企业""消费者满意单位""名优火锅"等十几项称号和荣誉，创新的特色服务赢得了"五星级"火锅店的美名。2008至2012年

连续5年荣获大众点评网"最受欢迎十佳火锅店"。同时连续5年获"中国餐饮百强企业"荣誉称号。2011年5月27日"海底捞"商标荣获"中国驰名商标"。

而这一切的成功,离不开海底捞董事长张勇的领导。张勇,四川简阳人,20世纪80年代初,在简阳城关镇第二中学就读的他,已经为自己树立了人生目标。中学毕业后,进入简阳市空分技校学习,在此期间,博览群书,为以后在商海中具有敏锐的视觉和独特的思维打下了坚实基础。1994年创建以经营川味火锅为主的餐饮企业海底捞,2012年荣获最佳领导力奖。

张勇领导下的海底捞,给去过他们店的顾客有几个最直观的感觉:第一,顾客多,排队两个小时去吃上一顿火锅很常见;第二,服务好,筷子的长度让人烫不到手,有专门供勺子搭着的钩;排队时还有人帮你擦鞋,饭桌上刚准备做手势,服务员小妹已经心领神会地跑过来了;第三,服务员总是保持微笑。

那么海底捞是如何能让员工始终面带微笑,给每一位客人提供贴心的服务呢?一个人如果心里不幸福,也不会给别人带来幸福。黄铁鹰的总结重点在一段话:养而不爱如养猪,爱而不敬如养狗。而人呢,只给吃和爱是不够的,还需要尊敬。什么是对人的尊敬?见老板鞠躬给领导鼓掌?那是对地位和权力的尊敬。对人的尊敬是信任。信任你的操守,就不会把你当贼防;信任你的能力,就会把重要的事情委托给你。人被信任了,才会有责任感。而信任的唯一标志就是授权——海底捞给予火锅店的普通员工物质回报,还给他们"信任"与"授权",让他们一同收获幸福感和成就感。

一、海底捞的授权制度

信任不是说出来的,而是做出来的。张勇在海底捞公司的签字权是100万元以上;100万元以下是由副总、财务总监和大区经理负责;大宗采购部长、工程部长和小区经理有30万元的签字权;店长有3万元的签字权。这种放心大胆的授权在民营企业实属少见,但这都还不是最重要的授权,海底捞最重要的授权给予了基层的服务员:不论什么原因,只要员工认为有必要,都可以给客人免一个菜或加一个菜,甚至免一餐。

有人问:难道张勇就不怕有人利用免单权换取个人利益?这种情况确实发生过,只不过极少,而且那些员工做第二次的时候就被查处开除了。当然,权力不论大小,没有制约都会被滥用,哪怕是极少数人的滥用,如果得不到有效的制止,也会形成坏的风气。

海底捞是如何监控这种员工被大面积授权的?那就是海底捞特殊的干部选拔制度:除了工程总监和财务总监之外,海底捞的所有干部都必须从一线服务员做起。这些管理人员对这些流程都很清楚,想骗过他们很难。第二个因素是人的自律。张勇把员工当自己家里人看待,尊重他们,信任他们,并且张勇用人不拘一格,海底捞的员工大部分都是各自的亲戚、朋友、同学,没有人会不在意他们自己的亲戚、朋友、同学的看法。张勇说:"如果对员工连这样的信任都没有,你怎么期望员工把心给你?"

二、以文化留人

做过餐饮服务生的都知道,这是一个非常累人的工作。但在海底捞,员工的离职率在10%以下,这在同业内是很低的。张勇说,要想员工为企业所用,必须先让他成为企业人。制度的约束可以让其在身份上快速成为一个企业人,但并不牢固。而从意识上入手,虽慢,却最持久,也最有效。所以,张勇要做的第一件事情就是塑造企业文化,改变员工思想。在海底捞的企业文化中,尊重是成功的根本,一个人只有得到了尊重才会去尊重别人；一个员工只有得到尊重才能尊重他所从事的工作。企业为员工考虑得更多一些，他就会增加对企业的责任感。在海底捞，公司会通过培训、师傅口传、会议、员工手册、内刊等方式来进行企业文化的传播。

在海底捞，张勇把员工当家人看待，为员工解决各种为人子女、为人父母的后顾之忧。他们给员工提供免费宿舍；给员工父母发工资；设有父母免费探亲假；在简阳有海底捞私立的寄宿制学校，员工子女均可免费上学，只需要交书本费；店经理小孩3岁以下随本人生活的，每月300元补助，店长子女每年12 000元教育津贴；所有店员，每年有12天的带薪年假以及报销回家往返的火车票；管理者会定期到员工老乡家访，对于生病的员工，店长会去探望、照顾；给优秀员工配股，2003年西安东五路店试点，一级以上员工享受纯利率为3.5%的红利，2005年明确公司每开办的第三家分店均作为员工奖励计划店。

除此之外，张勇还鼓励员工学习，公司会报销一定学费。公司办理内部刊物，分享工作经验、管理心得等，还开展不定期的总结培训，老员工总结经验，带动新员工学习等等。通过鼓励员工学习，一方面员工得以成长，跟上组织发展的脚步；另一方面，公司也得到发展所需的人才。海底捞的干部几乎都是自己培养出来的。也由此，海底捞的干部对海底捞有很深的感情，懂得感恩与忠诚！

三、不拘一格的用人制度

张勇用人不拘一格，提倡内部推荐，只要你有能力，相信用双手改变命运。你都可以进入公司，不管你是某某员工的老乡还是同学等。公司内除财务总监和工程总监外，所有管理层全从基层干起，基本不外聘管理者。每一个员工只要你干得好，有成绩，通过考核，基本上都可以晋升，公司设置有完善的晋升途径，让每一位员工都看到希望。在这里，学历不再是晋升条件，工龄也不再是晋升条件。这种不拘一格选人才的晋升政策，不仅让这些基层的没有文化的员工有了尊严，更让他们看到了希望：只要我努力，我的人生就有希望。

此外，对员工的考核，只有两个指标，顾客满意度和员工工作积极性。张勇认为，利润是客户满意和员工满意的结果，两者都满意了利润自然也来了。

（注：本案例从黄铁鹰《海底捞你学不会》中节选改编而来）

思考：
1. 张勇的领导艺术体现在哪些方面？
2. 海底捞的授权制度给了你哪些启示？
3. 根据所学的领导理论，你认为张勇是哪种类型的领导？

第三节　激　励

【导入案例】

一位成功的商人谈起自己的成功经验，谈到自己年轻时就养成了一个习惯，他薪水里面一定有1/10不拿回家。当他赚5000元钱的时候，拿出500元帮助他的下属，大家买点吃的喝的；当他赚10 000元的时候，就拿出1000元钱给他们作奖励，让他们出差时能吃

好点，住好点……当然，最后这些曾经被帮助过的，与他同舟共济的朋友成了他的得力助手。

（资料来源：http://3y.uu456.com/bp_4rv3228rmd23x6j11q2p_4.html，有删减.）

【分析及任务】

1. 本案例向我们阐明一个什么样的道理？

2. 结合此案列，谈谈你对激励的理解。激励在管理中起到什么样的作用，如何从本案例得到启发？

一、激励概述

（一）动机

心理学家认为人类的一切行动都是由某种动机引起的。动机是个人与环境相互作用的产物。虽然不同个体在内在动机的驱动力上差异很大，但是总体来说，动机随着环境条件的变化而变化。

1. 动机的基础——需要

需要是指特定的结果具有吸引力的某种心理状态。人感到有所不足，则必感到有所求；而感到有所求，则必感到有所不足。一种需要获得满足，新的需要又会产生。

需要是人的动机的来源和基础。动机推动人从事活动来满足自己的需要。美国心理学家克雷奇等人划分了人的两类需要。一类是人的生存和安全需要，比如氧气、水、睡眠、安全以及和谐、稳定的环境等；一类需要是富足和兴趣的需要，比如追求享受和快乐、获得爱和尊重、自身发展、自我实现等。

需要是个体行动积极性的基础。当需要未被满足时就会产生紧张感，进而激发个体的内驱力，这种内驱力会导致个体寻求特定目标的行为。如果最终目标实现，则需要得到满足，紧张得以解除。几乎任何一种需要都因为有多种行为方式达到目标而获得满足。在采取行动之前，个人面临选择行为方式和目标的决策任务。如果个体不知道如何行动才能达到目标，从而满足需要，个体是不会采取实际行动的。因此，需要是在个体对行为方式和目标做出决策时才转化为动机。

总之，需要是人们对某种目标的渴求和欲望。需要是人们产生激励行为的前提。人的需要是人们积极性的源泉和实质。

2. 动机的形成及特征

动机是由人的内在需要所引起的，动机就是需要获得满足的过程。当人们感觉到心中有新的需求，但又说不出这个新的需求具体是什么时，内心会感觉紧张不安；为了消除不安，他会去了解自己到底需要什么；当他知道自己需要什么的时候，他就有意愿去满足这种需要，来消除内心的不安；唯有人知道满足需求的途径时，他才有了意向去才采取行动，一旦外界又恰巧提供了满足此种需要的一个机会，动机就产生了。所以说个人有意识的活动都是有一定的动机引起和维持的，并指向一定的目的性。即人之所以会采取某种特定的行为是由其动机所决定的。最后，动机可以看作是一个需要被满足的过程。

动机具有强度、方向和坚持性三个基本特征。动机强度是指个体欲达成目标的强烈程度。动机方向是指动机推动行为朝向特定的目标。动机的坚持性是指个体的努力持续的时间的长短。一个人愿不愿意从事某项工作，干劲是大还是小，全取决于他是否具有进行这项工作的动机及动机的强弱。而这又取决于他对内心需求的了解程度以及渴望满足的程度。动机的形成过程如图6-6所示。

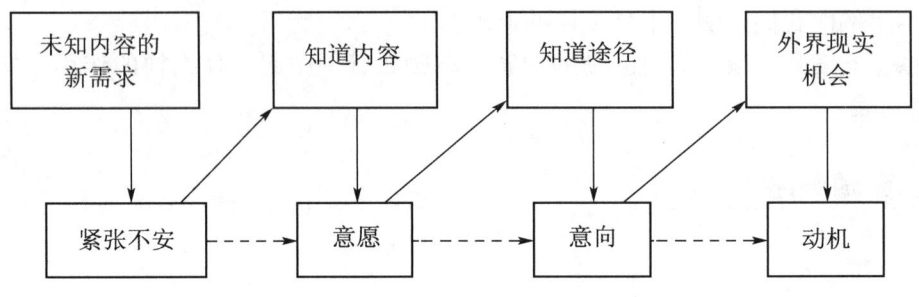

图6-6 动机的形成过程

（二）激励

1. 激励的概念

弗朗西斯说："你可以买到一个人的时间，你可以雇佣一个人到固定的工作岗位，你可以买到按时或按日计算的技术操作，但你买不到热情，你买不到创造性，你买不到全身心的投入，你不得不设法争取这些。"松下幸之助说："管理的最高境界是让人拼命工作。从长远来看，你根本无法强迫任何人做事，只能让他们心甘情愿地做。而唯有激励才能让员工燃烧起来，让激情经久不息；唯有激励才能使人的潜力得到最大限度的发挥。"因此，如果领导者希望下属付出最大的努力，就应该通过自己的激励以满足员工的需求和愿望。

什么是激励？从心理学的角度来讲，激励指的是激发人的动机、诱导人的行为，使人产生内在的动力，朝着所期望的目标前进的心理活动的过程，即调动人的积极性的过程。激励是鼓舞、指引和维持个体努力行为的驱动力。在管理学当中，激励就是指调动人的积极性的过程。

因此，我们给激励的定义是：激励是指通过内部和外部的刺激，借助信息沟通影响组织成员的内在需求或动机，从而加强、引导和维持成员的行为，以有效地实现组织目标和成员个人目标的活动或过程。

从这个概念当中，我们可以知道，激励包含三个要素：

（1）被激励人存在需求。这种需求可以是物质方面的需求，也可以是精神方面的需求。

（2）被激励人由于存在某种需求而产生从事某种活动的愿望和动机。

（3）通过外部刺激来影响被激励人的需求或动机。

2. 激励在管理中的应用

再懒惰的马，只要身上有马蝇叮咬，它也会精神抖擞，飞快奔跑，这就是著名的"马蝇效应"（Horse Flies effect）。而这个"马蝇"就是企业管理中的激励因素。若企业管理者能找到合适的激励因素，就能让能力突出的员工卖力工作。"汉堡包王"麦当劳公司激励员工的马蝇效应值得我们借鉴与学习。麦当劳公司为激励员工的工作热情，给勤奋上进的年轻员工提供了不断向上晋升的机会。公司规定，表现出色的年轻员工在进入麦当劳8～14个月后成为一级助理，也就是经理的左膀右臂。在这个阶段之后，那些表现突出的一级助理就会被提升为经理，使他们当管理者的心愿得到实现。麦当劳为了使优秀人才能早日得到晋升，设立了这样一种机制：无论管理人员多么有才华，工作多么出色，如果他没有预先培养自己的接班人，那么其在公司里的升迁将不被考虑。这一机制保证了麦当劳的管理人才不会出现青黄不接的情况，由于这关系到每个人的前途和声誉，所以每个人都会尽一切努力培养接班人，并保证为新来的员工提供成长的机会。这种激励机制正像马蝇一样，使马儿们欢快地奔跑起来了。

所以说，如果你希望员工的行为是组织中所需要的行为并且持续存在，你就需要进行恰当的激励。激励是组织中人的行为的动力，而行为是人实现个体目标与组织目标的过程。无激励的行为，是盲目而无意识的行为；有激励而无效果的行为，说明激励的机理出现了问题。如领导者打算通过加工资来提高员工的劳动生产率，但结果可能有效，也可能无效，因为在一定的条件下，员工更可能愿意多休息，有空陪陪家人，而不是增加收入。这说明，激励与行为也可能出现匹配问题。

总之，为了引导人的行为达到激励的目的，组织要在识别人的需要的基础上，创造条件诱发和刺激员工未被满足的需要，然后向员工传达满足这些需要的途径，引导员工的行为，促使员工做出努力去满足需求，从而达到实现组织目标的目的。

二、激励理论

激励理论是在实践中逐步发展和日臻完善的。在管理活动中，人们在应用心理学和社会学方面的知识探讨如何激发人的动机、满足人的需要、调动人的积极性方面，做了大量的工作，产生了许多理论。根据研究的对象不同主要有三种类型：内容型激励理论、过程型激励理论和行为改造型激励理论（见表6-3）。

表6-3 激励理论

理论类型	内容型	过程型	行为改造型
研究重点	激励内容：引发动机的因素（需要）	动机形成过程：行为目标选择	调整与转化人的行为，实现激励目标
代表理论	需要层次理论 ERG理论 成就需要理论 双因素理论	期望理论 公平理论	强化理论

（一）马斯洛的需要层次理论

亚伯拉罕·马斯洛（Abraham Maslow）生于1908年，是美国人本主义心理学家。他于1943年在《人的激励理论》中首次提出了需求层次理论，1954年在《激励与个性》一书中对该理论做了进一步的阐释。

首先，他认为每个人都有五个层次的需要，从低到高依次是生理需要、安全需要、社交需要、尊重需要和自我实现需要（见表6-4）。

表6-4 马斯洛需求层次理论的内容

层次	需求	具体解释
第一层次	生理需要	最基本的需要，包括吃、穿、住、行等基本的生理需要
第二层次	安全需要	包括保护自己未受到身体和情感伤害的需要，主要针对身体安全（脱离危险的工作环境）和经济安全（不受解雇等），以避免身心伤害。安全需要又分两类：一是要求自己现在的社会生活各方面得到保障，二是希望未来生活有所保障，能保证生理需求得到持续满足的需要
第三层次	社交需要	包括爱情、归属、接纳、友谊的需要
第四层次	尊重需要	包括内部尊重和外部尊重。内部尊重包括自尊、自主和成就感等；外部尊重包括地位、认可和关注等
第五层次	自我实现需要	这是最高层次的需要。自我实现需要包括成长与发展、发挥自身潜力、实现理想的需要。这是一种要成为自己想成为的人的内驱力（追求个人能力极限的内驱力）

其次，马斯洛认为需要的满足有层次性，从低到高依次满足。每个需要层次必须得到实质的满足后，才会激活下一个层次。同时，一旦某个层次的需要得到实质的满足，它就不再具有激励作用。按照马斯洛的观点，你想激励某一个人，就必须了解这个人当前处于哪个层次的需要，并重点满足这一层次或高一层次的需要。已出现但尚未满足的需要是主导需要，起支配作用。

同时，马斯洛也指出，越低层次的需要越容易满足，越高层次的需要越难满足。不同的人对不同层次的需要的强烈程度不同。

总之，根据马斯洛需要层次理论，在管理中，要善于掌握员工的需要层次，满足不同层次的需要。重点满足不同员工的主导需要，采取有针对性的措施。因人而异，且因时而异。

【点对点案例】

朱元璋与珍珠翡翠白玉汤的故事

野史传朱元璋穷困潦倒时，常常是饥一顿饱一顿，有上顿没下顿。一次他一连几天没吃上饭，又渴又饿，竟然在一个破庙里晕过去了。不自觉昏睡了很长时间后，一位老乞丐用自己要来的百家饭救活了他。他苏醒过来后，觉得这是他平生吃过的最有味道的一顿饭。他问乞丐，刚才吃的是什么。乞丐不想说是从多家要来的剩饭菜，急中生智起了个很好听的名字叫："珍珠翡翠白玉汤"。因为汤有豆腐、白菜、小米等等，从此，在朱元璋心里，一直记住了这顿饭。

后来，朱元璋得了天下，吃尽了美味佳肴，山珍海味，却总觉得没有那顿"珍珠翡翠白玉汤"的味道，他问遍了宫中御厨，不用说做，连听他们也没有听说过。于是他命人四处张贴告示，寻找当年那位会做"珍珠翡翠白玉汤"的人。人终于找到了，可是，绞尽脑汁，费尽心机，甚至尽可能地还原当年那晚饭的做法，却怎么也做不出那种味道来。倒是朱元璋后来明白了：肚饥了糠也甜，肚饱了肉也咸。

朱元璋与珍珠翡翠白玉汤的故事虽然有很多版本，但故事所表达的含义却是相同的。

（资料来源：http：//shenghuo.foods1.com/show_14722.htm，有删减.）

思考：通过珍珠翡翠白玉汤的故事，你对需要的层次性和可变性是怎样理解的？

（二）阿尔德弗的 ERG 理论

1969年，美国心理学家阿尔德弗在大量的试验研究的基础上，提出新的需要理论，把人的需要划分为三种：生存需要（Existence needs）、相互关系需要（Relatedness needs）和成长需要（Growth needs），故称之为 ERG 理论。

ERG 理论的内容：

（1）生存需要（Existence needs）：是人类最基本的需要，包含了人的一切生理上的物质需要，人的衣食住行、工作报酬、工作环境等。与马斯洛的生理及安全需要相同。

（2）相互关系需要（Relatedness needs）：指人际关系（社会交往）方面的需要，包括安全感、归属感、友谊、受人尊重等方面的需要。与马斯洛的安全、社交、尊重需要中的外在尊重需要相似。

（3）成长需要（Growth needs）：即个人自我发展与完善的需要，相当于马斯洛自我实现需要和自我尊重的需要。

ERG 理论认为，各种需要可以同时具有激励作用，三种需要之间没有明显的界限，没有等级之分。人的三种需要并不严格按次序去发展，可以越级，也可以倒退。当高一层次的需要得不到满足时，会退而求其次追随第一层次的需要。

阿尔德弗通过大量的调查证明，在同一时期，人可以接收一种或多种需要，这些需要有些是天生的，但多数是后天形成的，是经过学习而获得的。

ERG 理论与马斯洛需要层次理论相比，具有以下几点不同：

（1）ERG 不强调需要层次顺序。在某一时间内可能有一个以上的需要发生。在某些需要满足后，可能上升为更高级的需要，也可能没有这种上升趋势。

（2）马斯洛强调满足—前进途径。ERG 又加上了挫折—退缩途径，即当较高级的需要受到挫折，未能得到满足时，会产生倒退现象。比如说当员工觉得晋升无望时，他可能会要求同事间关系和谐友好。

（3）某种需要，尤其是关系需要和成长需要，在得到了基本满足之后，其强烈的程度不仅不会减弱，反而增强了。

（三）麦克利兰成就需要理论

美国心理学家大卫·麦克利兰于20世纪50年代在大量调查研究的基础上，认为在人的生理需要基本满足的前提条件下，还有高层次的需要，为成就、权力和归属需要，其中成就需要最为重要，故把麦克利兰提出来的需要理论称之为成就需要理论。

（1）成就需要：是对成就的强烈愿望和对成功及目标实现的执着。具有高成就需要的人，经常考虑个人事业的前途、发展问题，对工作的胜任感和成功感有强烈的要求。他们把做好工作、取得成就当成人生的最大乐趣。成就需要是一个人追求卓越、争取成功的内驱力。

（2）权力需要：影响和控制他人的愿望。具有较高权力欲望的人对影响和控制别人表现出很大的兴趣。这种人总是喜欢追求领导者的地位。

（3）归属需要：指被他人喜欢和接受的愿望。麦克利兰的归属需要和马斯洛的社交需要基本相同。具有高合群需要的人，通常从友情、亲情、爱情等社交中得到欢乐和满足。他们喜欢与他人友好相处，保持亲密融洽的关系。

麦克利兰的研究认为，对不同的人，这三种需要的排列顺序和所占比重是不一样的。决定一个人的成就需要有两个因素：直接环境和个性。一个组织的成败，取决于其所拥有的高成就需要的人数。成就需要可以通过后天的教育、培养、训练而获得。

其他的研究结论有：高成就需要者更喜欢具有个人责任感，可以获得工作反馈和中等程度的冒险；高成就需要者未必是一位优秀的管理者，尤其是对规模较大的组织而言；归属需要和权力需要与管理的成功密切相关，最优秀的管理者拥有高权力需要和低归属需要。

在管理当中，对于成就需要较高的员工，应安排其承担具有挑战性和一定风险的工作任务，给予一定的自主权。对于成就需要较低者，可安排一些常规的任务。管理者应采取措施，提供机会，以不断培养和提高员工的成就需要。

（四）双因素理论

美国心理学家赫茨伯格（Frederick Herzberg）于1959年出版的《工作的激励因素》一书中提出了双因素理论。赫茨伯格和他的助手们在美国匹兹堡地区对200名工程师、会计师进行了调查访问，结果发现，影响人们行为的因素主要有保健因素和激励因素两种，它们对激发员工的工作热情、提高劳动效率起着不同的作用。那些只能消除工作中不满情绪，而不能激发员工的工作热情，不能从根本上激励员工的因素叫保健因素；那些能调动员工工作积极性、激发其工作热情、能从根本上激励员工的因素叫激励因素。

保健因素是那些与人们的不满情绪有关的因素，而这些因素是关于工作环境和工作条件的因素，比如组织政策、管理监督方式、工作条件、人际关系、报酬、地位、职业稳定、个人生活需要等。当这些因素恶化到人们认为可以接受的水平以下时，就会产生对工作的不满意。但是，当人们认为这些因素很好时，它只是消除了不满意，并不会导致积极的态度，这就形成了某种既不是满意、又不是不满意的中性状态。

激励因素是指那些与人们的满意情绪有关的因素，而这些因素是关于工作本身和工作内容方面的因素，比如成就、赏识、艰巨的工作任务、晋升、成长、责任感等。如果这些因素具备了，就能对人们产生更大的激励作用。从这个意义出发，赫茨伯格认为传统的激励假设，如工资刺激、人际关系的改善、提供良好的工作条件等，都不会产生更大的激励作用；它们能消除不满意，防止产生问题，但这些传统的"激励因素"即使达到最佳程度，也不会产生积极的激励作用。

所以根据双因素理论，在管理中，应注重对员工的内在激励。比如重新设计工作任务，让员工从工作中获得成就感；对管理层员工及技术人员可实施目标管理，扩大其自主权和工作范围，并提供富于挑战性的工作任务，使其能力得到充分发挥；对员工的成就及时给予肯定、表扬，使其感到自己受到重视和信任。

此外，要正确处理保健因素和激励因素的关系。在对员工的激励中，不应忽视保健因素，但也不应过分注重改善保健因素。要想真正激励员工努力工作，必须注重激励因素。这些内部因素才会增加员工的工作满意感。

【点对点案例】

雷尼尔效应

雷尼尔效应来源于美国西雅图华盛顿大学的一次风波。校方曾经选择了一处地点，准备在那里修建一座体育馆。消息一传出，立即引起了教授们的强烈抵制。

教授们之所以抵制校方的计划，是因为这个拟建的体育馆选定的位置在校园内的华盛顿湖畔。一旦场馆建成，就会挡住了从教职工餐厅可以欣赏到的窗外美丽的湖光山色。原来，与当时美国的平均工资水平相比，华盛顿大学教授们的工资要低20%左右。

很多教授之所以接受华盛顿大学较低的工资，完全是出于留恋西雅图的湖光山色。西雅图位于北太平洋东岸，华盛顿湖等大大小小的水域星罗棋布，天气晴朗时可以看到美洲最高的雪山之一——雷尼尔山峰，开车出去还可以看到一息尚存的圣海伦火山。因为在华盛顿大学教书可以享受到这些湖光山色，所以很多教授们愿意牺牲获取更高收入的机会。他们的这种偏好，被华盛顿大学的经济学教授们戏称为"雷尼尔效应"。

因此可以说明：华盛顿大学教授的工资，80%是以货币形式支付的，20%是由美好的环境来支付的。

运用到企业管理当中，企业也可以用"美丽的风光"来吸引和留住人才。当然，这里的"美丽的风光"是指一个良好的工作环境和企业文化氛围。它作为一种重要的无形财富，起到了吸引和留住人才的作用。

在现代社会中，单纯的薪资的量的变化不一定能提高员工的积极性，管理者要综合考虑薪资结构的变化，包括对个人自我需求最优化的考虑，即考虑如何提高个人的舒适度、个人自我实现度。同时，要寻求薪资量变化中的替代品，如用职位的变动来替代薪水的变化，用企业文化的认同来替代单纯的薪酬变化。只有这样，才能最大限度地吸引和留住人才。

（案例改编自 潘诚."雷尼尔效应"与企业留人. 新一代，2010（6）：20-20.）

思考：待遇留人与环境育人的关系。

（五）期望理论

美国心理学家弗鲁姆（V. Vroom）1964年在《工作与激励》一书中提出了期望理论。

期望理论认为，只有当人们预期到某一行为能够带来既定的成果，并且它对个人具有吸引力时，人们才会采取特定的行动，以达到组织的目标。弗鲁姆期望理论用模型表示如图6-7所示：

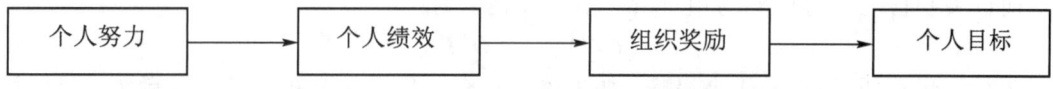

图6-7　弗鲁姆的期望理论模型

根据这一理论，员工对待工作的态度取决于对下述三种联系的判断：

(1) 努力→绩效的关系。付出多大的努力才能达到绩效水平？我是否能达到这一绩效水平？概率有多大？

(2) 绩效→奖赏的关系。当达到这一水平时，会得到什么样的奖赏？

(3) 奖赏→个人目标的关系。这一奖赏能否满足个人的目标？吸引力有多大？

因此，在这三种关系的基础上，个体的行为，受到激励水平高低的影响。激励水平取决于期望值和效价的二者乘积，用公式表示：

$$激励力（M）= 效价（V）× 期望概率（E）$$

激励力：指一个人受到激励的程度，其效果直接表现为人们的积极性。

效价：指一个人对行动的结果能满足其需要的程度的估计，其取值范围为（-1，+1）。

期望值：指被激励对象对目标能够实现的可能性大小的估计，是一种主观概率，其取值范围为（0，1）。这种主观概率受个人因素的影响。

效价和期望值的不同组合，会产生不同的激发力量，决定着不同的激励水平：

$$E 高 × V 高 = M 高$$
$$E 中 × V 中 = M 中$$
$$E 低 × V 低 = M 低$$
$$E 高 × V 低 = M 低$$
$$E 低 × V 高 = M 低$$

弗鲁姆的期望理论的基础是自我利益，认为每一个员工都在寻求获得最大的自我满足。其核心是双向期望，领导者期望员工努力工作，员工期望领导者的奖赏。而理论的假设前提是领导者知道什么对员工最有吸引力，员工根据个人的知觉来进行主观判断，他只要确认自己经过努力工作就能达到所要求的绩效，达到绩效后就能得到具有吸引力的奖励，就会努力工作。

因此，期望理论的关键是正确识别员工的个人目标和判断三种关系，即努力与绩效的联系、绩效与奖励的联系、奖励与个人目标的联系。

期望理论对管理者的启示是，人们可以自觉地评价自己努力的结果和得到的报酬。报酬必须紧密地联系员工为企业做出的贡献行为。企业的奖励制度必须随个人的绩效而定。人们对其从工作中得到报酬的评价（效价）是不同的，有的人重视薪金，有的人更重视挑战性工作。进行奖励时，要因人而异。

（六）公平理论

公平理论是由美国心理学家斯戴西·亚当斯于 1956 年提出的，又称为社会比较理论。这一理论主要研究工资报酬的合理性、公平性对员工工作积极性的影响，是研究人的动机和知觉关系的一种激励理论。

该理论认为，当一个人做出成绩并取得报酬以后，他不仅关心自己所得报酬的绝对量，而且关心自己所得报酬的相对量，用公式表示为：

$$(O/I)_A = (O/I)_B$$

其中，O（Outcome）代表报酬，如工资、奖金、提升、赏识、受人尊敬等，包括物质方面和精神方面的所得；I（Input）代表投入，如工作的数量和质量、技术水平、努力程度、能力、精力、时间等；A 代表当事人自己，B 代表参照对象。

员工选择的与自己比较的参照类型有三类：

（1）其他人：朋友、同事、学生、配偶等。

（2）制度：组织的工资政策与程序以及这种制度的运作。

（3）自我：自己在工作中付出与所得的比率。

通过与其他人相比较，我们通常称为横向比较；与过去的自己相比较，称为纵向比较。

横向比较的结果分成三种情况：

如果 $(O/I)_A = (O/I)_B$，当事人会觉得报酬是公平的，他可能会因此而保持工作的积极性和努力程度。

如果 $(O/I)_A < (O/I)_B$，这时 A 当事人就会觉得不公平，此时他可能会要求增加报酬，或减少投入以便达到心理上的公平。如果处理不好，会出现缺勤、消极怠工等现象。

如果 $(O/I)_A > (O/I)_B$，说明 A 当事人得到过高的报酬或投入较少。在这种情况下，当事人 A 不会要求减少报酬，可能会增加投入来让自己觉得对得起这份报酬。另外一种情形是当事人暗暗觉得高兴，但高兴之余，也会担心这种不公平会影响其他工作伙伴对自己的评价，所以会比较内疚，从而也会影响工作的积极性。

纵向比较也有三种结果：

（1）现在的收付比等于过去，他会认为激励措施基本公平，积极性和努力程度可能会保持不变。

（2）现在的收付比大于过去，他可能不会觉得报酬过高，因为他可能会认为自己的能力和经验有了提高，因而工作积极性不会因此而有大的提高。

（3）现在的收付比小于过去，他会认为不公平，工作积极性会下降。

公平理论对企业管理的启示是非常重要的，他告诉管理人员一个人所得的相对值比绝对值更能影响人的工作积极性。所以管理者需更多地注意实际工作结果与个人所得之间的公平合理性。管理者除了制定公平的奖酬体系外，还要及时体察员工的不公平心理，并认真分析，教育员工正确认识和对待自己和他人。

（七）强化理论

强化理论是美国的心理学家和行为科学家斯金纳（B. F. Skinner）、赫西、布兰查德等人提出的一种理论。该理论认为人的行为是其所获刺激的函数，行为是由环境因素导致的。无论是人还是动物，为了达到某种目的，都会采取一定的行为。当行为结果对他或它有利时，这种行为就会重复出现；反之，当行为结果不利时，这种行为就会减弱或消退。这就是环境对行为强化的结果。强化是指不断通过改变环境的刺激来达到增强、减弱或消失某种行为的过程。

强化的基本方式有：

（1）正强化：奖励那些组织需要（符合组织目标）的行为，从而加强这种行为，使其重复出现。强化手段包括经济的（提薪、奖金）和非经济的（晋升、表扬、在职培训等），其形式有连续强化和间断强化。连续强化指每一种行为都受到强化，比如说员工无论做什么都得到表扬或奖赏。间断强化是指部分行为受到强化，分为固定时间强化（如计时工资）、变动时间强化（随时进行的奖励）、固定比率强化（如销售提成）和变动比率强化（如年终晚会抽奖）。

（2）惩罚：运用消极的结果以阻止或更正不当的行为。惩罚的手段包括经济方面的和非经济方面的，比如减薪、批评、处分等。人们对惩罚和批评有天然的对抗心理。为此，有效的惩罚应注意如下问题：一是惩罚与批评的形式要合适；二是惩罚的内容多样化；三是惩罚与批评要做到严中有情理。

（3）负强化：又称逃避性学习、防止性强化。它是对什么样的行为不符合组织要求以及如果发生将给予何种处罚的规定，使人员对自己的行为形成一种约束力。这种约束、规避的作用使组织所希望的行为得到强化。比如"杀鸡"是惩罚，"儆猴"是负强化。

（4）忽视：对已经出现不符合要求的行为进行"冷处理"，达到"无为而治"的效果。常称之为"自然消退"。自然消退有两种方式：一种是对某种行为不予理睬，以表示对该行为的轻视或某种程度上的否定使其自然消退。另一种是指原来用正强化手段鼓励的有利行为由于疏忽或情况改变，不再给予正强化，使其逐渐消失。

【点对点案例】

老人与顽童

一位老人在一个小乡村里休养，但附近却住着一些十分顽皮的孩子，他们天天互相追逐打闹，喧哗的吵闹声使老人无法好好休息，在屡禁不止的情况下，老人想出了一个办法。

他把孩子们都叫到一起，告诉他们谁叫的声音最大，谁得到的报酬就最多，他每次都根据孩子们吵闹的情况给予不同的奖励。到孩子们已经习惯于获取奖励的时候，老人开始逐渐减少所给的奖励，最后无论孩子们怎么吵，老人一分钱也不给。

结果，孩子们认为受到的待遇越来越不公正，认为"不给钱了谁还给你叫"，再也不到老人所住的房子附近大声吵闹了。

（资料来源：http://www.ceconlinebbs.com/FORUM_ POST_ 900001_ 900055_ 874682_ 0.HTM。）

思考：老人在处理顽童吵闹事件中用了哪些强化方式？

总之，强化理论强调行为是其结果的函数。根据强化理论，在管理中，应该按照强化对象的不同需要采取不同的强化措施。为了提高员工的积极性，对于员工所期望取得的工作成绩应予以明确的规定和表述。对工作绩效的反馈是一种重要的强化形式。为了达到强化效果，应及时反馈，及时强化。注意奖惩结合，以奖为主。定期与不定期奖励相结合。

【知识拓展】

强化理论的应用——汉默尔规则

规则一：不要对所有的个体给予同样的奖励（强化了不好的行为，忽视了突出表现）。

规则二：未能作出反应也会对员工行为产生影响（不及时表扬一个理应受到表扬的下属，会导致他下一次工作不努力）。

规则三：一定要让员工清楚如何做才会得到奖励（下属可以根据此行为标准调整自己的

工作方式)。

规则四:务必告诉下属他们错在哪里(惩罚或收回奖励,却不告诉理由,下属无法消除不良行为)。

规则五:不要当众惩罚员工(会带来一系列的副作用)。

规则六:要公正(一种行为应得到与其结果相对应的奖励,否则会削弱奖励的强化效果)。

三、有效激励手段

(一)物质激励

物质激励就是以物质利益(工资、奖金、福利、奖品等)为诱因对员工进行激励的方法。最常见的物质激励有奖励激励和惩罚激励两种。奖励激励是指组织以奖励为诱因,驱使员工采取最有效、最合理的行为。物质奖励通常从正面对员工引导。组织应根据组织目标的需要,规定员工的行为,如果达到规定的标准,员工可以获得一定的奖励。员工对奖励追求的欲望,会促使他规范自己的行为,积极工作,达到组织奖励的标准。物质惩罚激励,是指组织利用惩罚手段,诱导员工采取符合组织需要的行动的一种激励。惩罚激励常用的手段有扣罚工资、奖金、罚款、赔偿等。

(二)目标激励

通过教育和影响等方式,使员工树立远大理想,并为实现理想而自觉努力和不断奋斗。大多数人都有成就的需要,希望不断获得成功,成功的标志之一便是实现预定的目标。为激励对象确定一个合适的目标,并为其实现目标提供全面的支持,往往能达到很好的激励效果。目标激励除了个人目标具有很大的激励作用外,组织目标往往也会激励员工的斗志和工作热情。

【拓展阅读】

微软的"职业阶梯"

美国微软公司人力资源部制定的"职业阶梯"文件中详细列出员工从进入公司开始一级级向上发展的所有可能选择职务,并且列出了不同职务需具备的能力和经验,这使员工感到个人的职业发展前景乐观,因此很少有人"跳槽"。

(三)股权激励

股权激励是一种通过经营者获得公司股权形式给予企业经营者一定的经济权利,使他们能够以股东的身份参与企业决策、分享利润、承担风险,从而勤勉尽责地为公司的长期发展服务的一种激励方法。

(四)培训激励

培训的激励作用是多方面的,它可以满足员工求知的需求,进而可能胜任更具有挑战性的工作、承担更多的职责，又可以在一定程度上满足其社会需求和自尊的需要。

（五）职工参与管理

职工参与管理，可以使职工或下级感受到上级主管的信任、重视和赏识，能够满足归属感和受人赏识的需要，从而体验到自己的利益同组织的利益及组织发展密切相关而产生的责任感。

（六）荣誉激励

一个人通过视觉感受到的信息，占全部信息量的80%。因此，充分利用视觉形象的作用，激发员工的荣誉感、成就感、自豪感，也是一种行之有效的激励方法。常用的方法是照片、资料张榜公布，借以表彰企业的标兵、模范。有条件的企业，可以通过网络、闭路电视等宣传企业的标兵、模范、优秀员工。

【案例分析】

林肯电器公司的激励计划

林肯电气公司年销售额为44亿美元，拥有2400名员工，形成了一套独特的激励员工的方法。该公司90%的销售额来自生产弧焊设备和辅助材料。

林肯电气公司的生产工人按件计酬，他们没有最低小时工资，员工为公司工作两年后，便可以分享年终奖励。在过去的56年中，平均奖金额是基本工资的95.5%。近几年经济发展迅速，员工年均收入为44 000美元左右，远远超出制造业员工年收入17 000美元的平均水平。

公司自1958年开始一直推行职业保障政策，从那时起，他们没有辞退过一名员工。当然，作为对此政策的回报，员工也相应要做到几点：在经济萧条时他们必须接受减少工作时间的决定；而且要接受工作调换的决定；有时甚至为了维持每周30小时的最低工作量，而不得不调整到一个报酬更低的岗位上。

林肯公司极具成本和生产率意识，如果工人生产出一个不合标准的部件，那么除非这个部件经修改后符合标准，否则这件产品就不能计入该工人的工资中。严格的计件工资制度和高度竞争性的绩效评价系统，形成了一种很有压力的氛围，有些工人还因此产生了一定的焦虑感，但这种压力有利于生产率的提高。据该公司的一位管理者估计，与竞争对手相比，林肯公司的总体生产率是他们的两倍。该公司还是美国工业界中工人流动率最低的公司之一。前不久，该公司的两个分厂被《财福》杂志评为全美十佳管理企业。

（资料来源：http://blog.ceconlinebbs.com/BLOG_ ARTICLE_ 2299. HTM.）

思考：
1. 林肯公司使用了何种激励理论来提高员工的工作积极性？
2. 为什么林肯公司的方法能够有效地激励员工工作？
3. 你认为这种激励系统可能会给管理层带来什么问题？

第四节 沟 通

【导入案例】

　　一个到海边度假的商人站在一个小渔村的码头上，看到载着一个渔夫的小船靠岸。船里放着一些看起来很新鲜的大鱼，商人夸赞渔夫说他的鱼很大很新鲜，并问他捕这些鱼要花多长时间。

　　渔夫回答说："先生，用不了多长时间，我才驾船出海几小时而已。"商人有点困惑地说："显然你捕鱼的工夫非常好，你为何不多捕一点呢？"渔夫笑了起来："我干吗要那样做呢？我需要多余的时间做点别的事。"商人又问："那多余的时间你用来做什么？"渔夫说："我想做什么就做什么。我跟孩子玩耍，陪老婆睡午觉，每晚到村里跟朋友喝喝小酒，唱唱歌。我的生活过得美满又充实。"商人嘲笑地说："哦，你实在是目光短浅。"他抛出名片："我能帮助你。依我的看法，你应该每天多花一点时间打鱼，用赚的钱换一条大一点的船。不出多久，你又可以卖掉大船，再买几艘船，最后你可以自己做生意。你必须雇更多的渔夫，当然，这你不用担心，我刚好认识人，能帮你招聘渔夫。"

　　这时，商人忙拿出笔纸画着图表。"几年后，"他继续说："与其把鱼卖给中间人，不如直接卖给加工厂，最后你可以自己开罐头厂。这样，你就能控制产品的生产和销售。当然，你还必须撤离这个小渔村，在市中心找个合适的地点，你知道，你必须扩大你的市场占有率。也许你会搬到更大的城市，在那里你可以完全掌握成功且不断扩大你的生意。"商人说得有点上气不接下气，他稍微停顿一下，等着渔夫对他的意见表示采纳和感激。渔夫思考了一会儿说："先生，这要花多久时间呢？"商人忙着按计算器和在纸上做笔记，然后回答说："哦，大概……十五到二十年吧。"

　　"先生，这然后呢？"

　　商人笑着说："问得好，当时机对了，我会很高兴给你建议，你可以把公司上市，然后出清你手上的股票，你就会变得很有钱。你可以赚上几百万，甚至上千万。"

　　"先生，几百万几千万吗？"渔夫揉着脸颊问道："那么，接下来呢？"商人说："嗯，最后你可以很有钱地退休，选择一个你和家人想要的生活环境，比如说，你可以搬到你喜欢的小渔村住下。你爱做什么就做什么，你可以陪孩子玩，中午陪老婆睡觉，每晚到村里和朋友喝个小酒，唱唱歌，你可以有个美满又充实的生活。"

　　渔夫歇了一会儿说："先生，谢谢你给我的建议，不过如果你不介意的话，我想我还是省下这十五年，过我现在的生活好了。"

（资料来源：http://www.chinavalue.net/Wiki/威尔德定理.aspx.）

【分析及任务】

　　1. 为什么商人的沟通失败了？
　　2. 结合案例，谈谈什么是沟通？

　　管理离不开沟通，沟通渗透于管理的各个方面。它是人与人之间、组织之间传达思想和交流信息的过程，没有有效沟通就没有管理。

一、沟通概述

（一）沟通的含义

沟通是人类各种活动中最重要的活动之一。纵观人类社会的发展史，其实质是一部人类在不同历史时期进行不同沟通的历史，沟通是伴随着人类社会的诞生而产生的。对于沟通的概念，不同学者从不同的角度进行了不同的阐述。沟通到底是什么呢？目前在学术界还没有统一结论，众说纷纭，莫衷一是。

《大英百科全书》认为，沟通就是"用任何办法，彼此交换信息。即指一个人与另一个人之间用视觉、符号、电话等工具为媒介，所从事的交换信息的方法"。

《韦氏大词典》认为，沟通就是"文字、文句或消息的交流，思想或意见之交换"。

西蒙认为，沟通"可视为任何一种程序，借此程序组织中的某一成员，将其所决定的意见或前提，传递给其他成员"。

斯蒂芬·P. 罗宾斯认为，沟通就是"意义的传递和理解"。

周三多主编的《管理学》（第四版）一书中，对沟通是这样定义的："沟通是借助一定手段把可理解的信息、思想和情感在两个或两个以上的个人或群体中传递或交换的过程，目的是通过相互间的理解与认同来使个人和（或）群体间的认知以及行为相互适应。"

本书对于沟通的认识是这样的：沟通是通过一定的手段，使信息、思想和情感在个人、群体或组织之间进行传递并获得理解的过程。具体可以这样理解：

1. *沟通有着一定的目标*

沟通总是为了达到一定的目标，而不是为了沟通而沟通。这个目标可以是相互传递信息，了解彼此，说明事物等。

2. *沟通是意义上的传递*

如果信息和想法没有被传递到接收者，则意味着沟通没有发生。也就是说如果说话者没有听众或者作者没有读者都不能构成沟通。

3. *沟通的内容是包罗万象的*

在沟通中，双方不仅可以传递信息，说明事物，还可以表达情感，或提出自己的观点、想法等。这样沟通的内容是包罗万象的，概括起来包括：①事实；②情感；③价值取向；④意见、观点。

4. *理解是沟通的终结*

沟通信息不仅需要被传递，还需要被理解。有些人认为沟通的结果必须是双方达成协议，而不是准确地理解信息的意义。比如说，有人不同意我们的观点，不少人认为此人未必能完全领会我们的看法。换句话说，很多人认为良好的沟通是使别人接受我们的观点。但是沟通讲的是你可以明白对方的意思却不同意对方的看法。就像我们在购物时，你可以问明白导购员这个产品是怎么样的，价格多少等等，导购员天花乱坠向你介绍一通它的产品怎么怎么好，价格这么贵是因为用了什么材料，等等，最后你点点头，表示知道了，但你并没有购买他的产品，因为你觉得这个产品并不值得这个价钱。所以说沟通双方能否达成一致协议，别人是否接受自己的观点，往往并不是沟通良好与否一个因素决定的，它还涉及双方根本利益是否一致，价值观念是否相同等其他关键因素。

（二）沟通的过程

从表面上看，沟通就是传递信息的过程。图6-8就描述了沟通的过程。从该过程模型可以看出，一个完整的沟通过程要经过许多环节，并且还要受到各种噪声的干扰。沟通的过程具体表现为以下几个方面：

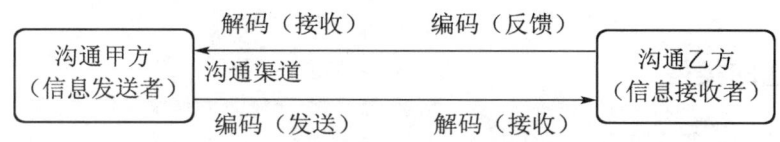

图6-8　沟通的原理图

（1）发送信息。发送者需要向接收者传送信息或者需要接收者提供信息。

（2）编码。发送者将这些信息译成接收者能够理解的一系列符号，这些符号可以是文字、图片、手势、表情等。

（3）传递信息。将上述符号传递给接收者。传递的方式可以是书面的，也可以是口头的，或者是通过肢体动作来表示。

（4）接收。接收者根据这些符号的传递方式，选择恰当的方式来接收这些符号。

（5）解码。接收者将这些符号译为具有特定含义的信息。

（6）接收者理解信息内容。由于双方的背景、价值观等不同，可能会存在理解差异。

（7）反馈。发送者通过反馈来了解他想传递的信息是否被对方准确无误地接受。

同时，从这个模型也可以看出，要达到有效的沟通效果，必须充分考虑以下七个基本要素：

（1）发起者，指主动发起沟通行动的人。作为沟通的发起者，你应该思考，为什么人们应该信任你？你如何才能成为值得信赖而又有效的发起者？

（2）目标。你通过沟通寻求的结果是什么？沟通前缺乏对目标的思考，将会导致盲目、没有结果。

（3）受众（信息接收者）。在开始沟通之前，确定你的听众和他们的需求。听众对你的建议所持有的态度是积极的还是消极的，或者是既不支持也不反对？他们可能对你产生怎样的感觉？你面对的是一个关键听众还是多个听众，是否还有你没有考虑到的潜在听众？

（4）背景。沟通是在具体的环境中发生的。背景包括心理背景、社会背景、文化背景和物理背景。比如说你所在的企业文化与行事规则是怎样的？你需要沟通的事项目前处于怎样的情况与事态？

（5）信息。你应该选择哪些信息来达成你的沟通目标。他们需要多少及何种信息？他们可能会产生何种疑惑，你的建议将如何使他们受益，怎样使你的信息既有说服力又容易被记住，以及怎样最有说服性地组织你的要点。

（6）媒介（或形式）。哪种媒介能最有效地把你的信息传达给每个重要的听众？根据不同的沟通目的与内容，选择适当的沟通形式：包括会议、文件、打电话、发电子邮件、面谈或发传真来与受众沟通。

（7）反馈。沟通不是一个行为而是过程。这意味着在沟通的每个阶段都要赢得听众的支持，更重要的是给他们做出回应的机会。

沟通的七要素，为我们进行沟通提供了一个有指导作用的框架。即使在十分简单的沟通情景中，如果我们能够对沟通的各个要素进行简单的思考，也会对我们如何沟通提供非常有用的帮助。

二、沟通的类型

（一）语言沟通和非语言沟通

按照沟通的编码类型分为语言沟通和非语言沟通（表6-5）。语言沟通又分为口头沟通和书面沟通两种。非语言沟通分为身体语言沟通、副语言沟通和物体操作沟通。

表6-5 口头沟通、书面沟通、非语言沟通、电子沟通的比较

沟通类型	举例	优点	缺点
口头沟通	交谈、讨论会、电话	快速传递、快速反馈、信息量大	易失真，难核实
书面沟通	报告、信件、文件	持久、有形、可以核实	效率低、缺乏反馈
非语言沟通	身体动作、语调、信号灯	内涵丰富、方式灵活	传递距离有限、界限模糊
电子沟通	传真、电子邮件	快速、信息量大、廉价	受硬件影响大、安全性小、易泄露

（1）语言沟通是指用语言符号进行的信息交流，包括口头语和书面语的沟通。一般常用的语言沟通包括口头沟通、书面沟通和电子沟通。

①口头沟通。口头沟通是指用口头语言进行信息交流，如面谈、会议、讨论、演说、报告、小道信息传播等。

②书面沟通。书面沟通是指用文字作为信息媒介来传递信息的沟通方式，如备忘录、通知、内部刊物、公司手册、信函、书面报告、会议记录等。

③电子沟通。电子沟通是指通过互联网、电子邮件、通信软件等信息手段进行的沟通。常见的网络沟通方式有：QQ、MSN、电子邮件、微博、微信、论坛、虚拟社区发表言论等。

（2）非语言沟通是指用非语言符号进行的信息交流。有研究表明，在沟通方式中，语言信息传达大约占35%，非语言信息传达大约占65%。非语言沟通内涵非常丰富，主要包括身体语言（面部表情、动作姿势、服装、空间位置等）、副语言（音调、音量、停顿、重复等）、物体的操作和环境布置等。

①身体语言沟通。身体语言沟通是指通过动态无声性的目光、表情、手势语言等身体动作或身体姿势、空间距离以及衣着打扮等形式来实现沟通。

人们可以通过面部表情、手部动作等身体姿态来传达诸如恐惧、傲慢、愉快、悲伤、不耐烦等情绪或意图。例如，当你正投入工作时，其他的同事过来与你讨论问题，等问题解决之后，那个同事还站着不走，把话题转向了其他的私事。在你的心里，你很希望马上结束这个探讨而继续工作，可是在表面上，你却很礼貌、专注地听着。然而，你的眼睛却不时地看一下你的电脑桌面，不管这些动作是有意的还是无意的，它们都在刻画出你的感觉并暗示这位同事"该是结束话题的时候了"，除非这位同事没有感觉或太专注于自己的谈话，否则谈话很可能就会被彼此间的不默契而结束。

沟通中空间位置的不同，还直接导致沟通者具有不同的沟通影响力。比如老师一直站在讲台上讲课和站在学生中间讲课的效果是不一样的。

沟通者的服饰往往也扮演着信息发送源的角色。有学者认为，在企业环境中，组织成员所穿的服装往往也可以传送出关于他们的能力、严谨程度和进取心等信号。比如，在招聘面试时，可以根据面试者的着装来判断他对这次面试的重视程度。

②副语言沟通。副语言沟通是指通过非语言的声音，如重音、声调的变化、哭、笑、停顿等来实现的。一句话的含义往往不仅决定于其字面的意义，而且决定于它的弦外之音。比如一句简单的"你真行"，当音调较低，语气肯定时，它表示由衷的赞赏；而当音调拉长升高，语气否定时，则变成了刻薄的讥讽和幸灾乐祸。

③物体的操作。人们可以通过对物体的运用和对环境的布置进行非语言的沟通。比如说，在卫生检查时，检查人员和相关负责人在讲话时，心不在焉地用手指擦过桌子，并拿出纸巾擦了擦手。他刚一离开，相关负责人就命令人重新擦一遍桌子。实际上检查人员对清洁桌子一字未提。

（二）正式沟通和非正式沟通

按信息沟通的渠道分类，可分为正式沟通和非正式沟通两种。

1. 正式沟通

正式沟通是指通过组织机构规定的途径所进行的沟通。例如组织与组织之间的公函往来，组织内部的文件传达、召开会议，上下级之间的定期交流等。此外，团体所组织的参观访问、技术交流、市场调查等也属于正式沟通。通常情况下，重要的信息和文件的传达、组织的决策等都采用正式沟通。

按照信息流向的不同，正式沟通可分为上行沟通、下行沟通、平行沟通与斜向沟通。

（1）上行沟通。上行沟通是指信息从低层次向高层次流向的沟通，是下级向上级反映情况或汇报工作的沟通。常见的有下级人员向上级提交的工作绩效报告、合理化建议、员工意见调查表、投诉程序等。丰田汽车公司就建立了合理化建议制度，大大调动了员工的主动性和创造性，为公司的发展获得了很多有用的建议。

（2）下行沟通。下行沟通是指信息从高层次向低层次流向的沟通，也可以理解是组织的领导对员工进行的信息传递与交流。下行沟通常见的方式有上级向下级员工传达政策、目标、计划、分配和指导任务、提供信息反馈、动员大会等。

（3）平行沟通。平行沟通是指组织或群体中的同级机构或同级成员之间的沟通，多用于部门间的协调工作。如同级之间的信息交流会、意见反馈、经验交流等。在企业管理中，平行沟通可以分为四种类型：一是企业决策层与工会系统之间的信息沟通；二是高层管理人员之间的沟通；三是企业内各部门之间的信息沟通与中层管理人员之间的信息沟通；四是一般员工在工作和思想上的信息沟通。

（4）斜向沟通。斜向沟通是指在正式组织中不同级别又无隶属关系的组织、部门与个人之间的信息交流，是非上下级、平级的沟通，这种沟通常带有协商性和主动性。斜向沟通多用于不同部门不同等级之间的工作协商。

综上所述，传统的管理方式偏重于下行沟通，管理风格趋于专制；而现代管理方式则是下行沟通与上行沟通并用，强调信息反馈，增加员工参与管理的机会。而随着企业越来越专业化，重视项目合作与团队合作，平行沟通和斜向沟通出现的概率也越来越大。

2. 非正式沟通

非正式沟通是指以一定的社会关系为基础，在正式渠道之外的沟通活动。这种沟通方式的最大特点是具有偶发性和随机性，它的不可预知性很强，因此会给管理者造成很大困惑。所以，非正式沟通在管理沟通中占有不可忽视的地位和作用。

非正式沟通的主要形式是传闻和小道信息。所谓"传闻"和"小道信息"是不按组织结构中正式的沟通系统传递的信息，而是让信息在组织结构中任意流动，几乎无迹可寻。在组织中，小道信息传播的途径是非正式的，任何一个人都可能在小道信息的传播中扮演一个角色，有的是传播者，有的是制造者，有的只听不传，有的夸大扩散。

而在任何组织中几乎都存在小道信息的传播。组织管理者必须认识到它是一种重要的沟通方式，否认和消灭都是不可取的；可以充分利用非正式沟通为自己服务，使它成为正式沟通的补充；非正式沟通中的错误信息必须"以其人之道，还治其人之身"，通过非正式渠道进行更正。同时管理者必须尽量消除小道信息的不利影响，如建立有效的正式沟通渠道，培养积极向上的沟通氛围，尽可能给员工充分的表达自我的空间。

正式沟通和非正式沟通的特点见表6-6。

表6-6 正式沟通与非正式沟通的特点

类型	优　　点	缺　　点
正式沟通	正规、严肃，约束力强，富有权威性，易于保密，信息的准确性高	沟通成本高；信息传播范围受限，速度慢；失真的可能性大
非正式沟通	有影响力，内容广泛，能传播"内幕消息"，满足员工的需要；沟通方便，传播速度快	随意性强，信息的真实性和可靠性欠缺，可能会破坏正式沟通的效力；有可能导致小群体的滋生，影响组织的凝聚力和向心力

（三）单向沟通和双向沟通

根据沟通时是否出现信息反馈来划分，沟通可以分为单向沟通和双向沟通。

（1）单向沟通是指一方是传递者，而另外一方是接收者。信息的发送者和接收者之间的地位不变。如报告，演讲、发布命令等。一般来说，例行公事、无较大争议的事件、重视速度、维护领导者权威的，可以采用单向沟通。

（2）双向沟通是指双方互为信息的传递者和接收者，两者地位不断发生变化，发送与反馈进行多次，直到双方有了共同的理解为止，如讨论、谈判或谈话等。在双向沟通中，信息发送者可以检验接收者是如何理解信息的，也可以使接收者明白其所理解的信息是否正确，并可要求发送信息者进一步传递信息。双向沟通的主要形式有：面对面交流、电话交流、小组讨论、电子邮件、电话会议、视频会议等。

单向沟通和双向沟通的特点见表6-7。

表6-7 单向沟通和双向沟通的特点

沟通类型	优 点	缺 点
单向沟通	速度快、无干扰、秩序好	没有反馈，实收率低；接收者容易产生挫折、抗拒和埋怨心理
双向沟通	气氛活跃，有反馈；实收率高，人际关系好	速度慢；若反馈信息为负面信息时，会给对方带来很大心理压力

在企业中，单向沟通与双向沟通各有不同的作用。一般情况下，在强调工作速度和工作秩序，或者执行例行公务时，宜用单向沟通；在要求接收者接收的信息准确无误时，或处理重大问题和做出重大决策时，宜用双向沟通。而双向沟通在处理人际关系和加强双方合作方面有着更重要的作用，因而，现代企业的沟通也越来越多地从单向沟通转变为双向沟通，来激发员工参与管理的热情，利于组织的发展。

（四）自我沟通、人际沟通、群体沟通和跨文化沟通

根据沟通主体的不同，沟通可分为自我沟通、人际沟通、群体沟通和跨文化沟通。

（1）自我沟通。自我沟通是指信息发送者和信息接收者都同为一个主体。自我沟通的目的是认知自我，明确自己想向他人传递信息的目的、方式以及可能达到的效果等。自我沟通是人际沟通的基础。常见的自我沟通有自我反省、自我激励、情绪管理等。

（2）人际沟通。人际沟通是指两个人之间的信息交流过程。人际沟通是人与人之间交往、情感交流的重要桥梁。良好的人际沟通有助于建立良好的人际关系。人际沟通的特点是互动性强，增进相互了解和合作。

（3）群体沟通。群体沟通是指两个或两个以上的个体之间进行的沟通，如会议、演讲、小组讨论、朋友聚会等。群体沟通的特点是集思广益，有助于收获更多的信息；缺点是众口难调，存在"从众"现象，易发生冲突。

（4）跨文化沟通。跨文化沟通是指不同文化背景的人之间发生的沟通行为。跨文化沟通可以发生在不同国家之间，也可以发生在不同种族、民族之间。随着全球一体化的进一步深化，跨文化沟通的方式越来越普遍。

三、影响有效沟通的原因

常常会出现这样的现象，有的员工辞职了，我们会很惋惜，其实他也不太想走或者他不知道外面的情况，存在着一些不切实际的想法，因此出现了下面的一段对白。

领导者：我一直以为你知道，我真的很欣赏你，真的不想让你走！
员工：我一直以为你知道，我真的很在乎这个团队，真的舍不得走！
可是，一切已成定局，非常遗憾……

请思考，工作和生活中为什么会有那么多的不满、埋怨和误会？为什么"理解万岁"会让那么多的人产生共鸣？

分享个人信息是避免人际沟通障碍的一个基本条件。20 世纪 50 年代，拉夫特和英格哈姆提出"约哈里窗口"人际互动理论。根据该理论，个人信息按照自己和他人知道与不知道等四种情形，可以划分成四个部分：开放的自我、盲目的自我、隐藏的自我和未知的自我。

（1）开放的自我：个人和他人都知道的信息；
（2）盲目的自我：个人不知道而他人知道的个人信息，例如个人缺点；
（3）隐藏的自我：个人自己知道而他人不知道的个人信息，如个人秘密、个人隐私；
（4）未知的自我：个人和他人都不知道的信息，如个人的潜力或疾病。

有效的人际沟通的基础是彼此互相了解和理解。因此，从沟通的角度来说，与他人分享个人信息，扩大"开放的自我"部分，缩小其余三个"自我"，是促进人际沟通顺畅的途径。扩大开放的自我部分的基本途径是自我表露和反馈。

总之，在沟通的过程中，由于存在着外界干扰以及其他种种原因，使沟通受到阻碍，影响沟通效果。因此组织中的沟通存在着有效沟通的问题。所谓有效沟通是指传递和交流信息的可靠性和准确性高。

（一）从沟通渠道的角度去分析

1. 没有主动去开启沟通渠道

据调查了解，人和人之间的误会产生，很多时候都是由于双方有问题但又没有及时主动和对方沟通而产生的。沟通就是为了"了解自己，了解别人""发现他人的需要，展现自己的需要"。因此，一旦沟通缺失，就容易产生隔膜，长此以往，将造成不可挽回的损失。在组织中，上下级之间就存在严重的沟通缺失问题，特别是中国，很少有员工主动去找上级进行沟通，即使有，也很少有讲真话、心里话。因为员工历来受的教育都是告诉他们要谦虚谨慎，要回避矛盾，回避冲突，不强出头。长期以来，他们已经习惯于"既不反对，也不赞成"，"既不讨好，也不得罪"。而上级也碍于身份问题，高人一等，很难做到屈尊去主动和下属进行沟通，了解问题所在。

由于受到这种等级观念、潜在自我保护意识及中国传统文化和环境的影响，导致上下级之间的误会、隔阂和不理解越来越深，给管理带来了很大的困难。

2. 没有选择合适的沟通渠道

沟通渠道是指信息传播者传递信息的途径，渠道的选择直接关系到传播效果，因此，选择合适的沟通渠道是必要的。如果选错了沟通渠道，则会起到反作用。比如说，应当用正式沟通渠道的事情，却采用了非正式沟通渠道的方式进行；或者，应当采用非正式沟通渠道的事情却错误地以正式沟通形式进行。

3. 没有营造融洽的沟通氛围

在很多时候，我们发现沟通没有达到效果，不是沟通的技巧不对，也不是信息的传递

不准确，而是在信息传递后被有意或无意曲解，或者因为传递对象积极性的原因，信息与传递对象的工作相关性没有被完全挖掘，导致没有达到预期效果。其实，这主要是沟通大环境的问题，或者说是沟通氛围的问题。当沟通双方一开始就站在对立面，抱有抵触情绪，无论信息怎样被准确传递，无论采取什么媒介、什么方式传递，沟通都不会达到目的。总之，良好沟通的先决条件是和谐的气氛。这种氛围，与人的心理感受息息相关。如果沟通者态度傲慢无礼、粗暴易怒、虚情假意等，就容易形成防御性的沟通氛围。在防御性的沟通氛围下，人们变得谨慎和退缩。有两种表现，一种是沉默以自保；另一种是反攻，致力于证明自己正确，且有时会变得偏激，这都会影响沟通的效果。

（二）从编码的角度去分析

1. 语言表达能力不佳或欠缺

信息发送者的语言表达能力不佳或欠缺，使沟通达不到预期效果。如层次不清，观点不明；逻辑混乱，没有条理；啰唆重复，模棱两可；词不达意，表述不清等，都会使接收者理解困难，理解错误，甚至无法理解。

2. 不懂得说话的技巧或艺术

在沟通过程中，人们不仅仅在意所接收到的信息是什么，而且更在意是怎么表达的。如果在沟通中忽略了这些，可能会导致沟通失败。比如说，某晚会主持人在领导讲话之后，说了一句"请领导下台"，顿时整个晚会鸦雀无声。每个人的受教育程度、生活环境、工作经历、知识背景、所处的立场都不尽相同，对同一信息的理解常常发生差异，所谓"仁者见仁，智者见智"就表明了不同背景的人对同一信息的理解不同。发送者按照自己的意思编码，接收者按照自己的理解进行解码，难免会产生差异，因此在进行信息的编码过程中，需要从对方的角度去进行信息的表达。

3. 进行信息过滤

沟通是一个信息交流的过程。如果双方所掌握的信息不足或极不对称，将大大降低沟通效果。在沟通过程中，有时候信息发送者故意操纵信息，进行信息过滤，使信息显得更容易接受。比如，下属在向经理报告结果的时候，总会选择所取得的成绩，而对其中的一些不好的结果自动忽略掉，这就是信息过滤。通用电气公司的前任总裁曾说过："由于通用电气公司每个层级都对信息进行过滤，使得高层领导者不可能获得客观信息，因为"低层次的管理者们以这种方式提供信息，他们就能获得自己想要的答案。这一点我很清楚，我曾经也在基层做过，也曾使用过这种手段"。而接收者在接收信息的时候，有时也会按照自己的需要对信息进行过滤，对有利于自己的信息大加渲染，对不利的信息则轻描淡写或忽略不管。

4. 未注重非语言信息的应用

有人总结出如下的公式：沟通的效果 = 文字语言（7%）+ 有声语言（38%）+ 肢体语言（55%）。从上面这个公式看到，文字语言的沟通效果所占用的比例还不足10%，而肢体语言的沟通效果达到55%。所谓听到的不如看见的，眼见为实，就是这个意思。从心理学的角度来看，人们更倾向于相信自己的眼睛，他们相信一个人的肢体语言是其真实心理活动的体现，难以掩藏与作假。而在现代，为了追求沟通效率，采用更多的新型工具进行沟通，比如说传真、短信、网络聊天软件、邮件等，而忽视了非语言信息的应用，致使沟通效果大打折扣。因此，能当面沟通的，绝不打电话；能打电话的，绝不发短信（邮件、网络聊天）；必须发邮件的，要尽量辅以电话的方式进行进一步沟通。

5. 未能有效控制自己的情绪

在沟通过程中，沟通双方的心理变化也会影响沟通效果。心理因素包括认知、态度、情绪、情感和人格等方面。沟通双方往往会因为对事物或问题的认识不同，对事物或问题持有的态度不同，造成沟通的障碍。同时，沟通双方的情绪、心境状态、气质和价值观的差异等，也会带来障碍，影响沟通效果。而沟通过程中，情绪变化的影响是最直接的。

（三）从解码的角度去分析

1. 选择性知觉

在沟通过程中，人们容易犯选择性知觉的错误。选择性知觉是指个体通过媒介信息来感知他们想要感知的信息而自动忽略其他相反的信息的过程。表现在沟通中就是指信息接收者会根据自己的需要、动机、经验以及其他个人特质而选择去听或去看他人传递给的信息。解码的时候，接收者还会把自己的兴趣、偏好和期望带到信息中，从而会造成一些信息的缺失。外在最基本的表现之一为听而不闻。接收者对沟通的内容不感兴趣，或者没有认识到沟通的重要性，致使在沟通过程中心不在焉，只沉迷于自己的世界，对其他人的话如同耳边风，完全没听进去。第二种表现是假听，做出聆听的样子让对方看，但是根本没有用心在听。多是出于礼貌，或迫于对方的身份、地位，而委曲求全的一种行为，常表现为"嗯""喔""哎"或者不断点头。第三种表现是选择性地听，就是只听内容的一部分，倾向于听期望听到的内容，对自己不感兴趣的部分，可能充耳不闻或者假听。比如说开会时，领导进行了大篇幅的年度总结和明年工作的部署，会后问员工，领导讲了什么，可能很多员工说不记得，但是如果领导说明年加薪，这下员工可能就会马上精神了。

2. 同理心缺失，未能换位思考

很多人常戴着有色眼镜与对方沟通，或有选择地接受信息，选择性失明，不能够客观地就事论事、实事求是地去分析沟通信息，不能换位思考，缺乏同理心。例如下面这个故事：

一只小猪、一只绵羊和一头乳牛，被关在同一个栅栏里。有一天，当牧人捉住小猪时，它大声嚎叫，猛烈地抗拒。绵羊和乳牛讨厌它的嚎叫，便说："他也常常捉我们，我们并不大呼小叫！"

小猪听了后回答道："捉你们和捉我完全是两回事，他捉你们，只是要你们的毛和乳汁，但是捉住我却是要我的命啊！"

【拓展阅读】

沟通的位差效应

"沟通的位差效应"是美国加利福尼亚州立大学对企业内部沟通进行研究后得出的重要成果。他们发现，来自领导层的信息只有20%～25%被下级知道并被正确理解，而从下到上反馈的信息则不超过10%被正确理解，平行交流的效率则可达到90%以上。进一步研究发现，平行交流的效率之所以如此之高，是因为平行交流是一种以平等为基础的交流。

平行交流，就是领导者在消除等级障碍的前提下，以与员工平等的姿态在企业内部进行的各种上下级交流。它的核心理念是：平等与信任。

许多企业都十分注重应用平行沟通法则，这种沟通法则能有效消除机制中的等级障碍，改善沟通环境。

微软公司是IT行业的精英人才库，微软的成功固然有多方面的经验可以总结，但其中一个不同于其他企业的显著特色，就是公司为了方便员工之间以及上下级之间的沟通，专门建立了一个四通八达的公司——"内部电子邮件系统"。微软的员工认为，内部电子邮件系统是一种最直接、最方便、最迅速，也最能体现尊重人性的工作沟通方式。

有位女员工非常仰慕比尔·盖茨，但很少有机会能与比尔·盖茨直接见面，她就通过内部电子邮件系统约见比尔·盖茨，比尔·盖茨当时很忙，就说："等我有时间，我再约你"，后来比尔·盖茨果真通过内部电子邮件系统赴了约。

当然，并不是说只要员工提出要求，公司就必须采纳，关键在于创造了一条有效的沟通渠道。由此可见，微软内部的电子邮件系统为公司员工和上下级的交流提供了最大的方便，为消除彼此间的隔阂，保持人际关系的和谐畅通，以及为拴住人心、留住人才发挥了极大的作用。

美国著名未来学家约翰·奈斯比特曾说："未来的竞争将是管理的竞争，竞争的焦点在于每个社会组织内部成员之间及其外部组织的有效沟通上。"

成功的管理者应该让每一位员工都感到自己是公司中平等的一员。只有让他们将自己的建议与意见毫无保留地表达出来，企业的各个管理层之间、各个部门之间才能进行真正有效的沟通。

四、提高有效沟通的技巧

为了达到沟通的目的，提高沟通效果，必须提高有效沟通的技巧，克服沟通障碍。下面是一些切实有效的方法。

1. 正确使用语言和文字，加强语言表达能力

（1）尽量使用通俗易懂的语言和文字，减少歧义的发生。措辞得当，不滥用词藻，不讲空话、套话。在非专业性沟通时，少用专业性术语。

（2）语言要精练、清晰、有条理。想要表达得好，最有效的方法，就是在开口前，先把话想好。将要表达的内容浓缩成几个要点，用简洁、精炼的语言表达出来；少讲些模棱两可的话，多讲些语意明确的话，要言之有物；条理要清楚，逻辑要严谨，可以采用"总述、分条阐述、总结"的方式。

2. 巧用语言的艺术

为了达到沟通效果，巧用语言的艺术，就是说话说得让对方听得进去，让对方乐于接受，能够引起对方的共鸣，进而引发共同的行为。德鲁克认为，人们喜欢听他们想听的话，他们排斥不熟悉和具有威胁性的语言。因此，语言的艺术非常重要。说话，不仅在于你说什么，而更在于你是怎样说的。比如在劝诫时，要懂得委婉；在批评时，要尽量顾及对方的面子，先肯定后否定；在说服时，尽量做到有理有据，巧用数据、故事、案例来增添说服力；在报告时，尽可能考虑到看报告人的偏好，对语言进行艺术加工，让看者舒服。

【拓展阅读】

说服的艺术

第二次世界大战期间，一些美国科学家试图说服罗斯福总统重视原子弹的研制，以遏制法西斯德国的全球扩张战略。他们委托总统的私人顾问、经济学家萨克斯出面说服总统。但是，不论是科学家爱因斯坦的长信，还是萨克斯的陈述，总统一概不感兴趣。

为了表示歉意，总统邀请萨克斯次日共进早餐。第二天早上，一见面，罗斯福就以攻为守地说："今天不许再谈爱因斯坦的信，一句也不谈，明白吗？"

萨克斯说："英法战争期间，在欧洲大陆上不可一世的拿破仑在海上屡战屡败。这时，一位年轻的美国发明家富尔顿来到了这位法国皇帝面前，建议把法国战船的桅杆砍掉，撤去风帆，装上蒸汽机，把木板换成钢板"。

"拿破仑却想，船没有帆就不能行走，木板换成钢板就会沉没。于是，他二话没说，就把富尔顿轰了出去。历史学家们在评论这段历史时认为，如果拿破仑采纳了富尔顿的建议，19世纪的欧洲史就得重写。"

萨克斯说完，目光深沉地望着总统。总统默默沉思了几分钟，然后取出一瓶拿破仑时代的法国白兰地，斟满了一杯，递给萨克斯，轻缓地说："你胜利了。"萨克斯顿时热泪盈眶，他终于成功地运用实例说服总统做出了美国历史上最重要的决策。

（资料来源：https://club.1688.com/article/33415496.htm，有删减.）

3．重视非语言信息的应用

彼得·德鲁克讲，人无法靠一句话来沟通，总是得靠整个人来沟通。因此，要非常注重非语言信息的表达，如眼神、声调、面部表情、身体姿势、手势等。比如，用友好的眼神，诚恳而又坚定地看着对方，面带微笑，声音亲和，并辅以大方、自信的手势进行沟通。倾听时身体前倾，以表示诚恳和专注。

在管理沟通中，非语言沟通如手势、表情等往往比语言沟通更能打动人，如在表扬员工时再加上点头、握手、微笑等非语言沟通，沟通效果会更好。

4．做好情绪控制

如果在沟通的过程中，因出现分歧或不够理性，导致情绪失控，不仅不能够达到沟通的预期效果，反而会造成完全相反的效果。情绪控制不佳，很容易因冲动而失去理性，说了不该说的话，做了不该做的决定。而一旦这样，往往需要花费极大的代价来弥补，正所谓"一言既出，驷马难追""病从口入，祸从口出"，甚至让事情不可挽回，造成无法弥补的遗憾。所以在沟通过程中，尽可能控制好自己的情绪，营造良好的沟通氛围。

5．善于有效倾听

所谓倾听，就是做到用耳听，用眼睛观察，用嘴提问，用脑思考，用心灵感受。所谓有效倾听就是指在倾听过程中，对信息进行积极主动的搜寻和获取，且能够换位思考听懂别人的意思。子曰："不患人之不己知，患不知人也"。意思是不要怕别人不了解自己，只怕自己不了解别人。有效倾听能让你了解你的沟通对象想要什么，什么能够让他们感到满足，什么会伤害或激怒他们。

要有效倾听，必须养成良好的倾听习惯：

（1）专注。倾听要集中注意力。与对方沟通，最佳策略是先不讲话只倾听，而且必须放下手边的工作，眼睛看着对方，点头微笑并表示了解（并非认可），因为倾听，有时候问题就解决了一半。

俗话说，在哪里说得愈少，在哪里听到的就愈多。而且，只有很好地听取别人的想法，才能更好地说出自己的想法。倾听时，身体要前倾，态度要诚恳，表现出专心和有兴趣的样子，让别人愿意为你敞开心扉。

（2）不要打断对方。轻易地打断对方，没有充分获取对方的信息，容易造成误判断。同时，这也非常不礼貌，给人一种还不成熟的表现。因此，绝不要轻易打断别人，要耐心等待别人把话讲完。

（3）询问互动。在倾听过程中，当别人表达完毕，遇到自己不理解的地方，要询问互动，尽量挖掘充足的信息，不要不懂装懂。

（4）目光接触。倾听时，要和对方目光接触，注意观察对方的非语言信息，通过观察对方的表情、动作、姿势等来判断对方的态度、情绪等，并听出弦外之音，也就是猜中对方的心思。

6. 富有同理心

由于人与人之间：教育背景、文化、经验、阅历、立场、价值观、性格、性别差异等等，不同人的大脑接收到同样的信息会产生不同的反应。

因此，沟通时将心比心，换位思考，设身处地地为对方着想就显得非常必要。只有转换你的角色，真诚地为别人着想，才能从对方的角度分析出问题的所在，你的话语才能让他感同身受，才能打动他的心，你才能最终实现你沟通的目的。

有句英国谚语说："要想知道别人的鞋子合不合脚，穿上别人的鞋子走一英里。"富有同理心的沟通，没有更多的技巧，就是以心换心、换位思考。在同样时间、地点、事件里，把当事人换成自己，设身处地去感受、去体谅他人，就是同理心。

7. 创造一个相互信任、有利沟通的环境

信任是有效沟通的重要保证。在企业中，上下级之间、同事之间的信任不是一蹴而就的，是一天天的相处中，诚心诚意争取而来的。尽可能营造一个相互信任、有利沟通的环境，促使组织内的沟通顺畅。

【拓展阅读】

海尔集团的雷鲍夫法则

雷鲍夫法则是由美国管理学家雷鲍夫提出的，他从语言交往的角度，言简意赅地揭示了建立合作与信任的规律。每一位优秀的管理者都应该明白，信任和尊重员工是一种基本的激励方式。

海尔集团就是尊重和信任员工的典范。海尔的管理者张瑞敏对员工说："你能翻多大的跟头，就给你搭多大的舞台。"

任晓全是海尔的一名普通员工，他从技校毕业后就一直在海尔的冰箱车间工作。工作期间，他充分发挥自己善于钻研的精神，为公司解决了冰箱溢料的问题。他的发明一提交便立刻得到推广，他自己则被评为优秀员工，受到全厂表扬。此后，由于表现出色，任晓全还被提升为车间主任。

从任晓全的经历来看,如果他的发明没有得到公司的承认,或者公司对他的发明表示怀疑,那么结果很可能是截然相反的。

在我们着手建立合作与信任的时候,应该将雷鲍夫法则自觉而灵活地运用到我们的交流与沟通之中,自然就会产生事半功倍的效果。

(资料来源:http://dushu.qq.com/read.html?bid=139491&cid=7,有删减.)

8. 建立多种沟通渠道

顺畅的沟通渠道是使沟通得以顺利进行的一大保证。面对不同的沟通对象,或面临不同的情形,应该采取不同的沟通渠道。例如:丰田汽车公司建立了合理化建议制度;海底捞公司为了加强员工与上下级之间的沟通,采取了很多措施,如新员工上班第一天,店长、经理要把自己的联系方式告诉新员工并请对方吃饭,举行经常性的员工会议。员工之间不分等级都一律以兄弟姐妹相称等。营造一种坦率、自由的沟通氛围,缩小管理者与被管理者之间的距离,自然会使沟通效果成倍提高。

五、组织协调、冲突与冲突管理

(一)组织协调

协调是组织管理的一项重要活动和职能。组织协调是指为完成一定的任务而对人、财、物及各种资源进行安排、调配、整合的过程。协调的关键是职位权力的运用。领导善于协调还是不善于协调,可能会使同样的组织权力产生不同的权力效应。协调的最终目的是解决组织内外冲突,使个人目标与组织目标一致,促成组织目标的实现。

根据协调对象的不同,组织协调可以分为纵向协调和横向协调。纵向协调就是组织中上下关系的协调,包括协调同上级的关系(包括上级领导、单位和部门的关系),也包括对下属、下级部门和下级单位之间关系的协调。横向协调是指同级左右关系的协调,包括协调同级管理部门和单位的关系,也包括协调同级管理人员之间的关系。

根据组织关系的不同,协调也可以分为内协调与外协调。内协调就是组织内部各部门、人员之间的协调。外协调是组织同组织外其他单位、部门等的协调。

根据协调内容的不同,协调可以分为政策协调、人事协调、事务协调和社会关系协调。政策协调是指对政策所涉及的各种社会关系和矛盾进行协调。人事协调是指对组织中的人事关系和矛盾进行协调。事务协调就是对组织内的各种日常事务和矛盾进行协调。社会关系协调就是指对组织的社会关系和矛盾进行协调。

管理者在进行协调活动和工作时,要始终牢记组织协调的目的在于实现组织的整体目标。所以在进行协调时,务必把全局利益放在第一位。当然,在坚持全局利益的前提下,也要兼顾局部利益。其次,在进行组织协调时,要注意综合平衡,各方协调,不能厚此薄彼。再者,面临多项协调工作时,需要做到有主有次,有轻有重,有先有后,注重重点,照顾一般。最后,在进行协调工作时,学会相互尊重、理解,不能以权压人,发扬民主,提倡平等协商。

【点对点案例】

四面楚歌的杨经理

公司技术部经理杨志和是一位小有名气的技术专家,领导技术部的人员攻克了一个又一个技术上的难关,为公司的发展做出了很大贡献。但工作一段时间后,新的矛盾出现了:杨经理与他的顶头上司——公司主管技术的副总经理经常意见相左,副总经理认为他居功自傲,已经产生较大的隔阂;杨经理的部下也怨声载道,抱怨他一副冰冷的面孔,动辄训斥,下级的不同意见根本听不进去。而且,祸不单行,技术部的重要合作伙伴对于一个长期合作的项目竟然提出要中止合作。杨经理已陷入四面楚歌的困境。

思考:
1. 你认为应该怎样协调上下级关系?
2. 你能为这位杨经理提出改善关系的建议吗?

(二)组织冲突

组织冲突是指两个或两个以上的成员、群体或组织,由于某种差异而引起的抵触、争执或争斗的状态。冲突也表现在某个目标上互不相容或互相排斥,从而产生心理上或行为上的矛盾。

组织冲突的产生不仅会使个体体验到一种过分紧张的情绪,而且会影响正常的群体活动与组织秩序,对管理产生重大的影响。在管理学中,组织冲突既包括群体内个人与个人之间的冲突,也包括群体与群体之间的冲突。

要了解冲突,前提是了解出现差异的原因及其表现形式。一般来说,导致冲突出现的原因大致有三类。

1. 沟通因素

大多数组织冲突可以归咎于组织沟通不良。完善的沟通可以让接收者对信息源发出的信息得到毫无差错的理解。但在实际工作中完善的沟通几乎不存在,由于这一因素的影响,在沟通过程中有许多误解。由不成功沟通引起的冲突不同于本质目标对立的冲突,但它仍然有着强大的影响力。

2. 结构因素

(1)组织规模的大小。组织行为学家罗宾斯总结了有关冲突和组织规模之间的关系,他发现一致的结果是:组织规模越大,冲突越大。原因可能是规模越大,分工越多,层次越多,因此信息在传递过程中越易被曲解。

(2)成员参与管理的范围。一般认为,上级邀请下级参与管理可以满足下级受尊重的需要,因此可以融洽员工之间的关系;下级参与越多,冲突就会越少。但有关研究表明,下级参与管理程度越高,其冲突水平也越高。原因是参与者越多,其个体差异也越大。此外,仅仅参与管理并不等于所提建议必被采纳,如建议不被采纳,下级无权把自己的想法付诸实施,反而会影响组织内部的成员关系。扩大参与所引起的冲突并非都是有害的,如果这种冲突可以增加群体的绩效,则组织应该予以鼓励。

(3)直线组织与外围组织的矛盾。冲突的经常性来源是组织中直线组织和外围组织之间的矛盾。直线组织的工作直接关系到组织的核心业务活动。比如，在工矿企业，生产部门是直线组织；在商业单位，市场销售部门是直线组织。外围组织，比如研发部门、公关部门、人事部门等，其工作是辅助直线组织更好运作核心业务。由于直线组织和外围组织的职能不同、目标不同、成员的价值观和背景不同，因此它们之间常有冲突。例如，直线组织更加关心经营，而外围组织则不直接参与主营核心业务活动；直线组织成员强烈地认为自己是组织的一员，而外围组织成员则更倾向于把自己归入一个专家群体（而不是组织中的一员）。所以，直线组织成员往往对组织很忠诚，而外围组织成员则时常对组织的事务提出批评；直线组织成员关心的是日常工作，而外围组织成员则更关心长远的问题。

（4）资源分配不均衡引发的矛盾。在使用组织的资源时，群体之间往往会发生冲突。如果有足够的资金和其他资源，冲突就不会发生。但组织往往并不拥有如此丰富的资源。因此，各群体之间为了资源的分配往往产生冲突，导致协作的不良。例如，如果组织奖励是以一方多得，而另一方必然少得的方式发放，那就很容易引起个人、群体和组织之间的冲突。

3. 个体人为因素

每个人的社会背景、教育程度、阅历、修养，塑造了每个人各不相同的性格、价值观和作风。人们之间这种个体差异造成的合作和困难往往也容易导致某些冲突。如果管理者的价值观比较传统，那么，把这样的管理观念强加给年轻人必然引起冲突。同样，管理者如果喜欢以某种固定模式看待组织成员，那么他的这种知觉方式也会导致其与组织内持不同思维模式者间产生冲突。

（三）组织冲突管理

如何处理组织冲突呢？有三种观点：

第一种观点是传统的组织冲突观点，存在于 19 世纪末到 20 世纪 40 年代，认为组织应避免冲突，冲突本身表明组织内部的机能失调。这种观点认为冲突是有害的，对组织无益。

第二种观点是冲突的人际关系观点，存在于 20 世纪 40 年代到 70 年代末，认为冲突是任何组织不可避免的产物，但它同时指出，冲突并不一定会对组织产生危害，相反冲突可能是有利于组织的积极动力。这一观点主张接纳冲突，使冲突的存在合理化，并希望将冲突转化为有利于组织的程序。

第三种观点是冲突的相互作用观点，是当今主流的冲突观点，认为冲突不仅可以成为组织中的积极动力，而且其中有些冲突对于组织的有效运作是必要的。这种观点主张管理者维持一种冲突的最低水平，以便使组织保持创新的激发状态。

组织保持适度的冲突，使组织养成批评与自我批评、不断创新、努力进取的风气，就会出现人心汇聚、奋发向上的局面，组织就有旺盛的生命力。因此，冲突的管理就包括两个方面：一是管理者要设法消除冲突的负面效应，不要让这些功能失调的冲突破坏组织的正常运行。二是要求管理者激发冲突，利用和扩大冲突对组织产生的正面效应。一般通过冲突合法化、引入竞争来激发冲突。

【阅读思考】

鲶鱼效应

　　西班牙人爱吃沙丁鱼，但沙丁鱼非常娇贵，极不适应离开大海后的环境。当渔民们把刚捕捞上来的沙丁鱼放入鱼槽运回码头后，用不了多久沙丁鱼就会死去。而死掉的沙丁鱼味道不好，销量也差。倘若抵港时沙丁鱼还活着，鱼的卖价就比死鱼高出若干倍。为了延长沙丁鱼的存活期，渔民们想了许多方法。后来渔民想出了一个法子，将几条沙丁鱼的天敌鲶鱼放在运输容器里。因为鲶鱼是食肉鱼，放进鱼槽后，鲶鱼便会四处游动寻找小鱼吃。为了躲避天敌的吞食，沙丁鱼自然加速游动，从而保证了旺盛的生命力。如此一来，沙丁鱼就一条条活蹦乱跳地回到渔港。这在经济学上被称作"鲶鱼效应"。

　　启示：在管理学中，当组织处于一潭死水时，这个组织的绩效肯定不会高，因此，要想办法激发冲突。事实证明，在组织中，需要有积极健康的冲突；员工也一样，需要有正当的竞争机制。只有外有压力，内存竞争气氛，员工才会有紧迫感，才能激发进取心，企业才有活力。一个公司，如果人员长期固定，就缺乏活力与新鲜感，容易产生惰性。因此有必要找些外来的"鲶鱼"加入公司，制造一些紧张气氛。当员工们看见自己的位置多了些"职业杀手"时，便会有种紧迫感，知道该加快步伐了，否则就会被淘汰。这样一来，企业自然而然就生机勃勃了。当压力存在时，为了更好地生存发展下去，人们必然会更用功，而越用功，跑得就越快。适当的竞争犹如催化剂，可以最大限度地激发人们体内的潜力。

（案例改编自：https://baike.baidu.com/item/鲶鱼效应/753597? fr = aladdin.）

　　怎么管理冲突呢？一般来说采取以下方式来管理冲突。

　　（1）谨慎选择，坚持例外原则。组织中每天出现的冲突各种各样，管理者的精力、能力是有限的，不能全部都纳入囊中，一一插手处理。管理者应有的放矢，谨慎选择，应当选择那些员工关心、影响面大，对影响推进工作、打开局面、团队员工等非例行的冲突亲自处理，其余的可以由下属自行处理。

　　（2）理清相关事项。冲突是什么？哪些人卷进了冲突？冲突双方的观点是什么？差异在哪？双方的真正目的是什么？代表人物的价值观、性格特点、偏好等怎么样？

　　（3）深入挖掘冲突的根源。不仅仅要了解产生冲突的表面原因，还要深入挖掘深层的、没有说出来的原因。利用5WHY分析法，寻根问底。

　　（4）妥善地选择处理办法。通常的冲突处理方式有：回避、迁就、强制、妥协、合作。当冲突双方情绪难以自控时，回避策略可以避免冲突扩大化；当维持双方和谐的关系比较重要时，可以采取迁就、忍让策略；当必须对重大事件或紧急事件进行迅速处理时，可以采取强制策略；当冲突双方势均力敌、争执不下时，可以采取折中、妥协策略；当事件十分重大，双方不能妥协时，经过沟通了解双方的差异所在，通过谈判找到双赢的解决方式。

【案例分析】

顺德汽车公司解决冲突的办法

　　××汽运公司是一家有着悠久历史的老牌国有企业。根据区政府的工作部署，策划企业转制，并最终于 2005 年中旬被一家颇具实力的大型民营企业收购。

消息一传出，就引起员工的强烈反应。这个公司老员工多，工龄最长者达四十多年。与大多数国有企业一样，公司存在人员年龄老化、欠缺先进的管理制度、一家几口都在同一企业工作等问题。因此，绝大部分员工都担心企业转制之日就是自己失业之时，对企业转制十分抵触，私下议论纷纷。潜在冲突已有所表现。

经过一段时间的酝酿与筹划，公司转制员工安置草案终于公布。大部分员工的情绪十分激动，认为公司决策层与区政府未能充分考虑广大员工的切身利益。冲突开始加剧：公司近 80% 的员工联名写信上访，要求区政府修改员工安置方案的相关条款；员工无心工作，劳动纪律松散，工作效率低下，公交车驾驶员开快车、抢道、飞车过站、不准点发车的情况屡有发生，旅客投诉量剧增。

为更好地了解情况、化解冲突，公司决策层主动召集职工代表大会讨论员工安置方案，广泛听取员工意见并积极向区政府有关部门反映；区政府有关部门也根据公司的建议对员工安置方案进行了合理修改，并按国家相关政策的规定，重新公选职工代表，并先后两次召集职工代表大会讨论、投票通过了员工安置方案。由于职工代表是由全体员工公平、公正、公开选出的，代表的是全体员工的心声，方案得到了全体员工的认可。在公司决策层的努力下，方案得以实施。员工既得到了买断工龄的补偿金，又与新公司重新签订了为期三年的劳动合同，各项安排也得以落实。公司的运作秩序迅速恢复，各项工作重新走上正轨。为了改善市民出行条件及驾驶员工作环境，新公司投入巨资新置近百辆公交车投放使用，同时加强公交驾驶员的素质教育及安全教育工作，要求他们安心并珍惜本职工作。驾驶员感受到了公司对他们的人本关怀，士气重新振作，服务质量大大改善。旅客满意度提升。

（资料来源：https://wenku.baidu.com/view/f8c5b17e8762caaedc33d443.html，有删减。）

思考：
1. ××汽运公司这一次冲突是良性冲突还是恶性冲突？为什么？
2. 分析××汽运公司是如何解决冲突的？
3. 在冲突的解决过程中，沟通起到什么作用？

【本章小结】

1. 领导指在特定的环境和条件下，带领和指导组织实现共同确定的目标的各种活动的总和。领导的本质是影响力。领导的影响力又称领导力。领导力的来源有职位赋予的法定权力（包括强制权力、奖励权力、惩罚权力）和领导自身的影响力（包括专家权力和人格魅力）。领导理论归纳为领导特质理论、领导行为理论和领导权变理论。领导的艺术包括授权艺术、决策艺术和用人艺术。

2. 激励是指通过内部和外部的刺激，借助信息沟通影响组织成员的内在需求或动机，从而加强、引导和维持组织所希望的成员行为，以有效地实现组织目标和成员个人目标的活动或过程。激励理论是在实践中逐步发展和日臻完善的，根据研究的对象不同主要有三种类型：内容型激励理论（包括马斯洛需求层次理论、ERG 理论、麦克利兰的成就需要理论、赫茨伯格的双因素理论）、过程型激励理论（包括弗鲁姆的期望理论和亚当·斯密的公平理论）和行为改造型激励理论（强化理论、挫折理论）。有效的激励手段有：物质激励、目标激励、股权激励、荣誉激励、参与激励等。

3. 沟通是管理者必备的一项重要才能。沟通是指运用语言、文字或一些特定的非语言行为（指外表、脸部表情、肢体动作），把自己的信息、思想、情感等有效传递给对方并达成共识的过程。沟通具有七个要素，分别是目标、发起者、背景、受众、媒介、信息、反馈。沟通可以分成不同类别，比如说语言沟通和非语言沟通；正式沟通和非正式沟通；单向沟通和双向沟通；自我沟通、人际沟通和群体沟通；上行沟通、下行沟通、平行沟通和斜向沟通。造成沟通障碍的要素有人为因素障碍、社会因素障碍和物理因素障碍。有效沟通的技巧有：正确运用语言、有效倾听和富有同理心等。

4. 组织协调是指为完成一定的任务而对人、财、物及各种资源进行安排、调配、整合的过程。协调的关键是职位权力的运用。组织协调的原则有统筹全局原则、综合平衡原则、主次有序原则、互相尊重原则、民主协商原则。

5. 组织冲突是指两个或两个以上的成员、群体或组织由于某种差异而引起的抵触、争执或争斗的状态。造成冲突的原因有沟通因素、结构因素和个体人为因素。对于冲突的管理有两种方式：消除冲突的负面效应，很好地利用冲突的积极效应。

【复习思考题】

1. 什么样的人可能是管理者而不是领导者？什么样的人是领导者而不是管理者？什么样的人既是管理者又是领导者？
2. 一名领导者可以使用的权力有哪些来源？
3. 怎样来提高个人的领导力？有哪些途径？
4. 什么是领导特质？有关领导的特质理论告诉我们哪些信息？
5. 费德勒权变模型中的情境因素是什么？
6. 根据费德勒的模型：①什么时候任务取向的领导者更有效？②什么时候关系取向的领导者更有效？
7. 在情境领导理论中，下属的成熟度对领导风格的选择有什么影响？
8. 如何运用路径－目标理论解释领导？
9. 授权与领导有哪些关联？
10. 什么是动机？为什么马斯洛的需要层次理论是一种动机理论？
11. 描述赫茨伯格的双因素理论。
12. 在工作环境中，麦克利兰的三种需要是指什么？
13. 在激励员工方面，强化理论告诉了我们什么？
14. 公平理论对员工的激励意义何在？
15. 描述期望理论中的三种关键联系。
16. 一家提供清洁服务的家政公司，大多数员工都是缺乏技能的工人。如果现在请你为这家公司开发一个员工激励方案，你会选择哪些激励理论里的哪些要素？如果这是一家软件设计公司，大多数员工是专业技术人员，你的选择还会一样吗？
17. 指出沟通在群体或组织内的各种功能，请分别举例说明。
18. 什么是非语言沟通？它会促进还是会阻碍语言沟通？
19. 为了提高你的沟通效果，使接收者得到和理解的信息正如你的本意，你应该如何改进？
20. 什么是冲突？冲突具有哪些积极作用，哪些消极作用？

21. 对待组织中的冲突，我们应该持什么态度，如何处理？

【案例分析】

海尔的领导力管理妙在何处？

一个企业的兴衰，决定于领导团队的领导力、决策力和企业创新力。企业之间领导力、决策力的差距，也就决定了企业创新力的差距，自然也就决定了企业的命运。

（一）主管的领导意识

张瑞敏在第七届中外管理恳谈会上的演讲主题就是"没有思路，就没有出路"。他说："搞企业，如果总不能先谋几着棋，赢的可能性不大。""企业能不能搞好，在于领导不断悟出新观念，确立新思路，而后要把握好一个度。""如果海尔有一天没有别人还考虑不到的角度和思路，恐怕也就是企业走下坡路之时。"

（二）主管的职能和角色境界

张瑞敏提出：企业主管"不应该仅仅是舵手或船长，更应该是船的设计师和船主"。"企业领导就是做两件事：一是拿主意；二是用好人"。在提到靠什么领导时，他说："一靠以身作则；二靠个人权威。总裁的最高境界是靠精神来指挥，要少抓业务，把时间花在多创造工作条件上，让别人去抓业务，并承担相应的责任。"

（三）主管的"二次决策"

我曾经请教张瑞敏："什么是企业领导工作中最重要的经验？"他说："就是二次决策。二次决策有两层意思：一是领导者首先要提出方案，供团队思考，可不在一次会上做出决议；二是更深层次的二次决策是在对重大项目做决策以后，还要针对这个决策所产生的后果作决策。这就稳妥多了。"美国这次引起世界危机的次贷危机就是银行、贷户与政府都没有想到针对金融衍生产品的社会后果，再做决策。

世界银行副行长林毅夫在谈到这次危机惨痛教训时，很感慨地说：各国银行行长、诺贝尔奖的经济学家都不认真负责地针对产生的问题再做决策。国内劳动法也不同程度地存在这个问题。

（四）主管的"三只眼睛"

在世界经济论坛上，张瑞敏提到"企业要长三只眼睛"：第一只眼睛盯着企业内部，发挥员工聪明才智；第二只眼睛盯住用户的需求，用户利益至上；第三只眼睛盯住外部大环境变化，抓住机遇。当今，第三只眼睛尤为关键。

（五）干部职责与要求25条

美国麦肯锡咨询公司程嘉树先生在回答我"中国企业最大弱点是什么"时说："中层干部执行力是个最突出的弱点"。企业主管的最大担忧是"力不从心""执行不力"。那么海尔是怎样做的呢？

1. "海尔是海，企业是人"战略确定之后。"一切决定于干部。海尔是容人育人之海，海尔命运取决于员工，更取决于干部的素质。"

2. "人人是人才、赛马不相马"，"竞赛、竞争不是一次定终身"，"分权、授权与监督结合，实行干部红、黄牌制度"。员工实行"三工"（优秀工、称职工、待岗工）互相转换，从而调动员工竞争上岗的激情，让"考核答卷会"成为"竞赛会"。

3. 全球化决定管理意识："世界是我的一切，而非我的一切是世界"，"世界是我们的人力资源部","阻挡我们的只有我们自己"。

4. "管理干部的职责就是制定总战略、担任战役总指挥,成败在于领导指挥能力"。
5. "干部要有创业、创新的两创精神","领导力的背后就是两创精神"。
6. "干部的思想境界决定企业命运,也决定自己命运"。
7. "干部与员工的要求不同:员工是成就自己,干部是成就别人"。
8. "干部如只扮演'负责人'角色,就只能当官;如扮演成'经理人'的角色只会要'数',追指标,做表上报;如扮演'经营人'角色,就必然着眼于市场竞争力、创新能力和实效"。"干部要给员工提供创造价值的平台,使员工有参与经营的机会,鼓励帮助员工学习成长"。
9. "干部要静下心来做两个细化工作:一是把全球化的市场细化到每个人的市场;二是把集团的大自主经营体细化为每个人的具体自主经营体"。"一个部门的精神状态,就是一个部门领导的精神状态"。
10. "干部胸襟有多大,市场就能做多大;对用户理解有多深,企业创造价值就有多高"。
11. "干部有三态:自己发现问题、自己解决问题就有了主动权;自己发现问题,由别人解决问题,也还是负责任态度;等别人发现问题,就成问题了"。
12. "干部要处理好三个关系:一是企业再造与员工再造的关系;二是投入与增值的关系;三是作为船长的干部与船改装再造的关系"。
13. 干部"不在于拥有多少资源,而在于利用多少资源"。
14. "干部在'经营人'过程中,首先是'经营自我'"。
15. "干部'经营人'有三重境界:一是尽己之能;二是尽人之力;三是尽人之智"。
16. "干部的最大特征是'我要干,我会干,我干好'"。
17. "干部要把一切事物都包含于自我否定之中"。
18. "当干部不知道问题背后有什么问题,就离失败不远了"。
19. 干部"要保持自强不自闭、自谦不自恋的心胸境界"。
20. "凡是在员工中重复发生的问题,一定是干部的工作有问题"。
21. 干部要懂得"绩效是'果',模式是'因',动力是'人'"。
22. 干部"要向预算要绩效,才会有绩效。向预算要途径,才会有'日清'。预算到人到事,企业才有竞争力"。"预算核算到人,目标执行优化到人","干部要将品牌增值细化到人,才能实现全员增值管理"。
23. "干部管理四大特征:一是无上下级,只有市场目标和市场关系;二是工作没有起终点,只有把握市场变化,不断创新;三是一切为了建设有竞争力、有活力的市场终端;四是要求干部有来自市场的'自我驱动力'"。
24. 干部要认识到"不能闭门套算,与员工博弈,而是要走进现场,在开门沟通、全员参与之中建立创新盈利的平台,要认识到'智慧在终端'这个理"。
25. 建立合理的干部年薪制度。
(1) 干部薪酬公式是:收入=基本薪酬+提成-损失。每位管理人员都能在这三档中找到自己的基本薪酬,每人都可算出自己的盈亏。"没有经营损益表就不开薪,损益表是手段,市场开拓力是目标"。"经营损益表是干部经营管理的思路和结果的体现"。

(2)"干部之间不挤地盘,要挤市场,以市场开拓评价干部成绩"。

(3)在分配上做到三重要:"一是留足企业利润,是为了上交政府税款和回报股东投资;二是挣够市场开拓费用,为了做大用户;三是盈亏都归自己,是为了让员工做大"。

(资料来源:杨沛霆,《中外管理》,2009)

思考:

1. 根据所学习的知识来分析海尔的领导力管理妙在何处?

2. 利用所学的领导理论知识来分析,你认为海尔的这种做法有哪些是值得学习借鉴的,还有哪些不足之处?

【技能训练】

制订一份激励方案

【任务目标】

培养学生运用激励理论处理问题的能力。

【内容与形式】

1. 若干学生组成一个模拟公司,以模拟公司为单位,深入调查本公司或本小组成员学习情况及其他需求情况。

2. 根据本公司的实际情况,运用所学的激励理论,制订一份能提高该公司员工积极性的激励方案。

3. 每一组要深入分析本公司成员所制订的激励方案,优选一份激励方案,供全班组织交流。

【任务要求】

1. 学生要把握好激励理论的知识要点;

2. 对本公司成员进行调查和制订激励方案要以管理者的身份出现;

3. 每组在优选激励方案时,要注意两点:①运用的激励理论是否正确;②激励方案是否对本公司有效。

【实训考核】

模拟公司经理和教师一起对该公司成员的表现和制订的激励方案进行评估打分。

【推荐读物】

[1] 詹姆斯·C. 柯林斯,杰里·I. 波拉斯. 基业长青——企业永续经营的准则[M]. 北京:中信出版社,2002.

[2] (美)圣吉·彼得. 第五项修炼[M]. 北京:中信出版社,2002.

[3] (美)彼得·德鲁克. 卓有成效的管理者[M]. 北京:机械工业出版社,2009.

[4] (美)韦尔奇,(美)拜恩. 杰克·韦尔奇自传[M]. 曹彦博译. 北京:中信出版社,2010.

[5] 戴尔·卡耐基. 沟通的艺术[M]. 北京:中国城市出版社,2007.

【本章重点内容网络图】

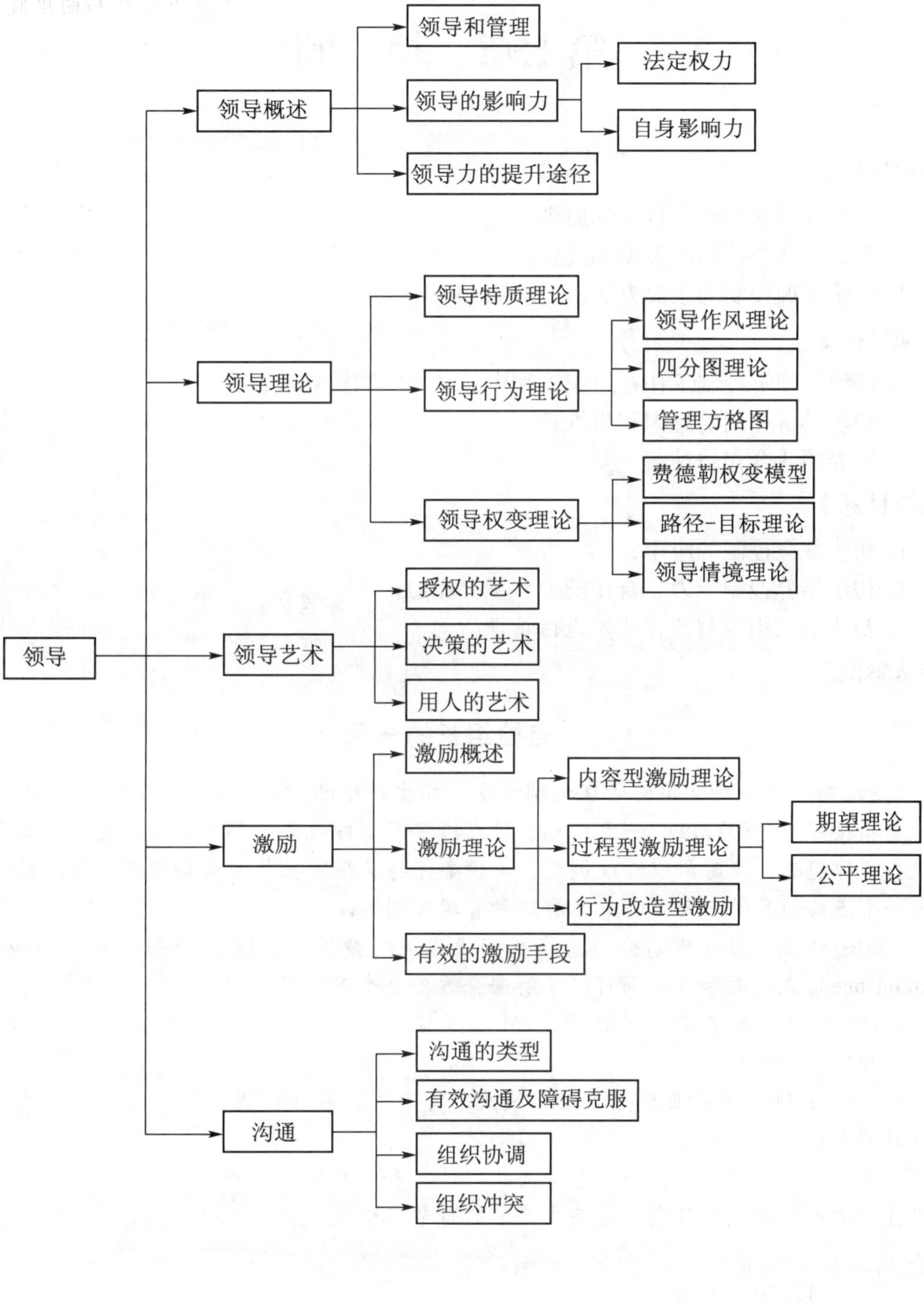

```
                          ┌─ 领导和管理
                          │                ┌─ 法定权力
         ┌─ 领导概述 ──────┼─ 领导的影响力 ──┤
         │                │                └─ 自身影响力
         │                └─ 领导力的提升途径
         │
         │                ┌─ 领导特质理论
         │                │                   ┌─ 领导作风理论
         │                │                   │
         ├─ 领导理论 ──────┼─ 领导行为理论 ─────┼─ 四分图理论
         │                │                   │
         │                │                   └─ 管理方格图
         │                │                   ┌─ 费德勒权变模型
         │                │                   │
         │                └─ 领导权变理论 ─────┼─ 路径-目标理论
         │                                    │
         │                                    └─ 领导情境理论
 领导 ───┤
         │                ┌─ 授权的艺术
         ├─ 领导艺术 ──────┼─ 决策的艺术
         │                └─ 用人的艺术
         │
         │                ┌─ 激励概述
         │                │                   ┌─ 内容型激励理论
         │                │                   │                    ┌─ 期望理论
         ├─ 激励 ──────────┼─ 激励理论 ─────────┼─ 过程型激励理论 ────┤
         │                │                   │                    └─ 公平理论
         │                │                   └─ 行为改造型激励
         │                └─ 有效的激励手段
         │
         │                ┌─ 沟通的类型
         │                ├─ 有效沟通及障碍克服
         └─ 沟通 ──────────┤
                          ├─ 组织协调
                          └─ 组织冲突
```

第七章 控 制

【知识目标】
1. 熟悉并理解控制的含义和原则；
2. 理解并掌握控制的类型和过程；
3. 初步掌握控制的主要方法。

【素质目标】
1. 认识并理解控制工作在组织管理中的必要性和重要性；
2. 初步具备控制的意识和思维；
3. 培养团队合作精神。

【技能目标】
1. 初步掌握控制的应用；
2. 初步培养控制能力、合作能力和领导能力；
3. 初步能运用控制的方法来进行管理活动。

【导入案例】

点检组长的一天

"点检制"是一种常用的管理控制方法，在生产型的企业里面被广泛采用。所谓点检制，是指按照一定的标准、一定周期、对点检定修设备规定的部位进行检查，以便早期发现设备故障隐患，及时加以修理调整，使设备保持其规定功能的设备管理方法。我们可以通过一个点检组长的一天工作来了解这种管理控制方法。

8:00—8:15　召开班前会，落实夜间设备运行情况，预防性检查（PM，Preventive Maintenance）表填写和日修项目，了解安全方安全生产情况。

8:15—8:30　布置当天的日修，PM 表项目，安全布置（结合日修情况，注意事项，现场工作情况条件）。

8:30—11:00　点检员遵循点检路线图，身带工器具和仪器，按照点检项目表，进行实际日常点检。

检查日修项目的实施，即检查安全执行情况和工作实施情况、进度情况和技术指导，检查生产方的日常点检日志，指导生产方的日常点检技能以及巡视点检员的点检实施工作情况。

11:30—12:30　午饭。

12:30—13:30　各类台账的登录。同时到生产方、检修方安排预定明天的日修项目。

13:00—14:00　检查点检员的日志，把设备问题、事故点记录到台账上。

14:00—14:30　检查、确认点检员作业日志及各类台账并签字。重要点检与设备信息的记录、整理。组长本人写日志。

14:30—15:30　到生产方了解情况，填写作业日志。主要内容：①上午点检结束情况；②特殊点检结果；③计划检修项目；④生产方反馈信息。

15:30—16:20　了解确认当天检修项目，第二天日修项目准备及联络协调，打扫卫生。

16:20—16:30　内务整理。

（资料来源：https：//wenku.baidu.com/view/e55d05220812a21614791711cc7931b765ce7b04.html.）

【分析及任务】

1. 从上述案例中，可看出控制在企业中起着什么样的作用？
2. 企业怎样才能发挥好控制职能？

第一节　控制系统和控制过程

一、控制概述

（一）控制的含义

控制，在现代汉语中解释为：掌握住不使任意活动或超出范围；或使其按控制者的意愿活动。《魏书·太祖道武帝纪》中写道："昔朕远祖，总御幽都，控制遐国。"而控制在管理学中，是指核对或检查实际工作状况，并与预定的计划相比较，发现偏差时予以纠正，以保证计划的实现。它包括以下两个部分：第一，对业务工作的控制，即通过不断检查和纠正工作中的偏差，使工作按照原定计划进行，使任务能够完成；第二，对下属人员的控制，即通过对下属人员工作表现的考核和评估，希望他们尽职尽责，执行任务。

1. 控制的特征

（1）控制具有整体性

控制的整体性一般包含两层含义：其一是指控制是组织全体成员的职责；其二是指控制的对象是组织的各个方面。确保组织整体发展的均衡与协调是管理工作的一项重要目标，为此需要了解和掌握组织各个部分的情况并予以控制。

（2）控制具有动态性

控制不同于机器设备系统中的自动控制。机器设备的自动控制是高度程序化的，具有较为稳定的特征。管理中的控制是在有机的社会组织中进行的，组织的外部环境和内部结构都在不断地变化，为提高管理控制的适应性和有效性，管理控制的标准和方法也需要不断地变化，从而导致管理控制具有动态性。

（3）控制是对人的控制和由人执行的控制

控制是保证工作按计划进行并实现组织目标的必要条件。在实现组织目标过程中，人一直都是活动的主体，因此管理控制首先是对人的控制，当然也是由人来执行的控制。

（4）控制是提高下属工作能力的重要手段

控制不仅仅是监督，更为重要的是为下属人员提供指导和帮助。管理者制订的纠正偏差的计划不可能仅依靠管理者自己去落实，必须依靠下属人员去实施。只有当下属认识到纠正偏差的必要性并且有纠正偏差的能力时，纠正偏差的措施才能得到落实，控制的目的才能真正实现。因此，通过控制，管理者可以帮助下属分析偏差产生的原因，端正下属的工作态度，指导他们采取有效措施纠正偏差。

2. 控制的要素

控制是一个过程，它由控制者、控制标准、控制对象、反馈系统和纠偏系统五个要素共同构成一个有机的整体。控制者既可以是人也可以是仪器设备，如果是仪器设备就是自动控制，自动控制虽然在管理中也是非常常见的一种控制手段，但不在本书的讨论范畴。控制的五个要素缺一不可，形成一个闭环。控制者要做的工作就是制定控制标准，通过反馈系统来收集控制对象的实际工作绩效，然后再对照控制标准来衡量实际绩效与标准之间的偏差，有偏差则启动纠偏系统来进行纠偏，无偏差则让控制对象继续工作。管理控制的示意图如图7-1所示。

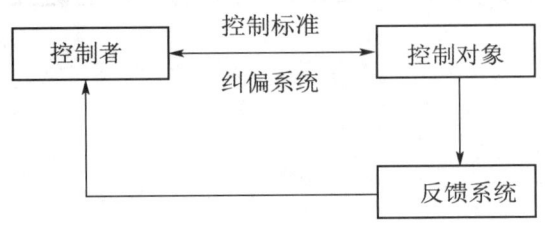

图7-1　管理控制的五要素

（二）控制的重要性

在管理过程中，虽然我们有详尽的计划，组织结构可能也很适合于计划的开展，员工也很有积极性去努力执行，但还是无法保证我们的计划能够顺利实现。再完美的计划，在执行过程中也会由于各种环境因素的变化，而或多或少地出现与计划不一致的地方，这时就需要控制来保证计划的顺利实施。在管理活动中控制的重要性，主要表现在：

1. 控制是完成计划的保证

计划是对未来的设想，是组织要执行的行动规划。由于受各种因素的制约，制定一项行动计划无论花费多大的代价也难以达到十全十美的境界。一些不可预测的因素往往会出现在计划的执行过程中影响计划目标的实现。此外，计划能否得以实现，除了计划本身要科学、可行之外，还要依靠计划执行人员的努力，计划执行者在执行过程中偏离既定的路线或目标是常见的现象。这些缺陷和偏差都要靠控制来弥补和纠正。企业面对的是一个动态的市场环境，从宏观角度看，政治法律、经济状况、社会文化和技术环境这些因素在不断地发展变化；从微观角度看，行业本身、供应商、竞争者、消费者也在不断地发展变化，这些变化导致企业要通过控制手段来不断调整此前的计划，以适应环境的变化。

2. 控制是提高组织效率的重要手段

这一作用表现为两个方面：一是通过控制，可及时发现组织运行中的失误，并加以改正，降低失误对组织效率的负面影响；二是提高未来管理工作的效率。组织特别是生产型组织大力推行全面质量管理，使控制过程得到了极大的改善，提升产品和服务的价值，也提高组织工作成果的质量，推动授权和团队工作。

3. 控制是管理创新的推动力

控制是一种动态的、适时的信息反馈过程，它不是简单地对受控者进行管、压、卡，而是一种积极主动的管理实践活动。控制有助于管理者对由于组织环境的变化带来的威胁或机遇及时作出反应，因为控制职能能够帮助管理者找出哪些变化对本公司的产品和服务的影响最大。

（三）控制的类型

控制的类型是多种多样的，在实际管理过程中，按照不同的标志，可把控制分成多种类型。例如，根据控制信息获取的情况，可以将控制分为前馈控制、现场控制和反馈控制；根据主管人员与控制对象的关系，可以分为直接控制、间接控制；按照业务范围可把控制分为集中控制、分散控制和分层控制等。

1. 前馈控制、现场控制和反馈控制

（1）前馈控制。前馈控制也称超前控制、预先控制，是指观察可能会对计划顺利实施产生影响的各类因素，分析它们对计划实施的影响关系，在这些可预见到的不利因素产生不利影响之前，通过及时采取纠正措施，来消除它们的不利影响，防患于未然。前馈控制，可以克服事后控制的时滞问题，具有事先预防的作用，因此在管理中有广泛的用途。例如，在职工上岗前，先对职工进行生产安全知识培训教育，就是一种试图通过预先控制减少安全问题的努力。其目的是在开始之前就将问题的隐患排除掉，做到防患于未然。事前控制的实施要求和条件比较高，但效果好，易于实施。

（2）现场控制。也称为即时控制或者同期控制，是一种在某项活动或工作进行之中同步进行的控制。其特点是在工作进行过程中，一旦发生偏差，马上予以纠正。现场控制有监督和指导两项职能。监督是指按照已定标准检查工作；指导是指针对出现的问题，根据主管人员的经验和专业知识，协助下属改进工作或者与下属共同探讨改进工作的措施。现场控制是控制系统的核心。

（3）反馈控制。也可称为事后控制或事后反馈控制，是一种在某项活动或工作结束之后进行的控制。其特点是在偏差和错误发生之后，再去查明原因，并制定和采取纠正措施。产品质量检验、盘点、检查费用账目等都是事后控制的例子。反馈控制把注意力集中在工作的结果之上，通过对前一阶段工作的总结，对比标准进行测量、比较、分析和评价，发现存在的问题，并以此作为改进下一次工作的依据。虽然反馈控制无法挽回过去的错误造成的损失，但它可以防止此类错误再次发生，在管理工作中也有重要意义。

前馈控制、现场控制和反馈控制对管理者来说都有价值。如果所有的控制都可以预先测知，当然最好，但事实上这是不可能的，也是没有必要的。管理者还需要依赖即时控制和事后控制。这三种类型的控制如果能够结合使用，控制的效果会更佳。

【点对点案例】

谁是最好的医生

扁鹊三兄弟都是医生。一日魏文王问扁鹊："你们家三兄弟精于医术，那谁的医术最高超呢？"扁鹊回答说："大哥医术最好，二哥次之，我最差！"魏文王不解："那为什么你的名声最大？"扁鹊解释道："大哥治病是在病发之前，大哥能及时下药铲除病根，但那时病人自己还察觉不到自己有病，因此他的医术难于得到病人认可；二哥治病是在发病之初，症状并不明显，二哥能药到病除，人们认为二哥只能治些小病；而我治病，都是在病人病重时，病人家属心急如焚，此时看到我在经脉上穿刺放血，或者动大手术解除病灶，因此我闻名天下！"

（资料来源：https://zhidao.baidu.com/question/1731812814638235867.html.）

思考：从控制的角度来看，三兄弟分别用哪种方式来控制病情？

2. 直接控制与间接控制

（1）直接控制，是通过提高主管人员的素质来进行控制工作的一种方法，其控制主体是直接责任者。它通过对主管人员的遴选与培训、完善管理工作成效的考核方法等，使他们能熟练地应用管理技术和方法，以胜任管理工作的职责要求。在一般情况下，计划目标的完成情况，主要取决于直接对这些计划目标负责的管理部门的主管人员。直接控制的指导思想是：合格的主管人员出的差错最少，他能觉察到正在形成的问题，并能及时采取纠正措施。

直接控制在管理过程中有许多优点，主要表现在它不仅在个人委派任务时能有较大的准确性，并使管理者具有较高的素质、较强的管理能力、较优的管理效率，而且能充分发挥管理者的主观能动性，使管理者主动确定他们应负的职责，自觉纠正错误，并加强自我管理，发挥主人翁精神。另外，由于提高了管理者的素质和能力，减少了偏差的发生，并强调自我控制，所以能减少控制系统所需的人力和物力。

（2）间接控制。间接控制是指通过建立控制系统对被控制对象进行控制的一种方法。这种控制方法是控制计划执行的结果，即根据计划的标准对比和考核实际结果，追查出现偏差的原因和责任，然后才去纠正。在实际工作中，对由于主管人员缺乏经验所造成的管理上的失误和偏差，运用间接控制可有助于这些误差的纠正；同时，间接控制还可帮助主管人员总结、吸取经验教训，增长他们的知识和判断能力，提高他们的管理水平。但是，间接控制也有缺点，如对许多偏离计划的误差不能预先估计或及时发现，以至难以采取有效的纠正措施；尤其是在出现了偏差造成损失之后才采取措施，控制费用的支出较大。所以间接控制只有和直接控制结合使用，才能发挥出较好的作用。

【点对点案例】

粉红色的污点

某企业车间管理者拿着一个组装好的电器按钮找到现场的班长，说这是组装制造二科返回的一个不良产品。这个已组装好的、用在汽车上的电气按钮很小，只有不到两厘米长，在它的顶端沾有一个粉色的污点，被自动组装生产线上最后一个流程的工人以目视的方式检查出来了。班长仔细观察这个污点后，觉得无论怎么看，都像是口红或指甲油一类的东西，应该不是零部件车间的问题。因为工厂对零部件的生产环境和条件有严格的规定和要求，比如始终保持清洁、对零部件不能用手直接触摸、必须戴手套等等。而且零部件生产车间里全是男员工，应该不会有脂粉类的东西。面对这种情况，该公司的处理结果是：将该零件以及该事件全面通知零部件生产车间的工人，再次强调生产过程中不能用手触摸，要认真检查。

思考：对一个带粉红色污点的按钮采取这样的处理方式是小题大做吗？为什么？

3. 集中控制、分散控制和分层控制

（1）集中控制。集中控制就是在组织中建立一个控制中心，由它对所有的信息进行统一的加工处理，并由这一控制中心发出指令，操纵所有的管理活动。如果组织规模和信息量不大，且控制中心对信息的取得、储存、加工效率及可靠性都很有把握时，采用集中控制的方式，有利于实现整体最优控制。企业中的生产指挥部、中央调度室都是集中控制的例子。但当组织规模庞大、信息量大时，就难以在一个控制中心进行信息存储和处理。在这种情况下，集中控制会拉长信息传递时间，造成反馈时滞，使组织反应迟缓，延误决策时机；同时，一旦中央控制系统发生故障或失误，由于无其他替代系统，风险很大。在这种情况下，宜采用分散控制方式。

（2）分散控制。分散控制是与集中控制相对的一种控制形式，采用分散的方式，由组织各部门分别实施控制。这种控制方式对信息储存和处理能力的要求相对较低，易于实现，由于反馈环节少，因而时滞短，反应快，控制效率高。在控制时，即使个别控制环节出现了失误或故障，也不会引起整个系统的瘫痪。但采用分散控制也有缺陷，即难以使各分散系统相互协调，难以保证各分散系统的目标与总体目标一致，从而难以使整体优化，严重的甚至会导致失控。

（3）分层控制。分层控制是一种把集中控制和分散控制结合起来的控制方式。它具有两个特点：一是各子系统都具有各自独立的控制能力和控制条件，从而能以子系统的管理实施独自的处理；二是整个管理系统分为若干层次，上一层次的控制机构对下一层次各子系统的活动进行指导性的、间接的控制。在分层控制中，要注意防止滥用直接式控制，并多层次地向下重叠地实施间接的控制。

（四）控制的原则

控制是管理的一项基本职能，也是比较复杂的一项工作。在许多情况下，管理者制订了良好的计划，建立了适当的组织，但由于没有把握住控制这一环节，最后还是不能达到预期的目的。无效的控制会引起计划和组织无效。为了保证对组织活动进行有效的控制，必须遵循以下基本原则。

1. 控制关键点原则

任何控制都不可能面面俱到、事无巨细同等对待。受客观条件和人的精力的限制，管理者不可能控制工作中所有的项目，而应该针对关键的项目。当这些项目的偏差超过了一定限度，足以影响目标的实现时才予以控制纠正，这样才能取得事半功倍的效果。事实证明，有效的控制应着重于整个过程中的关键而进行局部的和重点的控制。选择关键点是一种管理艺术，管理者要有丰富的经验和敏锐的洞察力及决策能力。管理人员应根据不同的实际情况，综合考虑各种影响条件，确定关键控制点，从而实施有效的控制。

2. 及时性原则

高效率的控制系统能迅速发现问题并及时采取控制措施。一方面要求及时准确地提供控制所需信息，避免信息的迟滞，使控制失去应有的效果；另一方面要估计可能发生的变化，使采取的措施与已变化了的情况相适应。要尽量减少发现偏差与纠正偏差之间的时间差。要做到及时，较好的办法是采用前馈控制。采取预防性控制措施，一旦出现偏差，就对以后的工作实施情况进行修正，使控制措施针对将来，避免时滞问题。

3. 灵活应变原则

有效的控制必须是灵活性很强的控制。在组织活动中，出现意外的情况有时是不可避免的，这就要求在制订计划时，必须考虑各种可能的情况，拟订各种选择方案并留有一定的后备力量，也就是要有弹性和替代方案。一般来说，灵活的计划有利于灵活控制。同时控制应当从实际目标出发，采用多种灵活的控制方式和方法，如弹性预算、跟踪控制等，而不能过分依赖正规的控制方式，如预算、监督、检查、报告等。随机应变地采用一些控制的方式、方法，能有效地达到控制的目的。

4. 客观准确原则

控制应该客观准确，控制所提供的信息应该准确无误，以避免由于错误信息的出现而导致管理人员采取错误的行动，这是控制工作的基本要求。因为如果没有对绩效客观准确评价或衡量，就不能有正确的控制。要客观地控制，第一，要尽量建立客观的计量方法，即尽量把绩效用定量的方法记录并评价；第二，管理者要从组织的角度来观察问题，避免个人偏见和成见。在整个控制过程中最易引起主观因素介入的是绩效衡量阶段，尤其是对人的绩效进行评价更是如此。管理者要特别注意自己的评价工作，防止片面性。

5. 经济性原则

控制是一项需要投入大量人力、物力的活动，因此要考虑控制的经济性，要把控制所需费用与控制所产生的效果进行经济上的比较。只有当有利可图时才实施控制，经济性差的控制，尽管控制的手段先进，控制的效果明显，也不是令人满意的控制。遵循控制的经济性原则，也决定了管理者只能选择一些关键问题来实施控制；在控制时要努力降低控制的各种耗费，提高控制效果；改进控制方法和手段，以最少成本查出活动偏离计划的现有或潜在的原因。

6. 例外原则

要实施有效的控制，管理人员就必须学会区分信息的轻重缓急，运用好例外控制原则。即对控制过程中例外的、不寻常的现象和问题，尤其是对特别好的和特别差的要予以充分注意，并对其采取特别的控制措施。主管人员把控制的主要注意力集中在那些超出一般情况的方面，控制工作的效能和效率就能提高。控制关键点原则与例外原则的区别在于前者强调选择控制点，而后者则强调观察在这些点上的异常变化。仅仅关注例外情况是不够的，控制关键点原则和例外原则应结合起来运用，管理者应把更多的注意力集中在关键点的例外情况的控制上。

7. 控制趋势原则

有些时候，控制现状比较容易，但控制现状所预示的变化趋势则比较困难。要使控制有效，控制变化趋势是非常重要的。一般来说，趋势是多种复杂因素综合作用的结果，是在一段时间内逐渐形成的，并对管理工作成效有着长期的影响。趋势往往容易被现象所掩盖，它不易被察觉，也不易控制和扭转，而且当趋势已经明朗时再进行控制就晚了。所以，有效的控制系统应有预警功能，能在出现某种趋势苗头时迅速采取措施，跟上趋势或将其消灭在萌芽状态。

【点对点案例】

广汽丰田安东拉绳

在丰田的生产车间，每个工位上方都有一条与工位等长的细绳，颇引人注目。这就是丰田独创的即时叫停工具——"安东"拉绳。当工人遇到无法解决的异常情况，只要马上伸手拉动"安东"拉绳，线上班组长就前来处理；如果异常不能在本工位处理完，再次拉动"安东"拉绳，整个生产线就会自动停止，直到问题解决。这样可有效阻截不良品流到下一工位，起到确保品质的作用。

（资料来源 http：//newcar.xcar.com.cn/xuzhou/201308/news_1172124_1.html.）

思考：安东拉绳的控制方法符合哪些控制原则？

二、控制过程

管理控制是一个由一系列活动所组成的工作过程。在任何情况下，控制过程都是按以下四个基本步骤进行的，即确定控制标准、衡量实际成效、进行偏差分析、采取纠正措施。下面分别阐述各个步骤的主要内容。

（一）确定控制标准

"2018年1月1日实施《中华人民共和国标准化法》规定，标准（含标准样品），是指农业、工业、服务业以及社会事业等领域需要统一的技术要求。标准包括国家标准、行业标准、地方标准和团体标准、企业标准。国家标准分为强制性国家标准、推荐性国家标准，行业标准、地方标准是推荐性标准。强制性国家标准是制定其他标准的底线，推荐性国家标准、行业标准、地方标准和团体标准、企业标准的技术要求不得低于强制性国家标准的相关技术要求。

强制性国家标准是必须执行的标准，国家鼓励采用推荐性标准。推荐性标准包括推荐性国家标准、行业标准和地方标准。对满足基础通用、与强制性国家标准配套、对各有关行业起引领作用等需要统一的技术要求，可以制定推荐性国家标准。对没有国家标准而又需要在全国某个行业范围内统一的技术要求，可以制定行业标准。为满足地方自然条件、风俗习惯等特殊技术要求，可以制定地方标准。行业标准、地方标准是推荐性国家标准的补充。企业可以根据需要自行制定企业标准，或者与其他企业联合制定企业标准。

国家支持在重要行业、战略性新兴产业、关键共性技术等领域利用自主创新技术制定团体标准、企业标准。国家积极推动参与国际标准化活动，开展标准化对外合作与交流，参与制定国际标准，结合国情采用国际标准，推进中国标准与国外标准之间的转化运用。国家鼓励企业、社会团体和教育、科研机构等参与国际标准化活动。"

标准是指人们检查和衡量工作及其结果的尺度。制定标准是控制的基础，离开可比较的标准，就无法实施控制。控制过程的首要步骤就是拟定控制标准。因此，建立一套全面而合理的考核标准，是实现管理控制的基础。

1. 确定控制的对象

(1) 组织里的人员

员工是组织计划的直接执行者,但是作为人,在工作过程中不可避免地会掺杂个人意识的成分,有可能会违背组织计划的要求,因此,要使员工按照计划的要求去开展工作,就必须对有关人员进行控制。

(2) 组织的财务

企业是一个经济组织,良好的财务状况是一个企业生存和发展的重要条件,因此,为了维持企业正常运作,必须进行财务控制。预算是一种常用的财务控制衡量标准,也是一种有效的控制工具。

(3) 组织里的作业

所谓作业,就是从劳动力、原材料等资源到最终产品和服务的转换过程。组织中的作业质量很大程度上决定了组织提供的产品或者服务质量,而作业控制就是通过对作业过程的控制,来评价并提高作业的效率和效果,从而提高组织提供的产品和服务质量。

(4) 信息

现代社会是一个信息社会,信息在组织中的作用越来越重要。但是在数量庞大的信息流中,只有部分的信息才是对组织有用的,并且一些不完整、不准确的信息反而会降低组织的效率。所以,在现代社会的组织中,对信息的控制是非常重要的,为此,组织应该建立起一个管理信息系统,使之能够为管理者提供及时、可靠的信息。

(5) 组织的绩效

组织的绩效是一个综合的指标体系,一般来说,组织很难用一个指标来全面衡量。对企业来说,生产率、产量、市场占有率、员工福利、组织的成长性等都有可能成为衡量指标,关键要看组织的目标取向。也就是说,要根据组织完成目标的实际情况并按照目标所设置的标准来衡量组织绩效。

2. 建立控制标准

(1) 标准的类型

标准是作为一种规范而建立起来的度量尺度,它是衡量工作成效的准绳,是测度和比较工作成效的基础。常见的标准有如表7-1所示的几种类型:

表7-1 常见的标准

类型	含义	举例
实物标准	以实物量为计量单位的标准,反映定量的工作成果,包括工作成果标准和工作质量标准	货运吨公里数、单位日产量、硬度、精确度等
货币标准	以货币为计量单位的标准,包括费用标准、资金标准等	加工费、折旧费、回报率、销售增长率、工资增长率等
定性标准	指有关下属的工作能力、组织的服务质量、组织形象等方面的标准	例如对下属组织能力、沟通能力、团队合作能力的评价等

续上表

类型	含 义	举 例
目标标准	在各级管理机构中建立可考核的目标，作为衡量工作成效的标准	目标既可以是实物标准，也可以是货币标准和定性标准，根据实际情况而定

（2）建立标准的方法

任何一项具体工作的衡量标准都应有利于组织目标的实现，对每一次具体工作都应有明确的时间、内容、要求等方面的规定。管理控制标准要求简单明了，尽可能定量和详尽描述，表7-2为常用的建立标准的方法。

表7-2 建立标准的方法

方法类型	含 义	适用性
统计方法	以过去资料的统计分析作为基础建立标准的方法	常用于拟定与企业经营活动和经济效益有关的标准
经验估计法	以主管人员过去的经验和判断为基础建立标准的方法，是确定管理标准的主要方法	统计资料只是一种有用的辅助性数据。在最后决定工作标准时，仍要以主管人员过去的管理经验为基础作出判断
技术测定法	以准确的技术参数和实测的数据为基础制定标准的方法	常用来测定机器的产出和各个工人的产出，成本较高，一般当人工成本超过产品总成本30%时，应当考虑采用技术测定法

【点对点案例】

京东商城的控制标准

在京东商城创始人刘强东看来，做生意就是要不断放弃一些客户。据测算，如果所有货物都必须送上门的话，每单要多花1.6元，因此，对于那些不愿下楼取包裹甚至不懂得网上下订单的客户，京东决定放弃。今年京东重点抓的就是配送时间和售后服务两大方面的问题：（1）"211配送"，即在指定的北京、上海、广州、成都等物流中心辐射及自营配送的城市范围内，上午10点前提交的现货订单，当日送达；夜里11点前提交的现货订单在第二天下午2点前送达。（2）"售后100分"，是指顾客退回的商品确定是商品质量问题的，从京东的售后服务部接到用户的返修品并确认属于质量故障算起，承诺在100分钟之内给予解决，要么给顾客换货、补发，要么给顾客全额退款。

（资料来源：新浪尚品）

思考： 京东商城的控制标准是如何制定的？

（二）衡量实际成效

衡量成效就是按照标准衡量工作实际达到标准的程度。当工作实绩低于或超过标准时，就说明工作出现偏差。这一步骤包括两方面内容：搜集反映实际成效的信息；比较实际成效与标准，找出差距。

1. 搜集反映实际成效的信息

（1）获取信息的方法

获取信息的方法主要有三种：一是实地观察。这是一种最简单、最普遍的测度方法。实地观察直接目睹到的资料是其他测度方法无可替代的，只有亲临工作现场才能获知确实的工作进展情况。二是口头报告。口头报告的内容主要是说明工作的现状或成果，使上级了解真实情况。口头报告具有实地观察和口头传递信息的双重性质，能够获得比实地观察更广泛、更完整的信息。三是书面报告。在各种组织中，尤其是大型组织，控制所需的信息主要是由书面报告提供的。书面报告是实地观察和口头报告的补充和正式记录，它的内容和详细程度应与标准相吻合，信息过详或过简，都不利于控制信息的获取。

（2）控制对信息的要求

控制是否有效取决于能否及时获得有用的信息。具体来讲，控制对信息有以下三项要求：一是及时。及时对一个有效的控制系统是相当重要的。一项重要、有重大关系的信息如果太迟获得，致使管理者无法及时采取措施，则毫无价值。二是可靠。控制信息必须如实反映情况。有效的控制需要可靠的判断。三是有效。信息要发挥作用，还必须是有效的。所谓有效是指信息实际反映受控对象的程度。信息反映受控对象的程度越高，信息越有效。

2. 工作成效的比较

取得实际工作成果信息之后，就可以把它和标准进行比较，以确定工作成效是否符合规定的标准。这种比较可能揭示出某些需要加以注意的偏差。在一般情况下，管理者只是将下属的工作成效与既定标准做一个大概比较，对符合标准或非常接近标准的成效，往往不再理会。只有在发现有严重偏差时，才对有关资料进行深入分析研究，找出问题的所在和原因，决定是否采取行动予以纠正。例如，采购的100件物品中，可能有5件与购货标准有出入，那么这5件就是例外，需要管理者予以注意。运用例外原则的目的在于节省管理者的时间和精力，提高工作效率。对控制工作来讲，只有发生了重大偏差特别是关键控制点发生偏差时才应向上级报告。

工作成效的比较应该定期进行，以便及时发现那些已经发生或预期发生的偏差。工作成效比较的周期视工作性质而定。有些工作如质量检验、生产进度、成本核算等，需要频繁地将实际工作情况和标准作比较。以质量检验为例，如果间隔很长时间才对产品质量进行抽检，则大部分产品可能要报废或返工。但是有些工作，如技术开发、职工培训、公共关系等，就不宜过于频繁做比较。另外，对不同类别的人员，如有经验者和无经验者、工程技术人员和普通工人，比较的周期也应该有所不同。

（三）进行偏差分析

如果比较之后发现偏差，就应意识到实际工作没有按计划有效运行。这时就需要对偏差进行分析。分析的内容包括：

1. 分析偏差的类型

偏差可分为正偏差和负偏差。正偏差也称顺差，是指实际业绩超过了计划要求，即实际执行结果优于控制标准。出现正偏差表明被控对象取得良好的绩效，应及时总结经验，

肯定成绩。但正偏差太大应引起注意，这可能是因为原定的目标或标准不合理，应对其进行检查，必要时可予以修正。负偏差是指实际业绩未达到计划要求，即实际执行效果劣于控制标准。这表明被控对象业绩不好，必须迅速、准确地查明原因，从而为采取纠正措施提供依据。

2. 分析偏差产生的原因

对上述两种偏差都要进行原因分析。造成偏差的原因可能是在组织内部，也可能是在组织外部；可能是可控的，也可能是不可控的。有关人员必须对此进行认真、深入的分析。造成偏差的原因一般有三类：一是组织外部环境发生重大变化，影响到组织计划规定的目标难以实现；二是在执行任务过程中工作人员由于工作失误而造成的偏差，如工作不认真、没有责任心、能力不够等；三是原有计划不合理及不完善所导致的偏差，如计划目标过低或过高、计划内容不全面等。必须对这三类不同性质的偏差作出准确的判断，搞清楚偏差产生的原因是采取相应措施的基础。

（四）采取纠正措施

进行偏差分析的目的是为了采取正确的纠正措施，以保证计划的顺利进行和组织目标的实现。管理者要在深入分析产生偏差原因的基础上，根据不同偏差以及产生不同偏差的原因，采取不同的纠偏措施。纠正偏差的具体方法因问题的不同及形成偏差的原因不同而异，但最基本的原则应是"对症下药"。一般来说，控制措施可从以下三方面考虑：

1. 改进工作方法

达不到原定的控制标准，工作方法不当是主要原因之一。要加强对员工的培训，不断提高组织成员的技术水平和管理素质，还要重申规章制度，明确责任和激励措施，从而改进工作方法，以满足实现组织目标的需要。

2. 改进组织和领导工作

控制与组织、领导职能是相互影响的。组织方面的问题主要有两种：一是计划制订好之后，组织实施方面的工作没有做好；二是控制工作本身的组织体系不完善，不能对已产生的偏差及时加以跟踪与分析。在这两种情况下，都应改进组织工作，如调整组织机构，调整责、权、利关系等。另外，偏差也可能是由于执行人员能力不足或积极性不高而导致的，需要通过改进领导方式和提高领导艺术来纠正偏差。

3. 调整或修正原有计划或标准

偏差较大，有可能是由于原来计划安排不当，也可能是由于内外环境的变化。不论是哪一种情况，都要对原有计划加以适当的调整。但是，这种调整不能偏离组织总的发展目标，因为调整的目的归根结底是为了实现组织目标。

管理者可以通过重新制订计划或修改目标来纠正偏差，也可以通过重新委派人员或明确职责和职权来纠正偏差，还可以通过改善领导和激励的方法来纠正偏差。因此，纠正偏差是控制职能与其他管理职能的结合点。

【阅读思考】

李明厂长的目标与控制

李明担任某厂厂长已一年多了，他刚看到了工厂今年实现目标情况的统计资料，厂里各方面工作的进展出乎他的意料。记得他任厂长后的第一件事就是亲自制定了工厂一系列工作的目标,例如:为了减少浪费,降低成本,他规定在一年内要把原材料成本降低10%~15%,把运输费用降低5%,他把这些具体目标都告诉了下属的有关方面的负责人。现在年终统计资料表明,生产车间原材料的浪费比去年更加严重,其浪费率竟占总额的16%;运输费用则根本没有降低。

他找来了有关方面的负责人询问原因。负责生产的副厂长说:"我曾对下面的人强调过要注意减少浪费,我原以为下面的人会按我的要求去做的。"而运输方面的负责人则说:"运输费用降不下来很正常,我已经想了很多办法,但汽油费等还在涨,我想,明年的运输费可能要上升3%~4%。"

李明了解了原因,并进行进一步的分析之后,又把这两个负责人召集起来布置第二年的目标:生产部门一定要把原材料成本降低10%,运输部门即使是运输费用要提高,也绝不能超过今年的标准。

(资料来源:倪成伟,《经济管理基础》(第一版),北京师范大学出版社,2011年,有删减.)

思考:
1. 李明的控制有什么问题?哪些控制工作做得不恰当?为什么?
2. 你认为这个厂明年的目标能实现吗?为什么?

第二节 控制方法

控制方法,是指控制过程所使用的具体控制技术和手段。应用于控制的方法是多种多样的,各有其特点。就一般意义的管理控制来说,主要有预算控制方法和非预算控制方法两类。

一、预算控制方法

预算是广泛运用的一种控制方法。预算为评价经济效益、控制经济活动过程提供了标准。

(一)预算的概念与作用

预算是以财务项目(如收入和费用)或非财务项目(如生产量和销售量)来表明组织的预期成果,它是用数字编制的、反映组织在未来某一个时期投入产出的综合计划。预算是政府部门和企业使用最广泛的控制手段。预算可以称作是"数字化"的计划,它通过财务形式把计划分解落实到组织的各层次和各部门中去,使主管人员能清楚地了解哪些资金由谁来使用、计划将涉及哪些部门和人员、多少费用、多少收入,以及实物的投入量和产出量等。

预算控制是通过编制预算,然后以编制的预算为基础,来执行和控制组织的各项活动,并比较预算与实际的差异,分析差异的原因,然后对差异进行处理。预算的编制和控制过程是密切相关的。通过编制预算,可以明确组织及其各部门的目标,协调各部门的工作,评定各部门的工作业绩,控制组织日常的活动。因此,预算从战略和全局的角度保障组织计划的顺利执行。

(二) 预算的种类

预算的种类很多,具体的分类见表 7-3。

表 7-3 预算的类型

类型	含 义	说 明
收支预算	指组织在预算期内以货币单位表示的收入和经营费用支出的计划预算	由于各个组织的费用支出项目往往比组织的收入项目多而且复杂,因此在支出预算中,应尽可能地考虑各种可能产生的费用开支
实物预算	是一种以实物单位来表示的预算,是货币量收支预算的重要补充	较为常用的实物量预算的单位包括直接工时数、台时数、原材料数量、面积、重量、体积等
资本支出预算	是公司不经常发生资本投资性业务的预算	如公司固定资产的购置、扩建、改建、更新等都必须在投资项目可行性研究的基础上编制预算,具体反映投资的时间、规模、收益以及资金的筹集方式等
资产负债预算	对企业会计年度末期的财务状况进行预测,从而指导企业进行前馈控制	计算一定时期的资产、债务和资本等账户的情况,涉及筹资方式、途径和数量以及还款时间、方式和能力,防止出现"资不抵债"的情况,保持财务收支的平衡
总预算	将各部门和各项目的分预算加在一起称为总预算	通过编制预算汇总表,可以进行公司的全面业绩控制

(三) 预算方法

(1) 弹性预算。弹性预算就是在编制费用预算时,考虑到计划期业务量可能发生的变动,编制一套能适应多种业务量的预算,以便分别反映各业务量所对应的费用水平。由于这种预算是随着业务量的变化作机动调整,本身具有弹性,故称为弹性预算。编制弹性预算时,把所有的费用分为固定费用和变动费用两部分。固定费用在一定范围内不随业务量变动而变动,变动费用随业务量变动而变动。因此,在编制弹性预算时,只需要按业务量的变动调整费用总额即可,不需要重新编制整个预算。

(2) 滚动预算。滚动预算又称永续预算。其特点是:预算在其执行中自动延伸,当原预算中有一个季度的预算已经执行了,只剩下三个季度的预算数,就把下一个季度的预算补上,经常保持一年的预算,或者是每完成一个月的预算,就再增加一个月的预算,使预算期永远保持 12 个月。

编制滚动预算的优点是根据预算的执行情况,调整下一个阶段的预算,使预算更加切合实际和可行,并且使预算期限保持一年,使企业保持一个稳定的短期目标,以免等预算执行完再编制新的预算。根据滚动预算的编制原理,企业可以把长远规划与短期目标结合起来,并根据短期目标的完成情况来调整长期规划,使企业的各项活动能够及时反馈,及时发现差异，及时处理。

(3) 零基预算。零基预算是以零为基础编制的预算，其原理是：把组织的计划分为由目标、业务和所需要的资源等所组成的几个"分计划"，然后从零开始计算每个分计划的费用。由于每个分计划的预期费用都是以零为基础开始重新计划的，因而避免了预算控制中只注意从整体出发，连同新计划及其费用一起来考察现有的计划及其费用。但是，这种方法一般仅应用于一些辅助性业务领域而不适用于实际生产企业。这是因为在实际生产性企业，例如，销售、人事、计划、财务和研究与发展等方面的大多数计划，对各项费用的安排都拥有一定的自主权。

（四）预算控制的步骤

实施预算控制的步骤一般包括：

(1) 编制预算。即从确定预算编制方针开始，到编制部门预算和综合预算为止的阶段。

(2) 执行预算。预算的执行过程，就是根据预算，及时或定期地检查预算的执行情况，观察其实际发生额是否限制在预算范围之内，估计预算执行之后可能达到的预算收入。在执行预算过程中，还要对预算目标和预算项目实行事前控制和支付前审核，促使预算执行部门和责任者有效地管理预算。

(3) 预算差异分析。即针对预算项目的费用支出，将发生额与预算限制额进行对比分析，及时发现差异，并采取相应的措施。

(4) 对预算控制的结果进行分析总结，评价和考核预算控制的绩效。

（五）预算工作的注意要点

预算在管理控制中具有使用广泛、便于从宏观上掌握全局等优点。但它也有过繁过细、缺乏灵活性的缺点。因此，用预算进行控制时，应注意预算的编制不能太硬性，应避免过于详细、烦琐，在细节上不要规定得过死，应留有余地，以便管理人员在实际控制协调时有一定的灵活性。在某些细节上过分重视预算的优先，有时反而会损害经济组织的整个目标，或者造成效能低下。为了避免预算的这种弊病，可以采用一种可变的预算。在企业中，可变预算的依据是对费用项目进行分析，以此确定哪些费用项目随着企业产出的变化而变化，哪些费用项目不随着企业产出的变化而变化，才能更好地发挥预算在管理控制中的有效作用。

【点对点案例】

<h3 style="text-align:center">某公司人力资源部年度费用预算方案</h3>

一、总则

1. 目的

为使企业人力资源管理资金得到合理安排、有效使用，人力资源成本得到合理控制，特制订本方案。

2. 原则

在充分考察以往年度费用预算及使用情况的基础上，结合本年度公司经营目标及人力

资源规划，本着客观、可行、科学和经济原则编制。

二、年度人力资源部费用预算及使用情况分析

人力资源部通过收集公司3年内人力资源费用预算及使用情况数据，并分析整理，结论如下表所示。

人力资源部费用预算及使用情况历史数据　　　　　　　　单位：万元

费用项目	2013年		2014年		2015年	
	预算	实际	预算	实际	预算	实际
招聘	0.85	0.8	1.2	1.25	1.6	1.6
培训费用	3	2.8	3.5	3.4	4.2	4
员工工资	150	144	180	183	235	240
各项福利费用	20	18.9	22	24	28	27.9
社会保险总额	60	58	72	73.2	84	83.5
其他相关费用	4	4.5	6	5.8	8	8.5
总　　计	237.85	229	284.7	290.65	360.8	364.5

由上表数据可以得出如下结论：

1. 随着公司经营业绩的不断增长及业务范围的扩展，每年公司需要招聘各类岗位员工，招聘费用基本以平均40%的速度递增。

2. 随着公司员工总数的逐年增加，员工工资费用支出平均以30%的速度递增。

3. 随着公司经营效益的提高及员工总数的增加，各项福利费用亦随之递增。

4. 随着我国国民生产总值的不断提高，本地区人均工资水平不断提高，员工保险缴费基数亦逐年相应提高，加之公司员工总数的提高，公司每年缴纳社会保险总额基本平均以每年20%的速度递增。

5. 其他各类人力资源相关费用支出平均亦以35%的速度递增。

6. 公司人力资源管理费用总额平均以28%的速度递增。

三、公司经营状况分析

1. 公司2015年的发展目标为：继续以40%的增长速度发展。

2. 预计新增业务项目2项，人员编制15人，其中项目经理2名。

3. 预计公司加大运营力度，人员会有所增加。

4. 公司相关人力资源管理制度、政策的调整对人力资源管理费用的影响。

……

四、2016年公司人力资源相关政策的调整

根据公司于2015年12月30日公布的《2016年人力资源管理制度》的规定，对相关人力资源管理政策的调整特总结如下表所示：

人力资源管理政策调整内容

人力资源政策	调整内容
招聘政策调整	1. 自2016年起，大力实行中高级人才内部推荐制，经公司考核合格后录用为正式员工的，每成功一名，奖励推荐员工500元。 2. 2016年将进一步完善非开发人员的选择程序，加强非智力因素的考查；研发人员的选择仍以面试和笔试相结合的考查办法
薪资福利政策调整	1. 经总经理提议，董事会批准，2016年1月起增加员工工龄津贴，为企业连续服务每满一年的员工每月增加50元工龄津贴。 2. 从2016年起能完成半年度生产、销售和利润目标的部门，企业将拨出款项，由部门组织员工春游、秋游各一次，费用为每人500～800元，视完成利润情况决定具体数额
考核政策调整	1. 从2016年起实行全面的目标管理，公司根据各部门、各岗位人员目标的完成情况进行绩效考核。 2. 从2016年起建立部门经理对下属员工做书面评价的制度，每季度一次，让员工及时了解上级对自己的评价，发扬优点，克服缺点。 3. 从2016年起建立考核沟通制度，由直接上级在每月考核结束时进行沟通。 4. 从2016年起加强对考核人员的培训，减少考核误差，提高考核结果的可靠性和有效性
员工培训政策调整	1. 从2016年起新进员工的上岗培训，除了制度培训之外，增加岗位操作技能培训和安全培训，并实行笔试考试。考试合格方可上岗。 2. 从2016年起管理培训由人力资源与专职管理人员合作开展，培训分管理层培训和一般员工培训两部分。 3. 从2016年起为了激励员工在业余时间参加专业学习，经企业审核批准，凡愿意与企业签订一定服务年限合同的，企业予以报销部分或全部培训学费

五、2016年各项费用预算编制

1. 招聘费用预算，如下表所示。

招聘费用预算表

校园招聘讲座费用	计划对本科生和研究生各进行3次讲座，共6次。每次费用500元，共计3000元
参加人才交流会	参加交流会3次，每次平均2400元，共计7200元
宣传材料费	交流会及校园招聘会的宣传材料合计2500元
网络招聘会	在×××招聘网站上刊登招聘信息一年，费用合计9600元
合　计	22 300元

2. 培训费用预算

2015年实际培训费用4万元，本年扣除外聘人员的劳务费支出，增加新进员工的上岗培训费用，预计2016年培训费用约为4.6万元。

3. 员工工资预算

按企业每年增资5%和增加员工15人计算，全年工资支出预算为302万元。

4. 员工福利预算

增加春、秋游费用4万元（由行政部预算并组织），员工的各项福利费用预算为31.2万元。

5. 社会保险金

2015年共交纳社会保险金83.5万元，每年按20%递增，2016年度社会保险金总额为100.02万元。

6. 人力资源部考虑各项可能变化的因素，留出预备费2万元，以备发生预算外支出。

7. 2016年公司人力资源管理预算简表

2016年公司人力资源管理预算简表　　　　　　　　　　单位：万元

费用项目	预算额
招聘费	2.3
培训费	4.6
员工工资	302
各项福利费用	31.2
社会保险	100.2
其他费用支出	10
备用金	2
合计	452.3

思考： 预算应该包括哪些内容？案例中人力资源部门预算的制定采用哪些方法？

二、非预算控制方法

有许多控制方法与预算没有直接关系，但也是非常有效的控制方法，下面是四种常用的方法。

（一）现场视察法

现场视察法是最古老的控制方法。它的特点和长处是直接、直观而不离不隔。不同层次的管理者都能用现场视察的控制手段，有针对性地解决各自面临的管理问题。从基层工作中的设备运转、劳动纪律、生产进度、成员士气，到中、高层工作的现场视察来掌握下属报告的属实度，形势变化对原计划构成的挑战，组织目标、政策的落实情况等，现场视察无不发挥其效用。因为现场视察贴近实际，可以采集到及时、可靠、深入的信息，控制容易奏效。运用现场视察法，需要注意避免两种情况：一是员工为某些原因驱动，制造假象应付管理者；二是员工把视察当作对他们工作的干涉、不信任。但只要管理者深入实际而不是走马观花，实事求是而不是好大喜功，体察下情而不是无端指责，解决问题而不是搞形式主义，那么，现场视察可能存在的负面影响是可以抑制和避免的。

现场视察还有若干间接的益处。如管理者通过现场视察，可以发现下属中的优秀人才；可以从倾听下属合理化建议中获得启发；可以对员工起激励作用；可以借此营造和谐的组织氛围；可以体察民情解决民瘼等，从而有利于组织计划更好地完成。

【点对点案例】

某集团的走动式管理

某集团通过对工作现场的每个岗位、每个人、每个地点、每件事进行严密闭合的控制调节，实现精细管理的目标，把过去对干部深入基层、深入现场、深入群众、转变作风等一般性号召变为精细化的现场走动式管理系统。

（1）制定走动式管理的标准体系。一是走动式管理次数的具体要求。二是班次或时段，按照巡查不空岗的要求，合理安全巡查班次。三是时间跨度。四是管理内容。五是区域范围。六是发现问题解决问题的定量指标。七是奖罚标准。

（2）建立调控考核体系。主要由五个环节构成，一是登记环节，各级干部走动前都要按照管辖范围和责任体系，在各自调度站或醒目处设置悬挂走动式看板，并在A卡上登记所到的具体地点。查找出的问题，严格执行巡查每班两汇报制度。二是处置环节。在走动式管理过程中，各级领导干部要"坚持带着问题下，发现问题查，解决问题上"的原则，能现场解决的问题，要在现场及时解决，不能解决的，要及时反馈，并通过碰头会、分析会，以及巡查问题反馈通知单，及时进行解决，找出原因，分清责任，严格奖惩，形成闭合。三是旬分析调控环节。每旬由责任部门在认真收集各单位、各系统走动式管理情况的基础上，对走动式管理的进展情况进行综合分析，写出通报，提出整改意见。四是月考核环节，每月由组织、人事部门对各级干部的走动式管理情况进行汇总，并上报考核办，进行严格考核，考核要做到公开、公平、公正。五是讲评环节，各单位每月要定期召开走动式管理讲评例会，由主要领导对各级干部的走动式管理进行简要讲评、奖优罚劣，安排部署下一步走动式管理工作的重点。

（3）设置图表管理系统。为实现走动式管理的记载齐全、内容详实、讲评有据、管理精细，特设置五种走动式管理图表，并要逐日、逐旬、逐月填报。一是区域图，即岗位分布覆盖图，具体明确管辖范围及岗位所处位置。二是责任体系图，即体现管理结构及职责分工情况统计表，具体解决谁管谁的问题，管理到什么程度的问题，形成细化量化的逐级管理责任体系。三是走动式管理A卡，即每次走动式管理的效果和总体评价表，走动式管理的管理者与现场作业的工人，要实现双向监督、互动互签、相互制约。四是登记表，即走动式管理的详情登记表，具体掌握各级干部每次所到的时间、地点、所查问题隐患、分析过程、处理结果。五是网络图，即实现管理层级的清晰化、公开化，具体标明各级干部到达走动巡查的地点、岗位。

走动式管理，促使所有的管理干部，都能尽职尽责，实现动、静结合，把60%的精力放在现场走动管理上；把40%的精力放在分析问题，思考现状，研究对策，提出思路上，最大限度地实现零缺陷、零漏洞、零空白的全过程、全天候流程控制。

（资料来源：http://www.795.com.cn/wz/48116.html）

思考：请问本案例中走动式管理属于哪种控制方法？优缺点是什么？

（二）专题报告分析法

专题报告分析法是有效控制特定范围内问题的方法。它主要针对复杂的、例外的、潜在的问题，展开调查研究，以简明扼要的报告，分析计划执行中存在的问题及其原因、已经采取的措施及效果、预计发生的问题，为管理者提供控制的信息和对策。在许多组织中，管理者把此项工作指派和委托给由训练有素的专业人员组成的参谋小组。参谋小组成员因为具备专门知识和敏锐的发现问题能力，他们提出的专题报告，也就能适时地、突出重点地为改进组织活动、提高组织绩效，发挥巨大作用。

控制可以指向组织的常规工作，也可以作用于组织活动的关键领域、关键事件、关键环节，后一方面往往构成主要矛盾的主要方面。因此，控制必须突出重点、抓住重点。专题报告正是满足控制的这一要求，显示出自己的方法性能活力。

（三）统计资料分析法

统计资料是反映受控系统历史活动状况的原始记录。统计资料分析法可以用来推测事物的变化趋势。它基本上用表格和图表两种形式，为管理者提供控制组织运行的依据。人们不容易从表格上看出数据的趋向和关系，而比较容易理解曲线图形显示的统计数据的分析，因为图表具有形象直观性。统计资料要有效地为管理控制服务，除了应当适应管理者的情况外，还应注意保证它的及时性和科学性，如保证它定期地以某种规范形式呈报到管理层，这样，有助于管理者对变动趋势采取相应的控制手段。

（四）审计法

审计法是一种常用的控制方法。审计的形式有很多，但用于控制过程的主要有三种：外部审计、内部审计和管理审计。

（1）外部审计。外部审计通常是由一个独立的会计师事务所来进行的。这种审计的主要目的是测定企业的财务记录是否真实地反映了企业的财务状况，验证这些记录是否准确，测定其是否一贯地实施了既定的会计程序。同时，外界也希望从外部审计报告中了解企业的信用情况、经营状况和偿债能力，防止信用危机，维护投资者的利益。外部审计对于控制过程的作用是间接的。它主要是针对企业的财务记录，不包括计划、政策和作业以及一些非财务部门。

（2）内部审计。内部审计是由企业组织内部的特殊人员负责进行的。同外部审计一样，内部审计也验证企业财务记录，并测定这些记录是否符合预计的要求。但内部审计的目的是为内部控制提供依据和手段，它力图测定其他控制的效能，因此内部审计可以看作是对其他控制形式的总控制。

有效的内部审计主要起到以下三方面的作用：第一，内部审计提供了一种测定的程序和方法，来检查企业在实现其目标、遵循既定政策方面是否成功。第二，内部审计可以对企业政策、计划的可行性和有效性、控制方式等方面提出改进建议和措施。第三，内部审计使高层管理人员对企业的经营管理状况、收支状况和信用状况有一个清晰的了解和全面的认识。现在，内部审计作为一种控制手段，在很多企业中已得到了推广和利用。一般来说，内部审计的主要范围是企业的财务部门，但并不局限于这些部门。近年来，很多企业的内部审计已经进入到企业的非财务部门,接近管理审计的范畴。

(3) 管理审计。管理审计的对象和范围比财务审计要广泛得多。所谓管理审计,是检查一个单位或部门管理工作的好坏,评价人力、物力和财力的组织及利用的有效性。其目的在于通过改进管理工作来提高经济效益。管理审计不仅仅是在一两个容易测量的活动领域内进行比较和控制,而是着眼于整个组织的管理绩效评价,因此管理审计是一项有效的综合控制方法。它还可以为组织改进管理系统的结构、工作程序和工作效果提供重要的指导。

【本章小结】

1. 控制是指核对或检查实际工作状况,并与预定的计划相比较,发现偏差时予以纠正,以保证计划的实现。
2. 根据控制信息获取的情况,可以将控制分为前馈控制、现场控制和反馈控制;根据主管人员与控制对象的关系,可以分为直接控制、间接控制;按照业务范围可把控制分为集中控制、分散控制和分层控制等。
3. 控制过程包括四个步骤,分别是确定控制标准、衡量实际成效、进行偏差分析和采取纠正措施。
4. 控制方法,是指控制过程所使用的具体控制技术和手段。
5. 对管理控制来说,主要有预算控制方法和非预算控制方法两类。
6. 预算控制方法包括弹性预算、滚动预算和零基预算。
7. 非预算控制方法包括现场视察法和专题报告分析法。

【复习思考题】

1. 何谓控制?控制有哪些类型?
2. 控制的原则有哪些?
3. 控制过程包括哪些基本步骤?
4. 预算控制方法有哪几种?
5. 非预算控制方法有哪些?

【案例分析】

育宁公司是一家化妆品公司。公司一开始主要经营精油,后来逐步发展成为颇具规模的化妆品公司,固定资产已达6 000万元。公司的总经理陈先生年事已高,对公司的发展采取了两个重要措施:① 制定公司要向医疗卫生方面发展的目标。② 让儿子陈明接手公司业务,担任总经理,自己担任董事长。

陈先生的儿子陈明上任后,采取了一系列措施,推行陈老先生为公司制定的进入医疗卫生行业的计划:在特殊医疗卫生业方面开辟一个新项目,同时开设一个凭处方配药的药店,并开辟上述两个新部门所需产品的货源、运输渠道。与此同时,他在全公司内订立了一条严格的控制措施:要求各部门制定出每月的预算报告,每个部门在每月初都要对本部门的问题提出切实的解决方案,每月定期举行一次由各部门经理和顾客代表参加的管理会议,各部门经理在会上提出本部门当月的主要工作目标和经济往来数目。同时他特别注意资产回收率、销售边际及生产成本等经济动向,以及人事、财务收入和降低成本费用方面的工作。

由于实行了上述措施，该公司获得了巨大的成功。年销售额已经达到20亿元。然而，自2008年以来，该公司出现了有史以来第一次收入下降、产品滞销、价格下跌现象。主要原因有：① 化妆品市场的销售量已达到饱和状态。② 该公司制造的高级香水一直未打开市场，销售情况没有预测的那样乐观。③ 国外公司挤占了本国市场。④ 公司在国际市场上出现了不少问题，推销员的冒进，得罪经销商，公司形象没有很好地树立等。

陈明也意识到公司存在的问题，准备采取有力措施，以改变公司目前的处境。他计划对国际市场方面进行总结和调整，公司开始研制新产品。他相信用了大量资金研制的医疗卫生工业品不久可以进入市场。

（资料来源：http://www.doc88.com/p-2751613998785.html.）

思考：
1. 陈明在育宁公司采取了哪些控制方法？
2. 假设育宁公司原来没有严格的控制系统，陈明在短期内推行这么多控制措施，其他管理人员会有什么反应？
3. 就育宁公司目前状况而言，如何健全新的控制系统？

【技能训练】

编制生产作业控制方案

【实训目标】
1. 增强对生产计划与控制的感性认识。
2. 培养编制生产作业控制方案的初步能力。
3. 初步掌握控制的主要方法。

【实训内容与方法】
1. 对大型企业或集团进行调研，了解该企业的生产作业控制情况。
2. 运用所掌握的控制方面的知识，结合企业的实际情况，模拟编制一份生产作业控制方案。

【实训要领】
1. 学生要掌握教材有关控制的理论知识。
2. 学生要通过各种途径（网络、图书馆、调研等）尽量搜集编制该企业控制方案方面的资料信息。
3. 在编制控制方案时，要把握制订控制方案的要领。
4. 运用所掌握的理论知识，对走访企业所制订的生产作业控制方案进行分析评价。

【成果与检测】
1. 每个实训小组要上交一份企业生产作业控制方案和所搜集的资料。
2. 教师对各模拟公司的控制方案进行评估打分。

【推荐读物】

[1] 彼得·蒂尔，布莱克·马斯特斯. 从0到1 开启商业与未来的秘密 [M]. 高玉芳译. 北京：中信出版社，2015.

[2] 卡拉·欧戴尔，辛迪·休伯. 知识管理如何改变商业模式 [M]. 北京：机械工

业出版社，2016.

[3] 史蒂芬·列维特，史蒂芬·都伯纳. 魔鬼经济学 [M]. 北京：中信出版社，2016.

[4] 杰克·韦尔奇. 商业的本质 [M]. 北京：中信出版社，2016.

[5] 哈维·汤普森. 谁偷走了我的客户？[M]. 北京：北京联合出版公司，2016.

【本章重点内容网络图】

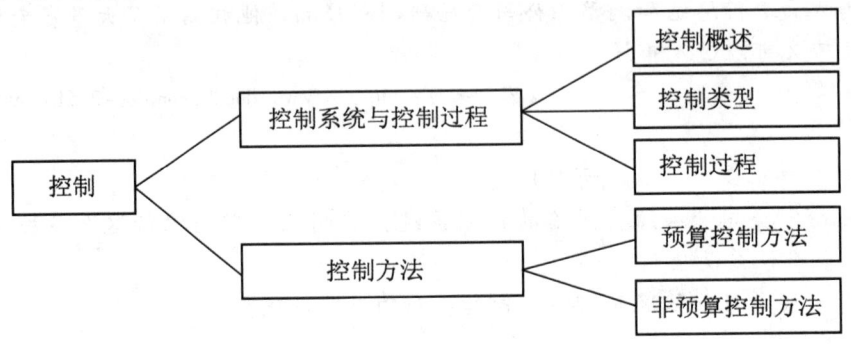

第三篇 创新

第八章　创新与管理创新

【知识目标】
1. 了解创新的概念、创新的特点、创新的内容；
2. 理解管理创新的概念、管理创新的重要性；
3. 掌握管理创新的基本内容。

【素质目标】
1. 认识并理解创新的重要性；
2. 树立现代企业管理理念；
3. 培养现代企业管理创新的管理意识。

【技能目标】
1. 能根据管理创新的理论知识进行案例分析；
2. 能根据理论知识进行管理创新的策划；
3. 能根据企业的实际情况进行创新战略的选择。

【导入案例】

春兰的创新型矩阵管理

"春兰创新型矩阵管理"夺得我国企业管理领域评选的唯一特等奖。春兰的创新型矩阵管理有一个"16字方针"，即"横向立法、纵向运行、资源共享、合成作战"。

前8个字重点解决集团和产业公司集权与分权的矛盾，力求放而不乱，提高运行效率。所谓"纵向运行"，指保留"扁平化"，按产业公司运行的特点，以产业为纵向；"横向立法"，是指针对原来管理有所失控的问题，将集团的法律、人力、投资、财务、信息等部门划为横向部门，负责制定运行的规则，并依据规则对纵向运行部门实施监管。这样一来，横向部门"立法"并监管，纵向部门依然大权在握，能充分发挥主观能动性和积极性，不过是在"法"定的圈子里，要依"法"运行。"16字方针"中的后8个字，重点解决原来资源不能共享的问题。把横向职能部门划分为A系列和B系列，制定运行规则，"立法"的是横向中的A系列；B系列则负责实现对春兰内部资源的共享，为产业公司提供专家支持和优质服务。

（资料来源：http://www.795.com.cn/wz/88423.html）

【分析及任务】
1. 春兰创新型矩阵管理有何特点？
2. 什么是管理创新，管理创新有什么作用？

第一节 创新概述

一、创新的概念

创新是人类永恒的话题。创新既是一种新颖、独特、先进的思想、观念、理论、概念的精神活动，也是一种发明、创造、研制新产品的物质活动。人类社会的发展就是一部不断创新的历史。人类的生存与发展是通过其持续不断的实践和创新活动而实现的。创新是人类主观能动性的特殊表现，是人类认识能力、实践能力的总结与升华，也是民族进步和国家发展立足于世界强者之林的不竭动力。随着经济的发展、技术的进步，创新无论在经济、商业或社会的作用中均表现出举足轻重的分量。

"创新"一词源于拉丁语的"Innovate"，原意包括三层含义：更新、创造新的东西、改变。创新是指以现有的思维模式提出有别于常规或常人思路的见解为导向，利用现有的知识和物质，在特定的环境中，本着理想化需要或为满足社会需求，而改进或创造新的事物、方法、元素、路径、环境，并能获得一定有益效果的行为。

从哲学角度来说，创新是人的实践行为，是人类对于发现的再创造，是对于物质世界的矛盾再创造。对于发现的否定性再创造是人类产生及发展的基本点。实践才是创新的根本所在。创新的无限性在于物质世界的无限性。

从社会学角度来说，创新是指人们为了发展的需要，运用已知的信息，不断突破常规，发现或产生某种新颖、独特的有社会价值或个人价值的新事物、新思想的活动。创新的本质是突破，即突破旧的思维定势，旧的常规戒律。创新活动的核心是"新"，它或者是产品的结构、性能和外部特征的变革，或者是造型设计、内容的表现形式和手段的创造，或者是内容的丰富和完善。

从经济学角度来说，创新是指把一种未曾出现过的生产要素和条件，以及它们的新组合形式引入生产体系，以通过市场手段取得潜在超额利润的活动过程。这是1912年经济学家熊彼特在《经济发展理念》一书中对"创新"的定义。熊彼特对"创新"内涵的厘定可归纳为以下三点：

1. 创新是经济发展的实质

通过创新，经济发展中的各项生产要素即可实现"新组合"，这不是生产的连续性重复，更表现为间断出现的生产要素组合或称为新的"生产函数"。由组合所实现的经济发展即可称为"创新"，包括五个方面：应用新的生产工艺；开发新的产品；获取原材料或半成品的新供给渠道；开拓新市场；产业组织方式更新或企业重组。单纯从创新角度考察经济发展，发现经济的发展过程可简单地概括为技术创新和观念更新对资源配置方法和效率的优化提高，并不断趋向帕累托最优的过程。

2. 经济创新的主体是企业家

实现企业职能的新组合就是创新行为，即生产方法与商业方法的改进。这种不可逆转的变动可称之为"创新"。创新不一定是全新的东西，旧的东西以新的形式出现或者和新的形态结合也属于创新。

3. 利润是创新的动力

只有创新才能取得或激活社会经济中存在的潜在利润，获得其中超过成本的剩余。企业家活动的结果，关键就在于突出"创新"，并牢牢抓住实现潜在利润的机会。创新能为企业取得潜在利润，让企业在竞争中处于不败之地。

二、创新的特点

1. 目的性

创新特别强调效益的产生，它不仅仅要知道"是什么""为什么"，还要知道"有什么用""怎样才能产生效益"。创新有明显、具体的价值，对经济社会具有一定的效益。

2. 新颖性

创新是对现有的不合理事物的扬弃，革除过时的内容，确立新事物。创新在思路的探索上、思维的方式方法上和思维的结论上，独具卓识，能够提出新的意见，找到新发现，实现新突破，具有开拓性和独创性。创新活动的成果是创造性劳动的结晶，它是前人或别人没有能够认识或没有加以利用的。

3. 价值性

创新有明显、具体的价值，对经济社会具有一定的效益。对于企业而言，创新的目的在于创造价值。企业通过创新，重新组合生产要素，改变资源产出，提高企业价值。

4. 风险性

创新作为一种具有创造性的过程，包含着许多可变因素、不可知因素和不可控因素。这种不确定性使得创新必然存在着许多风险。因此，在创新过程中，只准成功、不许失败的要求，实际上是不切实际的。据统计，在美国，企业产品开发的成功率只有20%～30%，如果计算从设想到进行开发的成功的比率，那就更低了，这也就是创新的代价之所在。企业只能通过科学的设计与严格的实施，来尽量降低创新的风险。没有风险的创新是不存在的。勇于承担风险是创新的应有之义。

三、创新的内容

创新的内容因提出分类的视角不同而多种多样。而熊彼特对创新内容的界定是当今被广泛接受的、也是最有影响力的。本书在熊彼特创新理论的基础上，把创新的内容划分为：产品创新、技术创新、市场创新、资源配置创新、管理创新。

1. 产品创新

产品创新是指第一次上市的产品、从未出现过的产品或对现有产品进行了主要结构、功能等方面较大改进的产品。技术创新最终要落实到产品创新上，这种创新是指适应消费者需要的新产品，即消费者需要什么样的产品，企业就开发什么样的产品。这种创新效果明显，但发展前途有限。因为这种需求容易被众多的企业所发现，且一哄而上，市场很快就会饱和，甚至出现过剩。在知识经济时代，市场竞争加剧，新产品的市场寿命周期也越来越短，这就要求企业不断地开发出新产品以满足市场需求，提高企业竞争力。

产品创新在实践中需要把握以下几个问题：①企业自身实力；②产品开发前景；③产品的生命周期；④资产利润率；⑤同类产品的竞争对手。具体而言，企业进行产品创新时，应根据市场划分产品的最终用途、交易状况、技术及实际的用户群体，把重点放在以

下几方面：一是依托资源优势，抢占制高点；二是用"定时出击"的战略，开发新产品。英特尔公司的"定时出击"的战略——企业根据早已订好的日程表，创造出新产品、新服务或进入另一个新领域、新市场，应该为我们所用；三是采用比较灵活的经营战略，如寻找市场空白点和缝隙，创造绿色消费的新亮点等。

2. 技术创新

技术创新是指新工艺设想的提出和实施，以及其他领域的技术在企业经营管理上的应用。在人类经济的发展史中，科技创新的作用是以加速度递增的。在经过了漫长的几乎无发展的工业前文明后，技术进步对经济增长的作用逐渐超越了人力和资本的作用。目前，在发达国家，技术创新对经济增长的贡献占50%～70%，我国的比重在30%左右。对工业企业而言，创新的作用更大一些。技术创新是企业科技进步的源泉，是现代产业发展的动力，是企业实现可持续发展的基础。

3. 市场创新

伴随着新技术的出现和新产品的开发，必然带来企业对新的市场的开拓和占领，继而引起市场结构的新变动和市场机制的创新问题。市场创新是指企业从微观的角度促进市场构成的变动和市场机制的创造，以及伴随新产品的开发对新市场的开拓、占领，从而满足新需求的行为。市场创新着重于市场开拓，以开拓新的市场、创造新的需求、提供新的满意度为宗旨。创新的效果必须由市场来检验，市场创新是创新的归宿。我国买方市场的出现，使市场创新的难度增加。但市场是企业的镜子，在买方市场的情况下，容易暴露企业的各种问题，因此也就便于企业管理者针对问题采取创新措施。企业要全方位面对现实市场、潜在市场和未来市场这三个层次的市场。首先企业的产品应该适应现实市场，然后用已有力量挖掘潜在市场，进行渗透型市场创新或开发型市场创新，同时还要开辟未来市场，创造市场，引领消费潮流。在知识经济时代，信息网络技术进入商品流通的每个环节，实现了对传统商业管理的根本性变革。网络营销就是信息革命带来的一次市场创新。

市场创新包含的内容主要包括开拓新市场和创新市场各要素的新组合这两部分。

开拓新市场包括三层意思：第一，地域意义上的新市场。指企业产品以前不曾进入过的市场。它包括老产品进入新市场，如由国内向海外拓展，由城市向农村拓展。也包括新产品进入新市场。第二，需求意义上的新市场，指现有的产品和服务都不能很好地满足潜在需求时，企业以新产品满足市场消费者已有的需求欲望，如向农户推销廉价的、功能较少的彩电，向工薪阶层推销低价位汽车等。第三，产品意义上的新市场。将市场上原有的产品，通过创新变为在价格、质量、性能等方面具有不同档次的、不同特色的产品，可以满足或创造不同消费层次、不同消费群体需求。如福特汽车公司变换汽车式样，向其顾客供应不同档次的汽车：向富豪供应凯迪拉克，向一般人供应雪佛兰，向中等富裕的人供应奥尔兹莫比尔。

创新市场各要素之间的新组合，它既包括产品创新和市场领域的创新，也包括营销手段的创新，还包括营销观念的创新。市场营销组合是哈佛大学的敦凯提出的一个概念，它指综合运用企业可控制的因素，实行最优化组合，以达到企业经营的目标。市场营销组合观念是市场营销观念的重要组成部分。营销组合为实现销售目标提供了最优手段，即最佳综合性营销活动，也称整体市场营销。市场营销组合观念认为，企业可以控制的产品、定价、分销与促销诸因素，都是不断发展变化的变数。在营销过程中，任一因素的变化都会出现新的市场营销组合。

4. 资源配置创新

资源配置创新是指在发展过程中人力、物力、财力等各种资源在不同使用方向之间的新分配。经济全球化过程同时也是参与国际竞争的过程，企业综合竞争力的不断提高需要资源配置创新。资源配置创新能力的强弱取决于企业集聚资源的能力强弱，或企业竞争力的强弱。资源配置创新能力越强，集聚资源的能力越强，其核心竞争力也就越强。在当今国际化竞争环境下，企业资源配置能力与效率的强弱已突破了人力、物力、财力或土地、厂房、设备、资金的"硬资源"的配置方面，更重要的是反映"软资源"的配置，即更多无形社会资源的配置能力。企业在考虑资源配置时，首先应该以"软"资源配置为主，即尽量以技术、品牌、服务等"软资源"作为投入，以组合和调动社会资源为企业发展服务。资源配置创新能力正在成为现代企业的特殊能力和核心竞争力，成为企业战略创新的突破口。

5. 管理创新

管理是一切社会活动不可缺少的要素，管理创新是企业发展永恒的主题。随着社会科技、文化、市场等经济环境的日新月异，管理创新正越来越受到以企业家为主的经营管理者和部分专家、学者的广泛认识和重视。管理创新是创造一种新型的、有更高效率的资源整合范式，是应用管理科学的理论、技术、方法、工具，对生产与服务系统，通过系统分析、设计、改善、评价等活动，使其效率提高、成本降低、质量改善，从而提高整体效益与竞争力的创新活动。管理创新能使组织的管理体制和运行机制更加规范合理，实现人、财、物等资源的有效配置。一项权威调查显示：与缺乏管理创新的企业相比，成功管理创新的企业能获得20%，甚至更高的成长率；全球83%的高级经理人深信，自己企业今后的发展将更依赖管理创新。

管理创新包括观念创新、战略创新、组织创新、制度创新、文化创新、方法创新等内容。管理创新是统筹经营过程的综合性创新，一般发生在产品进入成熟期以后，管理创新就需要紧紧跟上。管理创新的注意力主要集中在成本上，尤其是生产成本与销售成本。这时期，企业是否有超前的、科学的管理创新将成为决定产品能否在市场上立足的关键。

第二节　管理创新概述

【导入案例】

耐克公司的文化创新

耐克公司的文化创新加强公司对市场定位、产品创新、市场调研和市场细分、营销组织、促销、存货控制、渠道等方面进行变革，从而增强了企业对市场的适应能力。

"永不停息"是耐克的公司文化。"塑造企业和完美产品以及充满活力的形象"是公司的战略目标。正是这种贯穿于生产经营活动并已经渗透到员工内心深处的企业文化理念促进了耐克的营销战略的创新。

"永不停息"的企业文化使公司有了鲜明而独特的市场定位。"永不停息"的企业文

化推动了耐克的产品创新。"永不停息"的企业文化推动了公司的市场调研和市场细分。"永不停息"的企业文化推动了公司营销组织的重组。"永不停息"的企业文化推动了企业的促销创新。"永不停息"的企业文化促使耐克改革它的存货控制体系。"永不停息"的企业文化促使耐克进行渠道变革。

(资料来源：http://3y.uu456.com/bp-431abeeb81c7s8fsf61f67d4-1.html)

【分析及任务】

1. 什么是文化创新？文化创新对企业有何作用？
2. 文化创新与其他管理创新是如何相互影响的？

一、管理创新的概念及特点

(一) 管理创新的历史

管理创新是产业革命的必然结果。第一次产业革命是以蒸汽机的发明和大规模应用为标志的，主要集中于铁路、采矿、钢铁、机械和纺织等行业。当时的企业是靠产量和规模来取得市场竞争中的优势地位的，所以那个时代的管理方式就是尽可能扩大企业规模和尽可能让工人加班加点。管理是一种适应，还谈不上创新。

第二次产业革命导致了第一次管理革命的产生，并产生管理创新思想的萌芽。第二次产业革命由电力的应用做催化剂，以内燃机、汽车、飞机、电话、电报、收音机和流水线的发明为主要成就。它兴起于19世纪70年代到20世纪初，主要集中于汽车、航空、机械、发电、电器等行业。第二次产业革命时代企业开始依靠提高劳动生产率来提高产量和降低生产成本，所以福特发明的生产流水线和泰勒的动作控制管理体制成为整个工业界的标准做法。这个时期的管理，适应了生产力的变化，讲究协调、效率，并有创新的萌芽。艾尔福雷德·斯隆提出将整个企业像一部机器一样进行管理的机器-管理论，从此，以专业管理人员为主体的职业经理阶层出现了，企业管理从单纯的生产管理中分离出来，成为包括后者的庞大体系。第一次管理革命倡导专业分工、成立管理机构等思想，影响深远。我们把这些管理理论的形成和由这些理论指导实践的变化称之为管理学上的第一次革命。

第三次产业革命导致了第二次管理革命，管理创新理论正式形成。第三次产业革命就是我们正在经历的这场信息革命。第三次产业革命是第二次管理革命的基础和催化剂。第二次管理革命的策源地是20世纪70年代的日本。已经完全从战后废墟中恢复过来的日本，本着虚心学习发达国家的精神，将刚刚出现雏形的工业机器人大规模应用在汽车制造、机械、电子等产业中，极大地提高了生产效率和产品质量，使这些产业的生产技术水平赶上甚至超过了欧美主要工业国家，从而一下子从一个二流国家成为一流工业国。与大规模使用工业机器作业同步，日本企业发展了一整套行之有效的管理方法，典型的有全面质量管理、及时制造、精准生产、零仓储和零缺陷等，凭借这些管理措施，日本企业把技术优势转变成管理优势。

第一次管理革命之后，管理的思路是从企业的内部寻找要素的最好结合点，目的是提高劳动生产率。这一次的管理革命（第二次管理革命），不仅是从企业内部挖潜力，更重要的是从企业外部的视角，看企业管理、生产是否合理，并且要寻找到不合理的环节、系统，把整个流程推倒重来。这样的管理不是原来细枝末节的修改，而是比较彻底的变革。所以，继第三次工业革命之后的第二次管理革命是非常具有革命内涵的管理革命，是管理创新。

（二）管理创新的概念

随着知识经济的到来与市场的一体化，市场需求的差异化、细分化、个性化不断加强，市场竞争越来越激烈。市场的变化趋势促使企业不断地进行管理创新。企业管理创新就是不断地根据市场和社会变化，重新调整人才、资本和科技要素，以适应市场，满足市场需求，同时达到自身的效益和社会责任的目的。

管理创新是创新的一部分。国内最早提出管理创新概念的是芮明杰教授和常泽修教授。芮明杰教授将管理创新定义为："创造一个更有效的资源整合范式，这种范式既可以是新的有效整合资源以达到组织目标和责任的全过程管理，也可以是新的具体资源整合及目标制定等方面的细节管理。"该定义是基于对管理的本质把握，从资源整合的视角对管理创新加以理解和界定。对该定义的理解可以从以下几个方面展开：

管理创新的主体是组织的全体员工。一个组织上至高层管理者，下至普通员工，都应该积极参与各项创新活动。但在大多数情况下，组织管理者发挥的作用更为关键。

管理创新的动因是环境的变化。由于组织内外环境发生变化，进而导致组织当前的管理跟不上形势的发展，面临生存发展的危机。

管理创新的直接目的是整合资源。通过各项创新活动，最大限度发挥组织各种资源的效用，使其创造的价值最大化。

管理创新的最终目的是实现组织的目标。实施管理创新，有效整合各种资源，其最终目的是实现组织的目标，包括组织的近期目标和远期目标。

管理创新的手段是新的管理理念、战略、制度、程序、模式和方法。组织通过创造或是引进新的管理理念、战略、制度、程序、模式和方法，从而实现更有效的资源整合。

管理创新是一个过程。组织的管理创新是一项通过管理功能及文化、模式等一系列创新的实施来实现的，是各环节相互制约、相互配合的管理创新活动。

管理创新的本质是通过系统内部结构的调整、改变与重新组合，使其发生系统整体功能的转变。从系统科学的原理看，就是一个通过结构功能关系的原理，实现"整体大于部分之和"的效应。因此管理创新不仅是结构的重新组合，而且必须具有推动社会生产力发展、使经济和产业系统产生巨大效益的功能。管理创新过程常常是一个复杂而艰难的过程，它必须改变传统的体制与制度，使系统形成与一定的技术创新和经济发展相适应的新的组织形式，从而大大推动生产力的高速发展。

（三）管理创新的特点

（1）全员性。企业管理创新的全员性是指构建以企业家为核心、部门经理为骨干、企业员工为基础的创新群体，使企业全体员工都参与到管理创新的工作中来，发挥集体智慧，使企业管理创新工作做到自上而下抓落实，自下而上进行建议、反馈，从而使企业充满持久的活力。

（2）全方位。企业管理创新是全方位、多层次的创新活动，是由多方面的管理创新要素共同推动的结果。企业管理者在总体上对企业管理系统创新方案进行设计,部门经理再针对某一子系统进行细化的创新方案设计,使员工开展活动,深化实施创新内容。

(3) 全过程。企业管理创新是全过程式的。企业的管理创新是从创新动机的产生,到创新方案的实施与评价这样一个完整的过程。比如,企业为了生存与发展,通过对企业的内外部环境进行分析,对照企业自身愿景和使命,从而产生战略管理创新动机,然后根据企业自身能力进行决策,看是否进行管理创新以及如何进行管理创新。决策之后进行试实施及适应性修正,然后正式实施,最后还要进行效果反馈。可见,企业管理创新是全过程式的。

(4) 全面效益。全面效益是指管理创新能够持续不断地产生有特色的成果,能够提高管理系统综合效能。"提高管理系统综合效能"体现在"硬件"上则为提高企业经济效益、人员素质、设备综合能力、主产品技术与文化含量;体现在"软件"上,则为新观念、理念、方法的产生以及由此组合产生的新的思想与文化、经济管理制度、理论体系、方法体系等;体现在"形象"上,则为企业整体形象、企业家形象、企业主产品形象的提升。

(5) 风险性。风险是无形的,对管理进行创新具有挑战性。管理创新并不总能获得成功。创新作为一种具有创造性的过程,包含着许多可变因素、不可知因素和不可控因素,这种不确定性使得创新必然存在着许多风险。据统计,在美国,企业产品开发的成功率只有20%～30%,如果计算从设想到进行开发的成功的比率,那就更低了,这也就是管理创新的风险性。

二、管理创新的重要性

1. 提高企业经济效益

管理创新的目标是通过有效的资源重组,提升企业管理系统的整体效益,如工作效率的提高、资金周转速度的加快等,最终在经济效益指标上有所体现,即企业的经济效益。提高企业经济效益可分为两个方面:一是提高企业目前的经济效益;二是提高企业未来的经济效益。无论是提高企业目前的经济效益还是未来的经济效益,都是在增强企业的竞争力,有助于企业下一轮的发展。

随着生产力要素的日益转换和发展,现代生产力成为一个由多因素、多层次有机结合的巨大系统,可以说,传统的土地、劳动力、资本属于实体性因素,它构成了生产力的基础;科学技术属于渗透性因素,对生产力其他因素具有加强作用;而管理则是一种运筹性因素,对生产力其他要素作用的正常发挥起着重要的运筹作用。对于一个企业来说,在一定时空下,企业拥有的土地、劳动力、资本(不考虑技术创新)这些生产要素是一定的,可以称之为"硬约束条件";而管理是一种软技术,属于"软约束条件"。因而,就土地、劳动、资本、技术(不考虑技术创新)这些生产要素而言,需要依靠管理的决策、组织、协调以及市场等职能来加以调节、平衡和配置,才能充分发挥各自降低成本的作用,实现生产过程各种资源的优化配置;而就现有的生产技术要素而言,也只有依靠有效的管理才能保证技术与资源要素的匹配、融合,充分发挥现有的技术水平、最大限度地提高经济效益。因此,如果说硬约束条件实际上已经限定了企业的"生产可能边界",那么企业"软约束条件"就是充分发挥"硬约束条件"的效用,促使企业的生产水平尽可能向其"生产可能边界"动态逼近，从而实现资源配置的效率性与效益性，使企业经济达到集约化的程度。

2. 降低交易成本

科斯认为，企业是对市场的替代。而战略管理领域奠基者之一的钱德勒认为这一替代就是用管理这一有形之手代替市场这一无形之手。因而可以说，企业形成的原因在于它能在组织管理的协调下，交易从市场转到企业内部，使其资源配置过程通过权威和行政命令来完成，从而避免许多交易活动的不确定性，节省交易费用，并使企业形成一定规模，具有规模效益。但钱德勒曾认为："在一个企业内把许多营业单位活动内部化所带来的利益，要等到建立起管理层级制以后才能实现。"即管理层级制的创新，使得现代企业可以将原本在企业之外的一些营业单位活动内部化，从而节约企业的交易费用。事实上内部化交易也会产生一系列的费用，即需权威和行政命令进行管理的成本（包括协调成本、监督成本、组织成本等）；而且，企业规模越大，按传统分工理论而设置的内部科层就越多，信息传递也就越容易失真和歪曲，使得管理成本上升，管理效率下降，生产经营效益也就必然下降。管理创新的目的就是对管理的决策职能、协调职能、组织职能以及管理体制等进行一系列创新，以适合企业实际的组织规模和生产经营活动，使各生产要素互相匹配，从而最大限度地降低管理成本，提高管理效率，并优化资源配置。交易费用的节约表现在"由于生产单位和采购及分配单位的管理链接在一起，获得市场和供应来源信息的成本亦降低"。最重要的是，多单位的内部化使商品自一单位至其他单位的流量得以在管理上进行协调。对商品流量的有效安排，可使生产和分配过程中使用的设备和人员得到更好的利用，从而提高生产率并降低成本。此外，管理上的协调可使现金的流动更为可靠稳定，付款更为迅速。

3. 稳定企业、推动企业发展

企业管理的有序化、高度民主化是企业稳定与发展的重要力量。常有人说管理与技术是企业发展的两个轮子，倘若管理是如此的话，管理创新自然更是如此，因为管理创新的结果是为企业提供更有效的管理方式、方法和手段。管理创新可增强资源整合方式的有效性，进而确保企业生产经营活动更具有协调性、有序性，使企业形成更强大的权力，为企业的快速成长奠定内部基础。钱德勒从一个侧面做出了证明，他认为："管理层级制一旦形成并有效地实现了它的协调功能后，层级制本身也就变成了持久性、权利和持续成长的源泉。"管理层级制的这一创新，不仅使层级制本身稳定下来，也使企业发展的支撑架构稳定下来，而这将有效地帮助企业长远发展。

4. 增强企业竞争力

管理创新若在市场营销方面进行，则将帮助企业有力地拓展市场、展开竞争。企业在进行市场竞争和市场拓展时，将遇到众多竞争对手，即厂商和顾客。因此，这一竞争过程实为多个博弈对象的动态博弈过程，一个企业若能在这一过程中最先获得该博弈的均衡解，即管理创新具体方案，便能战胜对手，获得博弈的胜出。这个解无非是在能预见对手们的相应对策条件下寻找出最佳的、新的市场策略和运行方式而已，这就是一种管理的创新。许多跨国公司在瞄准中国市场后，所采取的一系列市场行为，均有其战略意图，这一意图本身就是一种创新。

5. 有助于企业家阶层的形成

现代企业管理创新的直接成果之一，按照钱德勒的看法是形成了一个支薪的职业经理层即企业家阶层。企业家阶层的产生一方面使企业的管理处于专家的手中，从而提高了企业资源的配置效率；另一方面使企业的所有权与经营管理权发生分离，推动了企业更健康地发展。职业经理层的形成对企业的发展有很大作用，因为对支薪的企业家而言，企业的存续对其职业有至关重要的作用，他们"宁愿选择能促使公司长期稳定和成长的政策，而不贪图眼前的最大利润"。职业企业家从这一角度，必然更进一步关心管理创新，因为他们知道管理创新的重要性，因此职业企业家往往成为最主要的管理创新的主体。

三、管理创新内容

1. 观念创新

企业的发展、经济形态的转变，离不开思想的不断解放和观念的不断更新。从国际发展大环境视角来看，世界企业自20世纪90年代以来就经历着一轮又一轮的管理变革，这种背景使得新的管理学及经营理念应运而生。管理学家拉伯夫认为："任何行业里最重要的资本，不是金钱、建筑物或设备，而是创意。"观念创新是推动企业改革和发展的精神动力。知识经济对人类旧的传统观念是一种挑战。为适应新的经济时代，使管理创新战略卓有成效，必须首先确立新观念，以观念创新为先导，带动其他各项管理创新。

管理思想观念创新有很多种，主要体现为提出一种经营新思路以及对待顾客和员工的新思路等。这种新经营思路可以是从来没有过的，也可以是已经存在但比较先进而企业尚未体会到的。例如，在对待员工的新经营理念及其推行方面，有的企业选择打破传统的权威管理和严格管理，人人都是管理者，都是决策的参与者，领导者不再是唯一的管理者。这意味着组织的分权，把权力从领导者手中分散到组织成员手中，从而使员工获得了独立处理问题的机会。这意味着打破了原有的思想观念，使企业的决策更为科学、民主。

对于国内经济发展环境来说，经济体制改革尚处于转变期，政企分开的制度环境也在不断的建设当中，由于传统管理思想及方式方法的限制，目前企业双轨制度仍然处于斗争状态。从现代管理科学高度层面上来看，现代企业制度必须舍弃不适应当前企业发展的陈旧的经营管理理念，不断创新管理理念，那必须做到以下几点：

①绩效管理的评价标准不能单单遵循管理层的意愿，而需要考虑企业综合效益的完成总量。管理的内容必须不断加强，管理方式及管理形式都应该严格控制，使得工作流程、岗位职责、规章制度更加科学有效；对人才、资金、时间、物质等的使用效率都应进行严格的控制。②管理方式也应该从类似领导专断型的随意管理往广泛咨询各层级员工并且遵循决策程序及相关制度的科学管理方式转变。越级管理一般会对企业决策及预算的权责进行干预，这样很不利于企业的发展。③企业管理的机制需要不断往互动式自我教育的激励型机制转变，那就应该摒弃形式化约束型机制。

企业管理的目的不能单单为了完成企业的经营利润目标，需要将企业内部和谐稳定考虑其中，增强企业面对外部竞争压力的适应性。管理者的心态也应该往持续创新转变，而不是追求单纯的一劳永逸。

管理观念创新是一种从小管理意识往社会大众化管理意识发展的革命性转变，其创新的重点在于打破以往陈旧的管理思想，运用新的技术、新的策划及新的形势对企业进行管理，敢于标新立异，可以为企业近期及长远利益做出很大贡献，并且这也是一种特色的管理理念。现代企业要想在变化多端和激烈的市场竞争中生存、发展并走向卓越，首先要在管理观念上进行创新并付诸实施。

2. 战略创新

战略创新是指对企业传统的大众化的发展战略进行改造和更新，使之更加符合企业适应未来竞争的需要，并确保企业能够长久快速发展，永葆青春活力。随着管理观念的不断演变，企业的战略管理也不断变化。在20世纪80年代以前，企业为获得市场竞争优势，通常只重视产品和规模，以此打开市场、占领市场。一般非常注重产品的多样化、新颖化，追求产品的高质量、低成本，着重扩大企业规模和生产规模，追求规模经济效应。到了20世纪90年代，由于企业核心能力理论和价值链理念的出现与发展，改变了企业战略管理的思路。核心能力理论使得企业战略管理转向培育企业自身的核心能力，即将眼光转向企业内部，专注于企业自身能力的不断完善与提高，而不再单纯地注重开拓外部市场。到20世纪末，经济全球化步伐加快，科技日新月异，市场竞争日趋激烈。在这样的新形势下，企业在市场中采取单打独斗的战略难以为继，亟须企业之间的合作和优势互补，因此出现了企业横向一体化的组织形式，如战略联盟、虚拟企业和供应链等。此时的战略管理强调既竞争又合作。

企业为了谋求长期稳定发展，必须进行管理战略创新。企业只有在调整未来环境变化并掌握企业优势的基础上，摆脱传统观念的束缚，灵活机动地进行构思，才能创造出适合本企业的独特战略。要保持企业的持续发展，关键在于企业要学会战略创新，对此，特别需要解决好以下五个问题。

（1）从适应环境向创造环境转变。企业处于复杂多变的环境之中，环境的变化既给企业带来了制约和威胁，也为企业提供了新的发展机会。因此，企业在经营战略创新时，密切注视与企业相关的产业发展动向，积极地寻找企业可以利用的成长机会，就能够把新事业的创立、新技术的开发、新市场的开拓等战略课题引入企业的整体战略中，为企业适应未来的环境创造良好的条件。

（2）从竞争取向转向非竞争取向。非竞争取向是战略创新的基本方向。非竞争取向是指避免与竞争对手直接冲突，其中重要的方法是空隙市场集中。空隙市场是尚未满足的消费者需求。在空隙市场中，还没有企业参与或者只有很少企业参与。开辟种种潜在的空隙市场，最初竞争者较少且可获得较高利润，其后也可能培育成很大的市场。所谓空隙市场集中，是指企业将经营资金集中于发现空隙市场，形成绝对优势，并积极开拓这一市场。

（3）从常规经营向超常经营发展。由于经营常规是长期经营活动的经验总结，在一定的行业、时期和地区对于指导企业正确开展经营活动有积极作用。但在制定经营战略时，这种经营战略往往成为战略创新的障碍。因此，打破经营常规，实行超常经营成为创新经营战略的重要途径。超常经营就是指采用那些常规经营之外的新型经营方法来开展经营活动。这就要求经营者以动态的观点重新认识新的环境条件下的经营活动规律，大胆否定传统经营习惯和常规的适用性，勇于提出新奇而独特的设想。只有这样，才能创造出能够适应环境变化的新型经营需求和具有独创性的经营战略。

（4）从开发有形资源向积累无形资源转化。无形资源的积累方法有两种：第一，通过有计划的行动来积累。如为树立企业形象开展的广告和公关活动,为开发新产品进行的技术研究活动等。第二,通过日常业务活动来积累。如推销员以周到的服务和口头宣传使顾客对企业产生信任等。企业经营战略创新,应该综合运用以上两种方法,把积累未来所需无形资源作为中心内容。

(5) 由单一效果转向综合效果。在企业经营活动中,各种单一经营要素所取得的效果是有限的,如果把各种经营要素有机地结合起来,其组合效果就会远远大于各经营要素的单一效果之和。因此,通过各种经营要素的巧妙组合,追求最大组织效果是管理战略创新的一个方向。

3. 组织创新

组织创新是指应用行为科学的知识和方法,把人的成长和发展希望与组织目标结合起来,通过调整和变革组织结构及管理方式,使其能够适应外部环境及组织内部条件的变化,从而提高组织活动效益的过程。企业的组织结构是企业组织的骨骼,它在很大程度上规定了组织中成员的职责与权利等诸多方面。组织创新意味着打破原有的组织结构,重新配置组织内成员的责、权、利关系,从而形成新的结构和新的人际关系。组织创新包括组织结构基本形式的创新、组织机构职责、权限的创新以及集权分权的新方式等。此外,组织结构中人际关系的创新安排以及岗位协调的创新也是组织创新比较重要的内容。而组织的学习性深化、组织内信息流程及网络的重构、组织的柔性化设计则是目前组织创新的趋势。

据中国企业家调查系统的调查结果显示,中国企业组织形式呈现多元化趋势,但组织创新总体水准相对滞后。有54.3%的企业组织形式采用"直线职能制",有26%的企业组织结构没有变化。不同的企业组织结构模式源自不同的经济形态。当人类告别工业经济时代走向知识经济时代之际,企业组织结构调整成为一种必然的现象。自20世纪80年代初以来,新的组织结构纷纷涌现,如团队组织、学习型组织、网络型组织、虚拟型组织、战略联盟型组织、边界模糊型组织、交响乐队型组织、自设计型组织等,众多的组织结构模式有其内在的规律与特点,这些规律与特点是由知识经济时代的特点所决定的。

企业系统的正常运行,既要求具有符合企业及其环境特点的运行制度,又要求具有与之相应的运行载体,即合理的组织形式。不同的企业有不同的组织形式,同一企业在不同的时期,随着经济活动的变化,也要求对其组织机构和结构进行不断调整。企业的组织创新,要考虑企业的经营发展战略,要对未来的经营方向、经营目标、经营活动进行系统筹划;要建立能对以市场为中心的市场信息、宏观调整信号及时做出反应的反馈应变系统;要不断优化各项生产要素组合,开发人力资源;在注重实物管理的同时,应加强价值形态管理,注重资产经营、资本金的积累等。

要建立一个有弹性、有重点、快速反应的组织结构,企业必须设计好自己的权力分配:集权或分权;还必须设计企业的管理层次与管理幅度:垂直型组织结构或扁平型组织结构。鉴于人们对速度的不断追求,扁平型组织结构已成为现代企业组织结构的一种趋势。扁平型组织结构是通过减少管理层次,裁减冗余人员,下放权力,建立一种紧凑的组织,使组织变得灵活、敏捷,以提高组织效率与效能。

组织创新的重要性引起了国内外学者的关注。在众多的组织创新的研究中,影响力较大的是哈默和钱彼的公司再造研究和彼德·圣吉的学习型组织研究。哈默和钱彼认为,公司再造是根据信息社会的要求，彻底改变企业本质。它抛开传统分工理论的包袱，将生产、销售、人事、财务、管理信息等部门的组织结构按自然跨部门的作业流程重新组建。当今组织所面临的关键问题多属于综合性管理问题，若将这种问题硬性规定为某一专业化的所属范围，很难有效处理由此引起的症结。公司再造的倡导者认为，对于这一类综合型问题最有效的解决方法，是运用信息技术对其进行综合处理，进行一场组织再造革命。

彼德·圣吉指出，现代企业所欠缺的就是系统思考的能力。它是一种整体动态的搭配能力，缺乏它会使得许多组织无法有效学习。之所以会如此，是因为现代组织分工、负责的方式将组织切割，而使人们的行动与其需要达到的目标相距较远。当不需要为自己行动的结果负责时，人们就不会去修正其行为，也就是无法有效地学习。学习型组织是一个具有持续创新能力、能不断创造未来的组织。在学习型组织中，每个人都要参与识别和解决问题，使组织能够进行不断的尝试，改善和提高它的能力。学习型组织的基本价值在于解决问题，与之相对的传统组织设计的着眼点是效率。在学习型组织内，雇员参加问题的识别，这意味着要懂得顾客的需要；雇员还要解决问题，这意味着要以一种独特的方式将一切综合起来考虑以满足顾客的需要。组织因此通过确定新的需要并满足这些需要来提高其价值。它常常是通过新的观念和信息而不是物质的产品来实现价值的提高。

4. 制度创新

制度创新是指企业中建立适应社会主义市场经济的资源配置机制，使其面向市场，成为自主经营、自负盈亏、自我发展的微观经济主体。现代企业制度创新是为了实现管理目的，将企业的生产方式、经营方式、分配方式、经营观念等做规范化设计与安排的创新活动。制度创新是把思维创新、技术创新和组织创新活动制度化、规范化，同时又具有引导思维创新、技术创新和组织创新的功效。它是管理创新的最高层次，是管理创新实现的根本保证。

在知识经济条件下，企业要完全按照经济全球化的要求，来完成产权制度创新、经营制度和管理制度创新。

产权制度创新。产权制度规定着企业最重要的生产要素的所有者对企业持有的权力、利益和责任。从我国的实际情况来看，民营企业的产权制度比较容易创新，而国有企业和许多集体企业虽按现代企业制度，建立了股份公司、有限责任公司和股份合作制企业，但总是遇到一些来自多方面因素的困扰。这些困扰在短时期内不会消失，还需国家在长期改革中不断克服。

经营制度创新。经营制度创新表明企业的经营方式，明确谁是经营者，谁来组织企业生产资料的占有权、使用权和处置权的行使，谁来确定企业的生产方向、生产内容、生产形式，谁来保证企业生产资料的完整性及其增值性，谁来向企业生产资料的所有者负责以及负何种责任。通过经营制度创新使企业除了受市场机制约束外，不再受其他约束，逐步增强企业自我改革、自我发展的能力。

管理制度创新。在知识经济条件下，管理的重点是知识的生产与开发，以及对掌握知识的人才培训。培训的重点是：培育适应知识经济的企业家，只有优秀的企业家才能把"技术人"和"社会经济人"集合在一起，充分发挥科技资源优势，促进社会经济发展。管理制度的创新还表现在管理的柔性化——以人为本。分配制度的创新，也是管理制度创新的重要内容。在现代发达国家，按业绩分配和按知识要素分配趋于主导地位。

产权制度、经营制度和管理制度三者之间存在着密切的关系。一般而言，一定的产权制度决定相应的经营制度。但是，在产权制度不变的情况下，企业具体的经营方式可以不断进行调整；同样，在经营制度不变时，具体的管理规则和方法也可以不断改进。而管理制度的改进一旦发展到一定程度，则会要求经营制度作相应的调整；经营制度的不断调整，则必然会引起产权制度的变革。总之，管理制度的变化会反作用于经营制度，经营制度的变化会反作用于产权制度。

5. 文化创新

世界著名的企业管理家迈克尔·汉默曾指出：一个组织不只是一系列产品和服务的组合，它同时也是人文团体。像其他社会团体一样，企业也培育了特殊的形式即企业文化。企业文化以企业精神为核心，把企业成员的思想行为引导到企业确定的发展目标上来，它又通过企业所形成的价值观念、行为准则、道德规范等，以文字或社会心理方式对企业成员的思想、行为施加影响、控制，进而激发员工的责任心和创造力，培养企业团队学习精神，提高企业整体效率。企业文化的兴起，引起了世界性的变革。企业文化对企业内部而言是提高企业凝聚力的重要手段。共同的价值观、共同的信念会使企业成员凝聚成一个整体，齐心协力为实现企业的发展经营目标全力奋斗。这里所说的企业文化创新，有两个基本的层次目标需要达到：形成现代企业应有的基本文化和拥有更为先进的创新文化。

处于知识经济时代的企业，拥有能促进管理创新的企业创新文化也非常重要。好的企业创新文化有助于员工为创新主体发生更多更好的创新行为。由于各个企业的不同经济背景及文化差异，使最终形成的企业创新文化有两种模式：个体创新文化及群体创新文化。在个体创新文化下，创新主体主要是由个别人来担当，极其类似于英雄主义的文化。由于所处职位的关系，管理创新者大多是处于管理阶层的高层管理者。在美国企业中，这种个体创新文化比较流行。在群体创新文化下，企业员工都成为创新主体参与到创新中来，他们可能分散、独立地进行创新，也可能共同进行某一项创新。这种文化使员工都被调动起来，企业创新层出不穷。日本的公司较多地树立了这种群体创新文化。从较好地调动员工积极性的角度考察，群体创新文化是一种比较优秀的企业文化。

就我国企业面临的现状而言，企业文化创新立足于群体创新文化，从各个企业不同的实际出发，创建中国特色的企业文化。企业文化创新应明确以下几个思路：

（1）科学技术是第一生产力。把科学技术是第一生产力的思想融入企业文化建设中，以"科学兴企"为核心，真正形成尊重知识、尊重人才的良好企业文化环境。在企业文化建设中，要在大力提高职工整体素质上下功夫。在知识经济条件下，这是企业创新的重点，也是提高企业竞争力的根本所在。

（2）注重企业整体观念与企业团队意识的培养。当代企业文化创新的实质在于通过价值观培育为主的各项有效措施来塑造企业团队意识，激励群体意识，构筑职工与企业的命运共同体，强化企业内部的凝聚力。

（3）创造具有特色的企业文化。企业文化被人们称为管理科学发展的第四次革命。一些西方学者认为，企业文化创新是21世纪新企业经营管理模式的重要方向之一，是企业文化的创造与渗透。在未来的国内外市场竞争日趋激烈的情况下，企业的经营没有特色，产品没有特性，文化没有个性，就不能使广大消费者感知到它的独特性，很难立足于国内外市场。

(4) 企业家是企业文化建设和创新的关键。企业的竞争，实质上是企业家和企业文化之间的竞争。成功的企业必须有成功的企业家，必然有卓越的企业文化。企业家是企业的经营管理者，在企业运作中处于中枢地位，他们直接代表了企业文化的特征。著名的《财富》杂志对美国十大最受尊重的公司做评价时指出：这十大最受尊重的公司表明，商誉正日益成为人们关心的问题，影响公司商誉的关键是领导者的才能。因此，企业家的素质高低决定企业文化建设的效果及企业经济位置的好坏，在未来的企业发展过程中，这一点会表现得更加突出。

(5) 在向知识经济时代迈进的过程中，最主要的经营资源就是知识，因此，具有综合利用知识能力的人才也就越来越重要。企业能否成功的关键往往取决于对人力资源的开发和管理。工业社会里的企业文化，把人看成是经济人、社会人，认为人仅仅是生产机器的一个组成部分，忽视了人的精神需要和创新精神。而知识经济时代的企业文化把人看成是文化人，它注重发掘人的内在潜力和积极性，看重人的作用和价值的实现。近年来，柔性管理就是一种以人为本的企业文化，它通过管理者与员工的直接交流，使管理者更加关心员工的需要，为员工提供更多的发展事业的空间，从而更顺利地实现企业发展的目标。

6. 管理方法创新

管理方法是指管理者以不同的形式展现管理，或是对企业资源进行整合的有效手段，它与企业资源的合理配置紧密相关。管理方法创新既可以指一种单一的方法创新，比如库存管理法、网络计划技术等，还可以是一种综合性的管理方法创新，比如制作资源计划、准时化生产等。目前管理方法创新主要包括五种方式：领导方式的更新、工作方式的创新、管理手段的改革、业务流程的升级、资源利用措施的变革。在企业管理中，管理方法的创新既是企业管理的现实需求，同时也是提高企业管理效果的必然发展方向。从企业管理当前的发展来看，积极创新企业管理方法，对提高企业管理效果，推动企业快速全面发展，提升企业管理实效具有重要的促进作用。

对于任何一个企业而言，拥有好的管理方法都至关重要。企业是一个复杂庞大的系统，资金流、劳务流、物流、能量流、信息流充斥其中。在这么庞大复杂的系统中，要想提高其竞争力，并且使所有资源合理配置，一种科学、先进的现代管理方法必不可少。这种模式需要以市场经济需求为导向，以系统工程观念为指导思想，运用现代化管理技术，最终达到企业全面管理的目标。在20世纪初，信息产业国际化的兴起动摇了传统的管理技术，新的管理方法、概念层出不穷。我国企业也进入了以计算机为辅助管理工具的信息时代，精益生产是现代管理企业追求的目标。

四、管理创新主体及其动力与能力

(一) 管理创新的主体

从企业管理创新过程及其实践来看，只要是有自己的创意，并在付诸实施时自始至终参加全过程的人，都可成为管理创新主体。管理创新主体是由企业家、管理者和企业员工所构成的有机整体。

1. 企业家

企业家由于其所处的特殊地位会对管理创新产生重大影响，或是在管理创新活动中居

于支配地位。这具体表现在以下四点：

（1）企业家是整个管理创新活动的中枢。杰出的企业家总能站在企业发展战略的高度，从总体上把握管理创新目标，使管理创新能更客观、更全面、更实际。

（2）企业家是管理创新主体的统领，担负着协调管理创新主体之间关系以及创新主客体之间关系的重任。如果没有这个中心，不同创新主体各行其是，管理创新会因内耗或无序而难以实现应有的效果，甚至出现负效应。因此所有的管理创新活动都是在企业家直接或间接控制下进行的。

（3）企业家是管理创新活动的责任承担者。管理创新的结果具有不确定性，存在着很大风险，而最终责任者只能是企业家。也只有界定了风险和责任，其他创新主体才能够大胆创新。

（4）企业家对管理创新的态度，所倡导的价值观，所营造的管理氛围，以及个人品质、个性、能力等都直接或潜移默化地对管理创新产生影响。

2. 管理者

企业中有许多管理者，在专业分工条件下对自己职责范围里的事务、人员、资源进行管理。这些管理领域如人事、财务、生产、营销等均处在管理创新的空间范围内，如果从事这些领域管理工作的管理者拥有创意并加以有效实施，他们可以成为管理创新的主体。这些管理者是现代企业发展的产物，处于公司决策层与基层的中间接合部，是具有实际管理经验和业务专长的大量管理人员的集合。他们处在个人事业发展的中间阶段，思维活跃，社会价值实现的愿望强烈，创新的动力较大，因而在创新活动中表现积极、充满活力。

管理者处于企业管理创新的承上启下的位置，决定了其在管理创新主体中的中坚力量地位。他们的创新行为较为隐蔽，成功率高。管理职责和业务专长的结合使他们的创意更加务实，也更有针对性。有远见的企业家应充分重视企业中层管理人员的作用，鼓励和推动这一群体的创新活动。

3. 知识员工

知识员工是指具有知识储备的员工。企业员工要成为管理创新主体必须具备知识，这在知识经济条件下尤其重要。知识员工提出管理创意并得到采纳且参加了实施的全过程就可以成为管理创新主体。

知识员工为管理创新的主体通常以群体的形式出现。就单个员工来说，很难成为管理创新主体，因为其工作仅属于管理创新领域的边缘，而大部分可列入技术和操作方法方面的创新领域，加之受到上司多方面的控制，虽有创意也很难在工作中进行实践以至成功。但作为一个群体的员工成为管理创新的主体却是完全可能的。一方面是由于知识经济所引发的企业管理新变化使员工有更多机会接触到实际管理问题；另一方面，作为群体的员工能够产生大量的管理创意。

知识员工在长期的生产经营活动中，会不同程度地发现管理中存在的问题，他们的一些想法经过反复提炼后最终上升为管理创意；企业员工也是管理创新方案的具体运作者，所有管理创新方案的实施都需要他们的密切配合。知识员工对管理创新的态度、理解、运作技能等在一定意义上关系着管理创新成功与否。同时，管理创新是一个不断实践探索、不断完善的过程，管理创新实施中的信息反馈主要依靠操作层的员工。知识员工一般占企业生产、经营、管理人数的绝大多数,所以知识员工是一支庞大的管理创新队伍。

(二) 管理创新主体的动力

企业外部环境的动态特征以及内部资源配置的复杂性为管理创新行为的发生提供了可能性。在管理创新空间存在的基础上,管理创新主体会受某些因素的激发和驱使,去实现某种创新目标,进行某种创新行为,激发管理创新主体的因素就是管理创新主体的动力。在动力的驱使下,管理创新主体希望自己的创新能力能够在创新管理中得到发挥,由此产生的管理创新行为平行进行、交叉整合,最终达到管理创新主体所设定的目标。创新动力是管理创新主体作为与创新客体相对的主体发挥其能动性的内在基础,其作用机制是,一方面促使创新主体主动地改变自己,让自己合乎创新客体的本性;另一方面则促使创新主体在能动地利用、改造、再塑创新客体的过程中,使创新客体合乎自己的要求。管理创新的动力既可以来自外部,也可以来自管理创新主体的内部,是创新行为发生和持续的主要原因,起到维持管理创新主体创新热情的作用。创新主体的创新动力并不是单一的,而是多元的。强化管理创新主体的创新动力,是在一定条件下管理创新行为大量发生的必要条件。管理创新主体的动力一般来源如下几方面:

1. 产权与利益激励

产权包括所有权、经营权、管理权、使用权、支配权等一切关于资产权利的具有广泛内容的权能体系,其主要功能在于外部性最大限度地内部化和减少交易费用。产权的确定使资产所有者与资产之间建立最直接的经济关系,资产所有者因此成为资产能否增值的最直接当事人。产权对管理创新主体的驱动直接表现在管理创新的利益激励上,管理创新的直接驱动力在于创新结果能给管理创新主体带来预期的经济收益,对利益的追求是激发创新主体创新的内在动力。

从企业产权角度出发,管理创新主体具有产权,产权使得企业创新的成本和收益都内部化,企业进行管理创新的最主要的理由是增加收益或降低成本,而这两者恰好是提高企业经济绩效的有效途径,经济绩效是企业管理创新的逻辑出发点和最终归宿点,管理创新活动的价值和必要性正体现于此。

管理创新主体的经济性动机是明确的,这就是通过管理创新的成功提高企业管理效率、资源配置效率的同时也能增加自己的经济性收入。利润是企业生存的基础和目的,管理创新是利润的源泉,管理创新能够给成功的创新者以特别的增长和暂时的垄断利润回报,使拥有产权的创新主体得到实际的收益,迎合了他们使资产增值的愿望。在既定的要素条件和水准下,管理创新是企业把预期最大化利润转变为现实最大化利润的最优途径,潜在收益大于预期的成本是创新主体创新的根本动力。成功的管理创新活动与管理创新收益之间是正相关的非线性关系,这种关系形成了管理创新激励、管理创新动力,最终引起了管理创新行为。

管理创新中不可避免地存在一定的交易费用,包括管理创新的信息成本、界定和控制管理创新产权成本、拟定和实施管理创新契约的成本及监督观察成本和制度结构的变化成本等,产权的安排明确界定了管理创新主体间的权益关系,为管理创新提供了良好的制度环境。

从管理创新成果的知识产权来看,产权制度确立了创新者和创新成果的直接利益关

系，通过专利权对知识产权的保护，内化了管理创新的外部性，使私人创新收益占社会收益有一个合理的比例，增加了管理创新主体的收益，调动了管理创新主体的积极性，推动了管理创新，特别是知识员工的管理创新。

管理创新主体因对收入报酬的追求而产生管理创新行动，如果管理创新成功将促使企业经济效益的提高，而企业效益的好坏最终会以各种方式回馈给为此做出贡献的管理创新主体。

管理创新重在企业内部的存量要素的重新整合，作为创造一种新的更有效的资源整合范式的过程或细节管理，管理创新可以节约交易费用，降低生产成本、信息成本和监督代理成本，减少组织间摩擦，加强生产和竞争优势，从而产生一种联结效应、聚集效应和系统放大效应。成功的管理创新会带来企业资源的有效整合，反映为企业效益的提高，而在市场经济条件下，资金、技术、劳动力、人才、知识等要素的增量式流动都是建立在追逐经济利益的基础上的，作为具有人性特征的管理创新主体，也遵循这一规律。

2. 价值目标追求

管理创新的目标是对企业价值的追求，价值目标的追求是企业价值观外化的表现，其本质是创新行为的基础动力。

一方面，管理创新主体作为企业的成员，一定会希望企业价值不断提升，这种价值目标追求会使管理创新主体产生一种使命感，促使管理创新主体坚持不懈地努力。管理创新主体为实现企业价值，会不断进行管理创新活动，不断地完善企业文化，不断创造出新的管理范式，为企业资源整合模式的动态调整提供动力。在追求价值目标的过程中，管理创新主体可以享受到先行者的优势、形象和信誉，优先获得做最优市场的机会，建立专制壁垒等。

另一方面，在追求企业价值的同时创新管理主体个体的价值也得到了体现。因为管理创新主体希望自己的创新能力能够在管理创新过程中得以发挥，而管理创新一旦成功就可以提高管理创新主体自身价值，管理创新主体也可以从中获得成就感，得到他人的尊重，从而产生一种心理满足。正因为如此，具有成就感的创新主体更容易在艰苦的创新过程中保持顽强的进取心。许多管理创新主体进行管理创新的直接动机就是追求自我价值在管理创新工作中的充分实现。最高层次的价值需求，成为激励创新主体从事并维持管理创新行为的主观动力。

3. 竞争压力

竞争压力是激发管理创新主体创新的外在动力。企业处于较大的市场竞争压力时，一般来说管理创新及管理创新行为就会大量产生。

竞争是市场经济的本质特征，在市场机制下，优胜劣汰是客观法则，从企业创建之日起竞争便已客观存在，并随着经济的发展、技术的进步以及市场从卖方向买方的转变，竞争日益呈现出主体多元化、手段多样化、层次纵深化的趋势。在这种情况下，管理创新主体为了在激烈的市场竞争中取得优势，会在竞争压力的驱动下提出新思路加以有效实施，创设新的组织机构并使之有效运转，提出新的管理方式方法提高生产率、协调人际关系、更好地激励员工，设计新的管理模式，进行制度创新为企业行为带来变化，有效整合企业资源。由于企业环境发生了剧烈的变化，企业只有不断进行管理创新，采取比竞争对手效率更高、效益更好的资源整合方式与方法，创造出有别于竞争对手的竞争优势，才能在市场竞争中占据优势而不被竞争对手所淘汰。企业如果不能适应这种变化，就难以长期维持和发展。

竞争环境要求企业的最高管理者始终要保持战略的头脑和管理创新意识，始终不忘危机。而且激烈的市场竞争的内在要求促使企业增强管理创新能力，企业管理创新主体必须通过组织的战略创新，制定持续的应变措施。

正如美国学者吉福德指出的："我们生活在这样一个时代，即进行有效创新的能力已经成为事业成功的基本决定因素。如果竞争就是创新，就是创造和改进产品、服务和加工过程，那么，不创新就是死亡。"

（三）管理创新主体的能力

管理创新主体必须具备一定的能力才可能完成管理创新过程。这种应具备的能力是各种能力的综合体，主要有管理创新能力、转化能力、组织协调能力和学习能力。其中，管理创新能力是核心部分，没有这样一种能力，管理创新就无从谈起；转化能力是关键，有创意但没有能力将创意最终转化成实际操作方案的人也无法成为管理创新主体；组织协调能力是管理创新活动的保障，只有具备组织协调能力的管理创新主体才懂得如何有效地配置资源，如何推进管理创新活动的进行；而学习能力则是管理创新主体所具有的最基本的素质。管理创新主体通过学习掌握了以上四种能力才能进行管理创新活动。

1. 管理创新能力

创新能力基于一个人的创新意识，是管理创新主体最重要的能力。管理创新能力表现为管理创新主体在自己所从事的管理领域中善于敏锐地观察旧事物的缺陷，准确地捕捉新事物的萌芽，提出大胆新颖的推测和设想即创意，进而进行周密的认证，拿出可行的方案来付诸实施。管理创新主体的管理创新能力是其内在心智模式和社会、企业等因素相互影响产生的一种能力。这种管理创新能力主要包括敏锐的洞察力、丰富的想象力、独立的思考能力、系统的分析能力等。除此之外，自信心和坚韧的品质也是管理创新能力所必不可少的因素。

2. 转化能力

转化能力是指管理创新主体将创意转化为可操作的具体工作方案的能力。管理者仅提出创意而不付诸实施还不能成为管理创新主体。只有将一系列的设计构想转化为现实的、可操作的方案与步骤，并能够按此进行操作之后，创意才有价值，管理者也才能成为管理创新的主体。转化能力与管理创新主体的心智模式有很大的相关性，与管理创新主体以往的工作经验与工作技能的掌握程度也有很大的相关性。管理创新主体在转化过程中应善于运用各种技巧，善于把各种可行的方案综合起来，善于借鉴管理其他领域的方法，善于对创意进行改造使之更易于操作，善于在转化的实践中再进行探索和创新。

3. 组织协调能力

组织协调本身是管理的职能之一，也是管理创新主体所必需的一种能力。首先，只有管理创新主体具备较强的组织协调能力，才能够有效组织所需投入的资源，使之得到最合理的配置。其次，具备组织协调能力的管理者在进行管理创新时，能够在保证企业照常有序地运转的条件下进行革新，改变原来的管理程式，推进新的管理范式。最后，组织协调能力还表现在管理创新主体能够对形势有比较全面的估计，在管理创新方案实施之前做好各种准备工作,当管理创新的某个方案在实践中遇到问题时能够立即找到对策,进而进行新的尝试,如果管理创新主体没有较强的组织协调能力,就会使管理创新过程中出现更多的不确定性,成功的可能性就要大打折扣。

组织协调能力要求管理者能够根据管理创新过程中各阶段不同资源配置的要求,有效地组织不同资源并令其在各自的位置上正常运作。组织协调能力还要求管理创新主体在管理创新活动的实施群体中培养出一种团队精神。在强化个体与整体的协调与反馈上,保持个体的独立特性时增强其与整体目标的协调。管理创新过程通常是群体运作的过程,具有分散性的个体必须与整体协调一致,才能够形成整体的能力,从而保证管理创新目标的达成。

4. 学习能力

知识是能力产生的温床,是创新的基础,学习是增强知识的手段,是创新能力形成的根本原因。对管理创新主体来说,学习是发现自己的潜能、实现自我超越所不可缺少的条件。学习的过程是管理创新主体自身知识更新的过程,它将直接影响到管理创新的发展。

学习包括企业个体学习,又包括组织学习,其中后者尤其重要。组织学习是一种社会现象,它要求共同的交流基础和协调的探索程序。组织学习应该超越于组织内部个人学习的简单相加,而建立一种学习共享机制,并能产生、储存和搜索知识,以达到组织知识积累以及管理创新活动的理想效果。学习的过程孕育着企业的大量创新,这种共享的学习模式更有助于组织整体学习能力的提高,并最终促进管理创新的推进。作为知识型个体的员工通过学习能够有效改善心智模式,培养全新、前瞻、开阔的思考方式,获得知识的创造和转化能力和系统思考的能力。企业应为员工创造良好的学习氛围,鼓励知识共享,推崇企业群体和个体的创新精神。

【知识拓展】

我国企业管理创新的实现途径

(一)总结推广:正确对待新中国成立以来管理实践的经验

新中国成立以来国有企业广大干部职工创造了许多很好的企业管理经验,如被毛泽东同志称之为《鞍钢宪法》的"两参一改三结合"、大庆油田的"三老四严"、"铁人精神"、"孟泰精神"、劳动竞赛、提合理化建议、民主管理制度等,这些经验扎根于社会主义企业现实的土壤之中,体现了我国国企的优势和特点,形成了我国国企的特色和优良传统,我们必须继续坚持并进一步完善和发展。

(二)古为今用:努力提炼我国民族优秀文化的精华

我国是一个文明古国,在五千年漫长的历史中,中华民族创造了光辉灿烂的物质文明和精神文明。我们祖先在改造自然、治理国家的实践活动中,经过长期艰辛探索,创造了很多管理办法,积累了丰富的管理经验。这些管理经验既有微观的治生之学,也有宏观的治国之道,涉及诸子百家、经史子集、名家文论、建国方略等各个方面,妙言迭出,警句纷呈,其中的管理思想内涵十分丰富,不少至今仍闪耀着哲理的光辉。我国近代实业家陈嘉庚、刘国钧等就曾有意识地从《论语》《孙子兵法》等古代著作中寻求启迪和借鉴,并取得了成功。海尔集团在确立企业发展和经营大局,培育职工队伍威武不屈、勇敢进取、刚健有为的浩然正气,以及在制定企业竞争谋略方面,都曾吸取了《论语》《老子》《孙子兵法》等的优秀思想。我们必须挖掘、研究蕴藏在民族文化遗产中的管理思想和管理经验，继承、吸收其精华，并在现代管理理论研究和实践中加以融合和创新。

（三）博采众长：大胆借鉴外国现代管理理论和经验

"二战"以后，西方主要发达国家进行了两次企业管理革命。第一次管理革命主要是以日本企业为代表的在 20 世纪 70 年代工业化高级阶段的管理创新，着重点在质量，建立了经济增长的质量模式；第二次管理革命主要是以美国企业为代表的在 20 世纪 90 年代知识经济条件下探索企业管理的创新途径，着重点在速度，开展了"企业再造"运动，正在创建经济增长的速度模式。随着信息技术的迅速发展，西方企业在组织规模、产品结构、技术装备、信息处理、人员素质等方面都发生了全面深刻的变化，在亚当·斯密劳动分工原则下建立的一系列生产、经营的管理方式和管理方法不断向科学化、现代化、信息化发展。如美国企业的发展呈现以下五个新趋势：一是从效率、目标导向转向远景导向；二是从专门职能转向跨职能的整合；三是从重视股东利益转变为重视所有的利益相关者；四是从追求规模和范围经济到追求速度经济；五是从追求效率和稳定到追求创新和变革。随着企业发展趋势的变化，企业管理的新趋势也随之产生：管理中心人本化、管理组织扁平化、管理权力分散化、管理手段信息化，各种管理新方法也应运而生，如重新设计企业流程、及时生产、灵活生产、横向管理、柔性制造、组织修炼、团队建设等。西方的这些管理理论、管理技术和管理方法都是人类智慧的结晶，我们要根据国情，弃其糟粕，取其精华，融会提炼，为我所用。

（四）适应市场：增强企业的应变能力

目前，我国企业面对的市场环境发生了很大的变化：我国的市场已由卖方市场转变成为买方市场；我们与国际市场的联系日趋紧密，经济发展的对外依存度明显增加；市场化程度大大提高，市场细分化逐步加强，市场从不规范到逐步规范，市场竞争日趋公平和更加激烈、信息化和经济全球化也从根本上改变了企业的内外关系。市场环境的这些变化将带来一系列现代经营管理上的问题，如市场预测、消费者行为的分析、对竞争对手的应战策略等。企业必须就经营目标、内外部环境以及同环境的积极适应等问题进行谋划和决策，制定企业发展的方针和目标，以实现企业环境、企业能力、企业经营目标的动态平衡和统一。企业管理必须在抓好生产管理的同时向两头延伸：向后延伸到产品营销和售后服务，把产品设计开发能力、市场营销能力"两头小"而生产环节"中间大"的橄榄形管理体制，转变为"两头大、中间小"的"哑铃形"管理体制。一切要从市场出发，按市场需求实施生产、销售、服务、信息反馈、科研开发的全过程管理；要把市场机制引入企业内部，运用市场规律优化资源配置，盘活存量资产、加快技术进步、提高运作效率，切实把企业工作的基点落实到以市场为中心的思路上来。企业管理的重心也必须紧紧围绕市场和竞争环境的变化，制定企业的应战策略，提升企业的应变素质。

（五）以人为本：注重人才开发，增强企业整体创新能力

人本管理是 20 世纪 60 年代提出的，到了 20 世纪 80 年代已受到国内外企业的普遍重视。日本索尼公司董事长盛田昭夫说："如果说，日本式经营真有什么秘诀的话，那么，我觉得'人'，就是一切秘诀的出发点。"被人们誉为"经营之神"的松下幸之助也曾说，松下公司的口号是"企业即人"，并多次宣称"要造松下产品，先造松下人"。美国的李·亚科卡认为自己在美国福特和克莱斯勒两大公司长期管理的关键在于人，在于那些富有激情和敬业精神的管理人才。我国企业界常有这种说法："企业的根，职工为本；企业的魂，职工的心。"一直强调，激励职工的积极性和创造性，是增强企业活力的力量源泉。许多企业在实践中提出

的管理组织的柔性化、战略决策的柔性化、市场营销的柔性化、视觉标识设计的柔性化等，都使管理刚柔相济、科学灵活，体现了人本管理的真谛，说明了优秀的企业，首先是优秀人才的集合体。

企业的管理创新是以人为本，依靠人完成的创新活动，是以企业家为主导的职能性创新，以企业员工为主体的全员性创新。企业管理创新的成效直接取决于创新主体的创新精神和创新能力。首先需要企业家有创新精神和激情，发挥主导作用。因而加强企业家素质、知识、才能、风险意识和创新精神的培养刻不容缓。高素质企业家短缺已成为制约企业竞争力的最大因素。

在人本管理普遍推行的今天，企业员工已成为企业管理活动的主动参与者，没有企业员工的理解、支持与参与，企业管理创新是无法取得成功的。企业家要尊重员工、关心员工、依靠员工、激励员工，发挥员工的主观能动性，激发员工的创造热情。加强全员职业培训，提高专业技能和文化素质，提倡、鼓励、促进形成企业成员的学习、创新欲望，形成一种集体的创造力和创新能力，积极投身到管理创新中来。

（资料来源：王强. 经济技术协作信息. 2012（3）：23-24，有删减.）

【本章小结】

1. 创新，是指把一种未曾出现过的生产要素和条件，以及他们的新组合形式引入生产体系，以通过市场手段取得潜在超额利润的活动过程。
2. 创新的特点为：目的性、新颖性、价值性、风险性。
3. 创新的内容为：产品创新、技术创新、市场创新、资源配置创新、管理创新。
4. 管理创新，是指创造一个更有效的资源整合范式，这种范式既可以是新的有效整合资源以达到企业目标和责任的全过程式管理，也可以是新的具体资源整合及目标制定等方面的细节管理。
5. 管理创新的特点为：全员性、全方位、全过程、全面效益、风险性。
6. 管理创新的重要性为：提高企业经济效益；降低交易成本；稳定企业、推动企业发展；增强企业竞争力；有助于企业家阶层的形成。
7. 管理创新内容为：观念创新、战略创新、组织创新、制度创新、文化创新、管理方法创新。
8. 管理创新主体是由企业家、管理者和企业员工所构成的有机整体。
9. 管理创新主体的动力包括：产权与利益激励、价值目标追求、竞争压力。
10. 管理创新主体应具备的能力主要有管理创新能力、转化能力、组织协调能力和学习能力。其中，管理创新能力是核心部分，没有这样一种能力，管理创新就无从谈起；转化能力是关键，有创意但没有能力将创意最终转化成实际操作方案的人也无法成为管理创新主体；组织协调能力是管理创新活动的保障，只有具备组织协调能力的管理创新主体才懂得如何有效地配置资源，如何推进管理创新活动的进行；而学习能力则是管理创新主体所具有的最基本的素质。管理创新主体通过学习掌握了以上四种能力才能进行管理创新活动。

【复习思考题】

1. 何谓创新，你是如何理解它的含义的？
2. 创新的特点有哪些？

3. 什么是管理创新，管理创新对企业有何意义？
4. 管理创新的内容包括哪些？
5. 管理创新主体有哪些，其需具备哪些能力？

【案例分析】

技术创新＝市场创新是个陷阱

2012年才过去短短4个月，索尼、雅虎、微软、百思买等多家世界性巨头的裁员消息，就像一枚枚引爆的炸弹，震撼着人们的神经。

仅最新爆出的索尼裁员消息，就涉及1万人！4月1日才临危受命出任CEO的平井一夫，拿出壮士断腕的决心，开始了索尼"康复"计划。

是的，索尼病了，雅虎病了……乃至前一段时间申请破产保护的百年巨头柯达，都在活跃的市场创新面前，进入了惨烈的"震动模式"。

迷局："失利者"并未忽视创新。

创新不够！——这是人们对这些巨头的普遍评价，颇有哀其不幸，怒其不争，怨其躺在功劳簿上睡大觉的感觉。

然而，我们却发现，这实在是冤枉了它们！因为这些世界巨头，无论哪个公司都并非等闲之辈，在创新方面下的功夫绝非大多数公司可比。

例如：索尼公司前任美国CEO斯金格到日本上任后不久，就曾大为感慨：公司内已经研发出来的创新产品实在是太多了，超乎了他的想象。这曾经是他振兴索尼的底气之一。

柯达的创新更为典型：击败柯达的数码相机，最早就是柯达的创新产品。

其他公司，比如雅虎，产品创新早已从初期的"互联网冲浪指南"，拓展到新闻、电子邮件、娱乐、购物、即时通信等等。

营销中有一句话："不研发新品是等死，推出新品是找死"。这些巨头绝没有一个是等死的，而是在信心十足地推出新品。

但问题出在哪里呢？

技术创新与市场创新是两码事。

以最近出现"超级裁员"的索尼来看，就在前几年——基本是索尼"连续亏损4年"刚开始的时候，"定位之父"里斯先生和传承人劳拉来华面对《中外管理》记者采访时，就曾语重心长地提示索尼：索尼是一个知名度很高的品牌，当时市值400多亿美元，与同是日本企业的任天堂市值相当。但这里严重的问题在于：虽然市值差不多，可任天堂公司的规模当时只相当于索尼公司的一个部门而已！

之所以出现这么诡异的市场现象，原因在背后。任天堂是视频游戏机产品品类的第一品牌，看好视频游戏机的投资者，绝大多数是冲着任天堂而来。在这种"顶端优势"的作用下，任天堂的市值是体现整个产品品类价值的。

而SONY则什么都没代表，从消费者到投资者，对索尼的认知基本上成了"全能型电子产品制造商"。SONY，只代表了它自己，它的市值在当时只是基本体现着公司的资产价值。

但这已经是个危如累卵的局面。几年以后，"万人大裁员"不可避免。

与索尼相反的例子则是苹果公司,在本质上苹果就不是一个技术创新公司,专利官司缠身就是明证。但乔布斯牢牢把握住了市场创新的本质——技术创新发生在公司里,而市场创新的核心则发生在消费者的心里!

其实相比于绝大多数公司来说,迟暮的百年巨头,无论在管理上还是技术创新上,都依然处于很高的水平上,但"心"的迟钝,把技术创新约等于了市场创新,则一步步把它们推向前景叵测的深渊。

(资料来源:李靖. 技术创新=市场创新是个陷阱[J]. 中外管理,2012(5):34. 有删减.)

思考:

1. 你认为技术创新约等于市场创新吗?为什么?
2. 作为一个成功的管理者,你觉得应如何平衡技术创新与市场创新?

【技能训练】

1. 每10人一组,围绕管理学实践性教学方法开一次会,用头脑风暴法找出创新构想。各组做好记录,然后进行比较,看谁想得多,想得好。

成果与检测:列出小组认为具有可行性的构想(可有多个)并对其进行评估。

2. 将同学分为A、B两组,每组5~8人。

质疑"人必有死"。

质疑"司马光砸缸"。

先由A组对上述问题展开质疑,由B组对A组同学质疑的创新性进行打分评价。然后,由B组质疑A组同学,提出质疑的理由。

【推荐读物】

[1](美)加里·哈默(Gary Hamel),比尔·布林(Bill Breen). 管理的未来[M]. 北京:中信出版社,2012.

[2](美)谢德荪(Edison Tse). 重新定义创新:转型期的中国企业智选之道[M]. 北京:中信出版社,2016.

[3](美)克莱顿·克里斯坦森(Clayton M. Christensen). 创新者的窘境[M]. 北京:中信出版社,2014.

[4] 杨国安,李晓红. 变革的基因:移动互联网时代的组织能力创新[M]. 北京:中信出版社,2016.

【本章重点内容网络图】

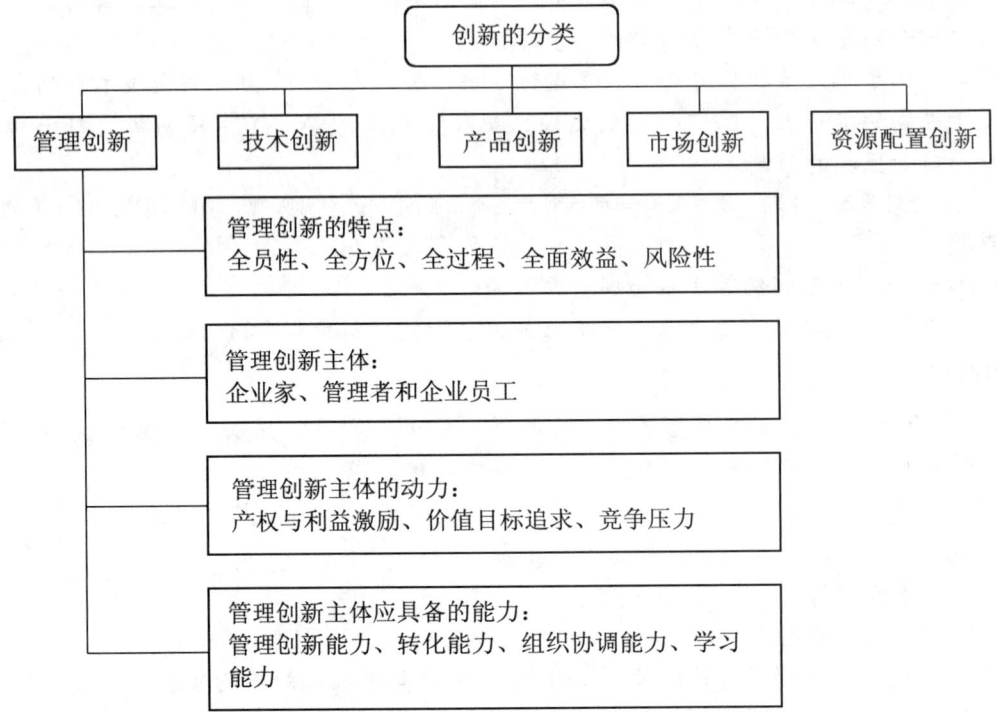

第九章　管理创新的过程和方法

【知识目标】
1. 熟悉并理解管理创新的过程和方法；
2. 掌握主要的管理创新方法及其应用；
3. 掌握管理创新的过程；
4. 掌握管理创新思维培养常用方法。

【素质目标】
1. 认识并理解组织管理创新过程和方法；
2. 初步具备组织管理创新的战略观；
3. 培养管理创新思维。

【技能目标】
1. 初步掌握管理方法及其适用环境；
2. 初步培养管理创新思维能力；
3. 学会运用所学的基本知识对管理创新过程和方法进行解释和应用。

【导入案例】

华为的管理创新过程

创业初期，华为面对国外的强大竞争对手，技术相对落后，生存受到了极大的挑战。公司意识到没有创新，就不能生存下去。

一、技术工程的商人

华为不仅以技术领先，而且追求技术与市场的统一。"以客户需求为导向"现今已成为华为创新的基本战略，以新的技术手段去实现客户的需求。华为也因此赢得市场的认可和尊重。

二、技术是一个累积的过程

作为一个高科技企业的后来者，华为明白有企业的核心技术产品才能在通信市场取得一定的竞争力。华为虽然强烈认同"不进行创新的公司必然灭亡"，但不片面地强调"自主创新"。华为认为，创新要"善于站在巨人的肩膀上"，在继承他人优秀成果的基础上开展持续的创新。如今，华为已经从当初一个小小的民营高科技企业成长为真正意义上的全球性国际大企业。

三、管理也需要创新

"华为取得既往成功的关键因素，除了技术、人才、资本，更有管理与服务。"任正非曾这样总结华为的管理经验。在技术研发组织和创新管理方面，华为已经形成了一套非常规范的创新管理流程。

（资料来源：http://www.gkstk.com/article/wk-78500000734497.html，有删减.）

【分析及任务】

上述案例，从管理创新的不同角度说明了企业管理创新是一个复杂的过程，给你带来什么启示？

第一节 管理创新原则

（一）维持与创新

现代组织系统的管理工作可以概括为：设计系统的目标、结构和运行规划，启动并监视系统的运行，使之按预定的规则操作；分析系统运行中的变化，进行局部或全局的调整，使系统不断呈现新的状态。显然，管理的核心内容就是：维持与创新。任何组织系统的管理工作无不包含在"维持"或"创新"中。维持和创新都是管理的本质内容，有效的管理在于适度维持与适度创新的组合。

维持是保证系统的活动顺利进行的基本手段，也是系统中大部分管理人员，特别是中层和基层的管理人员要花大部分精力从事的工作。根据物理学的熵增原理，原来基于合理分工、职责明确而严密衔接起来的有序的系统结构，会随着系统在运转过程中各部分之间的摩擦，而逐渐地从有序走向无序，最终导致有序平衡结构的解体。管理的维持职能便是要严格地按预定的规划来监视和修正系统的运行，尽力避免各子系统之间的摩擦，或减少因摩擦而产生的结构内耗，以保持系统的有序性。没有维持，社会经济系统的目标就难以实现，计划就无法落实，各成员的工作就有可能偏离计划的要求，系统的各个要素就可能相互脱离、各自为政、各行其是，从而整个系统就会呈现出一种混乱的状况。所以，维持对于系统生命的延续是至关重要的。

任何社会系统都是一个由众多要素构成的，与外部环境不断发生物质、信息、能量交换的动态、开放的非平衡系统。而系统的外部环境是在不断地发生变化的，这些变化必然会对系统的活动内容、活动形式和活动要素产生不同程度的影响；同时，系统内部的各种要素也是在不断发生变化的。系统内部某个或某些要素在特定时期的变化，必然要求或引起系统内其他要素的连锁反应，从而对系统原有的目标、活动要素间的相互关系等产生一定的影响。系统若不及时根据内外环境条件变化的要求，适时进行局部或全局的调整，则可能被变化的环境条件所淘汰，或为改变了的内部要素所不容。这种为适应系统内外变化而进行的局部和全局的调整，便是管理的创新原则。

（二）具体实施、决策与战略目标相结合

在传统金字塔形的管理机构中，处于最低层从事实际工作的员工只负责某一工序或某一环节的活动，仅仅懂得"如何做"，既无兴趣和能力，也无权力来考虑"为什么要这样做"。大量的中层管理人员，如会计师、审计师、核查员、部门经理等负责企业活动的检查、记录和监督工作，由于不亲自参与企业具体活动，管理和监督难以有效。高层管理部门更无法全面准确地了解企业具体运营状况，企业战略决策与具体工作分割开来，导致企业失误率高，反应迟缓，管理费用支出庞大。

企业过程创新的实施提倡企业权力下放，鼓励员工进行决策，决策成为员工工作的主要内容。员工可以借助信息系统的支持，在工作中依据实际情况，无须向管理人员请示即可自己决定，尽可能减少对市场的反应延迟时间。比如，某企业的信贷员可以全权处理所有的常规申请，决策不再与实际工作分离；又比如，在某公司的销售过程中，提货单审核活动主要审核顾客的资金情况。在原有程序中，只要客户资金不足，审核人员无权加盖财务章，必须由上级认可，审核人员只是起到"橡皮图章"的作用。一些信誉较好而一时资金紧张的顾客常常抱怨审核的官僚做法。权力下放为解决这一矛盾提供了思路，企业可以利用信息系统建立用户的资信评估体系，评估标准由管理人员确定，工作人员可以通过评估关系辅助提货单审核，对于资信较好的用户可以允许其暂时赊欠，在满足顾客需求的同时减低企业风险。决策权力下放，必然压缩管理层次，减少不必要的控制监督人员，减少相应管理费用。需要指出的是，权力下放并不意味着管理人员无事可做，实际上管理人员需要对员工决策提供必要的支持，同时将更多精力放在企业的战略决策上。

（三）以人为本

美国著名管理学家托马斯·彼得斯认为：企业或事业的唯一资源是人，管理就是充分发挥人力资源做好工作。从企业管理的角度来看，管理创新过程是以人为出发点和中心，围绕着激发和调动人的主动性、积极性和创造性而开展的，以人与企业共同发展为目标的一系列管理活动的过程。在管理创新过程中，人的发展是企业发展的前提，员工的聪明才智是企业重要的知识资源，它的开发程度决定了企业是否可持续发展，所以管理创新过程是应以人为本、以全面发展为核心的创新管理。

（四）可持续发展

可持续发展在企业管理创新过程中一个有利的方面可表现为：帮助企业在创新的过程中探索新的领域。在管理创新的模式上，探索意味着如何寻找创新的机会。可持续发展可以提高企业的创新能力，为企业创造额外的收入，甚至有可能为企业开拓新的业务。可持续发展可以帮助企业在创新的过程中进行选择。在战略选择的过程中，风险和回报需要保持一定的平衡，同时，诸如成本和负面因素等的其他因素也应当加以考虑。想要保持可持续性，企业需要减少投入，从而降低企业创新的成本。由此可见，可持续发展已经成为企业创新的主要动力，特别表现在企业创新机会探索和战略选择的过程中。可持续发展不仅可以帮助企业在新的业务中发现创新的机会，同时可以有效地降低企业的生产成本，减弱企业的风险，使得企业创新在市场竞争中更加灵活可行。所以，在管理创新过程中，管理者应该权衡诸如环境、社会与经济效益之间的关系，将持续发展的理念贯穿在整个管理创新过程中。

（五）多样化原则

传统的大批量生产为实现规模经济，形成了统一规格、统一程序的过程，所有输入，无论难易、大小、缓急都遵循统一流程运行。统一流程包含可能发生的情况和特例，运转复杂，速度极慢，无法适应目前市场多元化和需求多样化的发展。为适应新的市场环境，企业管理过程创新提出过程多样化的思想，企业可以根据不同市场、不同输入、不同形式制定不同过程。对于某一输入，首先确定最合适的过程，然后再按过程运行，使对输入的处理能通过最节约的过程完成，既提高处理速度，又降低成本。在管理创新过程中以多样化原则来满足不同市场的需求，从而推动创新不断发展。

【点对点案例】

中国人寿客服变革

由于行业的特殊性，保险公司的客户服务方式主要通过直邮、呼叫中心等方式进行，很难和投保客户直接进行沟通，直邮和呼叫中心的成本费用也很高。为此，中国人寿建立了覆盖全国的"移动95519"短信客服系统，以短信及移动平台作为主要客服手段，实现与客户之间最快捷、最直接、最主动的沟通，使企业的快速反应能力有了大幅度提高。

（资料来源：http://www.doc88.com/p-8961274796192.html，有删减.）

思考：
1. 中国人寿在管理创新过程中运用了哪些管理创新原则？
2. 中国人寿客服变革带给我们什么启示？

第二节　管理创新过程

【导入案例】

急中生智中茅台酒誉满全球

茅台酒第一次出现在巴拿马博览会上时默默无闻，无人问津。为了打破僵局，酒厂参展人员一对一地劝说别人品尝、大喇叭宣传都不尽如人意。最后，有一位工作人员急中生智，故意将一坛酒打翻在地，顿时整个参展大厅弥漫着茅台特有的醇香，吸引了所有来宾。国酒茅台征服了金发碧眼的外国友人，一举荣获金奖。

（资料来源：http://www.ttc114.com/page-212-2004.html，有删减.）

【分析及任务】

是什么原因让这位工作人员能做到急中生智？

一、管理创新过程认识

（一）创新过程从线性到非线性

最初的创新模式都是线性模式。线性模式认为，创新的起因与来源是科学，来源于基础研究，只要对科学（通常称上游端）增加投入就是直接增加（下游端）创新的产品。线性模式最典型的代表观点反映在美国罗斯福总统的科学顾问万尼瓦尔·布什的《科学——无止境的前沿》的报告中。该报告有两个基本观点：基础研究或纯研究本身是不考虑实际后果的；基础科学有长远的根本性的意义，是技术创新的源泉。"受万尼瓦尔·布什思想范式的影响，产生了由基础科学到技术创新，再转化为开发、生产和经济发展的模

式。"这种模式是一种代表动态形式的一维的"线性模式",即基础研究引起应用研究与开发;再依据创新是一种产品还是工艺,转到生产或经营。所以,布什的观点可表达成这样一种线性形式,即:基础研究→应用研究→开发→生产经营。

美国学者 D. E. 司托克斯通过对法国微生物学家巴斯德的工作所作的深入研究分析,从而揭示了布什的上述线性模式的局限性。司托克斯在《巴斯德象限——基础科学与技术创新》一书中,肯定了布什观点的历史作用的同时,也尖锐地指出了布什观点的局限性。司托克斯指出:"然而,这一范式的影响是有代价的,因为这种影响既朦胧又深刻。布什关于基础科学根本目的的表述、对科学工作动机的解释过于狭隘;而他关于基础研究对技术进步的重要意义的论述,在说明技术创新的实际源泉方面也过于狭隘。这些局限性使利用这一范式思考一系列政策问题的难度加大。这就需要对科学研究目标及科学发现与技术进步的关系有更清晰的认识。司托克斯具体地指明了以下几点:

(1) 基础研究与应用研究之间并不界限分明,有的应用研究同时也是杰出的基础研究。

(2) 科学研究进程同时受认识目标和应用目标这双重目标的影响;巴斯德和其他学者的许多研究中同时体现出双重目标的融合。

(3) 单一的线性模型描述由科学发现向技术创新的单向流动过于简单。

(4) 在基础科学方面相对落后,但在生产技术上却取得巨大成功。这一实例表明,科学与技术之间的关系远比布什的单一线性关系要复杂。

创新之所以能突破线性模式、进而突破扩散理论,进入创新 2.0 时代,取决于知识社会下形成的新环境。首先,信息通信技术的发展和知识网络的形成突破了知识传播传统上的物理瓶颈,人类可以利用知识网络更快捷和方便地共享和传播知识和信息;其次,知识网络的环境最大限度地消除了信息不对称性,使人为构建的知识壁垒和信息壁垒在如今的知识网络下越来越难以为继;而更重要的是越来越多的研究者和实践者开始关注知识社会的信息爆炸问题,信息可以传播不等于信息有效传播,利于知识被快速检索、理解和运用的众多知识封装技术使知识也得以构件化和模块化,从而便于更多人利用。上述知识社会的外部环境有助于更广泛的创新群体在一个开放自由的平台上从事科技创新活动。同时,知识社会也迸发了更广泛的创新需求。外部环境造就了创新主体实施创新活动的可能,也造就了更多知识与应用场合需求碰撞的机会。这样的碰撞就是创新活动最大的源动力,同时也印证了美籍奥地利经济学家熊彼特创新来源于生产活动的基本观点。因此,知识社会环境和需求两方面的因素催生了创新 2.0 实践活动的蓬勃发展。

目前,无论在自然科学领域还是在人文科学领域,都一直存在创新过程,越来越从生产范式向服务范式转变,越来越从线性思维方式向非线性思维方式过渡。"生态经济或政治系统中的局部变化,都可能引起一场全球性危机。线性的思维方式以及把整体仅仅看作部分之和的观点,显然已经过时了。"

(二) 创新过程的非线性机制

美国管理学者蒋世任对创新过程的非线性特征做了多年的潜心研究,取得了许多重要的理论成果和实际效应。他在《创新时代》一书中谈到,十多年前,在他开始做这一课题的时候,并不为人所理解。但随着信息网络的发展,经济系统非线性特点成为每个经济学家不可否认的事实,主流经济学家对经济系统的非线性行为给予了应有的重视,于是当人们谈论新经济体制时,经济系统的非线性行为也成了谈论的热点话题。

英国经济学家奥默罗德曾任《经济学家》经济咨询小组负责人、伦敦与曼彻斯特学院经济学客座教授,现在被人称为后正统经济学重要人物。他于1994年出版了《经济学的死亡》,1998年又写了一本《蝴蝶效应经济学》,他在后一本书的前言中说:"我十年前所要阐述的一个论点是,传统经济学把经济体与社会看成是一部机器,认为其行为不管多么复杂,最终都可予以预测和控制,这种看法是错误的。恰恰相反,人类社会更像是生命的有机体——活的动物,只能透过其各个部位复杂的相互作用来了解其行为。正是这一观念和想法构成了蝴蝶效应经济学的基本主题。""蝴蝶效应"是混沌理论中最常被人引用的一个借喻:表明事物事态发展的非线性,即一只蝴蝶的翅膀一扇动,可以导致地球另一边的一场大风暴。蝴蝶效应经济学就是强调经济学要考虑各种因素相互作用和累积的非线性效应,说明经济领域中极端的不确定性和难以预测性。

信息通信技术融合与发展推动下知识社会的形成及其对创新的影响进一步被认识。科学界进一步反思对技术创新的认识:创新绝不再是从研究到应用的线性链条,从个体到大众的传播过程。2007年,葛霆等人在研究经济合作与发展组织(OECD)近年相关报告的基础上,总结了国际创新理论的七大进展。该项研究着重强调了价值实现在创新活动中的本源地位,认为这是衡量创新成败的基本判据。以此为基点,替代线形模式的动态非线性交互创新模式突出了创新的多层次、多环节和多主体参与。而非技术创新(制度创新)与创新中非技术要素作用的强化也成为创新理论发展中的关注要点。创新进一步被放置于复杂性科学的视野,技术创新被认为是各创新主体、创新要素交互复杂作用下的一种复杂涌现现象,是创新生态下技术进步与应用创新共同演进的产物,关注价值实现、关注用户参与的以人为本的创新2.0模式也成为新世纪对创新重新认识的重要探索。

这正如蒋世任所说:"创新是引入新技术、新工艺、新服务和新市场以及新组织管理形式的结果,在多数情况下是以上诸多因素相互渗透而共同作用的结果,因为各因素之间本身就存在相互依存的关系,而且,整个系统也是一个螺旋式不断上升的过程。简言之,创新不是一个独立的事件,而是由许多小事件组合在一起以螺旋式不断发展的,所以,很难判断出哪一时刻产生的创新的结果或哪个个别因素造就了创新的成功。"创新是一个无法控制、事先也难以做出预测的非线性过程。

(三)管理创新的基本条件

为使管理创新能有效地进行,还必须创造以下的基本条件:

1. 创新主体(企业家、管理者和企业员工)应具有良好的心智模式

这是实现管理创新的关键。心智模式是指由于过去的经历、习惯、知识素养、价值观等形成的基本固定的思维认识方式和行为习惯。创新主体具有的心智模式,一是远见卓识,二是具有较好的文化素质和价值观。

2. 创新主体应具有较强的能力结构

管理创新主体必须具备一定的能力才可能完成管理创新。管理创新主体应具有:核心能力、必要能力和增效能力。核心能力突出地表现为创新能力;必要能力包括将创新转化为实际操作方案的能力,从事日常管理工作的各项能力;增效能力则是控制协调加快进展

的各项能力。

3. 企业应具备较好的基础管理条件

现代企业中的基础管理主要指一般的、最基本的管理工作，如基础数据、技术档案、统计记录、信息收集归档、工作规则、岗位职责标准等。管理创新往往是在基础管理较好的基础上才有可能产生，因为基础管理好可提供许多必要的准确的信息、资料、规则，这本身有助于管理创新的顺利进行。

4. 企业应营造一个良好的管理创新氛围

创新主体能有创新意识，能有效发挥其创新能力，与拥有一个良好的创新氛围有关。在良好的工作氛围下，人们思想活跃，新点子产生得多而快；而不好的氛围则可能导致人们思想僵化，思路堵塞，头脑空白。

5. 管理创新应结合本企业的特点

现代企业之所以要进行管理上的创新，是为了更有效地整合本企业的资源以完成本企业的目标和任务。因此，这样的创新就不可能脱离本企业和本国的特点。在当前的国际市场中，短期内中国大部分企业的实力比西方企业弱，如果以刚对刚则会失败，若以太极拳的方式以柔克刚，则可能是中国企业走向世界的最佳方略。中国企业应充分发挥以"情、理、法"为一体的中国式管理制度的优势和特长。

6. 管理创新应有创新目标

管理创新目标比一般目标更难确定，因为创新活动及创新目标具有更大的不确定性。尽管确定创新目标是一件困难的事情，但是如果没有一个恰当的目标则会浪费企业的资源，这本身又与管理的宗旨不符。

【点对点案例】

格兰仕管理创新

由于垂直式的科层管理与生产的协同制造、大规模定制之间存在矛盾，早在几年前，知名家电企业格兰仕就进行了一场组织架构扁平化的内部管理变革，砍掉了集团内部层层架构的设置，最终形成了决策、管理、执行三层结构制，由八位副总分管八个领域，"把一个集团变成了一个工厂"，使整个企业的反应能力迅速提高，大大提升了企业的综合能力。

（资料来源：http：//www.360doc.com/content/15/0521/15/16924068_ 472215652.shtml，有删减.）

思考：

1. 格兰仕的管理变革，有哪些不同之处？
2. 格兰仕的管理创新，给我们什么启示？

二、管理创新过程的阶段与阶梯

1. 管理创新的阶段

管理创新过程是一个渐进的过程，是一个从无到有，从认识到认知，从认知到创新的过程。它分为以下四个阶段：

第一阶段是员工对企业原有管理模式的不满或企业遭遇到前所未有的发展危机而导致

组织和员工在认识上与原有管理理论思想的冲突。

例如，Litton 互联产品公司是一家为计算机组装主板系统的工厂，位于苏格兰的格伦罗西斯。1991 年，George Black 受命负责这家工厂的战略转型。他说："我们曾是一家前途黯淡的公司，与竞争对手相比，我们的组装工作毫无特色。惟一的解决办法就是采取新的工作方式，为客户提供新的服务。这是一种刻意的颠覆，也许有些冒险，但我们别无选择。"很快，George Black 推行了新的业务单元架构方案。每个业务单元中的员工都致力于满足某一个客户的所有需要。他们学习制造、销售、服务等一系列技能。这次创新使得客户的反馈获得极大改善，员工流动率也大大降低。当然，不论出于哪一种原因，管理创新都在挑战组织的某种形式，它更容易产生于紧要关头。

第二阶段是因为认识到企业现有管理手段、方法的落后，而对新的管理理念和成功经验主动去认知，有借鉴和学习的意愿。这个过程需要大量的理论基础和案例的支持，从这些经验中汲取有利的元素，应用到新的管理体系之中。

第三阶段是创新过程的实施阶段，这个阶段是将企业之中不满的因素、先进的管理理论和成功的创新案例组合到一起，加以总结、提炼、加工，在重复、渐进的不断尝试中寻求一个最佳创新方案。

第四阶段是创新后的管理体系要得到组织内部和外部的一致认可，包括对创新内容的适应过程，创新过程中消极因素的规避问题，创新收益的评价等各方面有利、不利因素的综合分析、认可过程。

管理创新的最初阶段首先要得到组织内部的一致认可，这是管理创新得以执行的基本前提，创新的管理需要拥护者，并且需要在最短时间内取得成果来证明创新的有效性。即使有些创新需要很长的时间，但是有理论认证的创新也能增加创新者和支持者的信心。

管理创新的另一个特征是外部的认可，外部的认可是要得到创新体系之外的各种因素所承认的一个过程。外部认可是当创新过程中得不到数据的及时有效证明时，为了获得支持，能够持续创新的一种手段。

管理创新需要外部的认可有以下几种来源：

第一，有权威的学者将企业的创新应用到研究和教学之中，作为一个实践的课题，并得到翔实的第一手实验资料。

第二，在企业创新的初始阶段，可以通过咨询公司所提供的相似案例的总结，以及归纳出的数据进行对比分析。

第三，通过媒体的宣传扩大创新的影响力，并用创新过程中成功的案例加以催化。

第四，行业内部通过交流和协作，对创新中的有效性成果进行复制和借鉴。

管理创新得到内部和外部认可是创新得以继续的保障因素。这样的创新过程才是最可靠的。

2. 企业创新管理的阶梯

（1）模仿创新

模仿创新是指企业通过学习模仿率先创新者的创新思路和创新行为，吸收成功的经验和失败教训，引进（购买或破译）率先者的核心技术和技术秘密，并在此基础上改进完善，进一步开发。对于面广量大的中小企业来说，应该从模仿创新开始，踏踏实实地进行技术积累、消化、吸收和"二次创新"，以逐步培育出一支善于创新的人才队伍，不断增

强自己的研究开发实力。大量事实表明：模仿创新是中小企业以最小代价、最快速度追赶世界先进水平的现实途径，是最终实现自主创新的必经阶段。历史上，美国工业的发展正是得益于对欧洲国家先进技术的模仿创新；日本战后经济振兴的奇迹正是得益于对世界发达国家，尤其是美国工业技术的模仿创新；韩国也是通过模仿创新，迅速改变落后面貌，一跃进入新兴工业化国家行列的。根据清华大学经济管理研究创新调查，我国企业特别是小型企业采用模仿创新战略的占绝大多数。另据中科院政策与管理研究所1994年对全国大中型工业企业的10%抽样调查，在1884家企业的1600项创新项目中采用模仿跟踪创新战略的占80%以上，可见模仿创新对现阶段我国工业企业具有普遍意义。

(2) 自主创新

自主创新是指企业通过自身努力，攻破技术难关，形成有价值的研究开发成果，并在此基础上依靠自身的能力推动创新的后续环节，完成技术成果的商品化，获取商业利润的创新活动。自主创新是当今世界上许多著名企业推崇的创新战略，具有三个显著的特点：其一，核心技术的自主突破。核心技术或主导技术应该是由企业依靠企业自身力量，独立研究开发获得的。其二，关键技术的领先开发。新技术成果具有独占性。自主创新企业必须以技术率先性作为努力追求的目标。其三，新市场的率先开拓。

自主创新对企业成长具有重要的意义。第一，自主创新是提高市场竞争力的有力武器。自主创新首先在技术方面具有较强的壁垒，这是由于新技术的解密、消化、模仿需要一定的时间，而从投资到形成生产能力，发展成为较强的竞争者也需要一定的过程。专利制度从法律上确定自主创新者的技术创新地位，保护自主创新者的权益。因此自主创新企业能在一定的时期内独占某项产品或工艺的核心技术，使自己在竞争中处于有利的地位。具有强大实力的企业如能利用自身优势自主开发创新，则可在一定程度上控制新兴产业的发展，奠定自身在该产业的领袖地位，从而获得极大经济利益，并促进企业的进一步成长。第二，自主创新一般都是新市场的开拓者和营销网络的率先建立者，在产品投放市场的初期，自主创新企业可获得大量的垄断利润。通过转让新技术专利和技术诀窍，也可获得相当可观的收入。

第三节　管理创新方法

【导入案例】

曲别针的用途

1987年，在广西南宁市召开了我国"创造学会"第一次研讨会。会议期间一位来自日本的村上幸雄先生拿出一把曲别针，让大家说说它的用途。大家说出来的用途有二十几种，然后问他能说出多少种，村上幸雄轻轻地伸出了三个手指。有人问："是三十种吗"？他摇摇头，"是三百种吗？"他仍然摇摇头，他说："是三千种"。大家都异常惊讶。此时，坐在台下的一位先生，中国魔球理论的创始人许国泰先生给村上幸雄写了个条子说："幸雄先生，对于曲别针的用途我可以说出三千种、三万种"。幸雄十分震惊，大家也都不十分相信。许先生说："幸雄所说曲别针的用途我可以简单地用四个字加以概括，即钩、

挂、别、联。我认为远远不止这些。接着他把曲别针分解为铁质、重量、长度、截面、弹性、韧性、硬度、银白色等十个要素，用一条直线连起来形成信息的横轴，然后把要动用的曲别针的各种要素用直线连成信息标的竖轴。再把两条轴相交垂直延伸，形成一个信息反应场，将两条轴上的信息依次'相乘'，达到信息交合……"

（资料来源：https：//www.ishuo.cn/doc/kplkmiqf.html，有删减.）

【分析及任务】

1. 小组讨论后，展示曲别针的用途，看看可以想出多少种用途？
2. 认真体会并阐述整个思维的过程？

一、创新思维方法

（一）创新与发现、发明方法论的区别

首先，要把创新方法论与科学研究方法论和科学发现方法论加以区别。创新是指以现有的知识和物质，在特定的环境中，改进或创造新的事物（包括但不限于各种方法、元素、路径、环境等等），并能获得一定有益效果的行为。按照"创新"的定义，创新不是科学或技术，而是价值。创新不只是发生于组织之间的某种事，而是组织以外的一种变革。创新应以它对环境的影响来衡量。因此，一个工商企业中的创新始终必须以市场为中心，如果创新以产品为中心，很可能产生一些"技术上的奇迹"，而报酬却令人失望。这相当于将技术发明专利束之高阁，实现不了市场价值，这也就说不上是创新。所以，创新不是以科学中的发现或技术上的发明作为其标准，而是以实现市场价值为其判别标准。这中间特别要注意的是在发现或发明的成果与这些成果转化为新产品、新服务之间存在着巨大的差别，而恰恰是后者才能称作真正意义上的创新。它要求付出的劳动以及所花的代价比前者（即发现、发明）要大得多，困难得多。《科学时报》2002年8月14日一篇题为《从企业为主体促进专利技术产业化》的文章说："据统计预测，浙江省专利技术和产品的实施率为40%，其中宁波、温州、台州、绍兴等市高达50%以上，这是该省把专利工作作为事关全省发展全局特别是技术创新大局的基础性、综合性工作来抓的结果。"如果把专利的发明与使专利技术产业化的创新两者混淆起来，在实践中就有很大的危害性，人们误以为有了发明就有了创新，其实相比之下后者要难得多。如果认识不到这一点，那么技术发明的转化率低下是必然的。

硅谷之所以是创新的摇篮，是创新和创业精神的栖息地，就是因为它"不仅仅局限在取得的科学进步或技术的突破上。""硅谷与众不同的不是这里发明的技术，而是把这些技术进行开发、利用并将其推向市场的在当地创建的企业。换句话说，硅谷的故事是企业尤其是创新企业进行技术开发与市场应用的历史。"

由上可见，创新与发现、发明并不是一回事，它们的成本和代价也都是不同的。正如德鲁克所指出的："作为一种经验规律，如果把产生一种新思想需花费一美元，则在对之进行研究以便把它转化为一种新发现或新发明，就必须花费十美元。在'研究'上每用十美元，在'发展'（'开发'）上至少要花费一百美元。在'发展'（'开发'）上花费一百美元，则在市场上引进和建立一种新产品或一个新企业就需要花费一千或一万美元。

而只有在市场上建立了一种新产品或一个新企业之后，才能说已有了一种'创新'。"

美国哈佛商学院教授、著名创新研究专家肯特指出，"创新首先是人们能够迅速地了解的一种市场需求。""几十年的产品研究表明，使用者是刺激创新的第一要素……领导技术发展的公司现在意识到，他们必须创造一种新的商业概念而不仅仅只是优秀的技术。"《第五项修炼》一书的作者彼得·圣吉说："当一个新的构想在实验室被证实可行的时候，工程师称之为'发明'，而只有当它能够以适当的规模和切合实际的成本，稳定地加以重复生产的时候，这个构想才成为一项'创新'"。所以，创新与发现、发明不是一回事，因此，它们的方法论自然也是不同的。

创新具有巨大的不确定性与风险。科学发现或技术发明也有不确定性，其结果并不能事先预测或保证一定成功，在这种意义上发现与发明也有风险。但这种风险与创新的不确定性和风险无法比拟，后者的风险要大得多。著名创新研究专家、美国斯坦福大学经济学教授罗森伯格在谈到创新的不确定性与风险时，特别强调了"创新的尝试在大多数情况下以失败告终"，并指出了财务风险的九大形式。

由于创新的不确定性因素非常多，失败的可能性就很大，"即使是在能够正确预测当代95%的技术后果的3M公司里，也承认其50%的非相关产品或世界首创型创新都失败了。吉列公司每三个上市产品中只有一个能取得市场成功，而这三个产品是从100项前期技术研究中得到的。"可见，创新的风险是很大的。而且创新的不确定性和风险与创新主体的期望值成正比，即期望值越高、规模越大，风险就越大。德鲁克说："绝大多数创新思想不会产生有意义的结果。创新思想正好像青蛙蛋一样，孵化1000个只能成熟一两个。因此，创新性组织中的经理人员要求那些具有创新思想的人员仔细思考一下，为了把创新思想变成一种产品、一种生产程序、一项业务或一种工艺技术，需要做些什么工作。"德鲁克这里所说的创新是指通常意义上的创新，他要求人们重视并探究创新过程。

冯·布朗在《创新之战》一书中谈到人们关于公司创新过程的讨论时说："这一讨论表明尽管21世纪已积累了丰富的创新经验，但是将新产品成功地引入市场仍要冒很大的风险。既不能清楚地知道如何最好地开发新产品，也不能事先确定一种创新活动最终是否能取得成功。"

毫无疑问，前面所指出的发现和发明也都有风险，都要付出代价，但比起创新活动来，风险会小得多。因为创新还必须与市场相联系，而市场的风险比起实验室内的发现、发明可能遇到的风险要大得多。

从上面的论述可以知道，最初意义上的创新是连接科技与经济的桥梁，是科技转化为生产力的根本途径。所以，要强调指出创新大于科技，创新也不是单纯的经济，而是科技进入经济，这才是创新。举一个科技创新史上的例子，19世纪70年代，德国化学家李比希提出了农作物生长的三要素（氮、磷、钾）理论（这是发现），1909年德国化学家哈伯首次用空气中的氮和氢合成氨（这是发明）。哈伯的发明不久被德国巴登苯胺纯碱公司所接受与采纳，但从发明到生产出产品，其间经历了无数次的试验，单就为了获得较理想的催化剂就经历两万多次试验，到1913年第一个合成氨工厂才建成投产。这个过程就是创新过程，发现、发明，只是这个过程中的一部分。当然，这里决不意味着轻视发现、发明的重大意义，没有发现、发明，创新就成了无根之树、无源之水了。

（二）创新思维方法

1. 思维与创新思维

我们先看一个案例：两个推销人员到一个岛屿上去推销鞋。第一个推销员到了岛屿之后，气得不得了，他发现这个岛屿上每个人都是赤脚。他气馁了，没有穿鞋的，怎么推销鞋？这个岛屿上是没有穿鞋的习惯的。于是他马上发电报回公司，鞋不要运来了，这个岛上是没有销路的，每个人都不穿鞋的。第二个推销员来了，高兴得几乎昏过去了，不得了，这个岛屿上鞋的销售市场太大了，每一个人都不穿鞋啊，要是一个人穿一双鞋，那要销出多少双鞋。于是他马上打电报回去，赶快空运鞋来。这就说明同样一个问题，不同的思维得出的结论是不同的。

思维具有相异性的特点，且思维有多种形式，有抽象思维、概念思维、逻辑思维、形象思维、意象思维、直感思维、社会思维、灵感思维、反向思维、相关思维等。我们说的创新思维就是不受现成常规思路的约束，寻求问题全新的独特性的解答方法的思维过程。创新思维相对于传统思维来说，其本质在于将创新意识的感性愿望提升到理性的探索上，实现创新活动由感性认识到理性思考的飞跃。

2. 常见创新思维

逆向思维。逆向思维是相对于顺向思维而言的。逆向思维是从相反的角度思考产品开发，把市场最终目标和产品作为研究的出发点，沿着为实现未来而思考现在、为到达终点而把握起点的思路。

心理思维。是抓住人们的心理需求去开发创造新产品的思维方式，往往可以收到妙不可言的市场效果。

跟踪思维。就是通过对社会消费迹象进行跟踪调查之后，进行综合、分析和思考，从中发现未来产品而进行开发创新的思维。

替代思维。一种产品在消费实践中已证明是过时落后的，人们希望有新的更好的东西替代之。而一旦有了优于或完全不同于这种产品的另一种新产品问世，市场销路往往会出人意料地好，经济效益也会出人意料地高。

物极思维。有一种现象：一只足球弹撞到墙上，因受反作用力的影响而猛然回头，顺着原方向，返回到一定的距离处，受反作用力越大，返回距离就越远。物理学家称此为"物极原理"，类似这种方式的思维，人们称为物极思维。

发散思维。就是从某一研究和思考对象出发，充分展开想象的翅膀，从一点联想到多点，在对比联想、接近联想和相似联想的广阔领域分别涉及，从而形成产品的扇形开发格局，产生由此及彼的多项创新成果。美国历经百年风化的自由神像翻新后，现场有 200 吨废料难以处理。一位叫斯塔克的人承包了这一苦差事，他对废料进行分类处理，巧妙地把废铜皮铸成纪念币，把废铅、废铝做成纪念尺，把水泥碎块、配木装在玲珑透明的小盒子里作为有意义的纪念品供人选购。所有这一切与名扬天下的"自由女神"相联系。这样一来，就从那些一文不值、难以处理的垃圾中开发出了好几种十分俏销、身价百倍的纪念性新产品，斯塔克也由此大获其利。这种变废为宝的发散式创新思维，一时传为美谈，启迪着许多企业家的产品开发行为。

否定思维。"否定是创新之母"。否定过去的，意味着创造更好的未来。产品创新也是这样。

多路思维。就是使头脑中多路创新思维聚焦于某一个中心点上，在产品开发中向某一个焦点发起创新攻势。

3. 创意思维常用练习方法

激发员工的创意思维，可通过常规的培训完成。企业的管理者掌握其中精髓并运用在企业管理过程中，将大大提高企业的竞争力。以下是常用练习方法：

(1) 头脑风暴法

头脑风暴法是美国创造工程学家 A. F. 奥斯本在 1939 年发明的一种创新方法。这种创新方法是通过一种别开生面的小组畅谈会，在较短的时间内充分发挥群体的创造力，从而获得较多的创新设想。当一个与会者提出一种新的设想时，这种设想就会激发小组内其他成员的联想。当人们卷入"头脑风暴"的洪流之后，各种各样的构想就像燃放鞭炮一样，点燃 1 个，引爆一串。这种方法的规则有以下几个方面。

①不允许对别人的意见进行批评和反驳，任何人不作判断性结论。

②鼓励每个人独立思考，广开思路，提出的改进设想越多越好，越新越好，允许相互之间的矛盾出现。

③集中注意力，针对目标，不私下交谈，不干扰别人的思维活动。

④可以补充和发表相同的意见，使某种意见更具说服力。

⑤参加会议的人员不分上下级，平等相待。

⑥不允许以集体意见来阻碍个人的创造性意见。

⑦参加会议的人数不超过 10 人，时间限制在 20 分钟到 1 个小时。

这种方法的目的在于创造一种自由奔放的思考环境，诱发创造性思维的共振和连锁反应，产生更多的创造性思维。讨论 1 小时能产生数十个乃至几百个创造性设想，这种方法适用于问题比较单纯，目标较明确的决策。这种方法在应用中又发展出"反头脑风暴法"，此方法与头脑风暴法一样，对一种方案不提肯定意见，而是专门挑毛病、找矛盾。它与头脑风暴法一反一正，正好可以相互补充。

(2) 检核表法

检核表法几乎适用于任何类型与场合的创造性活动，因此又被称作"创造方法之母"。它是用一张一览表对需要解决的问题逐项进行核对，从各个角度诱发多种创造性设想，以促进创造发明、革新或解决工作中的问题。实践证明，这是一种能够大量开发创造性设想的方法。检核表法是一种多渠道的思考方法，包括以下一些创造技法：迁移法、引入法、改变法、添加法、替代法、缩减法、扩大法、组合法和颠倒法。它启发人们缜密地、多渠道地思考和解决问题，并广泛运用于创造、发明、革新和企业管理上。它的要害是一个"变"字，而不把视线凝聚在某一点或某一方向上。此法可用来训练员工思维周密，并有助于构想出新的意念。

(3) 六六讨论法

六六讨论法是以头脑风暴法作基础的团体式讨论法。方法是将大团体分为六人一组，只进行六分钟的小组讨论，每人一分钟。然后再回到大团体中分享及做最终的评估。

(4) 心智图法

心智图法是一种刺激思维及帮助整合思想与信息的思考方法，也可说是一种观念图像化的思考策略。此法主要采用图纸式的概念，以线条、图形、符号、颜色、文字、数字等各样方式，将意念和信息快速地以上述各种方式摘录下来，成为一幅心智图。在结构上，此方法具备开放性及系统性的特点，让使用者能自由地激发扩散性思维，发挥联想力，又能有层次地将各类想法组织起来，以刺激大脑做出各方面的反应，从而发挥全脑思考的多元化功能。

（5）逆向思维法

逆向思维是顺向思维的对立面。逆向思维是一种反常规、反传统的思维。顺向思维的常规性、传统性，往往导致人们形成思维定势，是一种从众心理的反映，容易形成一种思维"框框"，阻碍着人们创造力的发挥。这时如果转换一下思路，用逆向思维法来考虑，就可能突破这些"框框"，取得出乎意料的成功。逆向思维法由于是反常规、反传统的，因而它具有与一般思维不同的特点。

①突破性。这种方法的成果往往冲破传统观念和常规，常带有质变或部分质变的性质，因而往往能取得突破性的成果。

②新奇性。由于思维的逆向性，改革的幅度较大，因而必然是新奇、新颖的。

③普遍性。逆向思维法适用的范围很广，几乎适用于一切领域。

（6）分合法

分合法是 Gordon 于 1961 年在《分合法：创造能力的发展》一书中指出的一套团体问题解决的方法。此法主要是将原不相同亦无关联的元素加以整合，产生新的意念或面貌。分合法利用模拟与隐喻的作用，协助思考者分析问题以产生各种不同的观点。

（7）曼陀罗法

曼陀罗法是一种有助扩散性思维的思考策略，利用一幅类似九宫格的图，将主题写在中央，然后把由主题所引发的各种想法或联想写在其余的八个圈内。此法也可配合"分合法"从多方面进行思考。

（8）希望点列举法

这是一种不断提出更好的理想和愿望，进而探求解决问题和改善对策的技法。

（9）优点列举法

这是一种逐一列出事物优点，进而探求解决问题并加以改善的方法。

（10）缺点列举法

这是一种不断针对一项事物，检讨此一事物的各种缺点及漏洞，并进而探求解决问题和改善对策的技法。

（11）创意解难法

美国学者 Parnes（1967）提出"创意解难"的教学模式，是发展自 Osborn 所倡导的头脑风暴法及其他思考策略，此模式重点在于解决问题的过程。

（12）模仿创新法

人类的发明创造大多是由模仿开始的，然后再进入独创。勤于思考就能通过模仿进行创造发明，当今有许多物品模仿了生物的一些特征，以至形成了仿生学。模仿常被用于工程技术、艺术，也被应用于管理方面。

（13）信息交合法

信息交合法通过若干类信息在一定方向上的扩展和交合，来激发创造性思维，提出创新性设想。信息是思维的原材料，大脑是信息的加工厂。通过不同信息的撞击、重组、叠加、综合、扩散、转换，可以诱发创新性设想。要正确运用信息交合法，必须注意抓好以下三个环节。

①搜集信息。不少企业已设立专门机构来搜集信息。网络化已使得当今企业搜集信息成为发展趋势。如日本三菱公司，在全世界设置了115个海外办事处，约900名日本人和2000多名当地职员从事信息搜集工作。搜集信息的重点放在搜集新的信息，只有新的信息才能反映科技、经济活动中的最新动态、最新成果，这些往往对企业有着直接的利害关系。

②拣选信息。包含核对信息、整理信息、积累信息等内容。

③运用信息。搜集、整理信息的目的都是为了运用信息。运用信息，一要快，快才能抓住时机；二要交汇，即这个信息与那个信息进行交汇，这个领域的信息与那个领域的信息进行交汇，把信息和所要实现目标联系起来进行思考，以创造性地实现目标。信息交汇可以通过本体交汇、功能拓展、杂交、立体动态四个方式进行。总之，信息交合法就像一个"魔方"，通过各种信息的引入和各个层次的交换会引出许多系列的新信息组合，为创新对象提供了千万种的可能性。

（14）综摄法

综摄法是美国麻省理工学院教授戈登在1952年发明的一种开发潜在创造力的方法。它是以已知的东西为媒介，把毫不相关、互不相同的知识要素结合起来创造出新的设想，也就是吸取各种产品和知识精华，综合在一起创造出新产品或知识。这样可以帮助人们发挥潜在的创造力，打开未知世界的窗口。综摄法有两个基本原则：

①异质同化，即"变陌生为熟悉"。这实际上是综摄法的准备阶段，是指对待不熟悉的事物要用熟悉的事物、方法、原理和已有的知识去分析对待它，从而提出新设想。

②同质异化，即"变熟悉为陌生"。这是综摄法的核心，是对熟悉的事物、方法、原理和知识进行观察分析，从而通过启发得出新的创造性设想。

二、创新技术方法

TRIZ 管理创新方法

1. TRIZ 概述

TRIZ是俄文中发明问题解决理论（Teorija Rezhenija Inzhenernyh Zadach）的词头。TRIZ理论是由苏联发明家阿利赫舒列尔在1946年创立的，阿利赫舒列尔也被尊称为TRIZ之父。1946年，阿利赫舒列尔开始了发明问题解决理论的研究工作。当时阿利赫舒列尔在苏联里海海军的专利局工作，在处理世界各国著名的发明专利过程中，他总是考虑这样一个问题：当人们进行发明创造、解决技术难题时，是否有可遵循的科学方法和法则，从而能迅速地实现新的发明创造或解决技术难题呢？答案是肯定的！阿利赫舒列尔发现任何领域的产品改进、技术变革、创新和生物系统一样，都存在产生、生长、成熟、衰老、灭亡的过程，是有规律可循的。人们如果掌握了这些规律，就能能动地进行产品设计并能预测产品的未来趋势。后来的数十年中，阿利赫舒列尔穷其毕生的精力致力于TRIZ理论的研究和完善。在他的领导下，苏联的研究机构、大学、企业组成了TRIZ的研究团体，分析了世界近250万份高水平的发明专利，总结出各种技术发展进化遵循的规律模式，以及解决各种技术矛盾和物理矛盾的创新原理和法则，建立一个以解决技术、实现创新开发为目的，由各种方法、算法组成的综合理论体系，并综合多学科领域的原理和法则，建立起TRIZ理论体系。TRIZ的主要功能是提高了系统发展与系统演化的速度以产生更好的结果。

现代TRIZ理论的核心思想主要体现在以下三个方面。首先，无论是一个简单产品还是复杂的技术系统，其核心技术的发展都遵循着客观的规律发展演变的，即具有客观的进化规律和模式。其次，各种技术难题、冲突和矛盾的不断解决是推动这种进化过程的动力。再次，就是技术系统发展的理想状态是用尽量少的资源实现尽量多的功能。TRIZ理论的核心思想是发现问题和找到解决问题的途径，确定基本方案的一个思路框架，通过计算机辅助设计，减少研发的弯路。

创新从最通俗的意义上讲，就是创造性地发现问题和创造性地解决问题的过程。TRIZ理论的强大作用在于它为人们创造性地发现问题和解决问题提供了系统的理论和方法工具。现代TRIZ理论体系主要包括以下几个方面的内容：

（1）创新思维方法与问题分析方法。TRIZ理论中提供了如何系统分析问题的科学方法，如多屏幕法等；而对于复杂问题的分析，则包含了科学的问题分析建模方法——物–场分析法，它可以帮助快速确认核心问题，发现根本矛盾所在。

（2）技术系统进化法则。针对技术系统进化演变规律，在大量专利分析的基础上TRIZ理论总结提炼出八个基本进化法则。利用这些进化法则，可以分析确认当前产品的技术状态，并预测未来发展趋势，开发富有竞争力的新产品。

（3）技术矛盾解决原理。不同的发明创造往往遵循共同的规律。TRIZ理论将这些共同的规律归纳成40个创新原理，针对具体的技术矛盾，可以基于这些创新原理、结合工程实际寻求具体的解决方案。

（4）创新问题标准解法。针对具体问题的物–场分析模型的不同特征，分别对应有标准的模型处理方法，包括模型的修整、转换、物质与场的添加等等。

2. TRIZ理论的体系架构

TRIZ理论的体系架构如下。

（1）产品进化理论。TRIZ中的产品进化理论将产品进化过程分为4个阶段：婴儿期、成长期、成熟期、退出期。处于前两个阶段的产品，企业应加大投入，尽快使其进入成熟期，以便企业获得最大效益；处于成熟期的产品，企业应对其替代技术进行研究，使产品取得新的替代技术，以应对未来的市场竞争；处于退出期的产品，企业利润急剧下降，应尽快淘汰。这些可以为企业产品规划提供具体的、科学的支持。产品进化理论还研究产品进化模式、进化定律与进化路线。应用模式、定律与路线，设计者可较快地确定创新设计的原始构思，使设计取得突破。

（2）冲突解决原理。是获得冲突解决所应遵循的一般规律。TRIZ主要研究技术冲突和物理冲突。技术冲突是指传统设计中所说的折中，即由于系统本身某一部分的影响，所需要的状态不能达到。TRIZ引导设计者挑选能解决特定冲突的原理，其前提是要按标准工程参数确定冲突。有39条标准冲突和40条原理可供应用。

（3）物–场分析标准解。阿利赫舒列尔对发明问题解决理论的贡献之一是提出了功能的物-场描述方法与模型。其原理为，所有的功能都可分解为两种物质及一种场，即一种功能由两种物质及一种场的三元件组成。产品是功能的一种实现，因此，可用物-场分析产品的功能，这种分析方法是 TRIZ 的工具之一。依据该模型，阿利赫舒列尔等提出了 76 种标准解，并分为如下 5 类：

①不改变或仅少量改变已有系统：13 种标准解；

②改变已有系统：23 种标准解；

③系统传递：6 种标准解；

④检查与测量：17 种标准解；

⑤简化与改善策略：17 种标准解。

综上所述，TRIZ 解决问题的一般过程可被划分为四个步骤：分析、冲突、原理和评价。

TRIZ 理论对创新型企业尤其适用，是推动创新的好工具。TRIZ 理论以其良好的可操作性、系统性和实用性在全球的创新和创造学研究领域占据着特殊的地位。在经历了理论创建与理论体系的内部集成后，TRIZ 理论正处于其自身的进一步完善与发展，以及与其他先进创新理论方法的集成阶段，尤其是已成为最有效的计算机辅助创新技术和创新问题求解的理论与方法基础。

经过半个多世纪的发展，TRIZ 理论已经发展成一套解决新产品开发实际问题的成熟的理论和方法体系，它实用性强，并经过实践检验，应用领域也从工程技术领域扩展到管理、社会等方面。现在 TRIZ 理论在西方工业国家受到极大重视，TRIZ 的研究与实践得以迅速普及和发展。如今众多知名企业运用它已取得了重大的效益。

实践证明，运用 TRIZ 理论，可大大加快人们创造发明的进程，而且能得到高质量的创新产品。它能够帮助我们系统地分析问题情境，快速发现问题本质或者矛盾，它能够准确确定问题探索方向，不会错过各种可能，而且它能够帮助我们突破思维障碍，打破思维定势，以新的视觉分析问题，进行逻辑性和非逻辑性的系统思维，还能根据技术进化规律预测未来发展趋势，帮助我们开发富有竞争力的新产品。

"自主创新，方法先行"，创新方法是自主创新的根本之源。TRIZ 是苏联学者发明的一种应用于工程技术领域创新发明的方法，经过几十年的实践检验，已经被证明是一种有效的方法。TRIZ 正是培养创新人才的好方法。在俄罗斯，从小学、中学起就开设了创新发明理论课（TRIZ）。

目前，众多世界知名企业都已经在研发设计流程中实施 TRIZ，使用 TRIZ 解决每天遭遇的实际问题，帮助他们提高产品研发效率，降低研发成本，提高企业创新竞争力。

TRIZ 广泛应用在各个行业：军工企业、航空航天工业、医疗技术、汽车工业、成套设备制造、家用电器、仪器仪表、采掘技术、动力技术、自动、机械制造、化学工业、电气技术、食品工业、电子技术、制药工业等。

将 TRIZ 应用于管理创新领域，结合管理系统特征给出了应用 TRIZ 解决管理创新问题的思路、过程，筛选出了管理冲突矩阵和部分化解管理冲突的解，揭示了管理进步的一般规律和部分管理领域进步的一般路径，为企业实现管理创新提供了思路、方法。

【本章小结】

1. 管理创新过程的原则。产品创新、技术创新、营销创新、商业模式创新和管理机制创新。

2. 管理创新过程的认识。管理创新过程从线性到非线性，以及管理创新过程的非线性机制。

3. 管理创新过程是一个渐进的过程，是从无到有，从认识到认知，从认知到创新的过程，它分为四个阶段。

4. 管理创新思维的方法及创意思维的方法。

5. TRIZ 创造性解决问题的方法及理论。

【复习思考题】

1. 管理创新的原则有哪些？
2. 描述管理创新的过程。
3. 常见创新思维方法、创意思维的方法分别有哪些？
4. 描述 TRIZ 创新技术方法？

【案例分析】

IBM 管理创新过程：建立增长引擎

想成为与时俱进的公司，必须善于把握新的商机。由此，新进入者更有利于把握明日的机会。这一点 IBM 曾任总裁郭士纳就深有感触。在郭士纳任期的前六年，IBM 申请了许多项专利（12 773 件），远远多于其他公司，但其仍未将技术威力转变为新的商业利润增长点。当 IBM 为其实验室发明的关系数据库等成为行业标准而雀跃时，思科（Cisco）和甲骨文（Oracle）等更灵活的公司也抓住了这些技术变革并转化为高额的商业利润。IBM 似乎并不在意培育新商务，而在 20 世纪 90 年代末花了巨额钱财收购自己的股票。随着 1999 年和 2000 年科技浪潮达到顶峰，IBM 的增长引擎接近了停滞——财政收入增长只有微不足道的 1%。

在接下去的几年里，为了培育"新型的商务机会（EBO）"，IBM 形成了新的商务管理流程。EBO 计划重新平衡公司的管理流程。现在，IBM 的管理者将这些新商务创造视为重要的运营部分。所有这些都需要持续的管理创新，郭士纳的团队最终认识到了问题的根源，EBO 计划的有效执行正是基于对这些管理问题的深刻理解。

IBM 中 EBO 计划传奇般的故事给予那些有志于管理创新的领导者们很多学习的素材。

经验 1：处理系统问题，你必须理解问题的根源

如果没有深刻理解想要解决问题的根源，你就无法建立与 IBM 的 EBO 系统那样成熟与成功的管理流程。回想一下早期为了确认有机增长问题系统性的障碍所在，他们所付出的努力——3 个月时间的调查，研究了 20 多个夭折的增长项目计划。没有这一辩证式的探究，哈兰德的团队可能采取一些短期的弥补措施，而不是开发一个全新的更具有深远意义的管理流程。你必须竭尽全力去诊断你的问题。

经验 2：扩大总比补充来得容易

哈兰德并没有试图完全废除 IBM 已有的管理流程。他认识到每个流程都有优缺点。因此，他构建了一个全新的管理流程，能与旧的体制融合并能平衡 IBM 管理文化的短期偏见。其目标就在于提升 IBM 处理复杂矛盾的能力——如何关注当前的业务又同时把握

明日商机。这正是众多公司想要学会掌握的平衡。要实现这个目标必须创造一个驱动管理者行为的新的激励方案。这并不是要放弃旧的管理流程，而是用新的流程来对其进行补充，使经理们更富有探索性，更能在新旧业务中找到平衡。

经验3：设立变革性的目标，但采取渐进的步骤

形成一个全新的商务流程——比如IBM的EBO，并不是一蹴而就的。相反，这是经过反复的试错过程才最终形成的。当你想彻底改变一个大公司的本质，你必定会遇到很多的挫折。然而失败是成功之母，每一次的失败都让你积累更多的知识来重新思考你的方法。这也是EBO所经历的。就是阿德金斯所承认的"EBO对于IBM来说并非是一个自然或是寻常的过程"。每当哈兰德遇到一个难题，他和他的团队总是试图寻找新的解决方法。

经验4：评估非常重要

与其他创新形式一样，管理创新的目标也是为了提升商业实力。因此，开发一个清晰的评估标准来评判管理创新所带来的影响十分重要。在IBM，重要的指标包括EBO项目的数量，早期设计成功的数量、投资的水平、产品开发的速度和最终的利润收入。如果你无法了解管理创新给你带来的好处，无法用此来说服首席财政官或投资者，那么你获得的支持将越来越少。

经验5：毅力

改变公司管理的基因需要时间的考验。即使在今天，项目开展了多年之后，IBM依然常常重新定义EBO过程。对于类似于通用电气、宝洁、IBM等全球著名公司，他们成为管理创新的领袖都是在那些将创新视为长期并是永恒主题的首席执行官的带领下逐渐发展起来的，而那些只关注下一季度利润报表的领导者们永远无法实现这一变革。一些经理们发起的管理变革只坚持几天或是几个月，那都是远远不够的。1999年，惠而浦公司总裁与他的团队决心创造一个处处、时时创新的公司，他许诺这将是接下去五年中他最优先考虑的大事。同样，汤姆逊和哈兰德也明白要构建全新的管理能力，只有持之以恒。

（资料来源：http://wenku.baidu.com，作者：加里·哈默）

思考：
1. 分析IBM的管理创新过程。
2. IBM在此案例情境中管理创新运用了哪些方法？

【技能训练】

创意思维方法创新训练：希望点列举法

【实训目标】
1. 培养方法创新能力。
2. 掌握希望点列举法创意思维方法。

【实训内容与方法】
1. 通过提出来的种种希望，经过归纳，确定发明目标的创造技法。要求：
（1）所提出来的某种希望，既可以由教师统一指定，也可以由学生自选。选题尽可能与所学专业相关，也可以是学生所熟悉的其他内容。
（2）应通过提出种种希望，获取较为丰富的材料。

（3）归纳，最后确定某种目标。

2. 在每个人提出希望的基础上，运用"希望列举法"等方法，归纳确定目标。

3. 在课堂上进行实训论证。

【实训要领】

1. 要使同学们认识到，创意思维方法是同学们未来就业的重要思维训练方法，积极参与。

2. 要认真进行多角度分析与想象。列举种种希望。

3. 希望尽可能符合实际并富有创意。

【成果与检测】

1. 每个人都要提出希望，计入渐进化过程考核。

2. 在个人多种希望提出的基础上，进行归纳。

3. 根据归纳的种种希望，最终确定目标。

例如：开发一种新型雨伞

A：如果天气好了，就可以把伞扔掉，那才方便呢。

B：我倒希望有一把伞，和朋友一起走能变大些，自己走能变小些。

C：能搞出像空气那样的东西，围裹着身体，不让淋湿才好。

D：淋湿了马上就干也不错。

E：有什么东西，在头顶上把雨水都吸收了就好。

F：最好有一种像隧道一样的东西向前延伸着淋不到雨。

如此种种，把大家的意见集中起来，设计出一种新伞。希望点列举法与缺点列举法一样，都是列举得越多越好，甚至空想、幻想也可以。这需要发散思维和想象力。希望点列举法既可以个人进行，也可以团体进行。

【推荐读物】

[1] Robert N. Lussier. 管理学基础：概念、应用与技能提高［M］. 北京：北京大学出版社，2011.

[2] 拜厄斯. 管理学：技能与应用［M］. 刘松柏译. 北京：北京大学出版社，2013.

[3] 周三多. 管理学［M］. 北京：高等教育出版社，2015.

【本章重点内容网络图】

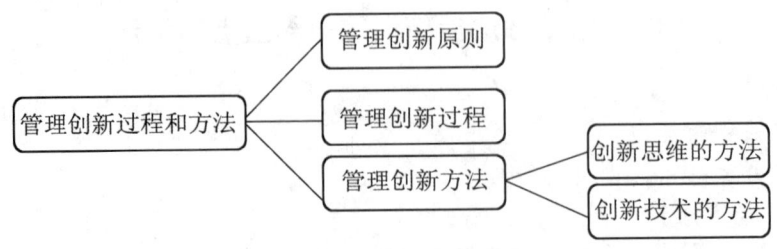

参 考 文 献

[1] 蔡茂生，黄秋文. 管理学原理［M］. 广州：广东高等教育出版社，2011.
[2] 单凤儒. 管理学基础［M］. 北京：高等教育出版社，2011.
[3] 单凤儒. 管理学基础实训教程［M］. 4版. 北京：高等教育出版社，2012.
[4] 方振邦. 管理学基础［M］. 北京：中国人民大学出版社，2010.
[5] 李旭穗，杨俊. 管理学基础项目化教程［M］. 武汉：武汉大学出版社，2012.
[6] 景泽京. 管理学［M］. 北京：清华大学出版社，2010.
[7] 王绪君. 管理学基础［M］. 北京：中央广播电视大学出版社，2001.
[8] 王晓君. 管理学［M］. 北京：中国人民大学出版社，2004.
[9] 于干千，卢启程. 管理学原理［M］. 北京：中国林业出版社，2007.
[10] 张立迎. 管理学原理［M］. 北京：电子工业出版社，2010.
[11] Robert N. Lussier. 管理学基础：概念、应用与技能提高［M］. 北京：北京大学出版社，2011.
[12] Felix Janszen. 创新时代：网络化时代的成功模式［M］. 雷华，马乐为，译. 昆明：云南出版社，2002.
[13] 拜厄斯. 管理学：技能与应用［M］. 刘松柏译. 北京：北京大学出版社，2013.
[14] 周三多. 管理学［M］. 北京：高等教育出版社，2015.
[15] 张东生，张亚强. 基于TRIZ的管理创新方法［M］. 北京：机械工业出版社，2015.
[16] 赵丽芬. 管理理论与实务［M］. 2版. 北京：清华大学出版社，2010.
[17] 李立新. 管理学［M］. 北京：北京理工大学出版社，2011.
[18] 秦虹. 管理学原理与应用［M］. 北京：北京大学出版社，2010.
[19] 尹少华. 管理学原理［M］. 北京：清华大学出版社，中国农业大学出版社，2010.
[20] 陈世艳，徐银富. 管理学教程［M］. 2版. 广州：暨南大学出版社，2009.
[21] 顾孟迪，雷鹏. 风险管理［M］. 北京：清华大学出版社，2009.
[22] 季辉，冯开红. 管理学原理［M］. 北京：北京大学出版社，中国林业出版社，2010.
[23] 李建生，潘娅媚. 管理学基础［M］. 长沙：湖南师范大学出版社，2010.
[24] 邓志阳. 管理学［M］. 2版. 广州：暨南大学出版社，2011.
[25] 企业内部控制编审委员会. 企业内部控制基本规范及配套指引案例讲解［M］. 上海：立信会计出版社，2011.
[26] 秦虹. 管理学原理与应用［M］. 北京：北京大学出版社，中国农业大学出版社，2010.
[27] 刘忠印，尚永庆. 管理学基础［M］. 北京：北京师范大学出版社，2011.
[28] 张敏. 管理学教程［M］. 北京：北京大学出版社，2010.
[29] 张继德. 企业内部控制基本规范实施与操作［M］. 北京：经济科学出版社，2009.
[30] 张少平，陈世艳. 管理学基础项目化案例与实训教程［M］. 武汉：武汉大学出版社，2012.
[31] 张永生. 马云全传：商业领袖马云最具价值的创业智慧［M］. 北京：中国商业出版社，2009.
[32] http：//wiki. mbalib. com.
[33] http：//www. baidu. com.
[34] http：//www. docin. com.
[35] 新浪网科技时代频道：http：//tech. sina. com. cn/.
[36] 中国兵器工业信息中心网站：http：//www. northic. com/.
[37] 中国网：http：//www. china. com. cn/.

[38] 好搜百科：http://baike.haosou.com.
[39] 世界经理人网站：http://www.ceconline.com/.
[40] 新华网上海频道：http://www.sh.xinhuanet.com/.